学术支持单位：
文化和旅游部—南京大学文化和旅游研究基地／
南京大学长三角文化产业发展研究院／
江苏文化产业研究基地／
江苏省文化产业学会／
南京大学商学院

CSSCI CNKI 来源集刊

文化产业研究

产业创新

主　编／顾　江
副主编／郭新茹　周　锦

南京大学出版社

图书在版编目(CIP)数据

文化产业研究 ：产业创新 / 顾江主编. -- 南京 ：南京大学出版社，2020.10

ISBN 978-7-305-23097-4

Ⅰ. ①文… Ⅱ. ①顾… Ⅲ. ①文化产业—产业发展—研究—中国 Ⅳ. ①G124

中国版本图书馆 CIP 数据核字(2020)第 148115 号

主　编　顾　江
副主编　郭新茹　周　锦
编　辑　姜照君　朱文静　马　卿　张苏秋
胡慧源　吴建军　高莉莉　车树林
贺　达　任文龙　季雯婷　陈亚兰
陈　鑫

出版发行　南京大学出版社
社　　址　南京市汉口路 22 号　　　　邮　编　210093
出 版 人　金鑫荣

书　　名　文化产业研究・产业创新
主　　编　顾　江
副 主 编　郭新茹　周　锦
责任编辑　谭　天

照　　排　南京南琳图文制作有限公司
印　　刷　江苏凤凰数码印务有限公司
开　　本　787×1092　1/16　印张 21.25　字数 383 千
版　　次　2020 年 10 月第 1 版　2020 年 10 月第 1 次印刷
ISBN 978-7-305-23097-4
定　　价　58.00 元

网　　址　http://www.njupco.com
官方微博　http://weibo.com/njupco
官方微信　njupress
销售热线　025-83594756

学术支持单位

文化和旅游部—南京大学文化和旅游研究基地

南京大学长三角文化产业发展研究院

江苏文化产业研究基地

江苏省文化产业学会

南京大学商学院

目录

学术前沿

体制改革

产业创新

文化旅游

版权经济

博士论坛

CONTENTS

Academic Frontiers

System Reform

Industrial Innovation

Cultural Tourism

Copyright Economy

Doctoral Forum

学术前沿

我国文化金融发展的回顾与展望

蓝　轩

摘　要:自20世纪90年代以来,在经济体制改革、文化体制改革和文化金融专项政策推动下,我国文化金融服务跨越了不同发展阶段,经历了从起步成长到渐成体系的过程。在文化资源与金融资本融合的过程中,文化金融发展呈现出政府驱动性、创新性、高风险性和滞后性的特征,形成了我国金融市场中的特殊存在。在因新冠疫情下提振经济发展的特殊时期,需从文化金融的发展脉络和特征出发,结合新形势新任务,完善文化产业投融资体系,加强文化财政政策和文化金融政策的协调配合,优化文化金融发展环境,为文化产业实现新一轮更高质量发展提供有力支持。

关键词:文化产业　文化金融　金融风险　市场主体

一、引　言

金融是现代市场经济的核心,是促进文化产业发展的"血液"。在市场经济条件下发展文化产业,离不开系统、完善金融体系的有力支持。资金融通的顺畅关乎文化企业的发展速度、规模、质量和效益,金融支持文化创新创造也是新的历史条件下金融业务空间和社会功能的拓展和延伸。我国文化金融发展根植于改革开放的实践历程,是文化体制机制创新不断推进的缩影。接续文化金融的发展实践,把握文化金融的发展特征,结合疫后经济形势和任务不断完善文化金融服务体系、提升文化金融服务水平,是推动文化产业健康发展的内在要求,也是更好发挥文化产业在经济和社会发展中战略价值的现实需要。

二、我国文化金融发展的主要历程

探寻文化金融发展早期具有标志性意义的事件,可追溯至20世纪90年代东方明珠股份公司成立并成功上市的开创性实践。此后的二十余年中,文化金融体系逐步完善，文化金融产品不断丰富，金融市场日益成为推动文化生产传播和社会文化格局变迁的重要动力，文化产业也以其快速发展之势成为金融机构业务扩张的“蓝海”。

第一阶段(1992—2001年)：经济体制改革和市场经济建设推动的文化金融发展

1992年，在邓小平南方讲话精神指引下，我国经济体制改革和市场经济发展步入加快推进阶段。同年6月，中共中央、国务院印发《关于加快发展第三产业的决定》，首次在国家政策层面将文化娱乐、广播影视、图书出版等领域纳入第三产业范畴，并明确提出“通过发行债券、股票等各种途径、方式筹集资金”，加快发展第三产业，开启了文化金融发展的征程。这一时期的文化金融发展取得了若干突破：

一是上市融资起步。1992年，我国文化系统首家股份有限公司——上海东方明珠股份有限公司成立，并于1994年在上海证券交易所挂牌上市，迈出文化企业走向资本市场的第一步。其后，中视传媒、电广传媒、博瑞传播先后直接或间接上市，成为A股上市文化企业的“第一梯队”。二是私募股权融资起航。与上市融资相关联，文化领域的私募股权融资也正式起步。在成思危先生“一号提案”推动下，我国风险投资事业加快发展，在一些互联网文化企业也获得了实践。在IDG、华登等专业投资机构支持下，搜狐、新浪、网易等企业实现了起步和成长。2000年，三大门户网站相继在美国纳斯达克上市，成为纳斯达克最早的一批中国互联网概念股。三是行业分类赋名。北巴传媒、歌华有线、广电网络成功上市后，A股文化产业板块渐成雏形。2001年，证监会在新颁布的《上市公司行业分类指引》中将传媒与文化产业列为上市公司13个基本产业门类之一，表明文化上市公司的地位已获得资本市场的初步认可。

这一时期国家对文化产业发展尚未形成专门政策，文化金融主要在经济体制改革和市场经济建设的带动下发展。虽然文化金融活动尚不活跃，成功上市、私募也尚属个案，但就金融资本介入文化传媒这一富含意识形态色彩的领域而言，这是改革开放前甚至也是改革开放初期所难以想象的，也展现出文化金融市场的广阔发展前景。

第二阶段(2002—2009年)：文化体制改革和文化产业政策推动的文化金融发展

为满足人民群众日益增长的精神文化需求，应对加入WTO的冲击，2002年党的十六大做出了文化体制改革的部署，首次将文化产业和文化事业做了明确区分，积极推动经营性文化产业发展，促进了金融产品在文化领域的运用。其后，《关于深化文化体制改革的若干意见》《文化产业振兴规划》的出台，进一步推动了文化金融发展。这一阶段的文化金融发展体现在几个方面：

一是境外上市再起。互联网文化企业在互联网泡沫破灭后重启了海外上市进程，特别是网游企业成为新一轮上市的生力军，广告企业也成为"中国概念股"的新生力量。2004 年北青传媒在香港联交所上市，成为国有传媒企业境外上市第一股。二是境内上市扩容。文化体制改革推开后，国有文化单位的改制上市获得加速推进。2006 年上海新华发行集团成为出版发行行业第一家 A 股上市公司，其后辽宁出版、安徽出版等也相继上市。民营企业中，奥飞动漫、华谊兄弟等分别以"动漫第一股""电影第一股"等题材成功上市，丰富了 A 股文化阵营。三是银企合作加强。文化产业的发展前景也引起了银行业的关注，银行信贷从文化企业向文化项目拓展。2005 年电影《夜宴》获得 5 000 万人民币的授信支持，成为银行为单一电影项目提供授信的首例。其后，《满城尽带黄金甲》《集结号》等项目也相继获得了银行贷款支持。四是债券融资引入。随着"金融脱媒"不断深化，债券融资也被引入我国文化领域。2006 年东方明珠成功发行 12 亿元人民币短期融资券，开创了文化企业债券融资先河。其后，中影集团、江苏凤凰出版集团率先发行了企业债、中期票据，拓宽了文化企业融资渠道。

总的来说，这一阶段虽然对文化金融尚未出台专门政策，但在文化体制改革和文化产业综合性政策的推动下，文化金融也获得了较快发展，金融市场在文化企业发展壮大过程中的作用更加凸显，文化产业的进一步发展也呼唤文化金融更有针对性的支持。

第三阶段(2010 年至今)：专项政策、专营机构和专属产品推动的文化金融发展

2010 年，中国人民银行会同中宣部等九部委联合发布《关于金融支持文化产业振兴和发展繁荣的指导意见》，这是针对文化金融发展的首个专门性政策文件，表明文化金融在我国金融体系中已取得应有地位。2011 年年末召开的十七届六中全会首次将文化建设作为党的中央全会的主题，提出要创新投融资体制，加大金融等方面对文化产业的政策扶持力度。此后出台的《关于深入推进文化金融合作的意见》等政策，再次为文化金融发展加码。这一阶段的文化金融发展可从以下几个方面梳理：

一是信贷融资快速增长。2012 年上海迪士尼项目获得 129 亿元银团贷款支持，创下文化产业项目融资新高。特别是一批文化信贷专营机构、专属产品应运而生，促进了文化金融专业化水平提升和信贷投放快速增长。自2013年以来，21家主要银行文化产业贷款余额平均增长率达到16.67%，高于同期人民币贷款余额增长率2.98个百分点。[①] 二是主题投资基金迎来发展热潮。在我国私募股权投资快速发展的进程中，一批文化产业主题投资基金也相继成立。这当中，2011年中央财政注资引导设立了首支国家级文化产业投资基金，推动了文化类投资基金的发展。在发展最快的2016年，当年备案的文化基金数量达206支，股权投资基金成为多层次文化资本市场的一支重要力量。三是企业上市提速。仅2010年就有16家文化企业在境内外资本市场上市，创年度上市数量新高。十七届六中全会后，2011年年底到2012年又有9家国有文化企业在A股上市，加快了国有文化资产证券化进程。2015—2017年，文化企业迎来新一轮上市潮，其中影视公司备受各方关注。“新三板”推出后，文化企业逐步掀起了挂牌热潮。四是文化金融市场在结构调整中发展。2018年以后，文化企业信贷融资继续保持较稳定发展，但股权融资热度有所下降。受部分行业监管加强、局部过热泡沫消化，以及“资管新规”出台、“新三板”流动性不足等金融市场整体环境影响，文化类股权投资基金新设数量大幅减少，文化企业“新三板”挂牌数量缩减，上市数量也出现下滑，文化金融市场在结构调整中继续前行。

总之，经过二十余年特别是文化体制改革后的十余年发展，我国已初步形成了一套有一定覆盖面和支撑力的文化金融服务体系。文化金融发展支持了文化企业成长壮大，促进了文化企业规范治理，推动了文化创新创造。文化产业在与资本共舞中实现了新的嬗变，金融资本在与文化资源融合过程中也拓展了更加广阔的价值空间。

三、我国文化金融发展的主要特征

文化资源与金融资本对接，需要遵循金融活动的一般规律。但在特定发展环境和市场主体的影响下，文化金融发展也呈现出一定的特殊性，丰富了我国文化改革和金融发展实践，形成了产业金融发展中的特别景象。

（一）文化金融发展具有政府驱动性

我国文化产业发展模式与韩国的“举国体制”相类似，政府政策的大力推动是

① 中国银行业协会：《银行业支持文化产业发展报告（2018）》，2018年8月。

文化产业发展的重要动力。与之相适应,文化金融发展虽然具有内生增长的逻辑,但也体现了政府驱动的鲜明特征,这一特征在上文对文化金融几个递进阶段的描述中已有了充分体现。目前,我国已初步形成了一套自上而下、形式多样的文化金融扶持体系,主要体现在以下几个维度:一是政策指导,通过发布相关文件提供指引。这当中除了中央层面出台了相关政策外,地方也出台了众多政策(如多地出台的金融支持文化产业发展的指导意见等);除了综合性政策外,也包括信贷、保险、上市等方面专项推进政策。二是组织推动,通过开展相关活动予以促进。这当中既包括中央层面的相关工作(如有关部门开展的文化企业债券融资试点、文化金融合作示范区创建等),也包括地方有关部门开展的各类对接、推介等活动。三是政策优惠,给予实质性、差别化政策倾斜。例如,在一定时期内监管部门对文化企业上市、发债等予以优先支持,甚至在一些审核条件上予以豁免优待等(如辽宁出版传媒在上市中获得了股份公司需持续经营三年以上要求的特别豁免)。四是资金支持,通过财政直接投入以实现政策意图。这包括各级财政部门注资引导成立各种文化类政府投资基金、安排贴息补助、提供增信支持、实施风险补偿(如一些地方设立的"文化信贷风险补偿专项资金")、实施各种奖励(如美盛文化上市获得政府1 686 万元的奖励)等。总体看来,文化产业是各个产业门类中为数不多的获得密集金融政策支持的领域。我国文化体制改革是在政府主导下进行的,文化产业起步晚、底子薄,因此,文化金融发展中政府的积极作为有其现实必要性。实践也证明,我国文化金融二十余年特别是最近十余年的快速发展,离不开政府政策的积极推动、引导和扶持。但政府作用的发挥也需要与文化产业、文化金融的阶段特征、发展要求相适应,或调整或完善或巩固或加强,因势利导、顺势而为。同时,文化金融活动实质上是一种以资金供求形式表现出来的市场化的文化资源优化配置过程,因此政府作用的发挥需要以使市场在资源配置中起决定性作用为前提,以提高政策效能,避免政策空转,甚至引起政策"负能"。只有实现市场和政府作用的有机结合,才能推动文化金融健康发展。

(二) 文化金融发展具有创新性

金融创新是对金融要素的重新组合和创造性变革,是金融发展的动力源泉。金融创新与文化创新融合而实现的文化金融创新,既是金融创新的深化,也是文化创新的延伸。文化金融发展的滞后性,以及文化企业轻资产的特性和大众化的产品特征,决定了文化产业是最需要金融创新的领域,同时也是最富于金融创新潜力的领域。随着文化产业发展及文化金融实践的不断推进,文化资源在与金融资源对接的过程中涌现了一系列创新形式，提高了文化金融服务的便利性、有效性，也拓展了金融创新的张力。文化金融创新除了包括上文所述的一系列政策创新外，还包括一系列机构创新(如市场涌现的文化产业特色支行、文化主题基金、文化融资租赁公司、文化担保公司、文化产权交易所等)，最突出的还体现在一系列产品创新(如“创意贷”“影视通宝”“文保通”等银行产品，影院收入、主题公园收入等资产证券化产品，以及艺术品投资集合资金信托等产品)。互联网金融兴起特别是众筹形式推广后，以其成本低、覆盖广、效率高的特征，也成为文化产业金融创新的重要领域。《大鱼海棠》等电影众筹、《战马》等舞台剧众筹，既拓展了文化项目融资渠道，也创新了文化产品的营销模式。但也应该看到，目前已开展的文化金融创新主要仍表现为拓展型创新、摹仿型创新和整合型创新，原创型创新还较少，对文化金融内在规律与发展机制的认识还有待进一步深化。特别是在文化保险领域，目前“市面上的文化产业保险大部分都是‘新瓶装旧酒’”[①]，产品的专业化和系统化水平还需提升。另外，创新与风险密切相连。有效的创新可降低金融风险系数，但从某种角度上讲，创新本身就意味着风险。因此，文化金融创新中衍生的风险及文化金融发展中的其他风险也需引起关注。

(三) 文化金融发展具有高风险性

在产业金融中，文化金融是风险程度较高的领域。文化金融风险要素与损失往往难以预计，高度不确定性是其发展的重要特征。这些风险要素与损失既体现在市场整体层面，也表现在具体产品运用当中。数据显示，2018 年年初 A 股文化传媒板块总市值高达 10 953 亿元，而到 11 月 2 日只剩下 6 481 亿元，缩水了超过 40%。[②] 作为文化产业当中的“头部”企业，当代东方等多家文化上市公司近两年来频频因为贷款逾期被银行诉至法院，印记传媒则在多笔贷款、短期融资券、中期票据、公司债券违约后因股价低于面值而被强制退市。文化金融主要派生于、服务于文化产业，其高风险性也主要来源于文化经营本身的高度不确定性。首先，文化产品的收益具有较大不确定性。文化消费具有主观性、易变性和多样性，文化产品作为满足消费者精神需求的产品，需求弹性高，影响因素多，其娱乐价值、文化价值和市场反应往往难以准确预估。尤其在当前文化产业发展还不成熟，大量企业产

---

① 晨星:《为何文化产业保险推进后劲不足?》，腾讯网，2018 年 8 月 8 日，https://new.qq.com/omn/20180808/20180808A1PWDK.html。

② 数据来源:Choice 数据。

业链不完善的情况下，企业平滑市场风险的难度更大，经营波动性也表现得更加突出。其次，文化领域具有特殊性和敏感性。文化产业具有经济和意识形态双重属性，政府部门往往对其实行特别而密集的管制政策，以保证其在特定政治和文化背景下的社会效益。由于行业的敏感性和特殊性，文化金融活动也可能受到行业监管政策的影响，所面临的政策和法律风险将高于其他类型企业。再次，文化"题材"是高热度、高关注度"题材"。文化消费与人民群众日常生活息息相关，产业发展获得政府政策的大力扶持，加之文化经济本身属于影响力经济的范畴，这些使得文化产业备受关注、自带光环，使其易于成为特殊"题材"、受到市场炒作，热钱快进快出，特别是非理性追捧又放大了文化产业的市场风险。

（四）文化金融发展具有滞后性

虽然文化与金融合作政策环境不断优化，文化金融与自身相比实现了较快发展，发展中还出现了局部过热现象，但整体看来，我国文化金融发展水平还不高，发展不充分、不平衡的问题仍然存在。首先，与企业发展需求相比，文化金融发展还有所不足。有关部门对民营文化企业的专题调研结果显示，56.7% 的企业存在融资困难，80%以上的企业融资渠道狭窄，其资金来源主要依赖自身积累。① 其次，与国民经济其他领域相比，文化金融发展还具有滞后性。截至 2017 年年末，21 家主要银行文化产业贷款余额为 7 260.12 亿元②，仅占金融机构同期贷款余额的 0.6%③，与当年文化产业增加值占 GDP 4.2%的比重④相比，金融资源介入文化产业的程度还明显不足。另从债券发行看，2018 年文化企业共发行债券 49 支，占债券市场总量的 0.13%；发行金额 272.2 亿元，占债券市场总量的 0.08%，⑤体量及占比更低，缓解文化企业融资难、推动文化金融发展依然任重道远。文化金融发展的滞后性，既有上文所述高风险特征的影响，也具有历史和现实的多重原因。首先，我国文化产业起步较晚，虽在改革开放后就已开始了自然发展，但直至 21 世纪初才被正式纳入国家政策范畴。由于长期计划经济体制形成的"路径依赖"，文化领域部分改革还不到位，一些核心资源没有进入市场，一些企业市场化运作程度不高，造成文化和金融"两张皮"，对金融资本的进入、金融产品的运用形成了阻隔。

① 吴鹤：《民间资本投资文化产业金融体系构建》，《税务与经济》，2018 年第 3 期，第 38 页。

② 中国银行业协会：《银行业支持文化产业发展报告(2018)》，2018 年 8 月。

③ 根据中国人民银行披露数据计算。

④ 数据来源：国家统计局。

⑤ 数据来源：Wind 资讯。

其次,与国民经济其他行业相比,文化产业特别是内容生产行业具有不同的经济特征和运行规律。文化企业"无形资产具有数量大、形式繁、变化多、确定难和价值波动大等特性"①,无形资产的评估存在技术缺陷,其内在价值难以获得市场认可,也难以形成标准化产品进入市场流动。与之相适,金融机构的产品设计、风控体系都要相应调整,人力资源需要专门适配,这增加了金融机构的运营成本。再次,我国文化市场主体总体仍呈现"小、散、弱"的状态,产业集中度较低,规模化、集约化水平不足,一些行业、地区市场发育还不成熟,这些都加大了文化金融活动的信息不对称,造成金融机构惜贷惧贷,文化金融服务有效供给不足。

总体看来,文化金融上述发展特征的生成既有我国特殊国情的影响,也受文化产业特定发展阶段的制约,还有文化生产特殊禀赋的作用。这些发展特征相互关联,共同造就了文化金融这一我国金融市场的特殊存在。文化金融发展具有历史性和继起性。对文化金融这些发展特征的认识,将成为进一步推动文化金融发展的现实关照,是新形势下促进文化金融制度创新需要面对和考量的因素。

四、文化金融发展展望

当前,我国经济和社会发展处于特殊历史阶段。受新冠疫情影响,文化产业发展面临一系列困难和挑战,也蕴含着发展机遇。一方面,影院、剧院等现场文化消费特别是密闭场所消费受到抑制;另一方面,以数字内容为核心的数字文化产业异军突起,显现出逆周期扩张特征。不管是支持受疫情重创的文化行业恢复生产,还是推动新兴文化业态深挖潜力,都对文化金融发展提出了新的更高层次要求。从文化金融发展的进程和特征出发,立足当下、着眼长远,需进一步优化文化金融发展环境,增强文化财政政策与文化金融政策的协同效应,构建多层次、多渠道、多元化的文化产业投融资体系,促进文化金融和文化产业实现新一轮更高质量发展,为实现宏观经济恢复和稳定运行、推动经济结构战略性调整提供更加有力的支撑。

(一)构建多层次、多渠道、多元化的文化产业融资体系

当前和今后一段时期的文化金融发展需打出政策组合拳,从债权融资和股权融资等多角度出发,加大对文化产业的金融支持,有效缓解文化企业融资约束,畅通文化产业资金链和产业链。一是实施差异化货币政策,灵活运用再贷款、再贴现等货币政策工具,对文化金融予以定向支持,优先支持商业银行对文化企业的票据

① 杨玉娟:《如何做好文化企业无形资产评估》,《中国文化报》,2019年5月22日。

融资办理再贴现，引导金融机构加大对文化企业的信贷投入。二是推动文化金融专营机构发展，在引导金融机构设立文化服务专门机构和专业团队的同时，积极推动设立以文化企业为主要服务对象的民营银行，推进差异化竞争，探索特色经营模式，推动文化金融体制机制创新和产品服务创新。三是支持文化企业债券融资，在此前发展改革委推出“文化产业专项债券”的基础上，适时推出文化企业专项中期票据、短期融资券，积极发展中小文化企业集合债，强化债券市场的逆周期调节功能。四是推动文化企业上市，在防范一些细分行业价值虚高、引导企业合理确定募集资金投向的同时，对符合条件的文化企业上市融资和再融资予以积极支持，特别是支持文化企业在科创板上市，以及“新三板”文化企业转板上市。五是推动文化类股权投资行业差异化、品牌化发展，促进基金积极开展价值投资，向企业发展更早期布局，向文化科技领域布局，向产业资源整合结构调整发力，体现股权投资战略价值。此外，推动金融机构依托大数据、云计算、人工智能、区块链等创新文化金融业态，开创一系列与文化产业资源特征和营运模式相匹配的产品设计，促进文化内容创新、技术创新、市场创新与金融创新的交融发展。

(二) 加强文化财政政策与文化金融政策的协调配合

财政政策和金融政策是宏观经济调控的主要政策工具，也是推动文化产业发展的两个重要抓手，两者的协同性直接影响了其政策效应的发挥。文化体制改革以来，我国已初步形成了一套与文化事业财政政策相对应、与文化产业金融政策相协调的文化产业财政政策，为文化产业发展提供了有力支撑。在改革发展的新阶段，要进一步发挥财政投入的引导和补位作用，把有限的财政资源优先用在最具有杠杆效应的领域，用在适当的对象、适当的环节，做市场不愿做、不敢做的事情，通过财政政策和金融政策的协同推进，提高文化产业发展质量和效益。在这当中，要积极发挥风险补偿机制和政府投资基金的牵引作用。建立文化金融风险补偿机制，是文化财政政策的有效探索和重要内容。在巩固贷款贴息等成熟支持方式的同时，可积极发挥国家融资担保基金引导作用，支持地方设立文化融资担保专门机构，鼓励各类担保机构加大对文化企业的融资担保支持，激发文化企业生产经营动力。政府投资基金是财政支持文化产业发展的另一重要形式。要坚持规范管理与推动发展并重，明确基金定位，加强绩效评价，提升基金运营市场化、专业化水平，推进基金差异化运作，弥补文化产业发展短板。同时，加强投后增值服务和主动管理，提升政策协调等综合服务能力，发挥基金作为重要股东影响力，引导被投企业积极融入国家文化发展战略。此外，在文化领域积极推广、规范运用 PPP 模式，积极发挥市场机制的作用,形成政府与市场多元主体之间的良性互动。

(三)完善文化金融风险防控机制

文化金融体系的安全、稳健运行是文化金融可持续发展的生命线。在积极加大对文化产业金融支持的同时,需要完善文化金融风险防控机制,建立突发事件应急预案,创新大数据金融监管,对文交所、互联网金融等文化金融平台及其产品进行动态监测,保障文化金融市场稳健运行。在这当中,需要积极加强对文化金融创新的风险防范。创新在推动文化金融发展的同时,也进一步放大了文化金融的高风险特征,其信用风险、流动性风险、法律风险和技术风险等需要金融机构及监管部门积极应对、加强防控。在文化金融发展过程中,诸如艺术品份额化交易乱象,催生了相关跨行业监管专门工作机制。近几年来《叶问3》等影视众筹项目中暴露的一些问题,也凸显了加强协同监管、避免监管缺位的必要性。此外,在此前文化产业众多高溢价收购,特别是影视行业高估值泡沫的背后,"某些资产评估机构'功不可没'"[①]。"资产评估并非'过家家'游戏"[②],加强对相关资产评估机构的监管,强化对违规机构及其人员的处罚,压实中介机构职责,也是文化金融健康发展的迫切需要。

(四)加强文化市场主体建设

文化金融发展还有赖于文化企业自身的制度建设、规范运作和经营水平的提升。在文化产业发展过程中,诸如上市公司欢瑞世纪财务造假、中南文化违规担保及占用资金等案例,反映出企业内控缺失、治理失效、独立性不足等深层次问题,不仅加剧了企业经营风险,影响了企业后续融资,而且拖累了行业整体形象,对文化金融生态造成了破坏。此外,产权制度也对文化企业融资活动的开展有重要影响,在国有文化企业中表现得尤为突出。我国大量国有文化企业是在文化体制改革中由经营性文化事业单位转企改制而成,虽已完成了转制,但建立现代企业制度的任务仍相当繁重。国有文化企业与国有企业改革早期的形态类似,是一个"镶嵌在行政层级制中的产权结构"[③]。由于长期的事业体制深刻影响着干部职工的行为选择,大量国有文化企业仍延续着事业体制下的管理思维和行为模式,缺乏与金融市场相适应的竞争意识、风险意识和运行机制,制约了文化企业与金融市场的有效对

---

① 杨欣:《多个高溢价收购方案被问询》,《广州日报》,2016年5月26日。

② 熊锦秋:《资产评估并非"过家家"游戏》,《董事会》,2019年第5期,第17页。

③ 刘文通:《国有企业准兼并假说》,《经济研究》,1995年第8期,第34页。

接。积极深化文化企业改革，打造合格文化市场主体，不仅是文化企业自身发展的内在要求，也是文化金融健康发展的现实需要。文化企业还需积极推进自身建设，特别是建立清晰的商业模式、规范的公司治理结构和完善的财务管理制度，培养懂文化、善经营的管理团队，为资本运作的开展及金融服务的介入打下坚实基础。

（五）加强相关公共服务支持

文化金融发展也离不开相关公共服务支持。2010 年，央行在《金融机构贷款投向统计报告》中首次将文化产业贷款投放情况予以专门列示，表明了对文化产业贷款的关注与引导。近两年来，相关信息不再予以披露。贷款是文化企业的主要融资渠道，贷款投放情况是行业发展的晴雨表，也是社会资本对行业进行投资的重要参考。结合文化金融发展情况，应适时发布并细化披露文化产业贷款投放情况，同时加强对相关数据的综合分析与研究，通过贷款数据分析准确反映文化产业发展形势和特点，为行业发展提供服务与支持。此外，建立涵盖金融机构和市场监管、税务等多部门的文化企业信用信息联动机制，促进信息共用共享，减少信息不对称风险，强化文化企业信用意识。在《文化企业无形资产评估指导意见》的基础上进一步完善无形资产评估制度，建立评估样本数据库，健全无形资产交易、流转体系，激活文化企业沉默资产，促进文化资源与金融资本有效对接。

参考文献

[1] 吴鹤：《民间资本投资文化产业金融体系构建》，《税务与经济》，2018 年第 3 期，第 38页。

[2] 中国银行业协会：《银行业支持文化产业发展报告(2018)》，2018 年 8 月。

[3] 杨玉娟：《如何做好文化企业无形资产评估》，《中国文化报》，2019 年 5 月 22 日。

[4] 杨欣：《多个高溢价收购方案被问询》，《广州日报》，2016 年 5 月 26 日。

[5] 熊锦秋：《资产评估并非“过家家”游戏》，《董事会》，2019 年第 5 期，第 17 页。

[6] 刘文通：《国有企业准兼并假说》，《经济研究》，1995 年第 8 期，第 34 页。

作者简介

蓝　轩，广西都安人，中国社会科学院文化研究中心特约研究员，研究方向为文化产业。

Retrospection and Prospect on the Development of Cultural Finance in China

Lan Xuan

Abstract: Since the 1990s, driven by the reform of economic system, the reform of cultural system, and the special policy for cultural finance, China's cultural finance service has crossed different development stages, and gone through the process of starting, growing, and gradually forming a system. In the integration of cultural resources and financial capital, the development of cultural finance is featured by being government-driven, innovative, high-risk and lagging, forming a special existence in China's financial market. In the special period of boosting economic development under the circumstances of COVID-19, we should, by starting from the development context and characteristics of cultural finance, and in combination with the new situations and new tasks, improve the investment and financing systems of the cultural industry, strengthen the coordination and cooperation of cultural fiscal policies and cultural financial policies, optimize the development environment of cultural finance, and provide powerful support for realizing a new round of higher-quality development of cultural industry.

Key words: Cultural Industry; Cultural Finance; Financial Risk; Market Subject

文化赋能和技术赋能的深度互融：文化产业的内生逻辑及外在呈现①

唐月民　何守慧

摘　要：作为文化现象和经济现象的混杂体，文化产业的演进自有其内生逻辑和外在呈现。文化产业的内生逻辑问题具体表现为三个问题，即文化何以成为产业，产业何以需要文化，文化产业何以成为一种生态。文化产业是现代社会的产物，是技术赋能文化的产物。技术赋能与文化赋能的初步融合体现在文化产品的爆发式增长。随着文化赋能与技术赋能的高度融合，文化产业的发展进入文化品牌的塑造时期。文化赋能与技术赋能深度融合，促使文化产业进入一个文化生态化新发展阶段，这意味着文化产业的布局与未来方向重点将是文化生态的构建过程。

关键词：文化赋能　技术赋能　文化产业　文化品牌　文化生态

一、引　言

文化自产生以来，便和经济有着千丝万缕的关系。但文化形成产业，作为文化产业的存在，并逐渐成为经济热点，迅猛发展，并被一些国家提升为国家战略，却不过是近百年的事。作为文化现象和经济现象的混杂体，文化产业的演进自有其内在逻辑和外在呈现。文化产业的演化自然取决于多重因素的合力，但不可否认的是，文化和技术因素在其中扮演了至关重要的角色。

文化产业的演进自有其内生逻辑，这决定着文化产业的发展方向。目前，学术

① 本文系国家社会基金艺术学重大项目“5G时代文化产业新业态、新模式研究”(项目编号：20ZD05)、国家社科基金重点项目“健全现代文化产业体系和市场体系研究”(项目编号：20AZD065)、山东省教育厅山东省研究生导师指导能力提升项目“‘国家新旧动能转换’背景下文化产业管理硕士研究生创新能力培养研究”(项目编号：SDYY18157)阶段性成果。

界尚无专文对文化产业的内生逻辑进行研究，但是对这一问题的探讨始终没有停止过，主要集中在两个视角。一个是文化在文化产业中的作用，一个是技术在文化产业中的作用。这两个研究视角，可简化为文化产业中的文化赋能与技术赋能。实际上，文化赋能与技术赋能强调的是文化产业发展中的两个相向方向，即产业文化化与文化产业化方向。这是两个不同的思路，文化产业化的核心是文化，强调的是作为文化的产业化展开方向，而产业文化化的核心是产业，强调的是作为产业的文化化展开方向。这两个研究思路对人们理解文化产业的演进逻辑提供了极有价值的思想养分。

文化赋能和技术赋能在文化产业的演进中所起的作用，并不是截然分开的，也不存在一个先后顺序。即文化产业的演进不是先有一个文化产业化，再有一个产业文化化的顺序。文化赋能和技术赋能可以说在文化产业演进中是同步展开的，只不过有时技术赋能更为突出，有时文化赋能更为明显。也就是说，文化产业的演进是文化赋能和技术赋能融合的结果，深度互融才是隐藏于文化产业背后的内生逻辑。

文化产业的出现并不是偶然的，是文化和经济长期互融的结果，并最终进入人们的视野。当我们把"文化产业"作为一个独立的经济部门去审视时，就不可避免地追问文化产业的发生问题，即为什么会出现"文化产业"这样的产业。这个问题的实质就是文化产业的演进路线问题，也就是文化产业的内生逻辑问题。这一问题显然不是一个对"时间"的追问，即文化产业产生的时间路线图。这也正是文化产业的复杂性所在。也就是说，我们不能简单地以时间节点的方式去回答文化产业的演进问题。之所以会如此，显然和文化赋能与技术赋能同时在文化产业的产生中发挥作用所致。文化产业的发生既然不能以"时间"的逻辑去分析，那只剩下一种可能，即只能从"逻辑"上分析文化产业发生的"先后"问题。如此一来，文化产业的内生逻辑问题就具体转化为三个问题，即文化何以成为产业、产业何以需要文化、文化产业何以成为一种生态，这三个问题共同组成了文化产业的内生逻辑图景。

文化产业作为新经济引擎，正在全球范围内迅猛崛起。"人类命运共同体"①的构建也亟须文化产业助力。因此，文化产业不但是一个经济议题，更是一个文化

① "人类命运共同体"意识是2012年11月在中共十八大中明确提出的，这是中国政府倡导的关于人类社会的新理念。

议题。文化产业如火如荼的实践受制于其内生逻辑。有鉴于此，从文化赋能和技术赋能深度互融的角度对文化产业的内生逻辑及外在呈现进行探讨，既有理论上的价值，也有实践上的需要。

二、文化何以成为产业

从有形与无形的角度去思考文化产业问题，文化和产业是两个维度，即文化是无形的，产业是有形的。作为无形的文化如何转化为有形的产业，回答的就是文化何以成为产业的逻辑问题。作为“隐性”存在的文化，如果要变为“显性”存在的产业，必须借助“技术”这一媒介方能实现。也就是说，只有技术赋能文化，文化才有可能成为产业。当技术赋能文化时，“文化”便以“文化产品”的形式外显于消费者面前。

传统社会里，文化是少数人享有的特权。这固然和政治地位相关，但和技术手段的不发达显然也有很大的关系。技术手段过于依赖手工和人力，使得文化生产变得艰难，导致了文化产品的“小量”化生产方式。不可否认，小量化的生产容易产生高质量的文化产品。比如，在我国，以文字传世的典籍，由于材质的稀缺，只能被记载在龟甲、兽骨、青铜器、竹木简、帛、纸等载体上。这些材质本身就是“奢侈”品，主要在于这些材质的获得和生产本身就不是一件容易的事。由于材质的稀缺，这样的文化生产只能是一次性的，而且是慎重的，文化含量自然极高，如“四书五经”、《道德经》等，对后世产生了重要影响。即使“纸”这样易书写的载体，由于造纸术的欠发达，印刷术的不普及，也很难批量生产。书籍主要依靠“手抄”流传。在人类历史上很长的一段时间里，文化的生产者和消费者几乎是同一批人。在欧洲社会古代和中世纪漫长的岁月里，牛羊皮是主要的文书书写载体。即使到了近代社会，美国《独立宣言》等文件，为表达对传统的尊敬及凸显文件本身的庄严性地位，依然以羊皮作为书写载体。

与传统社会相比，现代社会里的文化不再被少数人“掌控”，这主要得益于技术的进步。现代生产方式的标志是“大机器生产”。与传统的手工生产方式最大的不同是，大机器生产高效、标准，可以做到“批量”化生产。自从人类社会进入现代社会以来，工业生产的方式自觉地或不自觉地进入文化生产领域。对这一点，法兰克福学派代表人物霍克海默(Max Horkheimer)和阿多诺(Theodor Adorno)给予了充分关注，把文化的新生产方式归结为“文化工业”(Cultural Industry)，他们从文化和工业对立的角度，对“文化工业”加以严厉的批判。与阿多诺和霍克海默不同的是，同为法兰克福学派的本雅明(Walter Benjamin)却对“复制”技术在艺术作品中的应用进行了积极回应，肯定了技术与文化融合的社会进步意义。无论对“文化工业”持肯定态度或否定态度，都不能阻挡文化生产“机械复制时代”的来临。从20世纪40年代霍克海默和阿多诺提出“文化工业”的概念，再到20世纪70年代“文化产业”(Cultural Industries)概念的提出与普遍应用，反映出人们对“文化”生产从“独立”的“灵韵”艺术生产到“产业”部门认知态度的转变。这一转变反映出，人们逐渐从“否定”到“肯定”“文化产业”合理性的过程。

厘清“文化产业”概念是一件十分困难的事情。“创意产业”“内容产业”“文化创意产业”等概念层出不穷。在我国，用“文化及相关产业”表述，并把它作为“《国民经济行业分类》的派生分类”来理解。出现这么多的概念，主要与各国对“文化产业”的理解与诠释有关，实际上描述的基本是同一文化生产活动，即“工业化”的生产方式。“文化产业”之所以会引起如此大的争议，主要是和它的两个议题有关。“文化产业”既可以是一个“文化议题”，也可以是一个“经济议题”。事实上，“文化产业”是一个“文化”和“经济”纠缠在一起的议题。出现目前的争议局面主要由文化生产方式的巨大改变引起的。可以说，“现代”技术赋能文化生产所引发的一系列变革，不但改变了文化的“产量”，更改变了文化的“质量”，甚至在很大程度上颠覆了“传统”文化。“产量”的改变，体现在“少量”的文化产品变为“过量”的文化产品。“质量”的改变，体现在“精英文化”的式微，与此相应的是“大众文化”的崛起。“传统”文化的生产与演进，受制于技术进步的局限，具有缓慢性、稳定性、经典性等特征。现代技术进步给文化生产带来了极大的赋能，文化和技术迅速融合，催生了一系列新文化产品，无论在内容上还是形式上，都快速地催生出“文化新业态”“新文化产品”。

在人类历史上，文化和产业长期以来是两个互不统属的部门，这主要源于三个方面的原因。第一，受教育程度的限制。普通民众很难拥有教育机会，从而抑制了其进行文化消费的欲望，使文化消费限制在“少数人”手中。第二，技术进步的限制。文化生产需要技术进步对其赋能，文化生产者纵有生产热情，也难以实现产量的提升，从而把文化生产固化为一种“少数人”的专利。第三，经济增长的限制。文化生产和消费属于人的高层次欲望满足(文化需求)，需要付出高昂的经济成本，生产力水平的长期低下自然不能释放文化生产和消费的欲望机制。这三个因素中，最为关键的当属技术进步因素。这是因为，技术进步可以降低文化生产成本，拉低文化产品价格，刺激文化消费欲望。因此，长期以来，虽然文化能和经济发生联系，少量文化产品也可以进入市场交易，但文化生产从来不会成为一种产业部门。只有工业革命以来，大机器生产技术在文化生产领域广泛应用，日新月异的新技术不断赋能文化，促使文化赋能和技术赋能深度融合，文化成为产业才变得可能。

文化成为产业的外显标志就是大规模文化产品的出现。大量文化产品被投入到市场，低廉的价格对普通民众产生“刺激”与“诱惑”，从而使文化消费不再“奢侈”，文化产品因为规模而产生经济效益。因此，大量企业进入文化市场从而变为文化企业集合，“文化”和“产业”互不统属的局面被彻底改变，“文化”部门可以顺理成章地变为“产业”部门，作为经济现象被人们分类与解读。

三、产业何以需要文化

人类的需求可以分为物质需求和文化需求。从人类生存的角度出发，物质需求是人类的刚性需求，而文化需求则是人类的柔性需求。在文化形成产业前，所有的“产业”部门解决的是人类的刚性需求。人类天生有对“意义”的追寻与需求，“意义”解决的是人类“为什么活着”的问题，属于柔性需求的范畴。从某种程度上讲，对“意义”的追求，更接近“人之为人”的终极价值。因而，解决“刚性需求”的“产业”部门，自然有天生迎合“意义”生产的特性。作为产业部门的文化产业，本身是技术赋能的产物，对“意义”需求的诉求，亟须文化赋能的注入，文化赋能产业部门，从而使文化产业有了鲜明的“品牌”呈现。

短缺是人类社会发展史上的“常态”，这源于生产力水平的低下。人类长期徘徊于“温饱”的边缘。小农业和手工业生产是传统社会的主流生产方式，商品经济作为传统社会的“天敌”，长期被压制在狭小的生存空间。因而，对生存的需求压力构成了人类追逐“刚性”产品的主旋律，作为“意义”载体的“文化产品”则主要让渡给王公贵族与豪强地主们。“物质产品”与“文化产品”(意义产品)的双重短缺反过来又抑制了生产力的解放。与物质产品相比，“意义产品”显然更为稀缺。然而，近代以来，大机器生产方式的启动，物质生产力与文化生产力都得到空前“释放”与“解放”，物质产品与文化产品从“短缺”变为“过剩”则有了可能。

大机器的转动，工业化生产的“流水线”作业，极大地提高了物质产品生产效率。“标准化”逐渐成为工业生产的“标签”。大量品质整齐划一的物质产品被企业源源不断地生产出来。在足够多的物质产品面前，消费者不再如“短缺”时代那样毫无选择，“主动”性的提升导致其“选择”的自主权日益增强。为适应新消费趋势的变化，企业简单扩大生产规模与提高生产效率的经验则不再奏效，它面临的是同行业内的残酷竞争，也延伸至相似行业间的竞争。这就要求企业实行差异化的竞争策略。物质产品的消费价值主要在于其“功用”性，即产品的实用功能。而差异性的竞争要求则不再是实用性的竞争，实则转变为“非实用性”的竞争，而“非实用性”的卖点其实就是“意义”的兜售。也就是说，消费者在购买物质产品时，已主要不再关注其实用功能，而更关注其“意义”价值，这就使得物质产品的定价由功用性价值和文化附加值两部分构成。文化附加值显然是对物质生产文化赋能的结果。因此，只有将文化赋能和技术赋能融合的物质生产企业在市场竞争中才能脱颖而出。这一类企业集合的文化转型，阐释的是产业文化化方向。

“标准化”的现代生产方式是“工业”生产的成功经验。这一经验被一些企业迅速移植到文化生产这一部门。“复制”技术的进步，使文化生产的再生产的边际成本极为低廉或几乎可以忽略不计。文化生产一直以来都是充满“个性”的，具有不可复制性。但现代技术的进入，使得文化生产变成了一种“工业”生产，文化产品的“稀缺性”特质被不断稀释，从而使雷同或“相似”的文化产品比比皆是，充斥着文化市场。消费者收入的增加，受教育机会的增加和程度的提升，使他们面对琳琅满目的文化产品不再“饥渴”，这样，文化消费者的“选择权”也增强了。出现这种状况与文化企业对待“文化”的态度有关。在文化企业家那里，文化产品与物质产品一样，在创造经济效益方面并无二致。因而，只要市场存在文化需求，文化企业就从“利润最大化”原则出发，去尽可能地扩大生产，以满足企业获利的诉求。文化产品的“标准化”生产本来是技术赋能文化的结果，但由于千篇一律的文化产品“涌入”市场，反而出现了令人意想不到的另一种“反动”结果，即“标准化”的文化生产重新需要引入“文化赋能”机制，与“技术赋能”文化生产机制“再”融合，去推动文化生产的“差异化”。这是另一种类型的“产业”“文化”化方向。

文化产品的消费具有“效用递增”特征，不同于“效用递减”的物质产品消费。这和文化消费的“上瘾”症有关。对于文化消费者而言，对某一文化产品的消费，随着消费次数的增加与时间的持久，会形成强有力的“文化偏好”，如某些明星的“粉丝”就是典型的群体。2019 年 9 月 16 日晚 23 时，周杰伦新歌《说好不哭》正式上线，在 10 小时内创造了 1 645.6 万元人民币的销售额，彰显了“粉丝经济”的力量。“粉丝”的力量是文化产业发展的重要支撑力，创造“粉丝经济”有赖于“文化品牌”的塑造。对文化企业来说，“文化品牌”就是核心竞争力。因此，“文化品牌”的出现是必然的，是文化赋能和技术赋能互融推动的产物。

四、文化产业何以成为一种生态

文化产业是现代社会的产物，是技术赋能文化的产物。技术赋能与文化赋能的初步融合体现在文化产品的爆发式增长上。随着文化赋能与技术赋能的高度融合，文化产业的发展进入文化品牌的塑造时期。然而，技术进步的跃迁并未停止，互联网技术、AI技术、大数据技术、VR/AR技术、云计算技术、云存储技术、5G技术等渗透到文化产业中，文化赋能与技术赋能深度融合，促使文化产业进入一个文化生态化新发展阶段。这意味着文化产业的布局与未来方向重点将是文化生态的构建过程。

拜技术赋能与文化赋能的深度互融所赐，文化产业正经历着前所未有的变革。随着人工智能技术和移动互联网等新技术的快速应用与推广，文化生产、文化传播、文化消费、文化商业模式等都发生了裂变，文化产业的“边界”正由“清晰”变得“模糊”，“跨界”成为“文化产业”的新特征。在文化生产中，AI技术等正深度介入其中，深度学习、图像语音识别、全息影像等技术使文化生产更具“智能”性，文化产品中的“意义”内容融入了更多“创意”要素，时间限制和空间距离等成本因素不再成为文化生产的“阻滞”，文化生产正变得简捷与高效。在文化传播中，“媒介”的技术“壁垒”不断被打破，传统媒体与“新媒体”的“分水岭”不再是“一堵墙”，“融媒体”俨然成为传播的新走向。在文化消费中，“沉浸式”交互体验正成为文化消费者的新“口味”。在文化商业模式上，“免费”模式正渗入文化多个领域和环节中，“收费”模式却另辟蹊径，“免费＋收费”模式变得更加“隐匿”。随着技术赋能与文化赋能融合深度的空前加强，“万物互联”的新技术特性在悄然间“嫁接”起文化产业与其他行业的“桥梁”，“跨界融合”的结果是“文化产业”的“疆界”正出现“无远弗届”的“动态”“建构”过程，这显然是一种“文化生态”构建的局面。

文化产业步入“文化生态”的新阶段是必然的。物质消费与文化消费一直以来是可以独立分开的领域，即一个人可以只进行物质消费而不进行文化消费。人类历史很长时间内，文化消费对普通民众而言是可有可无的。从人的根本属性来讲，“求知是人类的本性”。人类天生有着对“美好生活”[①]的向往与追求。“美好生活”

---

① 习近平总书记在“十九大报告”中指出，“中国特色社会主义进入新时代，我国社会主要矛盾已经转化为人民日益增长的美好生活需要和不平衡不充分的发展之间的矛盾”，这一论断为文化产业指明了发展方向。

当然包括物质消费的保障,但文化消费是其中的核心。在一定程度上讲,人类“美好生活”的获得是文化消费提供的。因而,我们可以说,文化产业的兴起给人类过上“美好生活”提供了最大的可能性。既然人处于一种“生活”状态中,在物质生活富足的前提下,对精神“富足”的追求便成为主要目标。在技术赋能与文化赋能的初步融合时期,人们通过消费一定数量的“文化产品”,便能获得“美好生活”的感觉。在技术赋能与文化赋能的高度融合时期,人们通过单一的文化产品消费已不能获得“美好生活”的感觉,而须通过消费“文化品牌”,才能获得“美好生活”的感觉。当技术赋能与文化赋能进入深度融合时期,行业间的“界限”不再“牢固”,物质生产部门更加注重“文化”附加值的比重,文化生产部门则更加注重生产与消费的“效率”。在这一背景下,“物质”与“文化”已变成“你中有我,我中有你”的难解难分之势。因此,“美”不再专属于“文化”领域,而成为“生活”的品质诉求。也就是说,“美好生活”的“美”是全域的,即打通了“物质”与“精神”的“管道”,而成为一种“生态”的存在。

文化生态的构建在文化产业中已初现端倪。比如,一个人可以在几分钟之内,根据个人所需,可以通过各款App,在线预订餐饮、出租车、电影票、演唱会门票、门诊挂号、家居、景点参观等服务,并在一天内完成所有内容。这种“情景”很难用单一行业来形容,它囊括了餐饮业、电影业、出租车行业、演艺业、医疗行业、家居行业等,具有“超产业边界”特征。此种状况的出现,只有在技术赋能与文化赋能进入深度融合时期后才成为可能。对这一“超产业边界”的新特征,用产业“生态”来概括是比较适合的,这一产业“生态”的本质实则是一种“文化生态”的初显。对于“文化生态”的初步建构过程,我们可以预见的是,文化产业的“生态”化将成为文化企业成长的新策略。

平台建设将在文化产业的“生态化”建构中起到重要作用。“文化生态”的构建,对文化企业来说,是一个全新的挑战。它对企业的要求不是传统的“多元化”经营策略,也不是简单的“跨界整合”的企业兼并之路,而是一种“平台”的构建。这一“平台”需要5G技术、互联网技术、AI技术、云计算技术等高新技术的强力“聚合”支撑,在这一“平台”上,可以实现“万物互联”,文化企业和文化消费者、文化消费者与文化产品、文化消费者与文化消费者之间的“无缝”对接,“虚拟”与“现实”、“传统”与“现代”、“此处”与“彼处”的自由“切换”不再是遥不可及的梦幻,而是一种新颖的“生活”方式。

在“文化生态”的构建中,文化产业史无前例地关注“个人”化的需求,从满足

"大众"的文化需求到满足"小众"的"生活"美学需求。这一转向极具"历史"色彩。文化产业的兴起是技术赋能主导的结果,它使"文化"消费从"殿堂"到"民间",由"精英"独享到"大众"狂欢。"阳春白雪"与"下里巴人"成为"前文化产业"时期与"文化产业"时期的注脚。然而,技术赋能与文化赋能有机结合在一起,逐渐走向深度互融"深水区","个性化"的"美好生活"需求被重新激活,"小众"需求重归文化产业的"视野"。这里的"小众"不同于过往的"精英阶层",它是一种"新阶层",意味着可以享受"个性"美学生活的"人"。这一个个"人"汇集成一个庞大的"文化市场",是一种"新""大众"群体。

五、结 语

人类对于"美好生活"的执着,改变着自己及周遭的世界。经济全球化叙事下的文化产业负有"人类命运共同体"建设的使命。文化赋能与技术赋能的深度互融推动着文化产业的"车轮"滚滚向前。"梦想"与"希望"是全人类永恒的主题,文化产业的画卷以此为"核心",正按照自己的逻辑路线"全面"展开。优秀的文化产品带给人们无数次的感动,持久的"文化品牌"充当着文化企业与文化消费者之间的"黏合剂",作为"美"学的"文化生态"正在全面改变和塑造着每一个"人"的"新"生活方式。需要注意的是,作为"文化"的"文化产业"与作为"产业"的"文化产业"的互相交融还没"结果",而作为"文化生态"的"文化产业"却在不经意间登上历史舞台并成为市场的"新宠"。多种不同"形态""叠加"与"迭加"的"文化产业"增加了它演进过程中的"复杂"性,而这正是"文化产业"的无穷魅力所在。

参考文献

[1] 马克斯·霍克海默,西奥多·阿道尔诺. 启蒙辩证法:哲学断片[M]. 渠敬东,曹卫东,译. 上海:上海人民出版社,2003.

[2] 瓦尔特·本雅明. 机械复制时代的艺术[M]. 李伟,郭东,译. 重庆:重庆出版社,2006.

[3] 卢扬,郑蕊. 上线10小时销量达548万周杰伦新歌《说好不哭》总销售额破1 600万元[EB/OL]. http://www.bbtnews.com.cn/2019/0917/319550.shtml.

[4] 亚里士多德. 形而上学[M]. 吴寿彭,译. 北京:商务印书馆,1959.

作者简介

唐月民，山东德州人，山东艺术学院艺术管理学院教授，江苏文化产业研究基地研究员，硕士生导师。研究方向为文化产业、艺术管理。

何守慧，福建泉州人，南京师范大学新闻与传播学院研究生。研究方向为传媒经济学。

Deep Integration of Cultural Empowerment and Technical Empowerment: The Endogenous Logic and External Presentation of Cultural Industry

Tang Yuemin　He Shouhui

Abstract: As a mixture of cultural and economic phenomena, cultural industry evolves with its own endogenous logic and external presentation. The endogenous logic of cultural industry is manifested in three questions, which are why culture becomes an industry, why an industry needs culture, and why cultural industry becomes an ecology. Cultural industry is a product of modern society and of technique empowering culture. The initial integration of technical empowerment and cultural empowerment is embodied at the explosive growth of cultural products. With the high integration of cultural empowerment and technical empowerment, the cultural industry has entered the period of creating cultural brand in its development. The deep integration of cultural empowerment and technical empowerment has promoted the cultural industry to step into a new development stage of cultural ecologicalization, which means that the layout and future direction of cultural industry will focus on the construction process of cultural ecology.

Key words: Cultural Empowerment; Technical Empowerment; Cultural Industry; Cultural Brand; Cultural Ecology

乡村文化产业研究的城市视角、现代化认知与新媒体逻辑①

秦朝森

摘　要：乡村文化产业对于乡村文化、经济、社会均有重要影响，值得研究者重点关注。由于对乡村问题的现代化认知与“文化”的精英式理解，乡村文化产业研究始终囿于一种城市视角之下；同时，乡村文化由一种被忽视的亚文化成为被“凝视”的对象，在迎合式改造中，乡村文化丧失了主体性。研究者应该遵循一种新媒体逻辑，将新媒体作为乡村文化产业的背景性因素，重新理解乡村文化，发挥乡村居民的主体性，重点关注新媒体平台中的各种文化现象，改善乡村居民在文化产业发展过程中的“失语”状态，探索乡村文化产业发展的新路径。

关键词：新媒体逻辑　城市视角　现代化认知　乡村文化产业

一、引　言

乡村文化产业的发展对于乡村文化传承、社会稳定、经济发展等方面均有重要意义。乡村在某种程度上作为中华民族优秀传统文化的保留地，是人们维系情感、汲取力量的精神家园。然而乡村正在遭受现代文明的洗礼，许多传统的文化面临着传承乏力、后继无人的窘境；与此同时，乡村亦成为低劣信息汇聚的场所，各种低俗、色情、迷信等文化糟粕乘虚而入，赌博、吸毒、虐待老人、妇女解放运动倒退等情况严重，严重影响了乡民的精神健康与日常生活，给社会稳定带来极大的伤害。乡村所出现的问题与整个社会转型密切相关，其中文化的凋敝是一个重要原因。郭

---

① 本文系上海市哲学社会科学规划青年课题“在沪青年流动群体的新媒体互动及影响研究”(2019EXW005)、教育部规划基金项目“基于乡村振兴战略的乡村文化自信培育研究”(18YJA710053)阶段性研究成果。

玉兰(2007)认为农村文化的凋敝和文化体制的陈旧有密切关系，文化体制的滞后也给农村传统文化的传承带来了危机。因此，乡村亟须在文化层面变革，而乡村文化产业发展可以肩负起传统文化复兴、精神文明建设的重责。乡村通过深入挖掘农村文化资源，系统发展文化产业，使文化适应市场，通过文化的繁荣复兴与村民精神面貌的改善，进而解决文化凋敝、社会稳定及经济发展的问题。范周(2017)指出，要注重扶贫攻坚，使文化产业成为“老少边穷”地区发展的助推器。政府也认同文化产业在乡村发展中的重要作用，不断出台政策措施给予鼓励引导。《关于推进社会主义新农村建设的若干意见》明确指出，要“扶持农村业余文化队伍，鼓励农民兴办文化产业”。《中共中央国务院关于实施乡村振兴战略的意见》提出，“乡村振兴，乡风文明是保障。必须坚持物质文明和精神文明一起抓，提升农民精神风貌，培育文明乡风、良好家风、淳朴民风，不断提高乡村社会文明程度”；主张“加强农村思想道德建设”“传承发展提升农村传统文化”“加强农村公共文化建设”“开展移风易俗行动”；此外，还专门提到了在农村发展特色文化产业的问题。鉴于现阶段发展乡村文化产业的重要作用与学术研究对于产业发展的指导意义，本文将梳理现阶段乡村文化产业研究的基本状况，对其中可能存在的问题进行分析，在此基础上为乡村文化产业的发展提供建议。

二、囿于城市视角的乡村文化产业研究

国内对于乡村文化产业的研究经历了一个认知逐步深化、研究层次日益多元的过程。一方面研究成果日益丰富，数量日益增多，仅在中国知网以“乡村文化产业”或“农村文化产业”为主题词进行搜索，便可得文献 2391 篇，体现出学界对于这一议题的高关注度；另一方面，学界也不断对既有研究进行深化与反思。研究脉络从侧重于政治层面过渡到偏重于经济层面，从零散认知到系统研究，从建设与提供对策到反思与理论建构，从文化政策研究到文化产业政策研究，在批判中寻求新的理论突破与研究取向，进而呈现一种螺旋式上升的研究路径。总体而言，乡村文化产业研究为乡村文化产业的发展提供了重要的学术支撑与理论指导，其贡献毋庸置疑。

学界对乡村文化产业的研究存在一种明显的预设：采用城市的视角研究乡村文化产业问题。具体而言，乡村文化产业研究呈现出一种从城市角度俯视乡村问题的研究视角，不论其发展阶段、发展路径还是解决办法均与以城市为主要研究对象的文化产业政策密切相关。学者认为乡村文化产业与城市文化产业的本质是一

样的，只是表现形式存在很大差异。与文化产业部门大都集中在城市不同，农村的优势是其具有农村特色的自然资源与生活风俗。（谭志云，2007）在具体解决乡村文化产业发展所存在的问题时，学者（范玉刚，2010）对标城市文化产业发展的现状，认为乡村文化产业大多处于起步阶段，相对于城市文化产业的发展仍然不尽如人意，大多处在产业链低端，提议在国家层面必须把乡村文化产业发展纳入全国文化产业发展的大格局中，做到资源共享、平台共享、信息共享、扶持和优惠政策共享，才会不断缩小城市与农村文化产业发展的差距。杨莹（2017）认为农村文化产业政策不够完善，针对性不强。相比较城市文化产业建设在融资、赞助等方面的优惠政策，并未针对农村文化产业提出具体的对策。毫无疑问，上述研究对于推动乡村文化产业发展有积极的推动作用。然而在某种程度上，将乡村文化产业与城市文化产业拉入同一赛道进行分析并提供政策支持，对乡村文化产业发展并不公平，也容易使相关研究落入城市化的路径中。

囿于城市化的研究视角，使现有乡村文化产业研究存在两大突出问题：第一，在政策研究层面，研究者较少涉及农民如何参与文化产业政策制定，农民的主体性问题并没有得到足够的重视。第二，互联网文化产业研究风起云涌，但是乡村互联网文化产业研究，特别是相关政策问题还少有人涉及。在互联网大潮的席卷下，我国农村也开始进入互联网时代。互联网对农村的发展影响十分复杂，需要学者进一步研究其中的机遇与影响。已经有学者（陈治渊，2018）在对农村互联网发展现状和问题的基础上，剖析互联网技术下乡村文化产业的发展机遇，同时通过案例分析，对推动互联网下乡村文化产业的持续发展提出了若干对策建议。但这种研究并不深入，乡村文化产业在互联网时代的发展问题仍然处于被忽视的状态。

有学者对城市视角研究乡村文化产业这一逻辑起点进行反思，认为乡村文化产业发展并不能照搬城市文化产业发展模式，特别是不能将乡村文化产业简单地商业化。因为从政策的取向来看，并非只有推向市场的文化活动和文化部门才可以被称为文化产业。西方文化产业比较发达的国家始终把弘扬民族优秀文化、保护环境资源和文化遗产、促进民族融合和认同、鼓励社会平等、改善居民整体利益和基本福利状况作为文化产业的一部分，作为政府文化政策的长期目标和努力方向（苑捷，2004），研究的起点往往决定研究的结果，文化上的差异也会进一步导致文化产业这样一个一般性的概念在农村和城市具有完全不同的特性。（张永丽，2012）

按照城市文化产业的逻辑进行研究，只会使得乡村文化产业研究沦为城市文化产业研究的附属物。尽管其理论或实践均指向了城市，但只是将研究对象换成了乡村，并没有真正提出适合农村文化，适合农村特色的文化产业研究：这样一方面提出的政策措施并不适合农村实际情况；另一方面加重了农村对于城市的从属地位，在此基础上开展的文化产业研究重构了乡村文化，即乡村文化迎合城市视角的理解，从而对自身形态进行再造，产生一种城市化的乡村文化。

三、现代化认知与精英化理解所导致的研究局限

现代化认知是造成乡村文化产业研究中的城市视角与中国乡村研究中存在的城市倾向的重要原因，这背后是中国乡村研究的局限在文化产业领域的放大。赵旭东(2009)认为，乡村问题研究有一套旧有的模式，中国近三十年的乡村研究笼罩在一种“问题解决”的思考范式之下而不能自拔，这样做的前提是把乡村笼统地界定为一个问题的乡村，以现代城市的眼光去向下看传统的乡村，并在乡村与城市的连线上寻找农村问题的解决路径。就历史的维度与理论视野而言，对“现代性”的一味追求与全盘肯定，导致了对传统文化的抛弃和以“现代性”作为取舍标志，使得以现代文明与城市视角来研究农村问题与农村文化。张颐武(2007)认为在中国追求“现代化”的20世纪，传统文化有一种“空洞化”的状态，具体表现为一方面我们往往仅仅接受“现代性”标准下的一部分“抽象”的传统；而另一方面，我们将许许多多传统文化的“具体”表征视为“落后”“封建”的标志而加以批判。他举例说，传统的节庆文化、祭祀文化和传统服饰等，都曾受到过激烈的否定和批判。也有学者(华军，2008)认为，传统文化兴起与衰落往往随社会形势的变迁而受到实用倾向的左右，由此它自身的本体规定便容易遭到遮蔽而被迫流于一时的末用，这也最终引发了传统文化的异化，使它丧失了存在的合理性。在“现代化”的视角下，曾支撑普通民众世界观的传统文化受到了全面的冲击，人们无法从中获得解释，从而传统文化在指导日常生活方面逐渐式微，与传统文化密切相关的乡村文化也被从现代性的角度来理解与界定。

学界对“文化”的精英式理解是城市化研究预设的另一大原因。对“文化”概念、功能的认知决定了文化产业研究的取向，无论是梳理政策与行业间的关系，还是完善政策之于行业发展的措施，国内学者关于文化产业的研究大多基于一种对“文化”的共同认知而进行。探索文化产业研究的历程，我们可看出“文化精英主义”在其中时隐时现，作用明显。“文化”一度被视为雷蒙·威廉斯(2016)所总结的“整个社会里知识发展的普遍状态”或“各种艺术的普遍状态”，“文化”被理解为某

种专业知识、高水平技能或各种艺术形式,这种“文化”被认为需要经过复杂的专业学习才可以获得。在此语境下,部分学者认为文化只能由精英创造与掌握,普通民众只能接受和学习。他们在进行政策建议与梳理时更强调政策的“顶层设计”拒绝普通民众的参与:在文化产业中的文化遴选时排斥民众文化,认为民众文化是一种“下里巴人”的事物,无法登上展示平台。(段轩如,2015)这种精英化认知极易造成霍尔所担忧的事实,“社会存在着大量不同的生活方式,媒体、教会、教育和政府等,文化部门借此提供了身份的若干版本,它们只选择它们认为有代表性的某些特征”,实质上“文化身份不是某个已经存在的,超越地域、时间、历史和文化的东西”。这种思维结合中国所实施的“政府推动型”战略,即政府为产业发展制定发展规划和扶持政策,就容易造成民众在文化产业发展中的“失语”状态。有学者(胡惠林,2009)已经注意到,我国存在文化政策的制定过于注重工具性维度而忽视价值维度、政府主导性强而缺乏有效广泛的社会参与、文化政策实施的效果缺乏有效的评估等问题。

有必要重新审视乡村文化的遭遇,以剖析文化的精英理解所存在的问题及产生的影响。乡村文化不仅常常被忽视,在长期城乡二元对立的格局中,在市场经济的结构下,还因遭受着城市文明的巨大冲击而变得岌岌可危。学者(赵丽芳,2006)认为,在城市的强势话语霸权下,异质的乡土文化体系由于经济力量的不足而在事实上失去了正当的权益和表意的机会,他们成了被忽视、被歧视、被遗弃的一个“超级”群体。农村问题之所以如此严重,与主流话语体系将其排斥到边缘地带是无法分开的。事实上,正是由于媒介在市场的裹胁下对农民、农村和农业问题的选择性放弃,助长了这三者在现实社会生活中的边缘化趋势。近年来许多人在短暂返乡时感知乡村文化,或加入自身的童年记忆怀念逝去的美好时光,或根据自己田园牧歌式的想象对乡村文化谈天说地,乡村文化始终处于被表达的语境中,无论何种情况这种乡村文化并不是生活于其中的乡民的文化。更须警惕的是在现代话语体系下,乡村文化被表述为一种落后的、保守的文化或充满美好想象的传统宝藏,极端差异认知的背后,乡村文化自身也在迎合着这种外界给予的各种界定,作为一种被城市文化建构的“他者”逐渐丧失了自身的主体性。

乡村文化作为“他者”的同时,也就成为被“凝视”的对象。约翰·厄里(2016)认为凝视(gaze)不同于观看(seeing),是社会建构而成的观看或“审视方式”(scopicregimes)。凝视受时代、宗教、社会、文化、年龄、性别、族群等多因素影响,有着一定的凝视框架,其背后也有着不同的权力关系。厄里(2016)以旅游为案例进行分析，认为在广告和媒体的推波助澜下，各式各样游客凝视所衍生出来的影像构成了一个封闭而持久的幻觉体系，到头来，游客反而根据幻觉来选择和评估想要参观的地点。乡村文化在被“凝视”的同时，凝视者对乡村文化有着特定的想象与认知，这种凝视形成一种权力，村民往往要满足这种期待与预设，要生产被凝视的内容，以凝视者期许的方式展现着这些乡村文化。更进一步而言，因为被凝视的地方出于经济利益的考量，为了要生产并维持凝视的对象，每个景点、地方都有一套复杂的生产过程，以生产并维持凝视的乡村文化，因此被凝视的文化在不断的再生产过程中被改造。

而乡村文化产业研究作为一种“共谋者”又进一步推动了这种迎合式的改造。值得警惕的是，部分学者就如何发展乡村文化产业，提出了商业化的政策建议：商业化运作注入乡村文化中，导入产业意识，用创意去激活和点化现存的资源，并适当引入现代文化元素和表现方式，使乡村文化不断焕发新的生命。因此如果说乡村文化如前文所述因为被“凝视”而成为被改造的存在，那么乡村文化产业研究也会建议国家在发展乡村文化产业时实施商业化、市场化战略，从而使得乡村文化迎合商业化运作逻辑，在与城市视角的乡村文化产业研究“共谋”下，容易变成“他者”从而失去了自身的主体性。

四、乡村文化产业研究的新媒体逻辑与探索

乡村文化渐渐成为一种亚文化，在占据主流的城市文化面前长期被忽视。相应的，乡村文化产业研究也一直在站位偏差中摸索前行，乡村文化产业研究多遵循城市文化产业的路径进行，乡村文化、乡村文化产业变成了被凝视的对象，在外在冲击与内在挣扎的改造中无所适从。为避免上述问题，笔者建议可以顺应时代特色，以一种新媒体逻辑来理解乡村文化，并在这一前提下对乡村文化产业的发展开展研究。

新媒体的出现，无疑改变着文化本身，其赋权的特征又促使研究者重新思考文化的内涵。一种新媒体逻辑开始显现：新媒体已经成为社会生活运行的基础性构件，对文化、经济、社会认知等均产生了结构性影响，因此，在理解乡村文化、发展乡村文化产业时，研究者可以将新媒体作为一种思考的出发点与背景性因素。一方面，新媒体不仅仅是一种技术、一种传播工具，其本身已经成为一种社会的基础设施，在保障社会运行的同时，其本身可能对社会结构造成颠覆性影响。卡斯特(2003)认为一种伴随着互联网而形成的新社会开始崛起，网络构成了新的社会形

态——网络社会，网络成为支配和改变社会的源泉。另一方面，新媒体对文化产生了变革式影响。加拿大媒介环境学派的伊尼斯(2003)特别强调了新媒体对于文化的重塑，即“一种新媒介的长处，将导致一种新文明的产生”。董天策(2018)认为新媒体的勃兴，不仅重组了传媒格局，而且重构了文化生态，使我们处在全新的文化生态之中，这是一个历史性的文化变革。

新媒体逻辑下，研究者需重新理解乡村文化，关注借助于新媒体平台展现的乡村文化。由于新媒体本身所具有的赋能特性，新媒体对文化形成了冲击与改变。各类新媒体以一种“所有人对所有人”的传播方式，让各种群体、各类文化都有了对外展示的平台与机会。文化的展示权不仅仅为少数精英群体所把控，理想状态下，文化有更多的机会呈现百花齐放的景象。因此，文化研究学派关于“文化是一种生活方式”的认知在新媒体背景下得到了更好的阐释。存在于普通百姓日常生活中的文化开始借助新媒体走上舞台，抖音、快手等短视频平台一股“土味”风潮开始席卷网络。与主流文化所追捧的“小清新”与“高大上”相去甚远，“洗剪吹”“紧身裤”“豆豆鞋”等带有很强烈的三线城市及乡镇文化风格开始在网络空间蔓延开来。学者如果以一种精英化的视角看待与自己相异的文化，以一种高高在上的眼光去“审丑”，很容易嗤之以鼻，从而忽视了这种丰富多彩、活力十足的文化。研究者从新媒体逻辑的角度考虑，则发现乡民以朴素原始的方式表达自己，他们日常生活中的私密行为通过视频戏剧化，通过屏幕向大众鲜活地展示自己的文化。就趋势而论，村民在频繁使用新媒体，新媒体成为其日常生活中不可缺少的一部分，在此基础上，新媒体文化产生了。与以前那个闭塞、落后的环境不同，许多乡村可以比较便利地接入 4G 和无线网络。通信网络的发达意味着乡村青年也能够像一线城市那些年轻人，获取最前沿的资讯，而不会因为信息闭塞被诟病落伍。因此，乡村文化产业研究也应该关注到新媒体技术对于农村社会、乡村文化以及乡民的变革式影响，对这种新的文化形态及其影响进行预判与引导。

具体到实践路径层面，乡村文化产业研究应关照农民的主体地位，挖掘优秀的乡村文化产业案例，鼓励农民参与乡村文化产业建设。李子柒的爆红为学者探索乡村文化产业发展路径提供了较好的研究范例。李子柒在通过视频向外界展示中国文化的魅力的同时，也取得了良好的经济效益与广泛的社会影响。截至 2019 年 12 月 15 日，李子柒在“新浪微博”上拥有超过 2 100 万粉丝；在全球范围内市场占有率最高的视频网站之一“YouTube”上拥有 756 万订阅数，播放数达到 9 亿以上。就文化传承而言，许多优秀的传统文化通过李子柒的视频，得以呈现与传播。李子柒 YouTube 视频平台上传的视频中，包括手工合集、蜀绣、花朵纯露、文房四宝、羊毛披风、蚕丝被、竹器、活字印刷、洗漱台、面包窨、鲜花胭脂、葡萄皮衣服、秋千等诸多饱含中国传统文化的技艺与物质。就文化所产生的影响而言，李子柒的视频内容并非晦涩难懂地塞满中华传统文化知识，而是透过与中国人的传统生活息息相关的点滴来展现中国人的传统与情调。在李子柒的视频里，观众可以欣赏到山水画美感的四季变化，令人垂涎欲滴的食物，邻里之间的朴素情感，这些元素无不透露出中国文化传统而又独特的审美，也引起了海外观众的广泛追捧。李子柒充分利用新媒体逻辑，以普通人视角的网络视频等方式表现中华传统五千年文化的博大精深、丰富多样，与此同时自己和团队也能获得良好的经济收益。这种乡民主体性的发挥，对于传统文化的保护和传扬，对于“讲好中国故事，传播好中国声音”，对于乡村文化产业发展具有极强的启示意义。

总之，新媒体所带来的各种变革式影响，提醒研究者不能仅仅基于城市化视角思考文化产业，还需要考虑这一视角所形成的缘由：现代化认知背景与精英式文化理解，从而为研究文化产业提供宏观视角与时代考量。在新媒体时代，社会成为一种由“节点”组成的网络社会，由普通民众的生活方式所构成的“新文化”发挥着重要的影响，研究者应以新媒体逻辑理解乡村文化、推动乡村文化产业发展。乡村文化产业研究不应该陷入自说自话的境遇，要时时刻刻了解时代变化，深入乡民中间，发掘各类乡村文化产业发展的优秀案例，分析其可以借鉴的经验，总结其发展的基本规律，改善乡民在文化产业发展方面的“失语”状态，进而探索真正适合乡村实际的文化产业发展路径。

参考文献

[1] 中共中央办公厅国务院办公厅关于进一步加强农村文化建设的意见[J]. 农村财政与财务，2006(01)：36—39.

[2] 中共中央国务院关于推进社会主义新农村建设的若干意见[J]. 求是，2006(05)：3—9.

[3] 中华人民共和国中央人民政府网站[EB/OL]. http://www.gov.cn/zhengce/2018-02/04/content_5263807.htm，2020-03-21.

[4] 郭玉兰. 发展农村文化产业与农村文化体制改革[J]. 中共中央党校学报，2007(04)：99—102.

[5] 范周. 深度解读《文化部“十三五”时期文化产业发展规划》[J]. 人文天下，2017(10)：

2—7.

[6] 祁述裕.推动文化产业转型升级和提质增效——《文化部"十三五"时期文化产业发展规划》解读[J].人文天下,2017(19):2—5.

[7] 谭志云.农村文化产业的功能定位及发展路径[J].南京社会科学,2007(12):113—117.

[8] 范玉刚.以新观念新思维引导农村文化产业发展[J].中共中央党校学报,2010,14(03):72—75.

[9] 杨莹.我国农村文化产业发展路径探析[J].农村经济,2017(08):91—94.

[10] 陈治渊,马尚平.互联网下乡村文化产业的发展机遇与对策[J].江苏商论,2018(06):29—31.

[11] 苑捷.当代西方文化产业理论研究概述[J].马克思主义与现实,2004(01):98—105.

[12] 赵旭东.从"问题中国"到"理解中国"——作为西方他者的中国乡村研究及其创造性转化[J].社会科学,2009(02):53—63,189.

[13] 张颐武.传统文化复兴的意义和问题[J].今日中国论坛,2007(11):50—51.

[14] 华军.复兴之路——传统文化复兴中的实用倾向及反思[J].长白学刊,2008(05):14—19.

[15] 雷蒙·威廉斯.关键词:文化与社会的词汇[M].刘建基,译,北京:生活·读书·新知三联书店,2016:76.

[16] 段轩如,秦朝森.浅议城市品牌塑造中的"文化异化"[J].城市建筑,2015:33.

[17] 胡惠林.关于我国文化产业发展战略研究的思考[J].东岳论丛,2009(02):5—12.

[18] 管宁.导入产业意识激活乡村文化——关于农村文化产业发展的一个视角[J].东岳论丛,2009,30(10):157—162.

[19] 黄建红.农村文化产业发展探析[J].湖南农业大学学报:社会科学版,2013(01):30—36.

[20] 迪克·赫伯迪格.亚文化:风格的意[M].陆道夫,译,北京:北京大学出版社,2009:60.

[21] 赵丽芳.放弃与干预——对农村传播问题的思考[J].新闻大学,2006(02):47—51.

[22] 约翰·厄里.游客的凝视[J].黄婉瑜,译,上海:上海人民出版社,2016:2—13.

[23] 曼纽尔·卡斯特.网络社会的崛起[M].北京:社会科学文献出版社,2003:385.

[24] 伊尼斯.传播的偏向[M].何道宽,译,北京:中国人民大学出版社,2003:88.

[25] 约翰·帕夫利克.新媒体技术——文化和商业前景[M].周勇、张平锋、景刚,译,北京:清华大学出版社,2005:298.

[25] 董天策.新媒体与文化生态的重构[J].西南民族大学学报:人文社科版,2018,39(01):146—150.

[26] 周星.新媒体时代的文化景观与应对策略[J].艺术百家,2012,28(04):23—33.

[27] 龙莉,蔡尚伟,严昭柱.中国互联网文化产业政策研究(1994—2015)[M].成都:四川大学出版社,2016:68—80.

[28] 李佳.从资源到产业:乡村文化的现代性重构[J].学术论坛,2012,35(01):77—81.

[29] 张永丽,甘露.我国农村文化产业研究综述[J].经济问题探索,2012(03):63—68,128.

[30] 潘鲁生.保护农村文化生态发展农村文化产业[J].山东社会科学,2006(05):120—123.

[31] 赵月枝,龚伟亮.乡村主体性与农民文化自信:乡村春晚的启示[J].新闻与传播评论,2018,71(02):5—16.

[32] 蒋梦莹.专访姚洋谈乡村振兴战略:在乡村掀起一轮进步运动很有必要[EB/OL].http://www.thepaper.cn/newsDetail_forward_1999024,2019-09-10.

作者简介

秦朝森,山东济宁人,华东政法大学传播学院讲师,博士。研究方向为文化产业发展、新媒体研究。

Urban Perspective, Modern Cognition and New Media Logic of Research on Rural Cultural Industry

Qin Chaosen

Abstract: Rural cultural industry has great influences on rural culture, economy and society, and it deserves the special attention of researchers. For the modern cognition of rural problems and the elite understanding on "culture", the research on rural cultural industry has always been confined to an urban perspective; meanwhile, rural culture has turned from a neglected subculture to a "focused" object, and lost its subjectivity in the catering reconstruction. Researchers should, by following a new media logic and taking new media as a background factor of rural cultural industry, re-understand rural culture, give play to the subjectivity of rural residents, focus on various cultural phenomena on the new media platform, improve the "aphasic" state of rural residents in the development process of cultural industry, and explore new paths for the development of rural cultural industry.

Key words: New Media Logic; Urban Perspective; Modernized Cognition; Rural Cultural Industry

广西科技与文化旅游融合催生多维新业态的路径研究

曹庆华

摘　要:新型文化和旅游发展业态,是高新科技引领和支撑的智能新时代下的融合发展趋势。广西在推进科技与文化旅游融合创新发展方面进行了有益探索,保持着良好发展态势。但在科技与文旅深度融合发展的视域下,广西文化旅游发展仍在创意人才培育、新业态规模、政府扶持等方面存在一定的短板,需找准突破点,通过科技融入文旅创意设计、营销模式创新等方面,重塑多维新业态,促进文化旅游事业和产业内质创新、提升以及高质量发展。

关键词:科技　文化旅游　新业态　路径

智能新时代浪潮扑面而来,以信息技术为基础的高新科技与文化旅游深度融合,使文旅新业态惊艳涌现,令人目不暇接。这种科技与文化旅游互动融合所催生的新业态,涵盖了从产业到事业层面的文旅资源开发创新、项目研发创新、产品内涵和形式创新、公共文化旅游服务内容与方式创新、市场营销创新乃至消费升级样式创新等诸多方面。互联网、大数据、云计算、5G、人工智能、区块链等高新科技的迅猛发展,颠覆性地改变了原有文旅产业的呈现方式和体验模式,进一步加速了新业态与新模式的涌现。近年来,广西在推进科技与文化旅游互动融合发展方面进行了有益的探索,取得了较好成绩。但与全国先进地区相比,广西仍存在一些差距,需要奋起直追,迎头赶上,方能有更大作为。

一、广西科技与文化旅游互动融合的政策环境与产业基础

随着国家经济进入高质量绿色发展新常态,“一带一路”倡议全面推进中国—东盟合作迈入“钻石十年新时期”,广西真正从神经末梢成为对东盟开放合作的前沿和窗口,成为连接多区域的国际大通道、交流大桥梁、合作大平台,在国家区域协

调发展和对外合作总体战略中将承担更多的使命、发挥更大的作用,也迎来文化、旅游、科技融合创新发展的重大历史发展机遇期。

早在2009年8月,文化部就与国家旅游局合作出台了《关于促进文化与旅游结合发展的指导意见》(文市发〔2009〕34号);2014年2月,《国务院关于推进文化创意和设计服务与相关产业融合发展的若干意见》(国发〔2014〕10号)发布;2016年11月,国家出台了《国务院办公厅关于进一步扩大旅游文化体育健康养老教育培训等领域消费的意见》(国办发〔2016〕85号)。2018年3月,国务院机构改革时,设立了文化和旅游部,实现了机构、人员、职能等各方面的融合,2018年11月,文化和旅游部与国家发展改革委、工业和信息化部、财政部等17个部门联合制定发布了《关于促进乡村旅游可持续发展的指导意见》(文旅资源发〔2018〕98号)等文件,为广西文化旅游业融合发展营造了良好的政策环境,也为广西文旅与科技融合打造新业态指明了高质量发展的路向。近年来,广西壮族自治区党委、广西壮族自治区政府高度重视文化和旅游产业的建设及其融合发展,出台了推动科技与文化旅游互动融合发展的系列法规政策文件,如《关于加快旅游业跨越发展的决定》《关于推进文化创意和设计服务与相关产业融合发展行动计划的通知》《广西文化产业跨越发展行动计划(2017—2020)》《关于加快构建现代公共文化服务体系的实施意见》《关于促进旅游与相关产业融合发展的意见》等推动广西科技与文旅互动融合,为催生新业态、新模式提供了良好的政策环境。

广西具有丰富的文化旅游资源,山水文化、历史文化、民族文化、宗教文化、海洋文化、福寿文化、饮食文化、节庆文化、红色文化等特色文化资源的内涵开发,在引入"互联网+"数字化等高科技元素后,推动了文化旅游业的创新发展。如在公共图书馆博物馆阅览、文物和非物质文化遗产展示、公共文化旅游服务等领域都不同程度地融入了高科技元素,开启了数字博物馆、云演出等新兴业态,增添了产业的魅力,提高了观众美感度和吸引力。特别是在大型庆典晚会、大型山水实景演出等品牌项目上,科技与文化旅游深度融合所取得的成绩,彰显了广西文化旅游的实力。被誉为"永不落幕"的典范的桂林山水实景演出项目《印象・刘三姐》在2019年演出了426场,接待境内外观众达126.63万人次,营业收入超过20亿元。2018年"壮族三月三"活动柳州吸引旅游人次329.8万,消费收入2.03亿元[①];在桂林吸引182.18万人次,创造消费收入19.13亿元;崇左吸引118.31万人次,创造消

① 数据来源:广西壮族自治区文化和旅游厅。

费收入5.94亿元①。中国首部侗族风情大型实景演出《坐妹·三江》,更是顶级舞美及声光科技与文旅演艺项目深度融合的范例。这些成功的科技与文化旅游互动融合品牌的形成从侧面反映出大众旺盛的文化消费需求,也为加快文旅融合提供了借鉴,增强了实现科技与文旅融合的底气与信心。

二、广西科技与文化旅游互动融合存在问题分析

广西近年来在推进科技与文化旅游互动融合发展方向取得了一定成效,但仍存在诸多问题。主要表现在融合的体系理念认识不够深刻,融合的目标路径不够清晰,融合的领域不够广泛,融合的体制机制不够健全,融合的高科技设施不够配套,融合的扶持政策不够到位等方面。总体而言,在智慧文旅时代来临背景下,广西如何抢占市场先机,加速推动科技与文化旅游深度融合显得尤为重要,必须下大力气解决科技与文化旅游互动融合发展中的不平衡不充分问题。

(一)缺失理念先行的思想解放

2018年3月,中华人民共和国文化和旅游部设立。文旅融合是新的举措,这就需要文化和旅游相关部门进一步解放思想,不断提高对科技与文化旅游融合的思想认识,增强对科技与文化旅游融合发展重要性、必要性的领会,牢固树立三者融合创新发展的理念。首先是推进理念融合先行的理念,从而引领带动科技与文化旅游相关资源有效的开发与配置融合、产业发展蓝图规划融合、产品项目品牌打造融合、业态创新精品重塑融合、市场营销网络监管融合、公共服务平台融合等理念的生发形成。唯有补强"理念先行"这个法宝方能摘得文化旅游和科技融合的创新成果,实现高质量发展的目标。

(二)缺乏精英高端的创意人才

人才是最重要、最关键的因素,对于推动科技与文化旅游深度融合尤为重要。从某种角度上说,因为有梅帅元等创意人才,才引来张艺谋等高端创意人才的加盟和其他人才群体的集聚,乃至吸引到大公司的投资,最终才能打造出《印象·刘三姐》这一经典。然而广西文化旅游的创意人才整体上量少质差,各业务专业领域的高素质人才极少,缺口大且创新人才养成乏力,后备力量严重不足,拔尖高端创意人才更是凤毛麟角。高端创意人才危机是影响广西科技与文化旅游深度融合、高质量发展的短板因素。

---

① 数据来源:《"壮族三月三"唱响文旅消费品牌》,《广西日报》,2018年4月28日第5版。

（三）缺乏比较优势的新特色项目尚未形成规模式产业优势

在科技融入地域特色民族文化和旅游资源、打造新业态项目品牌方面，基于对广西丰富独特的文化旅游资源缺乏深度挖掘和创新开发，当前开发比较成功的以桂林、德天瀑布等山水文化和民族文化风情为主导，红色文化、边关文化、长寿文化等特色文化旅游资源的开发仍然存在深度挖掘不足的问题，特色资源未转化成为创新产品，地方城镇和农村地区未能开花结出融合的成果，为数不多的成果也仅分布在南宁、桂林、柳州、北海几大城市和个别县内，科技融入文旅打造新业态新产品远未形成大规模的产业融合优势，后续打造的大型实景演出《坐妹·三江》《梦·巴马》《苗魅》《花山》《山水间》等所谓的拿手项目，并不能很好地传承或复制《印象·刘三姐》经典的成功模式，未能摆脱后劲不足、创新乏力的窘境。

（四）缺乏政府层面的有效扶持

科技融入文旅，催生多维新业态，实现高质量发展，需要相应的资金投入作保障，尽管资金的来源更多依靠社会资本的介入，特别是大公司大企业的介入，然而广西是欠发达地区，地域招商引资魅力相对不足，与先进发达地区相比，政府财政更不宽裕，文化旅游基础建设经费投入有限，新技术在文化旅游业中应用率较低，导致文旅资源开发能力不足。在此背景下，自治区各级政府层面需要加大对科技与文化旅游业融合的有效政策支持和必要资金扶持。

三、推动广西科技与文化旅游深度融合的路径

精准把握广西"文化旅游和科技"深度融合发展的未来趋势，探寻推进科技与文化旅游深度融合实现高质量发展的目标路径，必须按照党的十九大提出的新时代文化和旅游融合的基本方略和目标，将科技融入文化旅游资源的创造性转化中，融入文化旅游项目的展示推介中，融入文化旅游衍生产品的开发中，主要从以下四个方面发力。

（一）科技融入文旅创意设计，打造高端优质新品类

推进文旅资源转化，打造优质高端新业态，就是要以文旅创意设计为中心，深度整合文旅资源，实现资源的优化配置，促成文化和旅游资源与地域民族特色元素的交融，完美融汇在科技整合的平台上进行新业态的重塑，将其转变为观众热心欣赏、体验和认可的文旅新产品，促成新业态优质产品的多维呈现样式，形成特色鲜明、优势明显、增值效应大的产品新业态和新型产业生态。广西在科技融入地域民

族特色文化和独特优势旅游资源、打造新业态项目方面有过成功的经验，如桂林阳朔首创推出的大型山水实景演出《印象·刘三姐》项目，便是因地制宜发挥文旅资源优势与科技完美融合，彰显文旅创意设计，实现打造新业态的生动范例。

广西是一个文化旅游资源多彩独特富集的省区，世界文化遗产左江花山岩画、合浦汉墓文化遗存、海上丝绸之路始发港北海史迹、太平天国金田起义地址等历史文化悠久厚重；刘三姐“歌谣”、古骆越民族艺术、壮族铜鼓、嘹歌、布洛陀、壮族三声部民歌、壮剧邕剧、侗族大歌等民族文化特色浓郁；桂林山水、乐业天坑、龙脊梯田景致多姿多彩；北海银滩、德天瀑布、京族三岛、友谊关等滨海风光和边关风情文化旖旎奇丽；百色（龙州）起义、湘江战役红军烈士纪念遗址等革命老区红色文化丰富突出。广西这些享誉全国的民族文化旅游资源要素需要我们下大气力，加以新科技的导引、创新性的发掘、创意设计的塑造，从而促成更多文旅新业态高端产品的涌现。此外，广西尚有大量的博物馆、文物保护单位、非遗保护中心、旅游景区、传统文化村落名镇名村等，这些众多的文旅资源，都为打造优质文旅新业态提供了广阔的前景。

（二）科技融入文旅事业构建，增加公共文化服务体系新动能

“数字互联网＋”技术已成为基础设施，科技与文旅事业的深度融合正渐入佳境，特别是科技在文化馆、博物馆、图书馆、美术馆、非物质文化遗产陈列馆、群众舞台艺术、文旅交流推广等公共文旅服务领域发挥着越来越重要的作用。近年来，广西的智慧旅游、“一部手机游广西”、广西文化旅游电子地图等系列工程相继推出，以及图书馆、博物馆等推出服务读者，促进参观者人性化、个性化、便利化措施使广西文旅事业公共服务体系的智能化、数字化建设进一步加快，这些都侧面反映了广西各级政府特别是文化旅游部门对科技融合推动文旅事业发展的清醒认识和精准定位。科技深度融入文旅事业及文旅公共服务体系建设极其重要的一个基础点，就是要把数字化互联网、智能技术操作系统等科技配套设备的购置经费纳入各级文（文化馆）、博（博物馆）、图（图书馆）、美（美术馆）、非遗（非物质文化遗产保护中心）等公共服务的馆（站）机构单位政府年度财政预算计划，以确保这些公共文旅为民服务的智慧场馆基础投入得到基本保障，这也是科技融入文旅事业塑造新场景最关键的一环。

当下，数字化互联网及人工智能技术融入广西文旅事业塑造新场景，可以从以下路径切入：一是改造现有的公共文旅服务项目。这部分包括全自治区一大批正常开放的县级文化馆、图书馆、博物馆、自治区级文物保护单位、自治区非遗代表性项目、4A 级旅游景区、列入中国传统村落名录等文旅事业领域，基于量大面广而经费所限，科技可先进行最基础的普及式融入，而后再逐步提升。二是提档升级重点公共文旅服务项目。运用人工智能、虚拟现实、大数据、5G 等技术，推动一批广西全国重点文物保护单位、国家级非遗代表性项目、国家 5A 级景区、全国乡村旅游重点村及其各类数字文旅公共服务平台，推动其稳步向数字化、智能化、体验化转型发展。

（三）科技融入文旅产业发展，催生新业态新模式

随着互联网人工智能＋内容形式时代的到来，促进文旅产业链与科技创新链有机衔接、打造文化旅游产业的文艺精品和项目品牌已至关重要。让人工智能参与烦琐复杂而有规律的文旅内容创作生产开发，运用智能技术辅助，告知人们创作开发规律，把需要的素材进行大数据分析整理，让精力主要放在高端创意部分，从而提高文旅产业开发和文旅产品的创作生产效率，有利于促进项目品牌和文艺精品的打造。事实表明，蕴含高新科技的各种文旅产业项目，都是因为大量使用 RGB 激光显示技术、数字成像技术、智慧交互等多种数字媒体手段和智能装备催发的创意，激发项目产品的设计者、生产者、创作者、导演者等发挥更大的想象力，生产出更高质量的产品和作品，让产品、作品内容更丰富，思想精神蕴涵更深刻，表现力更鲜活，产品造型与作品形式更生动、更能吸引人，也使得节目场景更逼真感人，内容情节更引人入胜。

广西除了早前震撼推出堪称文旅与科技深度融合典范，首开全球先河的大型山水实景演出《印象·刘三姐》项目品牌以及“南宁国际民歌艺术节”大型文艺晚会等精品之外，还有由广西艺术家与越南艺术家联袂打造的山水实景演出《会安记忆》。中方把先进的实景演艺技术和先进的管理经验传授给越方，带动越方实景演艺的发展。自 2018 年 3 月在越南会安古城上演以来，该演出受到各国观众的高度赞赏，给当地带来良好的效益。目前就广西来说，这类大型的演出可能不多，如推出的百色龙州起义 90 周年纪念晚会、交响舞蹈诗《祖国》等两三台大型文艺晚会，可能要用上多种高科技手段外，更多的关注重点，则应着眼于科技融入文旅作品内容创作生产的全过程，致力于打造一大批产业项目品牌和舞台艺术精品，立足于创作出满足大众需求的科技介入作品、产品形式独特新颖的精品，并不断延伸拓宽产业链，催生新业态、新模式。

（四）科技融入文旅营销模式，再造场景新体验

伴随着大数据互联网技术的普及进步，越来越多的科技手段被运用到文化场

景、旅游场景和文化旅游场景的消费中，文旅产业的智能化营销进程也随之加快。视频图像分析技术、人脸识别、语音识别和智能导游等技术在文化旅游行业的广泛运用，为提升受众体验质量、提高效率提供了技术支持；观众、游客扫码“刷脸”入院入馆入园，方便了观众看戏、看电影、看展览和游客游览，减少了入口排队时间，解决了黄牛倒票、观众与游客秩序混乱、多次入场入园等问题，提升了场地的管理质量，而智能化小程序智慧导览还为观众、游客的导购、导航和导游提供了极大的便利。5G技术与物联网以及MR、VR、AR等沉浸式技术被逐步应用到文旅领域，将实现全景直播、实影游戏、虚拟场景演示等功能提升，使很多景区、文化中心、文旅产业展场、博物馆的任何虚拟场景都可以让公众获得身临其境的体验，使观众感受到穿越时空的魅力，也为景区旅游文化和博物馆文物展示、文创产品开发、观众互动体验提供了更多可能。

在当前科技浪潮推动态势下，文旅事业服务和文旅产业市场消费的一个特点，就是观众、受众、游客需求多样化、特色化、个性化、便捷化和高端智能化的消费升级，追求产品适销对路的品质体验和沉浸式情景消费的全新感受。文旅产品的创意性、新颖性、专业性、趣味性等特征，能够带动受众群体自发广泛传播，从而提升品牌影响力和竞争力，这就对文旅产品和文旅服务提出了很高的要求。推动文旅科技在夜间文化经济、全域旅游公共文化服务等重点场景的应用，可以拓展文旅科技应用场景边界，扩宽文旅内容价值的实现渠道，深化文旅产品营销诸方面的供给侧改革，进一步强化文旅全方位开放的力度和拓宽广度。而文旅品质化的消费升级诉求，又刺激带动文旅产业、事业的品牌精品打造和新业态的创新发展。

推动广西科技与文旅深度融合，实现新业态的多维生成涌现，除了加大财税扶持力度，拓宽投融资渠道，完善奖励政策，将科技文旅产品开发项目纳入广西产业发展专项资金申报范围，推荐申请中央文化产业发展专项资金扶持等之外，更需要在两个关键要素上狠下功夫：一要培养、吸引更多熟悉并掌握高新科技的高素质技术文旅骨干人才、高新科技文旅经营管理人才，壮大广西文旅创业队伍。二要鼓励、争取更多有实力的投资主体、运营主体参与到广西科技与文化旅游融合的新业态、新模式创新运营中，不断提升广西文旅品牌的竞争力。

参考文献

[1] 范玉刚.跨界融合是文化产业提质增效的新动能[J].北京文化创意,2017(06).

[2] 陈昕.试论旅游产业产业竞争力科技方法创新——以云南为例[J].云南大学学报:社会科学版,2013(04).

作者简介

曹庆华,湖南沅江人,广西壮族自治区民族文化艺术研究院院长,副研究员。研究方向为文化政策、文化产业和民族文化。

Research on the Paths for Breeding of New Multi-dimensional Business Forms Through the Integration of Technology and Cultural Tourism in Guangxi

Cao Qinghua

Abstract: New culture and tourism present a trend of integrated development in the new era of intelligence guided and supported by high technology. Guangxi has maintained a good development trend in the beneficial explorations for promoting the integrated and innovative development of technology and cultural tourism. However, under the development perspective of the deep integration of technology and cultural tourism, the cultural tourism of Guangxi still has certain short slabs in its development in terms of the cultivation of creative talents, the scale of new business forms, the governmental support, etc. Guangxi should find the breakthrough points correctly, and re-create the new multi-dimensional business forms through the integration of technology and creative design of cultural tourism, the innovation of marketing model, etc. , so as to promote the essential innovation, improvement and high-quality development of cultural tourism undertaking and industry.

Key words: Technology; Cultural Tourism; New Business Form; Path

体制改革

出资人职责视角下新时代国有文化企业资产监管模式探究

战炤磊

摘　要:国有文化企业是新时代文化产业高质量发展的主导力量。然而,低效的国有文化资产监管模式是国有文化企业高质量发展的制约因素。目前,我国在国有文化资产监管体制改革方面进行了积极探索,并取得了初步成效,但仍存在内容体系有待优化、履责模式仍需规范、履责效果偏低等问题。文化产业的繁荣发展和相关政策的密集推出为国有文化企业资产监管模式改革提供了有力支撑。在此背景下,从健全出资人职责的履行机构、完善制度体系、创新履责机制、组建投资运营公司等方面探究国有文化企业资产监管模式的创新路径。

关键词:新时代出资人职责　国有文化企业　资产监管模式

引　言

文化产业作为一种新型的经济业态,在价值创造、就业吸纳、文化繁荣以及发展方式转变等层面具有多重优势,被誉为21世纪最有前途的朝阳产业。21世纪以来,我国高度重视发展文化产业。党的十七届五中全会明确提出"要加快发展文化产业,推动文化产业成为国民经济支柱性产业",党的十八大进一步将"文化产业成为国民经济支柱性产业"确立为2020年全面建成小康社会的重要目标内容。党的十九大指出我国经济进入高质量发展阶段,文化产业也将高质量发展作为目标范式。党的十九届四中全会提出,"健全现代文化产业体系和市场体系,完善以高质量发展为导向的文化经济政策"。一系列政策的提出为文化产业高质量发展提供了方向指引。

国有文化企业是新时代文化产业高质量发展的主导力量。然而,低效的国有文化资产监管模式对国有文化企业高质量发展构成了严重制约。我国在国有文化资产监管体制改革方面进行了积极探索,并取得了初步成效。但是,由于文化体制改革相对滞后,兼具商品属性和意识形态属性的文化资产管理面临诸多困境,这导致我国目前的国有文化资产管理体制尚不健全,特别是出资人管理制度尚未形成统一的模式,各地区的探索进度存在显著差异,具体做法的实际效果也不尽如人意。因此,必须深刻领会中央有关精神,把握文化产业和文化企业发展的客观规律,以抓住出资人职责为关键点,系统探索新时代国有文化资产监管模式构建的有效路径。

一、出资人职责的理论内涵和内容结构

国有文化企业资产管理体制是指政府围绕国有文化企业资产管理的主体设置、权责划分、方式方法所做出的一系列制度安排的总称,主要包括代表国家履行出资人职责的机构设置、管理机构的职能划分与层级设置、各类委托人与代理人之间的权责利分配关系、资产管理的具体方式和方法等。如何科学设置出资人职责履行机构、如何有效履行出资人职责是新时代完善国有文化企业资产监管模式的核心命题。因此,厘清出资人职责的理论内涵和内容结构,是构建国有文化企业资产监管模式的基础和前提。

(一)出资人制度理论视角下出资人职责内涵

出资人是我国为了解决国有企业改革中的"政资不分"问题而独创的概念,其内涵与国外的股权投资者相似,因而可以理解为国有企业的投资者。由于政府既是国有资产的所有者又是公共事务的管理者,而这种二合一的身份使得国有企业难以成为真正的市场主体,因此建立出资人制度有利于厘清政府与国有企业之间的关系,解决国有资产的委托代理问题。实际上,出资人是指为企业设立提供资本的人,其内涵和指代对象是清晰确凿的,对于国有资产而言,国家代表人民行使所有权,也就是说,国家及其所代表的人民是国有资产的出资人,而问题的关键是由谁来代表国家行使权力。因此,出资人制度实际上可以理解为出资人代表制度,即明确由谁代表国家来履行出资人的权利、履行哪些权利、如何履行等问题。《企业国有资产法》规定:"国务院和地方人民政府依照法律、行政法规的规定,分别代表国家对国家出资企业履行出资人职责,享有出资人权益。"(第四条)"国务院国有资产监督管理机构和地方人民政府按照国务院的规定设立的国有资产监督管理机构,根据本级人民政府的授权,代表本级人民政府对国家出资企业履行出资人职责。"(第十一条)

国有企业出资人制度是一种基于“产权清晰、权责明确、政企分开、管理科学”的现代企业制度之上的政府宏观管理架构，它以企业法人制度为基础、以有限责任制度为核心、以公司企业为主要形式，其制度内容涉及资产经营者的财务责任、财务与绩效考核、外部财务监督管理、企业筹资和投资行为及方式、企业成本费用控制、企业产权变动、企业利润分配行为、企业内部约束与激励机制等方面。目前，国有企业出资人制度已经成为我国国有企业改革领域的共识，作为一种与市场经济相适应的有效应对“国企病”和我国国有产权制度缺陷的制度安排，代表了包括国有文化企业在内的国有企业管理体制改革的基本方向。对于国有文化企业而言，其管理体制改革的基本理路就是逐渐从主管主办制度过渡到出资人制度，通过设立“实体化、法人化和人格化”的国有文化资产管理机构，规范资产权益代表、经营管理流程、收益分享方式等关键问题，弥补主管主办制度的固有缺陷。国有文化企业的这种改革取向既符合我国社会主义市场经济体制改革的总体方向，又契合我国文化产业和文化市场繁荣发展的现实诉求。

尽管诸多法律法规和政策文件都对出资人职责的履行主体做了明确规定，甚至对出资人职责的基本内容也做了列举式的阐述，但是对于国有企业出资人职责的内涵法规并未做出准确界定。出资人职责是指企业的出资人所应当承担的职责，因此，其内涵必须结合出资人和职责的内涵来理解。从组织管理层面来看，职责是指任职者为实现特定组织目标而负责实施的一系列工作任务和工作内容以及在实施上述行为过程中需要承担的责任。国有企业出资人职责是指国家及其代理人为保障出资人的合法权益，促进国有资产保值增值，依据相关法律规定对所出资企业的章程制定、法人治理结构、重大事项决策、经营管理者选聘等实施的监督管理行为以及在此过程中所承担责任的总称。国有企业出资人职责本质上是一种法律契约关系，履责主体的资格源于政府依法做出的授权，而具体的职责内容和履责方式以及责任承担都必须以相关法律法规为依据。国有资产保值增值既是出资人职责的根本目标，也是履责主体的责任底线。而代理履行出资人职责的主体必须向作为委托人的政府及相关部门负责，其权利范围也仅限于所受托的国有法人资产，其权利边界不能侵害企业的经营自主权，其引导性行为应明确指向国有资产的保值增值，而其干预性行为则应该仅限于国有资产价值面临损失的情况。

（二）国有文化企业特性视角下出资人职责内涵

国有文化企业不同于其他国有企业，出资人目标和行为存在差异，因此必须结合国有文化企业的特性来理解国有文化企业出资人职责的内涵。国有文化企业具有鲜明的意识形态色彩，兼具创造经济财富和文化财富的双重功能，而且社会效益目标优先于经济效益目标，因此，出资人的目标和责任除了通常的国有资产保值增值之外，还包括价值导向功能，而且后者要优先于前者。同时，尽管国有文化企业改革一直坚持市场化的基本取向，但是国有文化企业仍然具有浓厚的行政主导色彩，主管主办部门较多，多头管理问题严重，因此，必须合理地确定国有文化企业出资人职责的履责主体，并且在明确单一责任主体的同时妥善处理相关部门之间的关系。此外，文化企业主要提供文化相关产品和服务，内容门类极其复杂，其经营绩效很难用单一的经济指标来衡量，同时，文化企业大多属于人力资本和知识技术密集型企业，无形资产所占比重较高，主要以有形资产为对象的传统资产管理模式也很难取得良好效果，加上文化产品和服务供给过程中更加严重的信息不对称问题，文化企业的绩效考核体系面临更大的复杂性和弹性，因此，必须灵活选择履行国有文化企业出资人职责的行为方式。

综合上述分析，我们可以对国有文化企业出资人职责做如下界定：国有文化企业出资人职责是在社会效益与经济效益相统一、意识形态导向与国有资产保值增值相统一的目标引领下，财政部门及其授权机构代表政府，依据相关法律法规对所出资企业的人、事、资产和导向实施的监督管理行为以及在此过程中所承担责任的总称。从履责主体来看，财政部门是唯一经政府授权取得履责主体资格的部门，财政部门可以进一步授权其他机构具体实施相关履责行为，但是财政部门是需要向政府负责的最终责任人，而且在具体履责过程中，财政部门及其授权机构必须根据国有文化企业的实际情况与宣传部门、组织部门以及主管主办部门等协调配合，共同致力于保障出资人权益、促进文化产业和文化事业的繁荣发展。从履责内容和方式来看，职责范围和权限均须以法律法规为依据，涉及人、事、资产和导向四个方面，由财政部门及其授权机构负责综合协调，相关部门依据自身优势和功能定位进行合理分工，构建程序合法、效果合理的良性格局。从履责目标和原则来看，必须处理好“相统一”与“优先序”的关系，在目标层面要努力实现社会效益与经济效益相统一、意识形态导向与国有资产保值增值相统一，但是当二者产生冲突的时候必须坚持社会效益优先、意识形态导向优先；在内容过程层面要努力实现人、事、资产和导向四统一，但是当四者产生冲突时必须坚持导向优先。

（三）国有文化企业出资人职责的内容结构

国有文化企业出资人职责的内容极其复杂，而且始终处于动态变化过程中，因此，为了更为直观地认识国有文化企业出资人职责的内容结构，通过借鉴制度经济学和宏观经济学的有关思想，将出资人职责划分为名义职责、实际职责、潜在职责。

所谓名义职责就是相关法律法规明确规定的国有文化企业出资人及其代理人所应承担的职责。这类职责多数是已经形成共识的内容，总体上合乎文化产业发展趋势和文化体制改革的基本方向，而且其内容与一般的国有资产出资人职责有较高的相似性，在实践中的可操作性也比较强。

所谓实际职责就是在国有文化资产管理监管中，国有文化企业出资人及其代理人实际履行的职责。由于出资人职责主要源于法律授权，因此，财政部门及其授权机构主要依据既有法律法规履行职责，从这个意义上说，实际职责应该脱胎于名义职责。但是，由于法律法规会有滞后性，而且执行过程也会出现偏差，因此，实际职责往往并不等于名义职责。

所谓潜在职责就是在经济社会发展的特定阶段，为了使政府目标、公众目标与企业目标达到均衡状态，国有文化企业出资人及其代理人所应当履行的职责。这实际上是在理想状态下的出资人职责，既要满足文化企业和文化产业发展的要求，又能符合意识形态导向和社会效益的要求；既能符合政府意识形态引导和深化文化体制改革的公共管理功能，又能符合政府扩大产出规模、增加税收收入和提高就业水平的经济管理功能；既能满足社会公众对于高质量文化产品和文化服务的需要，又能满足社会公众就业和增收的需要；既能满足企业提高市场竞争力和利润水平的要求，又有利于引导企业积极履行社会责任。因此，潜在职责实际上是综合各利益相关者诉求进行理论演绎的产物，但是潜在职责也绝不是可望而不可即的空中楼阁，它既是名义职责和实际职责的重要思想源泉，也是名义职责和实际职责的努力方向。某项潜在职责的内容经过实践验证之后完全可以通过立法转化为名义职责和实际职责，同样，某项名义职责或某项实际职责往往也越是接近潜在职责的标准，越能够发挥更好的效果。

从三者的关系来看，名义职责是基本的底线，潜在职责是理想的目标，实际职责是具体的实践，而完善国有文化企业出资人职责的终极目标是实现三者的统一，而具体的过程则表现为一种螺旋上升的循序渐进过程，即“瞄准潜在职责，完善名义职责”—“依据名义职责，优化实际职责”—“结合实际职责，提升潜在职责”。当然，在实践中，三者不是统一重合的，差异冲突才是三者关系的常态。由于国有文化企业出资人职责实际上是要理顺政府与企业的关系，因此，我们可以假设名义职责和实际职责代表政府行为，潜在职责代表企业和公众需求，进而从政府与企业关系的状态来审视三者之间的关系。首先，当三者重叠时，意味着政府与企业处于和谐共生的理想状态，政府是有限有为的服务型政府，企业也是真正的市场主体，当然在转轨经济下这种理想状态很难实现，政府的越位、缺位、失位、错位是一种常态。其次，假设潜在职责已知，当实际职责和名义职责超出了潜在职责所规定的范围，即为过度干预，政府越位；当实际职责和名义职责不符合潜在职责所规定的范围，即为政府缺位。第三，假设潜在职责和名义职责已知，当实际职责小于名义职责的范围，说明政府存在不作为的懒政现象，政府失位；当实际职责超出了名义职责的范围也超出了潜在职责的范围，说明政府努力方向存在偏差，政府错位。

二、我国国有文化企业资产管理体制改革的探索实践

（一）现实基础：文化产业与国有文化企业的繁荣发展

近年来我国文化产业总体上呈现良好的发展势头。2018 年，我国文化产业实现增加值 38 737 亿元，比 2004 年增长 10.3 倍，2005—2018 年文化产业增加值年均增长 18.9%，高于同期 GDP 年均增速 6.9 个百分点；文化产业增加值占 GDP 比重由 2004 年的 2.15%提高到 4.30%。

我国文化产业与文化事业联系密切，特别是众多具有重大影响力的大型文化企业集团基本上都是由原来的文化事业单位转制而来，甚至仍然保留着行政级别，而这些大型文化企业集团大多仍是国有企业。同时，文化产业的产品和服务具有显著的正外部性，而且整个产业具有鲜明的意识形态色彩，因而政府为了弥补市场失灵并保障主流意识形态的主导地位，必然会通过直接投资来推动文化产业发展，由此在增量层面上形成了为数众多的国有文化企业。因此，国有企业在文化产业领域具有举足轻重的地位，不仅主导着关系国计民生的关键文化领域，而且也是推动新兴文化产业领域发展的重要依托力量。

随着我国文化体制改革的不断深化，经营性文化事业单位转企改制的步伐不断加快，国有文化企业数量不断增加。根据财政部等部门发布的《国有文化企业发展报告》，2011 年末，全国国有文化企业共计 10 365 户（按独立法人统计），资产总额达到 15 966.44 亿元；2013 年末，全国国有文化企业共计 12 159 户，资产总额达到 224 20.2 亿元；2016 年末，全国国有文化企业共计 14 838 户，资产总额达到 36 937.1亿元；2017 年末，全国国有文化企业共计 16 014 户，资产总额达到 45 662.2亿元；2018 年末，全国国有文化企业共计 1.7 万户，资产总额达到 5.3 万亿元，所有者权益 2.5 万亿元，从业人员 142.4 万人，全年实现营业总收入 1.5 万亿元，利润总额 1 491.1 亿元。随着国有文化企业规模扩张步伐的加快，国有企业

的效率弊病以及各种各样的体制障碍日益显现，因此，深化国有文化企业改革，健全国有文化资产管理体制成为重中之重。

表 1　2011—2018 年我国国有文化企业数量与资产总额

年份	2011 年	2012 年	2013 年	2014 年	2015 年	2016 年	2017 年	2018 年
企业数量(户)	10 365	10 852	12 159	13 313	13 994	14 838	16 014	1.7 万
资产总额(亿元)	15 966.44	18 210.3	22 420.2	26 488.9	31 746.7	36 937.1	45 662.2	5.3 万

(二) 制度背景：党中央关于国有文化企业改革的方向指引

2011 年，党的十七届六中全会提出："完善管人管事管资产管导向相结合的国有文化资产管理体制。"2012 年，党的十八大提出："健全国有文化资产管理体制，形成有利于创新创造的文化发展环境。"2013 年，党的十八届三中全会提出："建立党委和政府监管国有文化资产的管理机构，实行管人管事管资产管导向相统一。"党中央逐步深入的战略部署为深化国有文化企业改革、健全国有文化资产管理体制指明了方向，特别是"建立党委和政府监管国有文化资产的管理机构，实行管人管事管资产管导向相统一"的提出奠定了今后一段时期我国国有文化资产管理体制改革的基本框架。为贯彻落实《中共中央国务院关于深化国有企业改革的指导意见》(中发〔2015〕22 号)、《关于推动国有文化企业把社会效益放在首位、实现社会效益和经济效益相统一的指导意见》(中办发〔2015〕50 号)、《关于深化国有文化企业分类改革的意见》(中宣发〔2015〕22 号)，各地有关部门对深化国有文化企业分类改革做出具体部署，将国有文化企业细分为新闻服务类、内容创作生产类、传播渠道类、投资运营类、综合运营类五大类。

2015 年以来，一些关于国有企业改革的政策文件也为国有文化企业资产管理体制改革提供了重要支撑。2015 年 6 月，中央全面深化改革领导小组第十三次会议审议通过了《关于在深化国有企业改革中坚持党的领导加强党的建设的若干意见》《关于加强和改进企业国有资产监督防止国有资产流失的意见》。2015 年 8 月，中共中央、国务院发布的《关于深化国有企业改革的指导意见》重点围绕分类推进国有企业改革、完善国有资产管理体制、强化监督防止国有资产流失等方面提出了一系列目标要求和改革思路。2017 年，党的十九大提出："要完善各类国有资产管理体制，改革国有资本授权经营体制，加快国有经济布局优化、结构调整、战略性重组，促进国有资产保值增值，推动国有资本做强做优做大，有效防止国有资产流失。"2019 年，党的十九届四中全会提出："深化国有企业改革，完善中国特色现代企业制度,形成以管资本为主的国有资产监管体制,有效发挥国有资本投资、运营公司功能作用。”这些意见为进一步深化国有文化企业资产管理体制改革提供了重要遵循。

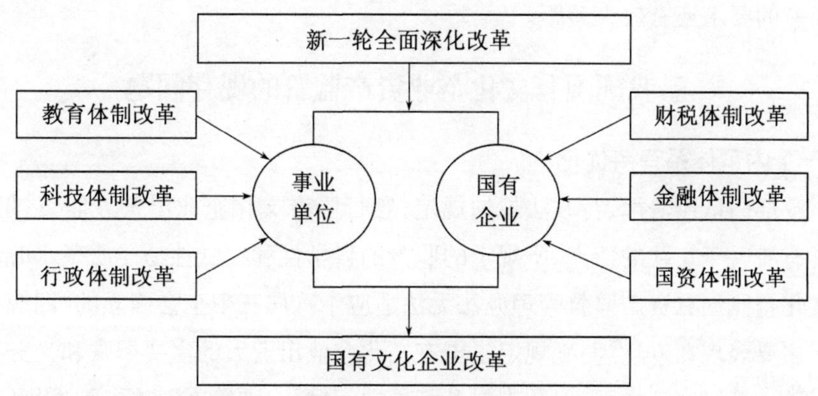

图 1　国有文化企业改革的制度背景

(三) 我国国有文化企业出资人职责的履行机构:“文资办”的探索

在我国现行的国有资产管理体制下,国资委是代表政府履行出资人职责的专门机构,但是国有文化企业并没有纳入国资委的监管对象,因此需要按照“四统一”的原则针对国有文化企业设立专门的国有资产监管机构。2010 年 7 月,中央文化体制改革领导小组批准成立中央文化企业国有资产监督管理领导小组,具体执行机构设在财政部,简称“文资办”。2011 年,中央文化企业国有资产监督管理领导小组办公室(简称“中央文资办”)正式成立,作为副部级的中央特设机构挂靠在财政部,具体履行中央文化企业国有资产监督管理职责。2016 年 11 月 1 日,经中编办批准,财政部党组成立文化司,统筹包括宣传、文化、新闻出版、体育、旅游领域的预算、财务、资产管理工作。2019 年 3 月,中央文化企业国有资产监督管理领导小组办公室由财政部调整至文化司,职责主要是制定中央文化企业国有资产管理相关制度,承担由财政部代表国务院履行出资人职责的中央文化企业相关管理工作等。

从各地区国有文化企业出资人职责的履责机构设置情况来看,大致可以分为四种类型:一是参照中央的模式,将“地方文资办”设在财政部门,这类地区最多,包括湖南、陕西、四川、云南、浙江、吉林、山西、甘肃、江苏等;二是将“地方文资办”设在宣传部门,这类地区大多是在“中央文资办”成立之前就设立了“地方文资办”,其主要职能是国有文化资产监管;三是在政府层面单独设立“文资办”或“文资公司”,

前者主要是北京[①]，后者主要是重庆；四是宣传部门和财政部门分别设置机构进行管理，山东是典型代表。虽然不同地区“地方文资办”的机构定位基本相似，但在具体运行过程中，财政部门、宣传文化部门和主管主办部门之间的关系尚未理顺，与“四统一”的要求还有较大差距。

三、我国国有文化企业资产监管的现存问题

（一）内容体系有待优化

财政部门依照法律、行政法规的规定，履行国有文化企业出资人职责，但由于法规具有滞后于实践的特点，所规定的职责的科学性和权威性易受质疑，如部分省份的文化企业国有资产监督管理办法无法适应十八届三中全会确立的“四统一”的要求。主要表现在，虽然明确规定了国有文化企业出资人的主要职责和义务，涵盖管人、管事、管资产三方面，但并未提及管导向问题。从“管人”来看，重在规定对企业负责人的考核和奖惩职责，对其选聘和任免未做规范，导致出现架空出资人管人问题。从“管事”来看，部分地区关于项目金额标准的调整也难以满足时效性要求。

（二）履责模式仍需规范

虽然财政部门代表政府履行国有文化企业出资人职责，但并未改变多种模式并存的混乱局面，特别是文资办设在宣传部门的模式仍被诸多地区参照，且实行这一模式的地区多为文化产业较为发达的地区。多种模式并存在实践中往往会产生履责方式不规范、政令不统一等诸多问题，从而降低履责效果。就地区而言，不利于文化企业的跨区域整合和合作。此外，在财政部门履行出资人职责过程中，各种绩效评价和考核是其重要的运行机制，但是文化企业以提供无形产品为主，某些产品甚至是独一无二的，而且要优先考虑社会效益，因此评价指标的选择及其权重确定都面临很大困难，绩效考核机制本身的有效性也难以保证。

（三）履责效果偏低

由于文资办建设相对滞后，相关制度机制不健全，财政部门在履行出资人职责过程中越位与缺位并存，履责效果相对偏低，国有文化企业的发展势头落后于民营

---

① 2012年6月18日，北京市国有文化资产监督管理办公室成立，列入北京市政府直属机构序列（正局级），作为负责授权范围内国有文化资产监管的市政府直属机构，履行政府出资人监管职能；2019年10月31日，该单位更名为北京市国有文化资产管理中心，是市委宣传部归口管理的事业单位（副局级），主要职责包括依照相关法律法规履行市属文化企业和实行企业化管理的文化事业单位出资人职责等。

文化企业。按照“四统一”要求，财政部门在履行出资人职责过程中需要兼顾资产保值增值和意识形态导向两大目标，然而在实践中两大目标的实现均面临较大压力。一方面，国有文化企业尚未成为真正的市场主体，仍依靠行政性垄断资源获取市场收益，难以形成自我良性循环的核心竞争优势，而且传统文化产品和服务正在受到网络时代个性化需求的严重冲击，正处于蹒跚转型过程中的国有文化企业要实现国有资产保值增值的目标面临较大压力。另一方面，由于财政部门与宣传部门之间的关系尚未理顺，与此同时多元社会思潮对主流意识形态的冲击却日益严重，要求国有文化企业在参与市场竞争的过程中抵制各种诱惑，始终把握好意识形态的正确方向，具有一定压力。

四、新时代国有文化企业资产监管模式的创新路径

(一) 优化“文资办”设置模式，健全国有文化企业出资人职责的履行机构

在全国推行统一的“文资办”设置模式，鼓励各地区参照中央模式，尽快设立省市级文资办，同时鼓励在具体做法上充分体现各地特色。一方面通过实现文化企业资产管理体制架构的相对统一，助推国有文化资产管理体制改革；另一方面有利于解决多元模式并存导致的各自为政、政令不通等问题。

以省级“文资办”的设置为例，应在省文化改革发展领导小组下成立省文化国有资产监督管理领导小组，制定完善其工作准则，通过全体会议、联席会议等形式，将“省文资领导小组”建设成省文化国有资产监管的领导和协调组织。在“省文资领导小组”下设置“省文资办”，将日常机构设置在财政厅相关处室；以政府公开文件形式授权“省文资办”代表省政府履行省级文化企业国有资产出资人职责，以管资产为主线，合理配置文化产业引导资金，积极参与重大事项管理，协调配合相关部门管好人、管好事、管好导向。

“文资办”的设立和运行需要妥善处理财政系统内部和外部关系。一方面，协调财政系统各部门之间的权责交叉和利益冲突问题，形成履行出资人职责的合力；另一方面，按照各司其职、各展所长的原则，协调“文资办”与宣传部、组织部、主办单位等部门的关系，基本形成宣传部管导向、文资办管资产、组织部管人、主办单位管事的分工格局，推动“文资办”更好地履行国有文化企业资产管理职责。

(二) 以全面依法治国为契机，完善国有文化企业出资人职责的制度体系

财政部门代表政府履行国有企业出资人职责涉及多重法律关系，因此，必须以

党的十八届四中全会开启的新一轮全面依法治国和十九届四中全会提出的治理能力现代化为契机，加快立法进程、提升执法效能，为财政部门履行出资人职责提供坚实的制度保障。一是紧扣“四统一”的原则要求，进一步修订完善国有文化资产管理的相关法律法规。打破国有文化企业层级界限，尽快制定全国统一的《文化企业国有资产监管办法》，明确各级“文资办”是本级国有文化资产的监督管理机构，明确导向管理在出资人职责中的优先地位。二是适时修订各地区已出台的《文化企业国有资产监督管理办法》，调整完善出资人职责的内容，细化导向管理的职责分工，并配套调整完善各地区的《国有文化企业重大事项管理实施办法》。三是完善各地区的《国有文化企业监事会管理暂行办法》，优化监事会的职能定位和职责分工，赋予监事会部分导向管理功能，使监事会成为协调财政部门与宣传部门之间的重要平台和纽带。

（三）以全面深化改革为契机，创新国有文化企业出资人履责机制

以党的十八届三中全会开启的新一轮全面深化改革为契机，围绕履行出资人职责的关键节点，加强机制创新，切实保障整个履责过程的顺利实施。

一是建立指标合理、立场客观、过程科学的国有文化企业绩效考核机制。既要适当增加舆论导向、人才培育等社会效益指标的权重，呼应国有文化企业对社会效益和意识形态导向的关注，又要适当增加知识产权、品牌、美誉度等指标的权重，呼应国有文化企业无形资产的构成。分别从政府部门、主管主办部门、企业内部、媒体机构和社会公众等多领域选择评价人员构成立场相对客观的考核团队，对国有文化企业及其相关负责人的综合绩效做出相对公正、科学的评价，进而依据考核结果做出奖惩决定。

二是结合“马斯洛需求层次理论”，优化国有文化企业负责人激励约束机制。既要通过实施物质激励、短期激励、负向激励满足生存和安全等低层次需求，又要通过实施精神激励、长期激励、正向激励满足尊重和自我实现等高层次需求。要灵活运用年薪制和股票期权等方式，激励国有文化企业负责人主动维护主流意识形态导向，积极追求国有资产保值增值。

三是完善依法、科学、民主的出资人履职决策机制。财政部门和以文资办为代表的履责机构须依靠科学、民主、依法的决策机制履行出资人职责。主要为：通过深入调查、专家咨询、风险评估、方案优化等机制实现科学决策，通过政治协调、民主集中、群众参与等机制实现民主决策，通过民意听证、合法审查、责任追究等机制实现依法决策。

四是构建全覆盖、全过程、全参与的立体监督机制。首先是监督主体全参与，实现财政部门、企业、消费者和媒体合力监督；其次是监督范围全覆盖，包括对人、对事、对资产、对导向的监督；最后是监督环节全过程，既有事前监督，又有事后监督，还有事中监督。由此，依靠国有文化企业绩效考核机制、国有文化企业负责人激励约束机制、出资人履职决策机制、立体监督机制等四大机制的协调配合，推动国有文化企业资产监管机构顺利实现管人、管事、管资产、管导向相统一。

（四）把握相关改革精神，探索组建国有文化资本投资运营公司

2015年《中共中央国务院关于深化国有企业改革的指导意见》明确提出，以管资本为主推进国有资产监管机构职能转变，改革国有资本授权经营体制，推动国有资本合理流动优化配置，推进经营性国有资产集中统一监管。因此，国有资产管理体制改革的主流方向应以资本为纽带，以国有资本投资运营公司为载体，形成“政府—国有资产监管机构—国有资本投资运营公司—国有企业”的体制架构。从这个意义上说，加快国有文化企业资产整合步伐，分类、分批成立国有文化资本投资运营公司，是新时代加强国有文化企业资产监管的关键路径。各地应以新一轮国有企业改革为契机，尽快启动国有资本投资运营公司试点，按照业务类型或行业属性相近的原则，对国有文化企业进行分类整合，在此基础上成立一批国有文化资本投资运营公司。首先，分类组建国有文化企业国有资本投资运营公司，并通过省级政府（财政部门）授权明确公司的基本职能。其次，各主管主办单位对下属国有文化企业进行资产整合，国有文化企业数量较多的要成立资产管理公司，完成产权确认、核查资产等基础性工作，真正做到产权明晰、事企分开。再次，国有文化企业资本投资运营公司应坚持市场化取向，仅以资本为纽带与国有文化企业对接，主要依靠完善的法人治理结构和制度框架对企业进行监管，保障国有资产的保值增值。总体而言，国有文化资本投资运营公司是一种全新的尝试，既要进行高屋建瓴的顶层设计，在省级层面出台纲领性的实施方案，又要注重灵活务实的微观探索，及时制定有针对性的配套政策，从而为其组建和运营提供完善的制度保障。当前多数省市都成立了文投集团作为国有文化资本投资运营平台，只是其主要承担平台功能，缺乏相应的出资人授权，因而，选择既有的文投集团进行试点也是一种较为稳妥的策略。

参考文献

[1] 徐传谌，周海金. 国有文化资产管理新体制构建[J]. 经济体制改革，2014(01)：116—119.

[2] 傅才武. 国有文化企业管理体制改革：从主管主办制度到出资人制度[J]. 华中师范大学学报：人文社会科学版，2014，53(03)：61—67.

[3] 谭劲松，程恩富. 国有文化企业要在文化产业中发挥主导作用[J]. 马克思主义研究，2014(03)：65—73，160.

[4] 王家新. 关于完善文化企业国有资产管理体制的思考[J]. 中国财政，2013(23)：33—35.

作者简介

战炤磊，山东莱阳人，江苏省社会科学院研究员，博士。研究方向为文化产业与管理。

Research on Asset Supervision Model of State-owned Cultural Enterprises in the New Era from the Perspective of Investors' Responsibilities

Zhan Zhaolei

Abstract: State-owned cultural enterprises are the dominant force for the high-quality development of cultural industry in the new era. However, the inefficient supervision model of state-owned cultural assets restricts the high-quality development of state-owned cultural enterprises. At present, China has made active explorations in the reform of state-owned cultural assets supervision system, and achieved preliminary effects. However, there are still some problems: the content and system need to be optimized, the performance model needs to be standardized, and the performance effect needs to be improved. The prosperous development of cultural industry and the frequent launching of related policies provide powerful support for the reform of asset supervision model of state-owned cultural enterprises. In this background, the paths for innovation of asset supervision model of state-owned cultural enterprises are researched from the aspects of perfecting the performance organization of investors' responsibilities, improving systems, innovating performance mechanisms, and establishing investment operation companies.

Key words: New Era Investor's Responsibility; State-owned Cultural Enterprise; Asset Supervision Model

转企改制国有文艺院团的资金来源结构及其优化策略[①]

——来自国外的经验启示

刘 倩 陈 庚

摘 要：当前，转企改制国有文艺院团的资金来源表现出明显的财政补贴比重过高，演出收入、社会赞助和捐赠比重低的不合理结构。本文通过比较国外不同类型文艺院团的资金来源结构，在借鉴其发展经验的基础上，提出应继续深化国有文艺院团改革，调整和优化院团与政府、市场、社会的体制关系，树立新型财政保障理念，创新财政投入方式，通过深化院团内部体制机制改革增加自营收入，以税收优惠等方式鼓励社会力量参与院团建设，从而优化转企改制国有文艺院团的资金来源结构。

关键词：转企改制　国有文艺院团　资金来源　国外经验

作为文化战线的生力军，转企改制国有文艺院团（以下简称“转制院团”）的生存状态、运营效果、发展前景将会影响到国有文艺院团改革，乃至我国文化体制改革的走向和成效。一直以来，财政补贴是转制院团最主要的资金来源。尽管政府通过设立专项资金和基金、落实税收优惠政策等手段加大了对转制院团的财税扶持力度[②]，但单一的资金来源无法使院团摆脱长期以来的财政路径依赖，这将使其无法与市场形成有效对接，成为真正独立的市场主体。一般而言，多元稳健、结构合理、后劲充足的资金来源结构可以为企业节约资金使用成本和筹资成本，是企业可持续发展的保障。因此，如何优化转制院团的资金来源结构，是值得我们关注的

---

① 本文系武汉大学“351人才计划”支持项目和武汉大学自主科研项目“新时代完善国家文化管理体制研究”阶段性研究成果。

② 2013年，文化部、组织部、宣传部等9部门联合印发《关于支持转企改制国有文艺院团改革发展的指导意见》，提出加大对转企改制国有文艺院团的财税扶持力度的政策。

重要内容。

一、相关文献回顾

就目前我国学界关于转制院团的研究来看，对院团资金来源结构的分析涉及较少。辛那(2014)指出，由于表演艺术所具有的独有特征和我国院团发展的特殊历史背景，国有文艺院团仍依赖财政拨款，深陷财务困境。[1]钱志忠(2015)认为，破解当前艺术院团的资金困局需要艺术赞助主体与艺术院团双方的合力。一方面，艺术院团要不断提高自身的艺术口碑以吸引社会群体对艺术进行资金上的支持；另一方面，国家要通过税收减免等措施鼓励社会力量进入艺术赞助领域。[2]马述智(2015)认为，转制院团所采取的职能型演出制作方式耗费较大，仅靠票房收入难以维系，可借鉴美国百老汇项目制制作模式的经验，减轻院团的财务负担。[3]游祥斌、卢庆云(2016)通过卡方分析发现，国有产权比重越大的转制院团，越容易得到政府的支持。因此，大部分转制院团为了获得更多的政府资助，往往不愿意引进社会力量以实现产权多元化。[4]董峰(2016)通过对江苏省国有文艺院团的财务状况尤其是资金来源的分析，发现“钱从哪里来”依然是国有文艺院团面临的难题。他认为在票房收入之上构建一个包括政府拨款、商业赞助、公益捐赠在内的多元化资金筹集体系，对于院团的发展来说必不可少。[5]陈庚、宋春来(2018)认为，美国非营利表演艺术机构的资金来源结构已形成了政府机构、慈善基金会、企业及个人共同支持的良性体系，国有文艺院团可借鉴其资金筹措经验。[6]

在国外，表演艺术组织的资金来源问题一直是讨论和研究的热点。Rushton(2003)认为，尽管许多艺术倡导者对政府减少艺术资助金的行为颇有微词，但公民是否享受到文化成果才是应该关注的目标。因此，随着文化多样性的增加，通过公共部门组织文化资金的交易成本将随之上升，私营部门(包括非营利组织和志愿部门)将成为更具吸引力的替代办法。[7] Borgonovi 和 O'Hare(2004)考察了美国国家艺术基金会(NEA)对私人捐赠艺术的影响。研究结果表明，对单一艺术机构而言，国家艺术基金会的引入一般不会吸引私人捐款。而对整个艺术部门而言，国家艺术基金会的引入似乎会导致私人捐赠的减少。[8] Dokko(2009)进一步探讨了国家艺术基金会与私人捐赠对艺术组织的影响。通过数据研究发现，由于20世纪90年代中期国家艺术基金会的资金大幅削减，私人对艺术组织的慈善捐款增加了50至60美分。并且，在私人捐款增加的同时，艺术组织的筹资支出平均每减少1美元，政府赠款就会增加25%。[9]在具体措施方面，部分国家会将一定比例的彩票收入(英国和加拿大的许多省份)、牌照费(美国加利福尼亚州、佛罗里达州、田纳西州和得克萨斯州等)和公司申报费(美国亚利桑那州和佛罗里达州等)作为专项资金用以资助艺术和文化机构。[10]而社会赞助和捐赠更是国外艺术表演团体资金来源的重要渠道。据2017年美国戏剧交流协会(Theatre Communications Group)的统计,美国1759家非营利剧团的资金来源中,45%的收入来自社会捐赠。①

从当前已有的文献来看,国内研究者多注重于对转制院团的宏观层面的理论研究和发展路径探讨,部分研究指出了转制院团所存在的财政依赖问题,但未能从具体的资金来源结构上进行深入剖析。而国外研究者更倾向于讨论公共部门和私营部门的资金支持分别对院团所产生的影响,同样未能涉及院团内部的资金来源结构层面。梁尚敏(1984)曾指出:"只重财政收支的增减,不理顺财源的结构,财力的扩大也等于是无源之水、无本之木。"[11]因此,鉴于学界对转制院团资金来源结构的研究尚不充分,本文利用《中国文化文物统计年鉴》等相关数据来分析我国转制院团的资金来源结构及其存在的问题,并借鉴国外文艺院团的发展经验,提出一些有针对性的优化策略。

二、转制院团的资金来源结构分析

转制院团的资金来源结构是指院团资金来源项目的构成及各项目资金占全部资金的比重。当前,我国转制院团的资金来源包括实收资本、营业收入、营业外收入以及政府采购的演出补贴收入等。通过对《中国文化文物统计年鉴》相关数据的研究,我们发现,我国转制院团存在依赖财政补贴,国有资本比重过大,社会捐赠和赞助不足等问题。

(一)营业外收入高于营业收入,对财政补贴的依赖不减反增

转制院团的营业收入是指以演出收入为主,与院团主营业务直接相关的收入。而营业外收入是指与主营业务并无直接关联的收入,主要包括政府补助收入等。在一个企业的正常收入结构中,营业收入应占企业总收入的较大比重,成为推动企业持续运营的"主力军"。而营业外收入则应发挥"锦上添花"的作用,支持企业进行扩大再生产。但是,从转制院团的收入项目(如表1所示)来看,政府补贴收入占总收入的比重从2011年的41.7%上升到2016年的52.7%,院团对财政补贴的依

① 数据来源于《美国戏剧交流协会2017年财务报告》,https://www.tcg.org/Research And Resources/Theatre Facts.aspx,2019年3月20日。

赖不减反增。而演出收入占总收入的比重从 2011 年的 38.23%下降到 2016 年的 24.17%，呈逐年递减的趋势。营业收入与营业外收入在总收入中所占比重的差异也正反映出转制院团当前所面临的困境，对财政补贴的依赖成了院团向市场化转型的一大障碍。

表 1 2011—2016 年转制院团的收入项目(万元)

年份	总收入	营业收入	演出收入	演出收入占总收入比重	营业外收入	政府补贴收入	政府补贴收入占总收入比重	政府采购的演出补贴收入
2011	161 808	76 672	61 852	38.23%	73 875	66 459	41.07%	11 261
2012	274 853	135 818	91 758	33.38%	125 809	110 484	40.20%	13 226
2013	405 448	147 967	105 147	25.93%	232 517	210 728	51.97%	24 964
2014	414 592	147 939	103 602	24.99%	236 658	221 473	53.42%	29 995
2015	481 257	158 041	115 975	24.10%	271 100	254 388	52.86%	52 116
2016	515 353	176 515	124 557	24.17%	297 029	271 612	52.70%	41 809

数据来源:《中国文化文物统计年鉴(2012—2017)》。

(二) 国有资本占实收资本比重过高，资本结构不合理

与我国大部分国有企业“一股独大”的特点相似，转制院团也存在这种资本结构。在国有企业中，国有股权比重大固然能够确保国家对企业经济和资本的绝对控制，但同时也降低了国有资金的使用效率，企业内的大小股东也会因利益与权力的不对等从而影响企业自身的经营发展。[12] 2016 年，我国转制院团的实收资本(股本)为 30.9 亿元，其中国有资本为 27.9 亿元，占实收资本的 90.29%。从各级院团的国有资本占比情况来看，中央直属院团占股 100%，省级和县级院团达到 90%以上，市级院团占 85.35%，这说明国有资本在转制院团中占绝对比重，自有资本严重不足，资本金结构单一。从长远来看，国有资本比重过大容易造成政企不分、职能错位、所有权与经营权混淆、公司治理结构不健全等问题。在这种情况下，转制院团很难脱离政府的控制成为真正的独立主体，完成市场化转型。

表 2　2016 年各级转制院团国有资本占实收资本比重

	实收资本(股本)(万元)	国有资本(万元)	国有资本占实收资本百分比
中央	24 374	24 374	100%
省级	132 482.6	122 544.4	92.5%
市级	110 907.5	94 661.1	85.35%
县级	41 367.9	37 846.8	91.49%

数据来源:《中国文化文物统计年鉴(2017)》。

(三) 社会捐赠和赞助不足,难以为院团发展提供动力支持

近些年来,我国的捐赠事业获得了快速发展,但中国缺乏现代意义上的公民社会,以"血缘""亲情"为核心的家庭伦理构成了中国传统社会的伦理体系,与"家庭"无关的事物被本能地排除在保护圈外,"公德"缺乏正常发育的社会土壤。正因如此,基于"公德"发育的捐赠事业在中国的发展举步维艰。当前,由于各级政府尚未出台对文化捐赠实行相应税收优惠进行鼓励和促进的政策与办法,社会力量对于文化的投资和参与严重不足,使得文艺院团获取发展资金的渠道单一,社会关注和参与度不高。根据武汉大学国家文化发展研究院 2015 年调研数据,在全国 100 家文艺院团样本中,该年度获得社会捐赠和赞助的文艺院团仅有 9 家,这亦可说明社会力量参与文艺院团的建设不足。举例来说,陕西省周至县剧团自 2010 年实现转企改制以来,通过采取"背包剧团"的发展模式,不断拓展演出市场,在 2015 年完成了 771 场演出,获得演出收入 493.4 万元,但社会捐赠一直处于空白状态。相比之下,陕西省汉中市歌舞剧团在 2011 年、2012 年和 2014 年获得了几万至几十万不等的社会赞助收入,但收入并不稳定,未能获得持续性赞助资金。① 整体而言,我国转制院团获得的社会捐赠和赞助较少,并仍属于自发零星现象,未能形成一定规模和稳定的资金来源。

三、国外文艺院团资金来源的类型及其发展经验

(一) 国外文艺院团资金来源的主要类型

国外文艺院团的资金来源主要有三个方面:各级政府的直接或间接投入、社会

① 来源于武汉大学国家公共文化政策研究实验基地统计数据。

（包括企业和个人）的广泛赞助以及文化单位的自营收入。[13]根据这三项收入的构成比例的不同，本文将国外文艺院团资金来源的类型划分为“政府资助为主型”“社会捐赠为主型”和“市场导向为主型”三大类。

1. 政府资助为主型：以新加坡华乐团为例

“政府资助为主型”院团是指政府补助收入在总收入中比重较高，同时其他类型的收入也有较为合理的比例。一般而言，“政府资助为主型”院团多存在于政府主导型文化管理模式的国家，如法国、德国和新加坡等。在这种模式下，从中央到地方形成了一个庞大的垂直文化机构系统，文化经费大部分由国家补贴，管理范围包括文化发展的规划，文化单位的人事、资金、业务等各个方面。以新加坡华乐团（The Singapore Chinese Orchestra）为例，在2017—2018年的年度报表中，政府补助收入占总收入的66.94%，公众捐款和筹款占比16.14%，包括演出收入、租金收入及投资收入等在内的自营收入比例占16.50%。整体来看，新加坡华乐团从政府部门取得的资助是其资金的主要来源，且自营收入和捐赠收入的比例也较为合理。

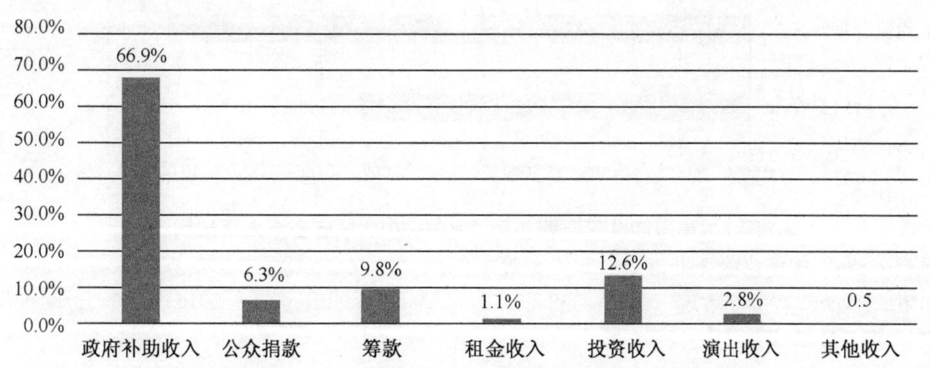

图1 新加坡华乐团2017—2018年资金来源结构

数据来源：新加坡华乐团2017—2018年度报告。

https://www.sco.com.sg/wp-content/uploads/2018/10/SCO_Annual-Report-17_18.pdf，2019年3月25日。

2. 社会捐赠为主型：以美国匹兹堡芭蕾舞团为例

“社会捐赠为主型”院团是指院团的资金来源以社会捐赠为主，其他比例相对均衡。“社会捐赠型”院团在美国最为多见。一直以来，美国政府通过对个人、艺术机构的税收减免、让步来促进社会捐赠和艺术赞助，将艺术家和艺术机构的存活留给自由市场和社会捐赠两大体系。因此，美国大部分文艺院团均有稳定的社会捐赠来源，仅有约 10%的文化资助来源于政府。[14] 以 1969 年成立的美国匹兹堡芭蕾舞团(Pittsburgh Ballet Theater)为例，在其 2016—2017 年度的资金来源中，捐赠收入比重最大，占 40.65%；其次是门票收入，占 27.21%；学校培训收入占 19.89%；受赠转让收入占 5.12%；特别活动收入占 5.31%；其他收入占 1.82%。由此可见，美国匹兹堡芭蕾舞团是典型的“社会捐赠为主型”文艺院团，捐款和赞助收入是其最主要的资金来源。

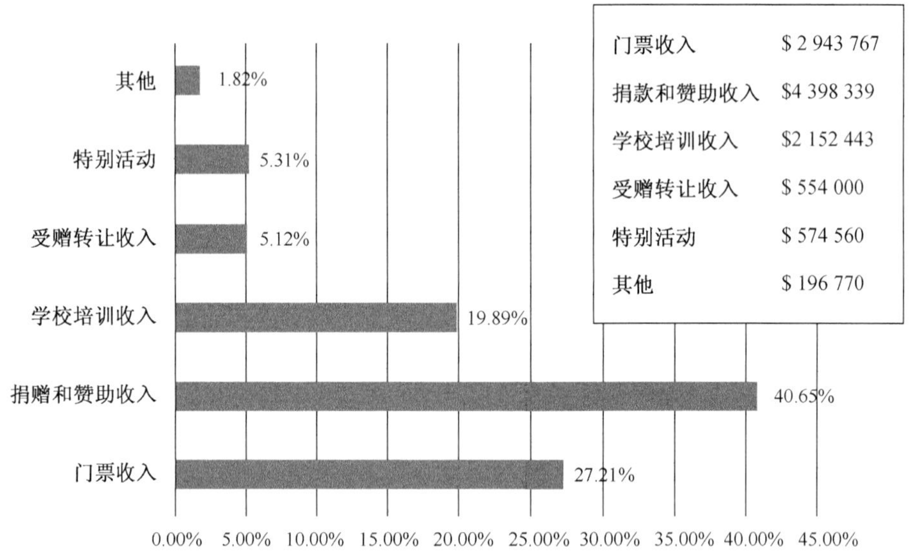

图 2　美国匹兹堡芭蕾舞团 2016—2017 年度资金来源结构

数据来源：匹兹堡芭蕾舞团 2016—2017 年度报告。
https://www.pbt.org/wp-content/uploads/2018/01/Annual-Report - 2016 - 2017 - 1.pdf，2019 年 3 月 25 日。

3. 市场导向为主型：以英国国家剧院为例

“市场导向为主型”院团是指院团的自营收入通常高达 50%以上，且其他类型的收入也有较为客观的比例。这种类型的院团更接近于市场中的商业企业，具有独立的法人治理结构、多元的人才机制以及成熟的演出制度等。以英国国家剧院(The National Theatre)为例，由主席、副主席、董事、财务与审计委员会、提名委员会、商业和媒体总监、商业运营总监、发展总监、人力资源总监、技术总监等组成的剧院管理层在 2017—2018 年雇用了从演员到会计师，从服装监督员到厨师，从营销人员到音乐家的 4 000 多名员工，完成了 115 场巡回演出，实现了全球 120 万人观看 Live 直播。在资金来源方面，2017—2018 年剧院的票房收入(包括在各地巡回演出的票房加上剧院直播合计)为 6 270 万英镑,占到了总收入的 58.6%;英格兰艺术委员会补助了 1 720 万英镑,占比 16.1%;商品及其他收入为 1 519 万英镑,占比 14.2%;募捐总收入为 1 198 万英镑,占比 11.2%。可见,英国国家剧院所具备的创收能力离不开专业化的管理团队和艺术人才的支持,同时也离不开剧院在演出上所做出的努力。

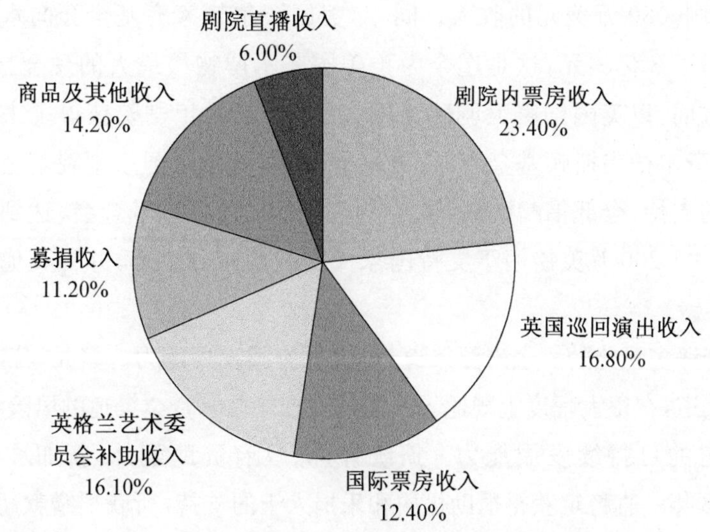

图 3　英国国家剧院 2017—2018 年资金来源结构

数据来源:英国国家剧院 2017—2018 年年度报告。https://review.nationaltheatre.org.uk/2018/finance/109,2019 年 3 月 25 日。

(二)基本经验

各国的艺术资助政策并非一成不变,每一个国家在政策实践的具体时段和具体项目上也并不总是一致。综合而言,国外主要发达国家的文艺院团管理模式虽然有所不同,但都有较为成熟的管理体制和政府支持模式,形成了一些有益的经验,对院团的改革发展具有重要的启示意义。

一是财政资金持续增长,激励和引导社会力量"跟进"投入。从整体上看,西方大部分艺术院团市场化程度高,经费不依赖于国家财政,但国家财政的扶持和支持依然发挥重要作用,并积极促进社会力量"跟从"投入。Zhou(2009)利用 1997—2008 年我国 31 个省级面板数据发现,政府拨款似乎很有可能积极诱导私人给予行为。也就是说,政府对表演艺术提供的财政资金越多,私人捐助者的赞助就越多。个人将政府的拨款视为价值和声誉信号,将倾向于对获得更多政府资金的组织进行捐款。[15]这种“挤入效应”的结论与 Brooks (2000)[16]、Okten 和 Weisbrod (2000)[17]以及 Smith (2003)[18]的研究结果一致。

二是借助基金会等艺术中介机构，实行间接拨款支持方式。除国家财政部门直接拨款外，西方国家所采取的一个普遍的支持方式是通过基金会拨款来支持文化和艺术的发展。2011 年，美国福特基金会用 103 亿美元的捐赠为艺术和文化带来了超过 5 080 万美元的收入。同年，美国沃尔顿家庭基金会向水晶桥艺术博物馆捐赠了 8 亿美元，这是迄今为止美国艺术博物馆最大的现金捐赠。[19]在文艺院团方面，以英国国家大剧院为例，2017—2018 年剧院获得了来自多尔夫曼基金会、费尔德韦斯顿基金会、杜费尔德基金会、皇家国家剧院基金会等几十家基金会的支持，全部捐赠数额(包括个人、公司、信托和基金会)达到创纪录的高水平(其中1 200 万英镑用于支持国家大剧院的核心工作，并为其他项目筹集 200 多万英镑)。

三是开辟多元化的资金来源渠道，形成可持续发展能力。多元、分散、自由的资金来源渠道，在很大程度上规避了院团过度依赖单一资金渠道的风险，有助于形成长期稳定的可持续发展能力。据统计，除政府资助金外，新加坡华乐团从 1996—2018 年一直稳定获得捐助机构和乐捐人士的支持，所获捐赠款超过 1 亿元人民币。乐团获得的租金收入和投资收入等，也为乐团的持续发展增加了动力。

表 3　新加坡华乐团的资金来源渠道

来源	说明
政府津贴	主要来源于国家艺术理事会，新加坡赛马博彩管理局以及文化、社区及青年部计划下的文化捐献配对基金
公众捐款	主要是靠基金会、企业及个人等现有及新捐助者的慷慨捐赠
筹款	
租金收入	新加坡大会堂的场地和设施的租用以及办公室的租用
投资收入	主要为股票利息收入、债券投资收入、出售投资收益等
演出收入	主要为音乐会门票收入
其他收入	主要为乐团参与海外音乐会巡演所取得的一次性收入等

四是利用税收优惠政策，形成吸引社会力量参与艺术发展的动员机制。税收优惠政策是美国、加拿大、英国、法国、澳大利亚等西方国家支持表演艺术发展的重要手段。它不仅能通过减免税为艺术家和艺术院团减轻资金负担，更能激发社会

组织、企业、个人等参与艺术创新与发展的热情，形成整体性艺术参与的社会动员机制。在美国，对于总收入超过20万美元的个人，向非营利机构每捐赠1美元可以减少33%—35%的税收(具体取决于申请者是个人还是联合)。也就是说，向免税艺术组织每捐赠1美元，美国政府将放弃0.33美元至0.35美元的税收收入。[19]加拿大的魁北克省对作家、艺术家、电影艺术家、音乐家、演奏者及任何生产有版权产品的个人给予税收优惠。2万加元以下的个人收入可获得1.5万加元的免税额，超过2万加元的部分，每一加元可获得1.5加元的免税额，总的免税额最高可达3万加元。[20]

四、优化策略

针对当前转制院团资金来源中财政补贴比重过高，演出收入、社会赞助和捐赠比重低的不合理结构，借鉴国外文艺院团资金筹集的相关经验，本文认为应深化国有文艺院团改革，调整和优化院团与政府、市场、社会的体制关系，树立新型财政保障理念，创新财政投入方式，通过深化院团内部体制机制改革增加自营收入，以税收优惠等方式鼓励社会力量参与院团建设，从而优化转制院团的资金来源结构。

(一) 继续深化国有文艺院团改革，调整和优化院团与政府、市场、社会的体制关系

在当前转企改制改革的背景下，进一步深化文艺院团改革，明确院团与政府、市场之间的体制关系。

第一，明确院团发展定位。通过对表演艺术行业特殊性的深入分析，结合当前国家对国有文艺院团在社会效益、经济效益方面的政策性要求，重新定位我国国有文艺院团的身份与职能。

第二，推进院团与政府关系结构的调整。院团身份的重新确定，重在进一步推进政府院团的分开，通过加强行业协会和基金会等机构的作用，使政府与院团之间保持合理有度的“管理距离”，减轻传统体制下国有文艺院团过重的“政策性负担”，避免院团以“政策性负担”与政府形成的预算软约束和不良博弈。

第三，面向社会推进院团改革发展。在表演艺术行业不断边缘化的趋势下，在国家政策的激励引导下，国有文艺院团必须主动建立与社会组织和个人的联系，通过多渠道争取社会组织、个人的捐赠和赞助。

第四，面向市场推进院团生产经营能力的提升。企业体制文艺院团应通过建

立完善现代企业制度，建立法人治理结构，鼓励转制院团演职人员个人参与股份制改造，增强转制文艺院团的营销能力，重视培育骨干演艺企业，推动转制文艺院团跨地区、跨行业、跨所有制发展。

（二）树立“财政投入保基本、政策引导激励社会参与”的财政保障理念，创新财政保障方式，加强绩效评价，适度降低财政资金来源比重和优化支持方式

公共财政对国有文艺院团投入存在部分性的“缺位”和“越位”、投入效率不高等问题，原因在于现行财政管理体制、财政投入模式与当前国家文化管理体制、文化发展的实践进展存在错位。因此，必须创新国有文艺院团的财政保障理念，建立与现代财政体制相适应、与表演艺术行业发展新常态相适应的文化财政保障机制。

首先，应改变传统的财政保障理念，树立“财政投入保基本、政策引导激励社会参与、市场导向提升自营能力”的理念。对当前转制院团资金来源结构的分析表明，国家财政文化投入仍在继续增长，但投入的增长并没有带来效益的同步增加，财政投入存在一定程度的冗余和低效，因此，应调整和重新确立财政支持艺术发展的基本理念，即区分政府与市场边界，明确政府的事权范围和财政的投入范围，做到“有所为有所不为”，财政经费保障国有文艺院团基本运转，通过政策引导和激励鼓励社会参与，并通过市场手段提升院团自营能力。

其次，要创新财政投入方式，优化财政保障机制。通过测算和研究资金来源结构中国家财政补贴的合理比重，保障国有文艺院团基本运行的“基础需求”，并制定相应的投入标准和投入依据。归并和整合各种艺术发展专项资金，部分常态性专项资金纳入经常性预算，优先安排和确保文艺创作、文艺人才培养等专项资金。建立“以财政拨款为主，政府购买服务、奖励补贴、基金制等多种手段相配合”的新型财政投入机制，建立多元化的资金投入方式。完善项目补贴、优秀奖励、匹配资助等资助方式，建立和完善政府购买文化服务制度，推进文化领域基金会制度建设，完善文化艺术基金资助方式。

此外，还要改变以往“重投入、轻评价”的管理模式，建立健全绩效评价制度，推动绩效管理。要科学合理设计绩效评价指标体系，将院团的社会效益目标完成情况、经济效益目标完成情况、可持续发展潜力等关键性指标纳入院团评价系统。建立绩效评价管理制度，明确院团在评价过程中应承担的义务，规定相关主管部门应承担的责任、考核评价的基本程序以及评价结果的使用方式等，建立评价与院团预算挂钩机制。

（三）完善和落实税收优惠政策，鼓励社会力量参与院团建设，扩大社会赞助和捐赠的资金来源

转制院团资金来源结构不优的一个重要表现就是社会力量参与不足，社会参与不足的主要原因在于尚未形成促进社会参与文艺院团建设的政策环境。建议充分发挥税收优惠政策的导向和激励功能，引导社会资金投入，形成促进国有文艺院团改革发展的激励机制。加快落实文化改革与发展相关税收、土地、价格等优惠政策，对自用房产和土地免征房产税和城镇土地使用税等。加大已有支持对外文化贸易各项优惠政策的落实力度，对国家文艺演出走出去实行增值税零税率，对营业税免税。进一步落实鼓励社会组织、机构和个人捐赠以及兴办公益性文化事业的税收优惠政策，企业、个人对国有文艺院团符合税法规定的捐赠，准予在所得税税前扣除。鼓励各级财政设立捐赠收入财政配比资金，用于对国有文艺院团接受的符合条件的捐赠收入实行奖励补助，鼓励多渠道筹集资金。

（四）深化转制院团内部体制机制，提升面向市场的经营能力，提高自营收入在资金来源结构中的比重

当前，我国大部分转制院团的经营管理能力并没有明显提升。在新常态下，要实现国有文艺院团社会效益优先、社会效益和经济效益相统一的目标，除了要提升面向提供服务的能力，还必须面向市场提升经营管理能力。

第一，建议进一步深化转制院团内部体制机制改革，建立社会化、市场化的现代艺术生产创作、艺术经营、艺术人才和薪酬管理制度，完善法人治理结构，完善内部机构设置和制度建设。

第二，整合和盘活内部演艺资源，建构和完善演艺产业链，提升院团核心竞争力。推动院团资源的融合和联动，建立演出、经纪、舞美、剧场、教育培训为一体的演艺产业链，加强演出产业链上中下游之间的联系与合作。

第三，探索多种途径，开拓区域演出消费市场。针对我国大部分地区和城市演出市场发育不足、规模较小、消费购买力不足的情况，院团应积极探索，拓展演艺产业的市场空间。

第四，建议开辟多种渠道，形成演艺为主、多业发展的产业结构。在提升演出核心竞争力的同时，应注重产业链的延伸和衍生品的开发，积极推动演艺与相关产业的融合发展，形成新型的“演艺＋旅游＋影视＋地产……”产业链模式。推进商业模式创新，开掘演艺资源的产业化路径。建立驻场与巡回演出相结合的演出模式，建立完善演出季制度，探索实行多种形式的制作人中心制，建立完善以剧院售票、商家代理、通讯、网络等社交工具、流媒体、移动媒体传播体系，建立多元化的营销体系。

参考文献

[1] 辛纳. 财务困境、成瘾消费与国有文艺院团改革[J]. 东岳论丛，2014(8)：100—107.

[2] 钱志中. 非营利表演艺术院团经济支撑体系的构建——西方艺术赞助形式对当下国有文艺院团改革的启示[J]. 艺术百家，2015(5)：43—47.

[3] 马述智. 百老汇对中国戏剧艺术市场化的启示[J]. 戏剧(中央戏剧学院学报)，2015(3)：33—45.

[4] 游祥斌，卢云庆. 政府、市场与演艺团体——国有文艺院团市场化改革困境及其疏解[J]. 中国行政管理，2016(3)：71—76.

[5] 董峰. 江苏艺术表演团体资金来源分析[J]. 艺术教育，2016(11)：41—44.

[6] 陈庚，宋春来. 美国非营利表演艺术机构的资金来源研究[J]. 中国文化产业研究(第26卷)，2016(3)：239.

[7] Rushton M. *Cultural Diversity and Public Funding of the Arts: A View from Cultural Economics*[J]. Journal of Arts Management Law & Society, 2003, 33(2):85 - 97.

[8] Borgonovi F , O'Hare M. *The Impact of the National Endowment for the Arts in the United States: Institutional and Sectoral Effects on Private Funding*[J]. Journal of Cultural Economics, 2004, 28(1):21 - 36.

[9] Dokko J. *Does the NEA Crowd Out Private Charitable Contributions to the Arts?* [J]. Finance & Economics Discussion, 2009, 62(1):57 - 75.

[10] Rushton M. *Earmarked Taxes for the Arts: US Experience and Policy Implications* [J]. International Journal of Arts Management, 2004, 6(3):38 - 48.

[11] 梁尚敏. 论财源及其结构的合理化[J]. 财政研究，1984(3)：37—44.

[12] 李科熠. 国有企业资本结构优化问题探讨[J]. 市场研究，2015(8)：62—63.

[13] 陈庚. 国外经验与深化艺术表演团体改革的基本策略[J]. 学习与实践，2011(10)：121—127.

[14] 黄锐. 美国文化资助体系研究[D]. 上海：上海社会科学院，2006.

[15] Zhou S C. *In Search of the Determinants of Private Donation in Chinese Nation-Owned Non-Profit Performing Arts Organizations* [J]. Social Science Electronic Publishing, 2009.

[16] Brooks A C. *Public Subsidies and Charitable Giving: Crowding out, Crowding in,*

or Both? [J]. Journal of Policy Analysis and Management, 2000, 19(3): 451-464.

[17] Okten C, Weisbrod B A. *Determinants of Donations in Private Nonprofit Markets* [J]. Journal of Public Economics, 2000, 75(2): 255-272.

[18] Thomas M S. *The Effect of NEA Grants on the Contributions to Nonprofit Dance Companies* [J]. Journal of Arts Management Law & Society, 2003, 33(2): 98-113.

[19] Tyler Cowen, NEA. *How the United States Funds the Arts* [R]. Washington: National Endowment for the Arts, 2012.

[20] 李本贵.促进文化产业发展的税收政策研究[J].税务研究,2010(7):9—13.

作者简介

刘　倩,湖南岳阳人,武汉大学国家文化发展研究院博士研究生。研究方向为公共文化、文化产业。

陈　庚,四川泸州人,武汉大学国家文化发展研究院副教授,硕士生导师。研究方向为文化产业、文化政策。

Capital Source Structure of State-owned Art Troupes Transformed into Enterprises and Its Optimization Strategy —Enlightenment from Foreign Experience

Liu Qian Chen Geng

Abstract: At present, the capital source of state-owned art troupes transformed into enterprises shows a remarkably unreasonable structure in which fiscal subsidy accounts for an over-high proportion, while performance income, social sponsorship and donation account for a low proportion. By comparing the capital source structures and referring to the development experience of different types of art troupes at abroad, the paper brings forward that we should continuously deepen the reform of state-owned art troupes, adjust and optimize the system relationship of the art troupes with the government, market and society, establish a new financial guarantee concept, innovate the financial input method, increase the self-operation income by deepening the internal mechanism reform of art troupes, encourage the social forces to participate in the construction of art troupes by means of tax preference, etc., so as to optimize the capital source structure of state-owned art troupes transformed into enterprises.

Key words: Transformation into Enterprise; State-owned Art Troupe; Capital Source; Foreign Experience

基于模糊综合评价法的我国文化产业政策效力评价*

沈　艳

摘　要:自文化产业在国家规划中被提到要发展成为经济支柱产业之后,政府先后出台一系列促进文化产业发展的政策措施。本文对2011年以来的文化产业政策进行了梳理,并基于模糊综合评价法,构建了文化产业政策综合评价指标体系。用熵权法客观地对评价指标进行赋权,建立了文化产业政策评价模型,对我国文化产业政策的效力进行了量化实证研究,并根据分析结果给出了文化产业政策的制定建议。

关键词:模糊综合评价法　熵权法　文化产业　政策有效性

一、引　言

产业政策在我国经济社会发展中具有重要的导向性作用。在国家政策的支持下,文化产业迅猛发展。2017年我国文化产业增加值34 722亿元,比2004年的3 440亿元相比增长到约10倍。我国文化产业的发展离不开政府政策的驱动和指导。自文化产业在国家"十二五"规划中被提到要发展成为经济支柱产业之后,政府先后出台了一系列促进和规范文化产业发展的政策和措施,加大对文化产业的投入,包括税收优惠政策、财政政策、金融政策、版权保护政策、法制保障政策等。例如,在财政支持方面,财政部出台了《文化产业发展专项资金管理暂行办法》,设立了"扶持文化产业发展专项资金",全国有26个省(自治区、直辖市)设立了文化产业发展专项资金。在金融支持方面,宣传部、财政部、人民银行、文化部、广电等

* 本文系江苏省决策咨询研究基地:江苏文化产业研究基地课题"十四五时期江苏培育文化消费新增长报酬政策路径与制度保障研究"的阶段性成果。

部门共同出台了《关于金融支持文化产业振兴和发展繁荣的指导意见》，为文化企业从银行贷款创造便利条件。在税收优惠方面，国家出台了《关于对部分营业税纳税人免征文化事业建设费的通知》等政策，对出版业、动漫、电影等行业实行增值税、营业税等税收优惠政策。

笔者通过文化政策图书馆查询系统对文化政策进行梳理统计后，发现自2010年以来政府出台且至今仍有效的文化产业政策有1 045条。如此数量众多的文化产业政策，是否都实现了预期的效果便成为一个值得探讨的问题。从政策实施看，这一方面促进了新兴产业的发展和成长，对我国文化产业的快速增长起到了重要的刺激作用。对文化产业政策的实施效力进行研究，从而有针对性地指导或引导文化产业实践的发展，避免无效或错误的政策带来资源的错配、效率的低下，是本文将研究的问题。

二、文献回顾

对产业政策的有效性的研究，是学术界长期关注的热点问题，对于政府和市场的关系存在很多的争论。国家计委宏观经济研究课题组研究认为，产业政策的推进是通过差别政策对各个企业的引导和限制来实现政府干预经济的目的：一种是“倾斜金融”，使资金的流量在产业间形成差别；第二种是“倾斜税制”，使不同的产业有不同的税负。梁东黎(2005)认为，政府补贴也是产业政策实施的一种重要手段。而针对文化产业政策效力问题的研究包括：李思屈和李义杰(2012)对我国政府部门和国家级动漫产业基地企业分别设计了调查问卷，运用问卷调查法对文化产业的政策内容及执行效果进行评价。关萍萍(2012)从“3P型文化产业”角度入手，通过梳理文化产业政策文本，较系统地分析了文化产业政策设定目标和政策体系现状的呈现样态。徐文燕(2013)通过分析江苏省及省内13个设区市政府部门文化产业政策法规的样本，研究了江苏文化产业政策文本的特征。祁述裕等(2015)对2000—2014年间我国文化产业政策体系进行了研究。王凤荣等(2016)运用面板数据模型从政策解构的角度实证分析了文化产业政策的有效性。总体而言，对文化产业政策的有效性的研究多是定性的描述性分析，而用计量方法进行定量的实证分析的研究较少。

本文将力图在总结前人研究成果的基础上，将模糊数学的综合评价法应用在文化产业政策效力分析上,通过科学的定量方法分析文化产业政策的有效性。①

三、我国文化产业政策现状的总体分析

2000 年颁布的《中共中央关于制定国民经济和社会发展第十个五年计划的建议》首次在政府文件中使用了“文化产业”概念,提出了“完善文化产业政策”的任务。自此,我国文化产业政策从无到有再到初成体系。2011 年国家颁布了《国民经济和社会发展的第十二个五年规划纲要》,对文化产业做出了全面规划。随后一系列纲领性文件包括《国家“十三五”时期文化改革发展规划纲要》《文化部“十三五”时期文化改革发展规划》等先后出台。相关子产业,包括新闻出版、广播电视、娱乐等八个行业以及在线教育、体育产业等产业发展规划也相继出台。

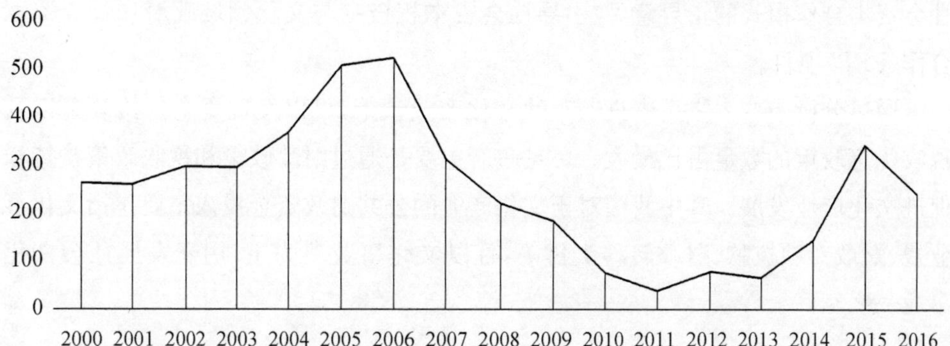

图 1　2000—2016 年我国文化产业政策颁布数量变化图

如图 1 所示。从政策数量来看,2000 至 2006 年期间,我国文化产业政策数量呈现上涨趋势,“文化产业”的概念被首次推出,从此进入快速发展阶段。从 2006 年至 2011 年,由于文化产业政策体系的不断完善,每年新增的文化产业政策数量逐年下降。2011 之后,随着文化产业上升为国家的战略产业,被纳入国民经济支柱产业规划中,文化产业政策数量再次呈上涨趋势。特别是十八大提出“文化产业成为国民经济支柱性产业”的目标并将其列入 2020 年全面建成小康社会的指标体系之后,政府进一步加大了文化产业政策的扶持力度。

① 模糊综合评价法在模糊数学中应用较为广泛。该方法用于处理一些边界不太明显,受到多种因素制约的事物或对象,难以用简单归于某类,用“是否”进行确定性评价时,根据模糊数学的隶属度理论对所有因素进行综合模糊评价,把定性评价转化为定量评价,能较好地解决难以量化的模糊问题。

中央或地方政府出台的各项文化产业政策，可以大致梳理分析为几类：财政政策、金融政策、土地政策、综合政策、推进文化与科技融合政策等。财政政策主要包括财政的直接投入、各类文化产业发展专项引导资金的设立、税收优惠政策等。

例如，2010 年九部委联合颁布的《关于金融支持文化振兴和发展繁荣的指导意见》推动了文化产业投融资体制的建立。2012 年财政部出台的《文化产业发展专项资金管理暂行办法》，对经营性文化事业单位、文化骨干企业、重点文化产业项目等予以专项资金扶持。文化部办公厅 2015 年发布的《2015 年成长型小微文化企业工作方案》鼓励银行机构加大对小微文化企业的融资活动，缓解小微文化企业融资难的问题。文化和旅游部 2018 年发布的《财政部关于在文化领域推广政府和社会资本合作模式的指导意见》引导社会资本积极参与文化领域政府和社会资本合作(PPP)项目。

通过分析十八大之后中央颁布的文化产业政策，可以发现资金扶持政策以及税收优惠政策的数量占比最大。可见政府主要是通过财政政策和税收政策扶持和促进文化产业发展。其中我国对于文化产业的公共财政资金投入主要包括文化事业费、财政专项拨款、财政转移支付等，且以文化事业费为主，用于发展社会文化事业。

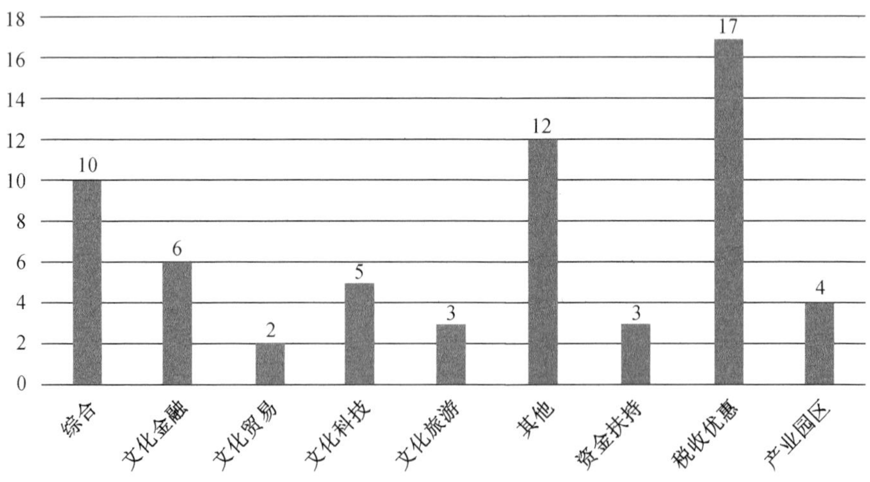

图 2 2012—2016 年我国文化产业政策分类

四、文化产业政策评价模型的建立

本文评价模型的建设思路为通过评价指标原始数据标准化处理对指标打分，利用各指标的客观权重，将主观的模糊综合评价与客观的熵权法相结合，建立文化创意产业政策的模糊综合评价模型。其中模糊综合评价方法将定性问题定量化，确保对文化产业政策效果定量分析的可能性。而熵权法是构建指标评价体系时确定各指标权重常用的一种客观赋权法，相对主观赋权具有较高的可信度和精确度。基本思路是根据各指标传递给决策者的信息量大小来确定其权数。①

（一）评价指标体系的建立

1. 政策评价标准

评价产业政策的实施效力就是依据特定的标准，对某项产业政策实施的影响、效果进行度量、分析和评价。一般来说产业政策评估主要从以下角度进行：① 社会福利评价，② 经济效益评价，③ 成本效益评价，④ 国际竞争力评价。本文的文化产业政策评价体系主要从这四个角度构建。

2. 评价指标体系的构建

(1) 政策投入指标：文化产业政策作为政府进行资源优化配置的手段，其功能主要定位于从相关方面扶持和促进文化产业发展。该准则的设置反映了文化产业政策对于文化产业的实际扶持程度。本文选择的投入指标有文化产业固定资产投入、公共财政文化体育与传媒经费总量、文化事业费拨款、中央对地方文化项目补助资金。

(2) 对产业发展贡献指标：该指标的设置反映了文化产业政策对于文化产业实际增长的推动绩效。此外，选取文化产业总产出、文化产业年增加值来计算文化产业年增加值占 GDP 的比重，该比重反映产业的增长情况，此外，文化及相关产业专利总数也反映文化创意及科技的发展情况。

(3) 对文化和社会环境的贡献指标：完善文化产业政策，推动文化产业发展不仅为了促进经济增长，也是满足人民群众多样化精神文化需求，提高人民生活品质的重要途径。该准则的设置反映了文化产业政策在促进文化消费，健全公共文化

① 一般来说，若某个指标的信息熵越小，表明指标值提供的信息量越多，在综合评价中所能起到的作用也越大，其权重也就越大。相反，某个指标的信息熵越大，表明指标值提供的信息量也越少，在综合评价中所起到的作用也越小，其权重也就越小。

服务体系，提高人民文化生活质量上的绩效。主要指标包括文化消费总量，占总支出中的比重，博物馆、图书馆等公共文化机构数量，人均旅游消费等。

(4) 国际竞争力指标：一般来讲，文化产品及服务的进出口结构反映一国文化产业的竞争优势和劣势。因此，本文选择了文化产品进出口总额、贸易差额、进口额和出口额来反映我国文化贸易的竞争力情况。

基于以上分析，并结合科学性、全面性、代表性以及数据可获得性的原则，我们提出了文化产业政策评价指标。该指标体系由 4 个一级指标和 24 个二级指标组成。指标体系如表 1 所示。

表 1 文化产业政策评价指标体系表

目标层	准则层	指标层
评价指标	财政投入	公共财政文化体育与传媒经费总量(亿元)
		文化事业费(亿元)
		文化事业费支出占财政比重(百分比)
		人均文化事业财政补助(元)
		固定资产投入(亿元)
		中央对地方文化项目补助资金(亿元)
	对产业发展的贡献	文化产业年增加值(亿元)
		文化产业增加值的增长(百分比)
		增加值占 GDP 比重(百分比)
		文化及相关产业专利总数(个)
		从业人员总数(万人)
	对文化和社会环境贡献	文化消费占总支出中的比重(百分比)
		城镇居民人均教育文化娱乐消费支出(元)
		文化机构数量(个)
		公共图书馆数量(个)
		艺术表演团体(个)
		博物馆数量(个)
		图书数量(本)
		演出场次(万场)
		人均旅游消费(元)

（续表）

目标层	准则层	指标层
	国际竞争力	文化产品进出口总额
		贸易差额
		进口额
		出口额

2. 综合评价模型的建立

根据所构建的指标体系，我们建立了如下的评价指标矩阵

$$X=\begin{bmatrix} X_{11} & X_{12} & \cdots & X_{119} \\ X_{21} & X_{22} & \cdots & X_{219} \\ \vdots & \vdots & \ddots & \vdots \\ X_{51} & X_{52} & \cdots & X_{519} \end{bmatrix} \tag{1}$$

矩阵中X_{ij}表示每个指标的量化值，再用以下公式把评价指标矩阵标准化。设：R_{ij}为第i个评价年第j个指标规范化处理后的值，X_{ij}为第i个评价年第j个指标的值。

$$R_{ij}=\frac{X_{ij}-\min X_{ij}}{\max X_{ij}-\min X_{ij}} \tag{2}$$

公式(2)的经济学含义为第k个指标值与最小值的偏差相对于最大值与最小值偏差的相对距离。偏差越大距离越大，规范化处理后值越高。经过标准化处理的指标将组成以下规范化矩阵。

$$R_{ij}=\begin{bmatrix} r_{11} & r_{12} & \cdots & r_{1n} \\ r_{21} & r_{22} & \cdots & r_{2n} \\ \vdots & \vdots & \ddots & \vdots \\ r_{m1} & r_{m2} & \cdots & r_{mn} \end{bmatrix}$$

（二）各层因素的指标权重的确定

权重反映了评价事物内部诸因素重要程度的差异，权重的合理分配是量化评估的关键。目前常用的有专家经验法和AHP层次分析法。但AHP层次分析法往往具有主观性，而最大隶属原则法则容易丢失有效信息，从而导致分析结果不正确。BP神经网络算法也常被国内外学者用于建立评价模型，但该方法也存在收敛速度慢、算法低效的问题。

本文采用熵权法来计算评价模型中指标的权重。指标权重计算的具体步骤如下：

(1) 各指标熵值的计算

设第 j 个评价指标的熵值为 e_j，其计算公式如下：

$$e_j = -k \sum_{i=1}^{n} f_{ij} \ln(f_{ij}) \tag{3}$$

$$f_{ij} = x_{ij} / \sum\nolimits_{i=1}^{n} x_{ij}$$

其中：$k=1/\ln m$，f_{ij} 为第 j 个评价指标下第 i 个系统的特征比重。X_{ij} 为第 i 个评价指标下第 j 个指标的观测数据($i=1,2,\cdots, n$；$j=1, 2,\cdots, m$)；$\sum\limits_{i=1}^{n} x_{ij}$ 为第 j 个评价指标的所有观测数据之和。

(2) 计算各指标的熵权

设第 j 评价指标的熵权为 W_j，其计算公式如下：

$$W_j = \frac{1-e_j}{\sum\limits_{i=1}^{n}(1-e_i)} \tag{4}$$

式中 e_j 为第 j 个评价指标的熵值。

(3) 计算文化产业政策的综合评价得分

设 P_i 为第 i 个系统的综合评价得分，根据线性加权综合评价公式，则文化产业政策的综合评价得分

$$P_i = \sum_{j=1}^{n} p_{ij} W_j \tag{5}$$

式中 p_{ij} 为第 i 个评价年第 j 个指标规范化处理后的得分，W_j 为第 j 个评价指标的权重。

五、文化产业政策综合评价模型的实证研究

(一) 数据来源

本文的数据来源于 2011—2017 年间的《文化发展统计公报》，其中固定资产投入和城镇居民人均教育文化娱乐消费支出的数据来源于《中国文化文物统计年鉴》。

(二) 数据规范化和权重的计算

结合以上数据，根据公式(2)(3)(4)可计算各指标的规范化数据。以文化产业增加值为例：

$$R_{1i}=[0,0.333\,818,0.609\,988,0.803\,94,1]$$

$$e_1=0.982\,843$$

$$W_1=\frac{1-e_1}{\sum_{i=1}^{n}(1-e_i)}=0.092\,989\,606$$

表 2　各准则层和指标层的权重

准则层	指标层		准则层权重	指标层权重
对产业发展的贡献 X_1	X_{11}	文化产业年增加值(亿元)	0.153 893	0.061 734 739
	X_{12}	文化产业增加值的增长(百分比)		0.047 767 267
	X_{13}	文化及相关产业专利总数(个)		0.029 997 108
	X_{14}	增加值占 GDP 比重(百分比)		0.010 696 018
	X_{15}	从业人员总数(万人)		0.003 697 935
对文化和社会环境的贡献 X_2	X_{21}	文化消费占总支出中的比重(百分比)	0.499 901	0.014 760 008
	X_{22}	城镇居民人均教育文化娱乐消费支出(元)		0.043 975 63
	X_{23}	文化机构数量(个)		0.001 173 527
	X_{24}	公共图书馆数量(个)		0.000 365 902
	X_{25}	艺术表演团体(个)		0.057 830 301
	X_{26}	博物馆数量(个)		0.023 108 577
	X_{27}	图书数量(本)		0.305 155 389
	X_{28}	演出场次(万场)		0.049 431 621
	X_{29}	人均旅游消费(元)		0.004 102 581
政府投入 X_3	X_{31}	公共财政文化体育与传媒经费总量(亿元)	0.221 556	0.025 910 215
	X_{32}	文化事业费(亿元)		0.047 821 904
	X_{33}	文化事业费支出占财政比重(百分比)		0.001 809 22
	X_{34}	人均文化事业财政补助(元)		0.044 027 094
	X_{35}	中央对地方文化项目补助资金(亿元)		0.009 718 854
	X_{36}	固定资产投入(亿元)		0.092 269 206

（续表）

准则层	指标层		准则层权重	指标层权重
对国际竞争力的贡献 X_4	X_{41}	文化产品进出口总额(亿美元)	0.100 269	0.000 411 241
	X_{42}	贸易差额(亿美元)		0.026 280 681
	X_{43}	进口额(亿美元)		0.048 747 063
	X_{44}	出口额(亿美元)		0.024 830 379

（三）文化产业政策的模糊综合评价

根据模型可计算出各准则层各年的得分以及模糊综合评价得分。

表 3　模糊综合评价得分

序号	准则层	年份						
		2011	2012	2013	2014	2015	2016	2017
1	X_1	0.341 23	0.537 04	0.538 88	0.506 98	0.757 06	1.120 87	1.401 58
2	X_2	0.217 59	0.645 12	1.140 09	1.307 96	1.833 62	1.970 16	2.618 57
3	X_3	0	0.290 84	0.443 75	0.520 5	0.726 04	0.930 44	1.107 79
4	X_4	0	0.265 01	0.516 98	0.713 82	0.421 54	0.231 38	0.318 73
综合评价		0.126 16	0.419 76	0.700 52	0.800 08	1.102 28	1.217 77	1.584 09

六、结果分析

（一）综合评价

从图表中可以看出，2011 至 2017 年期间，整体而言，我国文化产业的发展逐步提高，产业规模不断扩大，保持较高增速。进一步研究发现，我国文化产业政策的效力综合评价自 2011—2017 年的年平均增速为 39%。这说明自从 2011 年十七届六中全会明确提出将推动文化产业成为支柱产业后，我国文化产业自此全面转型。一般而言，产业政策是政府通过制度进行社会资源配置的手段之一，其常用的政策工具包括财政补贴、税收优惠、行政干预、法律、金融等手段。从图中的曲线可以看出，我国文化产业发展呈现不断上升的积极态势。可见政策的激励手段对文化产业的发展起到了极大的促进作用。

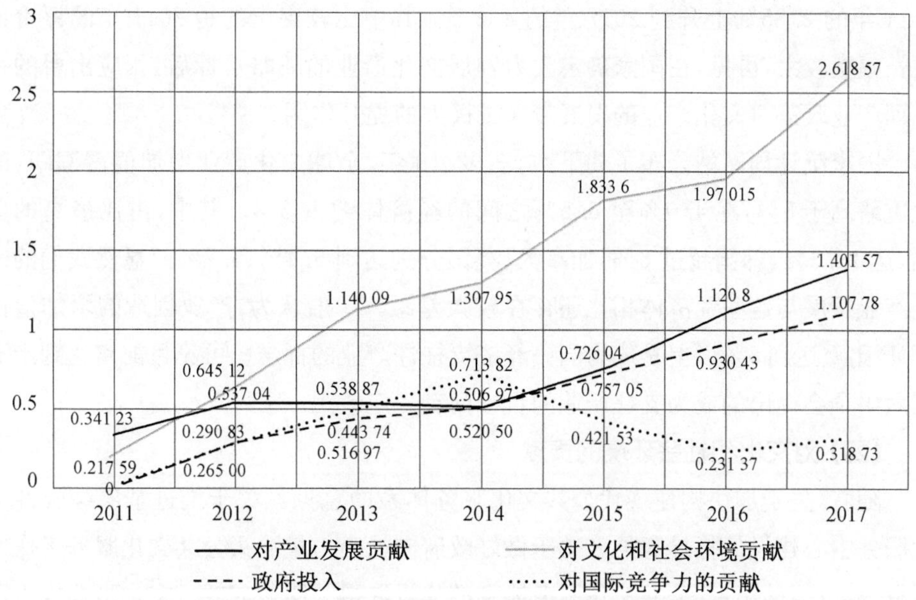

图 3　2011—2017 我国文化产业模糊综合评价得分

(二) 政府投入

从图中几条曲线的对比可看出,文化产业的发展对文化和社会环境的贡献以及政府的投入均呈现逐年上升的趋势。但相比而言,政府投入的曲线从 2011—2012 年增长迅速,2012 年后相比于其他 3 条曲线上升幅度较缓,增长略缓。可见从 2011 年起,伴随各种文化产业政策的出台,政府对文化产业的投入,包括公共财政投入和资金补助等逐年增长,2013 年开始,综合评价曲线呈倾斜 45 度角的直线上升趋势,增长幅度较大。其中,对文化和社会环境的贡献增长幅度较大。这说明政府财政投入的增长幅度小于文化产业产出以及居民文化和社会环境改善的增长幅度,也说明较小的财政投入能带来较大的文化产业产出。

但是从现阶段中央财政的直接补贴来看,对文化产业的支持力度还有待加强。虽然政府对文化产业的拨款逐年上升,但是文化事业费的支出占财政比重一直在 0.39%左右浮动,与西方发达国家存在明显差距。

(三) 对产业发展的贡献

事实上,政府产业政策的有效性一直是学术界长期存在争议的问题。对产业发展的贡献的指标反映的是中央和地方政府制定的产业政策对促进文化创意产业发展的作用。逐年上升的综合评价数据显示我国的文化产业总规模稳步提升,固定资产投入以年均 21%的增长率在提升,文化产业年增加值占 GDP 的比重从

2011年的2.85%上升到2017年的4.2%。其中比较突出的是2011年的评价值增长幅度较大，可见，在国家确定大力发展文化产业的战略目标后，相应出台的一系列产业政策对文化产业的发展带来了极大的提升作用。

国家统计局网站公布了如下数据："2013年，全球文化产业增加值占GDP的比重略高于5%，在4.0%至6.5%之间的经济体约占3/4。其中，占比最高的美国，达11.3%，韩国超过6%，加拿大、英国分别达到5.4%、5.2%。"显然我们的文化产业发展与这些经济体相比还存在较大差距。一般认为，产业创造的增加值占GDP比重达到5%以上是成为国民经济支柱性产业的标志。可见目前离达到十七届六中全会提出的成为支柱产业的目标尚有一定差距。

（四）对文化和社会环境的贡献

随着《关于加快构建现代公共文化服务体系的意见》《关于推进基层综合性文化服务中心建设的指导意见》《关于做好政府向社会力量购买公共文化服务工作的意见》等政策的出台，公共文化服务体系的建设取得了明显成效。文化事业投入逐年上升，博物馆、公共图书馆、群众文化机构等基础文化设施数量增长迅速，艺术团体演出数量大幅增加，文化产品和服务更加丰富，公共文化服务的效能得到提升。

但值得注意的是文化消费虽然也呈逐年增长的趋势，但增长速度明显落后于经济总量的发展速度。2015至2017年间文化消费的增长率呈下降趋势。我国人均文教娱乐支出只占人均GDP不到6%，中国人民大学文化创意产业研究中心发布的《文化消费指数报告》中的数据显示："2018年中国文化产业系列指数显示，我国文化消费综合指数继续走高。其中，文化消费环境、水平指数和去年相比有所增长，满意度指数基本持平，文化消费意愿指数有一定程度的下降。"

文化消费意愿的下降一方面说明文化市场尚未得到充分开发，民众的文化消费需求尚未完全得到满足。我们需着力调整消费结构，创新文化产品和服务，满足民众不断提高的消费需求。另一方面也说明文化产业的供给和需求之间出现了不匹配。《中国文化消费指数报告2018》中的数据显示，2015年我国文化产品消费的满意度仅为43.4%。2015年后文化消费环境和满意度指数逐年上升，但仍然存在一定的改进空间。随着中西部地区文化产业持续发展，东部地区文化产业进一步转型升级，未来文化产业的发展会更加均衡。

（五）对提升国际竞争力的贡献

文化进出口贸易是服务贸易的重要组成部分，尤其是发展中国家，利用文化贸易出口既能够带来经济收益，又可以提高文化的特殊性地位，并通过"文化的声音"

提高国际政治地位。

克鲁格曼新贸易理论认为政府的有效干预能够保障其在进出口贸易中确立自身优势。为推动文化产品和服务出口，政府出台了一系列政策，建设文化产品和服务出口平台，对文化服务出口、境外投资、营销渠道建设、文化贸易人才培训等方面给予专项支持。而这些政策的效应也在逐渐显现。2014 年 3 月，商务部发布了《关于加快发展对外文化贸易的意见》，对文化出口相关政策进行了总结和升级。中央宣传部、文化部、新闻出版广电总局颁布了《开拓海外文化市场行动计划(2016—2020 年)》，“一带一路”倡议的提出也为我国文化产品贸易的发展提供了契机，2017 年，推进“一带一路”建设工作领导小组审议通过的《文化部“一带一路”文化发展行动计划(2016—2020 年)》为“一带一路”文化建设工作指明了方向。

从图中可以看出，2011 至 2017 年期间，文化进出口贸易呈现了一个先逐年上升，2015 年有下降的趋势，随后又逐渐上升。由此可知，我国文化贸易在发展过程中虽有波折，但总体上是一个快速上升的趋势。虽然文化贸易进出口的比重在逐年上升，但文化贸易结构存在明显不平衡现象，其中文化产品贸易多为顺差，而文化服务贸易多为逆差。2017 年，我国文化产品和服务进出口总额 1 265.1 亿美元，同比增长 11.1%。但文化服务方面，出口同比下降 3.9%。2018 年上半年文化产品贸易进出口额是 421 亿美元，而文化服务贸易是 173.3 亿美元，文化产品出口与文化服务出口额接近 3∶1。

七、结论和建议

我国文化产业的发展在很大程度上依赖于政策推动的效应，政府自上而下的发展模式大大推动了文化产业的快速发展，因此对文化产业的发展而言，政策因素是影响文化产业发展的主要因素。

从前文的分析可见，文化产业政策对文化产业的促进作用已经开始显现，但与美国、英国等发达国家相比，我国文化产业还处于发展的初期阶段，总体较为落后，离成为支柱产业的目标距离尚远，在国际竞争中尚处于劣势。因此国家和各省出台和制定合适的产业政策具有必要性。

(一) 各地方政府应结合本地资源禀赋，制定更有针对性的产业政策，并和中央政策统一协调，避免政策制定条块分割，资源浪费

由于我国各地区的资源禀赋和经济发展水平存在较大差异，文化产业的发展存在严重的不平衡性。与经济发达、文化消费水平较高、文化产业发展基础较好的

京津唐、长三角、东部沿海地区相比，中西部地区城乡文化消费能力较弱，市场规模较小，文化产业发展基础相对薄弱。

但各地方政策不仅没有利用自身资源，形成优势互补、协同发展的局面，反而时常由于相互竞争造成产业布局不合理，大量重复投资带来资源浪费。

（二）利用政策引导刺激文化需求，促进文化消费

当前我国文化产业发展还处在初级阶段，民众的文化消费需求尚未完全得以开发，文化消费习惯也未形成。在政策上要着力调整消费结构，提升消费水平，促进文化产品和服务的创新发展。

为此，政府一方面应适当加大财政投入和税收政策，鼓励和扶持文化企业做大做强，不断创新，增加有效的文化产品和服务供给。同时出台相应政策，刺激消费者的文化产品需求，加强社会保障体系，提高民众消费能力，释放消费者对文化产品消费潜力。

（三）完善地方财政补贴制度，支持中小企业、民营企业发展

由于文化体制改革相对滞后，我国文化产业国有经济比重较大，尤其是新闻出版业、广播影视业、文化艺术业、体育业等行业。例如就北京市而言，民营企业占到文创企业的48%以上，但是国有资本的比重超过70%。地方政府在实施财政补贴政策时往往优先倾向国有企业。但我国文化产业中民营文化企业多为中小企业，机制灵活、成长潜力大，是技术创新的重要源泉。中小企业在创业之初往往举步维艰，难以得到政策和资金的扶持，融资渠道难几乎是所有中小企业发展面临的问题。所以说，我国各级政府应针对中小企业，乃至小微企业建立专项基金，通过建立健全信贷机制、风险投资机制解决融资难的问题，加大财政税收优惠政策，扶持民营企业和中小企业的发展。

（四）促进文化“走出去”

十八大以来出台的一系列促进文化“走出去”的政策为对外文化贸易带来了利好，其中《关于进一步加强和改进中华文化走出去工作的指导意见》《关于加快发展对外文化贸易的意见》《关于加强“一带一路”软力量建设的指导意见》对促进对外文化交流传播、文化贸易起了积极推动作用。文学、影视作品，甚至传统曲艺在“走出去”的道路上都取得了不俗的成绩。

但也必须清醒地认识到我国在文化产品的输出与进口方面还存在较大的“逆差”和“赤字”，还需要更有力和更有效的政策扶持。例如资金筹措难、宣传费用高、运作成本高等困难往往使许多企业在有心“迈出国门”又“望而却步”。政府为文化

产品出口提供的资金补贴有限，不能从根本上解决问题。在税收减免方面，文化产品出口退税率也越来越低，如电影、音像制品出口退税率由17%降到13%。书报刊也由17%降到11%，除了资金和税收问题，各政府部门也存在各自为政的现象，统筹、协调和指导力度不够，无法形成整体合力。这些问题一方面需要政府统筹管理，优化资源配置，另一方面也需要文化产业的发展。

参考文献

[1] 李思屈，李义杰. 中国文化产业政策及其实施效果——基于国家八大动漫游戏基地（园区）政策调研的实证研究[J]. 西南民族大学学报，2012(3)：141—146.

[2] 关萍萍. 我国文化产业政策体系的3P评估[J]. 西南民族大学学报：人文社会科学版，2012(1).

[3] 徐文燕. 基于文化产业特殊性视角的文化产业政策取向——以江苏文化产业政策文本为例[J]. 现代经济探讨，2013(8).

[4] 祁述裕，孙博，曹伟，纪芬叶. 2000—2014年我国文化产业政策体系研究[J]. 东岳论丛，2015(5)：57—64.

[5] 王凤荣，夏红玉，李雪. 中国文化产业政策变迁及其有效性实证研究——基于转型经济中的政府竞争视角[J]. 山东大学学报，2016(3)：13—26.

[6] 章穗，张梅，迟国泰. 基于熵权法的科学技术评价模型及其实证研究[J]. 管理学报，2010(1)：34—42.

[7] 杨惠敏，付萍. 基于熵权的多级模糊综合评价的应用[J]. 华北电力大学学报. 2005(5)：104—107.

[8] Chao Lu, Jia-lu Chang. *Beijing Cultural and Creative Industry Policy Effect Evaluation Based on Fuzzy Comprehensive Evaluation*[J]. Cluster Compute, 2016(19): 2133-2143.

[9] Cheng, T., Zhang, C. X.. *Application of Fuzzy AHP Based on Entropy Weight to Site Selection of Solid Sanitary Landfill*. *Environ*[J]. Sanit. Eng. 2003, 12(2): 64-67.

[10] Florida, R.. *The Rise of the Creative Class*[M]. Basic Books, New York, 2004.

[11] 托马斯·戴伊. 自上而下的政策制定[M]. 北京：中国人民大学出版社，2002：203.

作者简介

沈　艳，江苏南京人，南京大学经济学院博士，江苏文化产业研究基地研究员。研究方向为文化产业政策。

Evaluation on the Policy Effectiveness of China's Cultural Industry Based on Fuzzy Comprehensive Evaluation Method

Shen Yan

Abstract: After cultural industry was mentioned in the national planning to develop into a pillar industry of the economy, the government has successively promulgated a series of policies and measures for promoting the development of cultural industry. This paper collates the cultural industry policies since 2011, and constructs the comprehensive evaluation index system of cultural industry policy based on fuzzy comprehensive evaluation method. It empowers the evaluation indexes objectively with entropy weight method, establishes the cultural industry policy evaluation model, carries out quantified and empirical research on the effectiveness of cultural industry policy in China, and brings forward suggestions on the formulation of cultural industry policy according to the analysis results.

Key words: Fuzzy Comprehensive Evaluation Method; Entropy Weight Method; Cultural Industry; Policy Effectiveness

新冠疫情下科举博物馆运营与管理研究*

冯家红　张苏缘

摘　要:新冠肺炎疫情暴发,限行令、限聚令等防控措施的出台使得注重"临场体验"的博物馆行业遭受重创。然而,"云展览"等在线文化消费形式的出现为传统博物馆数字化升级带来了新机遇。在此背景下,本文研究新冠疫情下南京科举博物馆特殊时期里在展陈方式创新、实现社教职能、拓展销售渠道等层面的运营和管理模式,提出复工后科举博物馆将面临的两大挑战及相应的发展对策,一是如何解决安全防控问题,二是如何进行博物馆线上与线下展览之间的合作互通,并将疫情期间积攒的线上流量导流至线下。最后,本文提出后疫情时期科举博物馆的发展展望。

关键词:新冠肺炎疫情　科举博物馆　博物馆运营与管理

一、疫情对博物馆行业的影响

新冠肺炎疫情期间,限行令、限聚令等防控措施的出台使得接触式文化消费深陷困境,以"体验"为核心的现场艺术首当其冲,全国博物馆纷纷闭馆,延期举办展览并取消春节期间的相关活动。由此,疫情给传统博物馆的运营带来了巨大的挑战。然而,疫情使得线下文化消费遭受重创的同时,也倒逼文化内容供给端进行数字化转型,"云展览""云直播"等在线文化消费形式的出现使得博物馆行业转危为安。随着疫情进一步向国际蔓延,文化旅游业极有可能成为受波及最广、负面影响持续时间最长的行业,在此背景下,正确认识到疫情对博物馆行业发展带来的负面影响,探索"云时代"传统博物馆"数字化"升级的新机遇并据此预测后疫情时期博物馆发展的新趋势,对特殊时期科举博物馆的运营与管理研究具有重要意义。

---

*　本文系江苏省决策咨询基地:江苏文化产业研究基地课题"新冠疫情下江苏文旅产业提振发展策略研究"的阶段性成果。

（一）疫情对博物馆行业的负面影响

新冠肺炎疫情使得春节期间馆藏展览及活动被搁置，博物馆运营成本增加，营业收入却几乎为零，且这一负面影响将延续至后疫情时期。博物馆是一个凝聚历史、民俗、艺术等的文化空间，其价值实现离不开游客的现场体验，其运营收益高度依赖于线下游客流量[1]。春节期间是我国旅游旺季，根据文化和旅游部数据中心测算，2019年春节期间全国旅游接待总人数为4.15万亿人，同比增长7.6%，而其中参观博物馆的游客比例高达40.5%。随着居民对高品质文化消费需求的不断升级以及国内各博物馆管理服务水平的不断提升，“博物馆热”持续升温，“博物馆里过大年”成为新年俗、新时尚。可以合理预测，2020年春节应当是博物馆行业发展的重要风口。然而，具有高传染性的新冠肺炎疫情暴发，线下文化消费空间被强制隔断。根据国家文旅部的监管政策要求，自2020年春节前一天起，包括博物馆在内的人员密集型文化行业纷纷闭馆，博物馆的运营遭受巨大损失——春节专题活动的策划组织费用成为沉没成本，特殊时期博物馆管理难度与费用增加，而依赖客流量实现的门票收入、文创产品销售收入、馆内其他业态经营收入等直降为0。另一方面，随着国内疫情的逐渐解除，博物馆行业将仍有可能面临着一段时间的营收损失，这主要是因为：其一，企业复工复产、学校延期开学等原因，使得暑期原有的文化消费时间被挤占；其二，疫情期间带来的巨大经济损失使得居民预期收入下降、基本生活消费品的价格上升，将导致文化消费支出占比减少。由此可见，报复性文化消费在疫情结束后短期内难以实现，疫情给博物馆行业带来的负面影响将持续较长时间。

（二）疫情下博物馆行业发展新机遇

为应对疫情产生的冲击，博物馆将展览内容与运营活动向线上转移，线下文化消费的阻断倒逼其加速数字化转型，由此，后疫情时期博物馆行业将呈现多元化、大众化、IP化、融合化的发展趋势。

为满足居家隔离期间居民的文化需求，国家文物局特别指出：“鼓励各地文物博物馆机构因地制宜开展线上展览展示工作，鼓励利用已有文博数字资源酌情推出网上展览，向社会公众提供安全便捷的在线服务。”各大博物馆充分利用VR/AR、3D技术、大数据、云计算等现代技术手段，开发文物知识图谱、实景展览与互动直播、虚拟漫游等多种项目，利用文物数字资源进行展出活动。中国国家博物馆、苏州博物馆、敦煌研究院、三星堆博物馆等知名博物馆与淘宝合作开展“云直播”，日参与人数达1 000万，接近法国卢浮宫一年的客流量。各博物馆还积极在官网增设“数字展厅”栏目。例如,故宫博物院不仅开设“数字文物库”栏目,汇集5万件文物珍品的全景图片,供居民全方位观赏,更开发“探秘故宫”项目,使居民可以足不出户对馆内太和殿等建筑进行零距离参观。“云展览”“云直播”成为居民参与文化活动的新风尚,通过扩宽展示边界、丰富活动形式、吸引粉丝流量,创新疫情期间博物馆运作模式。除此之外,文创“云销售”将博物馆行业与直播带货这一新业态相结合,线上文创产品销售的增加一定程度上弥补了疫情期间博物馆的运营损失。例如,西安碑林博物馆网店粉丝从399人增至2万多人,相关拓片、字帖等文创产品销量大增,迎合了博物馆“非门票经济”的展望。

线上消费形式的日趋普遍意味着居民文化消费的提质升级,由此可以预测,疫情结束后,博物馆行业将出现以下发展趋势:① 多元化。线上虚拟游览与线下现场观赏相融合,以提供立体化、全方位、互动性的多元文化体验。② 大众化。直播、短视频成为博物馆重要的在线推广媒介,博物馆文化将通过大众化、接地气的形式渗透更广泛的受众群体。③ IP化。信息技术的进步使得博物馆IP被延伸至线上,通过游戏、动漫、表情包等新形态得以诠释。④ 融合化。传统文化艺术与现代科技相融合,博物馆与社会生活相融合。

二、闭馆期间科举博物馆的创新运营模式

疫情肆虐,无论从国家政策层面还是博物馆自身发展层面看,新一代互联网技术发展成果与传统文化的融合成为大势所趋。在此背景下,南京科举博物馆为坚持履行传播科举文化的职能,积极探索新技术与博物馆行业的融合路径,从多元化博物馆展品展陈方式、丰富“科举文化”社会教育活动形式、拓宽文创产品销售渠道、深化馆藏品保管与研究四个层面创新疫情期间科举博物馆的运营模式,以满足居民分层化、个性化的文化消费趋势。

(一) 多元化博物馆展陈方式

科举博物馆推出各种主题的网络虚拟展项目,包括精品常设展览以及三元及第——家国之梦与华夏文明传承、瑞鼠吐宝展、秦淮灯会海报展、梨园情秦淮韵——中华戏曲艺术传播体验展等临展,使得居民在虚拟现实技术搭建的物馆空间里体验到科举文化相关精品内容。“云展览”是科举博物馆数字化升级的一次创新尝试,不仅为居民提供了更为多元化的文化体验,更拓宽了科举博物馆的传播路径——一方面,由于空间与条件原因,科举博物馆众多藏品无法全部进行实展,而“云展览”通过3D扫描技术整合博物馆藏品资源,使得居民的文化体验突破空间、

时间、次数和条件的约束。另一方面，在线观展使得科举博物馆更为立体地传播，通过增加网络在线曝光量，科举博物馆将辐射至更广泛的人群。

科举博物馆策展主体的多元化创新使得居民跳出传统“浏览式”的观展方式，转而成为策展的参与者。传统的博物馆陈列展览中，策展人按照展览主题，设计展陈结构、内容及艺术形式，实现直观生动的陈列艺术形象序列。网络虚拟展览提供了展厅所需的灯光、纹理、色彩等元素，通过创建专门符合展览的内容和情景再现满足策展人对展厅的风格要求。这一技术的应用使得居民可以自主策划藏品展陈，采集自家中的科举文化相关藏品的数字资源，提供藏品背后的故事进行分享。在信息化时代，因接收信息的形式与载体发生变化，居民更加追求互动性、智能化、独特性等特点鲜明的文化体验。因此，在线上用户观展时长相对有限的情况下，创新的互动体验成为科举博物馆吸引流量的关键。

（二）丰富社会教育活动形式

疫情期间，科举博物馆不断拓展线上教育方式，探索“观众＋科举文化课堂”的线上交流模式，利用直播平台、腾讯会议等多种方式开展在线学术讲座。信息时代，博物馆的主要职能不再局限于收藏展览中心，而向传播知识与文化的教育中心转移，开展丰富的社会教育活动有助于博物馆自身的文化价值提升[2]。与之相矛盾的是，快节奏生活背景下居民摄取知识路径呈现出时间碎片化、阅读图片化、信息数字化等特点。在此背景下，借力疫情期间在线会议平台技术的不断成熟，将学术讲座、知识课堂搬上网络平台成为科举博物馆实现社会教育职能的关键密钥——科举博物馆充分整合了馆内现有教育资源，以科举文化 IP 为特色与亮点，将研学活动与博物馆的社会教育活动相结合，与学校、文化企业等不同机构合作，邀请专业教授当主播，进行线上授课或线上讲座。在此基础上，科举博物馆参考故宫出品的《迷宫如意琳琅图籍》《故宫》电子教材等书籍，组织力量全面梳理观察文物，挖掘背后故事，开发具有馆藏特色的《瓷博士开课啦》《穿越古今，探秘科博》等研学课程教材，开发“系列化、多样性、时效性、互动灵活”的在线精品内容，有利于疫情期间居民“停课不停学”，全方位了解国学文化、科举文化。

（三）拓宽文创产品销售渠道

疫情期间，科举博物馆加大网络微店销售力度，将馆内文创产品从线下分批转移至线上，拓宽了文创产品的销售渠道。博物馆与电商的结合有利于深入挖掘科举文化 IP 的商业价值，使得科举文化从“艺术资源”向“艺术资本”的运营管理观念转变。科举博物馆通过“状元”杯文创设计大赛、“金梧桐”文化产品创意设计大赛整合社会资源和创意支持，文创产品种类涉及文房用品、文物衍生品、衣帽服饰、数码产品、珠宝首饰等，不断衍生文创产业以拓展品牌价值和丰富科举文化内涵。

（四）深化馆藏品保管与研究

信息技术给博物馆行业带来的变革可以延伸至文物保护及博物馆管理效率上，不同于以往博物馆的纸本库存资源，新技术的应用使得文物资源转变为二维、三维的立体资源，提高了博物馆公共资源的共享性。长时间的闭馆期为保管和研究科举博物馆日常展出藏品提供了难得的时机。首先，为将展陈完整提交至虚拟展览并进一步完善"云展览"平台，科举博物馆有计划地开展对展品的三维扫描和数字化工作。其次，对馆藏展品进行了维护以保持完整、鲜亮状态，为复工作准备。最后，逐步实现藏品定级，确定了特殊时期藏品征集的信息、目标、范围、方式、渠道、档案等；完善了藏品分类、上账、出入库手续、账物卡相符保证措施、库存内外保管责任等工作；为复工后展陈临展、常设展、专题展、文物修复活动、馆内外研究活动等提供了扎实的保障。

三、复工后科举博物馆面临的挑战与对策

复工后科举博物馆的工作将面临两个层面的巨大挑战，一方面，新冠肺炎的爆发使得居民对公共卫生安全达到了前所未有的重视，因此新时期科举博物馆的安全防控问题不再局限于文物安全及消防安全问题，还应关注于公共安全卫生问题的应对。另一方面，因疫情而闭馆期间，在线展览为博物馆积攒了海量线上流量，复工后如何创新博物馆"线上＋线下"融合发展模式，抓住发展机遇将在线资源导流至线下，从而激活科举文化的持久生命力，是下一阶段科举博物馆融入时代发展需解决的重要问题。

（一）安全防控问题

作为大型公共文化场所，科举博物馆属于人流密集场所，复工后的安全工作属于重中之重。首先，科举博物馆将继续重视文物安全以及消防安全工作。人防上，健全管理机制，明确权利与责任，加强人员 24 小时值班和巡查力度，确保安全不留死角。物防上，保证设施设备达到防范安全风险的要求。技防上，按照重要区域的警戒要求，安装电子监控设备系统、红外线报警装置，改善技防设备的功能，建立防火、防盗、防水的专门感应装置和设施。其次，本次新冠肺炎疫情的爆发使得人们对公共卫生安全达到前所未有的重视，敲响了文博行业公共卫生安全的警钟。科举博物馆将按照文博场馆复工开放的相关要求，采取门票预约制度，通过错峰参观

等方式严格控制人流，避免出现客流高峰；加强馆内的全方位消毒清洁工作，加强通风，优化环境。做好观众和员工的体温检测和人员登记工作，要求佩戴口罩，注意观展人员的间距；提前与当地急救防疫部门联系，配备专业急救车辆、设备及人员为入馆观众提供服务。

（二）"线上＋线下"融合发展问题

疫情期间，科举博物馆通过"云展览"输出精品内容，向更广泛的群体宣传科举文化，并积攒了一定数量的在线"粉丝"。然而，博物馆注重"临场体验"的固有属性以及现代技术手段无法完全满足居民体验需求的局限性意味着"云展览"不会完全代替传统展览形式。因此，运用线上与线下观展相结合的发展模式将成为科举博物馆融入时代发展的重要路径。那么，科举博物馆必须考虑以下关键问题：其一，如何合理规划线上与线下观展之间的合作互通关系，通过正确定位云展览的职能，以最大化其迅捷性、互动性特征带来的收益，从而实现技术红利；其二，如何将疫情期间积攒的粉丝流量导流至线下。

首先，线上与线下观展之间的关系应当与"技术服务于内容"相契合。线上云展览应当成为科举博物馆线下展览的前置与补充。一方面，通过在线展览对科举博物馆进行更广泛的传播，给居民了解科举文化的平台；另一方面，大数据技术的日益成熟以及线上观展的强互动性意味着科举博物馆可以更便捷地获取居民需求偏好，从而为线下展览的内容创新提供方向。其次，相较于线下现场观展，在线云展览的优势在于提供了不受时间、空间、次数约束的窗口呈现展品的信息、传播文物故事以及运用技术手段增加互动环节。那么，若线下观展仅仅提供文化内容输出的职能将无益于粉丝流量的导流，必须关注以下两个发展关键点：① 展陈设计的氛围营造。云展览的观展体验不能区别体现出文物或恢宏、或空灵、或细腻的各种风格，例如，巨幅山水画与精致的铜版画之间的体验差异很难通过云展览进行还原。因此，科举博物馆应当放大"临场体验"的优势，一方面挖掘文物展品给游客带来的独特观赏体验在云展览中进行宣传，吸引粉丝亲临现场观摩；另一方面，通过灯光、装置艺术等创新照明、场景的展陈设计，从而渲染空间氛围。② 技术手段加持博物馆互动体验。一方面，将新媒体技术与科举博物馆的设计创新相结合，通过VR、AR、MR技术丰富展馆的交互式体验与沉浸式体验；另一方面，将新技术与科举博物馆文创产品与服务相结合，与文创"云销售"平台中扁平化的文创产品相比，具有个性化、互动性的现场体验型文创服务是线下展览的优势所在。例如，运用3D打印技术给予游客创作的机会，将"文物"带回家。

四、关于科举博物馆发展建议

(一) 提升科举博物馆管理水平

科举博物馆的管理必须适应其本身特点与发展规律,要针对博物馆的科举文化定位、区域优势和文化体制改革的总体要求制定并实施发展规划,完善管理制度体系,提高工作效率。根据目前科举博物馆的服务现状和发展前景制定具体工作计划,设置合理的组织机构,聘用最合适的人员,建立必要的规章制度,推进全馆各项工作,不断提升科举博物馆的服务质量。

作为带有社会教育性质的公益机构,科举博物馆提供的产品与服务应当得到社会的认可和支持。建立全面科学的绩效评价指标体系以衡量博物馆文化服务的质量、效果以及所配置资源的效率。根据科举博物馆自身的性质、特点以及合理性与可行性可将指标体系分为管理、功能和观众满意度三大类。管理指标包含硬件设施维护、人员管理、规章制度建设、资金使用等;功能指标可以包含藏品收藏、陈列展览、科学研究、社会教育、信息资源、文化休闲、文创产品等;观众满意度指标可以包含对场馆环境、设施设备、展览状况、服务质量、配套设施等的体验。

(二) 打造科举文化专业人才团队

加大对科举博物馆、科举文化专业人才团队的培养。定期举办科举博物馆、科举文化高级研修班,重点培养具有专业技能、创新思维、经营管理能力的复合型人才。实施"科举博物馆人才培养项目""科举文化专家建设工程",建立完善科举文化、博物馆运营管理的高级专家库。积极探索"产学研"相结合的科举人才培养模式,与国内外专业院校、相关科研所甚至文创企业等共同建立培养机制,定期组织研讨会、讲座等,搭建开放平台,挖掘潜力人才,提供交流学习机会。采取定向培养、委托培养、双向交流等方式,多渠道、多层次引进文化科技人才、经营管理人才、创作创意人才以及复合外向型人才,并选拔馆内具有潜力的优秀员工,支持其到其他发展先进的博物馆甚至是国外进修培训。对于科举博物馆的人才队伍,建立严格有效的考核评价机制,建立新型科举博物馆用人机制、奖励机制与分配机制。对于人才团队中有卓越贡献的创新创意人才、经营管理人才必须给予重点奖励及表彰。

(三) 优化科举博物馆网络营销传播

通过微博、微信、淘宝等社会化传播媒体,宣传科举博物馆文创产品营销信息。内容层面采用多样化的叙事形式。在微博、直播等社交平台发布的科举文化文创产品信息要做到高度凝练、简明清晰，以瞬间抓住消费者目光，顺应碎片化、快餐式的新消费趋势。在淘宝等电商平台发布信息要对科举博物馆所表达出的科举文化、状元文化进行深入剖析与表达，满足消费者在选购产品时对信息深度的需求，满足受众对科举文化文创产品的不同层次需求，通过“以人为本”的传播理念，以故事化的形式传播科举文化内涵，以打动消费者的对文创产品的购买欲望。通过科举文创产品博览会等线下推广活动，培养消费者对于科举文化的情感认同，形成“科举文化粉丝”机制，从而辅助线上文创产品的销售。由此实现线上、线下齐头并进的双效发展格局。

反馈层面注重与消费者的互动。有效利用网络营销传播具备的双向互动性特征，避免一味地从博物馆自身角度进行传统的单向营销。先进的网络技术手段使得消费者能够参与科举文化的传播、参与科举文创产品的开发过程，从而对消费者产生积极的引导，满足当下个性化的文化消费需求。利用微博评论、淘宝商品评价等建立网络传播的内容反馈数据库，通过收集舆论导向的方式分析消费者的消费意愿、对文创产品的喜好以及当下流行趋势。对于研究团队开发的新文创产品，提前投入网络平台进行少量低价的试销售，通过反馈意见决定是否投入生产或优化完善，由此形成科举博物馆文创产品的双向循环模式。

(四) 加强科举博物馆资源设施建设

完善科举博物馆基础设施建设，与时俱进地根据参观者需要完善科举博物馆的场馆与参观环境，从服务细节上针对参观者的不同需求进行合理改进。提升数字化建设水平，引入先进的网络技术和数字化技术，开辟科举博物馆运营发展新路径。将大数据、虚拟现实等技术应用于博物馆藏品管理信息化、展厅展览多媒体技术的应用、官方网站的建设与维护甚至办公自动化系统等。例如，进一步完善藏品信息管理系统，在原有基础上增添语音识别、图文检索等功能，使得在保证藏品安全的基础上实现科技博物馆工作人员的快速便利管理。将声光技术、触屏技术、3D 成像技术等应用于展示展馆文物、诠释科举文化，提升科举博物馆的展览效果。

加强馆藏资源建设。首先转变科举博物馆馆藏理念，兼顾博物馆文化与地域文化，将科举文化、状元文化与南京地域特色相结合。兼顾古今，挖掘科举文化在现代社会的印记，以应对日新月异的时代变化。建立藏品信息交流平台，积极引导社会各界捐赠或分享科举文化、状元文化相关藏品，以丰富博物馆的藏品数量。积极与地方各个博物馆进行交流互动、合作办展，明确科举博物馆展陈重点。

五、结　语

2020年初新冠肺炎疫情的爆发使得文旅产业遭受重大冲击，科举博物馆经历了响应国家政策闭馆抗疫、积极布局线上项目应对危机、全方位准备组织复工的过程。由此，本文通过总结科举博物馆乃至整个博物馆行业应对危机时的经验与不足，提出后疫情时期科举博物馆的发展展望。① 坚持“内容为王”，探索数字化转型以拓宽发展新渠道是特殊时期博物馆行业关注的重要课题。然而，部分博物馆的流量可观与另一些博物馆的无人问津形成鲜明对比，这将促使人们对博物馆行业发展的思考回归文化的本源和内涵。实体博物馆和线上“云展览”的发展均依赖于对内容的深度开发利用，离不开对展览展品、展览主题、文物故事进行长期的研究与积累。②坚持“创新融合”，5G、全息等技术的日益成熟与居民日益攀升的消费需求为博物馆行业的发展带来更多可能，运用科技加持高质量的内容是必然趋势，更是发展捷径。因此，坚持科举文化与现代科技的融合，创新开发承载历史、文化、艺术的新载体，通过多样性、开放性、体验性、互动性等特征激发居民对中华传统文化的求知欲，从而实现科举博物馆传播正能量文化基因的历史使命。

参考文献

[1] 李世佳.体验经济视角下博物馆社会功能的新探索[C]//广西博物馆协会，广西壮族自治区博物馆.博物馆致力一个可持续发展的社会——广西博物馆协会第二届学术研讨会暨广西壮族自治区博物馆第八届学术研讨会论文集，2015:42—50.

[2] 蔡颖.文旅融合背景下博物馆研学活动对其文化价值提升的作用——以中国科举博物馆2017年运营以来的研学活动为例[J].江苏省社会主义学院学报，2019(06):78—80.

[3] 董立新.疫情下的博物馆工作观察思考[N].中国文物报，2020-02-28(003).

[4] 谷莉.互联网+背景下博物馆文创产品营销研究——以江苏省为例[J].戏剧之家，2017(23):209—210.

作者简介

冯家红，江苏南京人，南京中国科举博物馆馆长。研究方向为博物馆运营与管理。

张苏缘，江苏南京人，博士，南京大学商学院博士研究生。研究方向为文化产业。

Research on the Operation and Management of Imperial Examination Museum Under the Circumstances of COVID - 19

Feng Jiahong　Zhang Suyuan

Abstract: The outbreak of COVID - 19 and the promulgation of the prevention and control measures, such as the travel ban and social gathering ban, have heavily impacted the museum industry which emphasizes "on-site experience". However, the appearance of online cultural consumption forms such as "cloud exhibition" has brought about new opportunities for the digital upgrading of traditional museums. In this background, this paper researches the operation and management models of Nanjing Imperial Examination Museum of China at the layers of innovating exhibition methods, realizing the function of social education, and expanding sales channels, brings forward two challenges to be faced by the Museum after resuming of work and corresponding development countermeasures: the one is how to solve safety prevention and control, and the other is how to realize the cooperation and interconnection of online and offline exhibitions of the Museum, and divert the online traffic accumulated during the COVID - 19 period to the offline. Finally, this paper puts forward the prospect on the development of the Imperial Examination Museum in the post-epidemic period.

Key words: COVID - 19; Imperial Examination Museum; Museum Operation and Management

产业创新

基于空间计量的文化产业集聚对区域创新效率的影响效应研究*

周建新　谭富强

摘　要:提升我国区域创新能力的有效因素包括政治、经济、社会以及文化等多个方面。文化产业发展是否能够提升区域创新能力,文化产业集聚是否能提升区域创新效率,都需从实证角度进行验证。通过使用空间计量经济学方法对2001—2017年中国省级面板数据的分析研究发现,文化产业集聚现象对区域创新效率具有促进作用,且在空间上存在显著的集聚溢出效应;此外,对外开放程度、R&D人员投入、R&D经费投入等控制变量对区域创新效率也具有促进作用。研究在立足前人成果的基础上,建构起新的区域创新效率评价指标,从实证角度论证了文化产业集聚对区域创新效率的作用,验证了以往研究结论。

关键词:文化产业集聚　区域创新效率　空间滞后模型　固定效应

一、引　言

在知识经济与全球化经济发展的宏观背景下,区域创新能力成为区域竞争的关键因素之一,并逐步成为区域经济发展的核心动力。[1-2]经济发展的核心在于提升区域创新能力、转变经济发展方式,最终起到提高经济增长的效果。[3-6]在知识经济背景下寻找提高区域创新能力的空间,深入分析改善区域创新能力的有效因素,已成为当下学界研究的重点与难点课题。大量研究成果证明,提升我国区域创新能力的有效因素主要有政治、经济、社会以及文化等多个方面。[7-11]事实上,2010

* 基金项目:广东省基础研究重大项目"广东省文化创意产业发展不均衡不充分的问题与对策"(编号:2017WZDXM034);深圳市哲学社会科学规划重点项目"深圳市文化创新发展理论与实践研究"(编号:SZ2019A004)。

年以后我国文化产业迅猛增长，年增长率保持在20%左右，其增长速度远超于同期GDP增速。仅2015年，我国文化产业增加值高达2.58万亿元，占GDP总量的3.82%，北京、上海、江苏、广东等地区的文化产业增加值占GDP比重早已远超5%。[12]可见，我国文化产业早已成为推动区域经济增长的有力杠杆与重要推动力。理论上，不少学者认为文化产业是社会文化经济[13]，它在促进就业、促进经济跨越式发展等方面，无不突显出绿色经济的本质性特征与优势。目前，文化产业正逐步成为实现我国区域经济可持续与跨越式发展的关键因素与核心力量。[14-15]本研究援引2012年国家统计局发布的《文化及相关产业分类》中对文化产业的定义，将文化产业定义为"为社会公众提供文化产品和文化相关产品的生产活动集合"，具体包括演出业、影视业、音像业、文化娱乐业、文化旅游业、网络文化业、图书报刊业、文物和艺术品业以及艺术培训业等门类。[15]文化产业不仅为满足人们日益增长的精神文化需求提供众多文化产品和文化服务，而且关乎社会经济发展，成为当下经济发展的强劲动力。为此，探究文化产业在空间上的集聚状况是否能够有效提升区域创新能力从而对区域经济发展提供动力支持，这既是理论问题也是需要实证的问题，且其背后隐含着更深层面的现实意义。

文化产业是如何提升区域创新能力的呢？

第一，当代文化产业最主要特征就是高度依赖文化创意，是以创意为王的产业形态。[16]因而，以知识密集型为主要特征的文化产业成为各国、各区域驱动创新发展的新动力。对创意的重视，在一定程度上更加注重精神与文化的结合，并力图将这种创意力量融入区域经济发展的动力之中。此外，文化产业的表现形式具有多种形态，其常见形态就是以附加创意的形式进入市场，如广告与创意设计以及包装加工等，这些附加形式往往附着于其他产业产品上，通过其他产品经济价值的转换来实现文化产业的自身价值。与此同时，文化产业还能在企业革新产品、推动产业升级等方面起着促进作用。[17-18]

第二，我国区域文化产业集聚性特征十分明显。有学者认为，文化产业集聚与区域创新能力之间的关系实为空间溢出性问题，目前关于文化产业集聚对临近地区创新能力提升的实证研究尚未大规模展开，因而文化产业集聚对区域创新能力的提升只存在于理论上的探讨。[19-24]总体而言，一方面，我国的文化产业在各区域皆显示出明显的产业集聚特征，在空间上的集聚使文化产业呈现出两极分化现象，创新能力被高度集聚在某一区域，临近区域则被弱化；当然也可能出现另一情况，即文化产业集聚增强了区域合作与交流，深化区域间产业分工，刺激创新，发挥出产业集聚溢出效应，从而提高国内大范围的区域创新能力。因此，文化产业集聚是否会促进国内大范围的区域创新仍需实证研究来证明。

第三，文化产业集聚可能会带来非均衡冲击效应。文化产业集聚是一个动态的过程，不同地域的集聚能力不尽相同，当某一区域集聚能力高于其他区域时，相邻区域的创新能力可能会被剥离，且集聚过程需要以年为单位来计算，耗时较长，其影响也一时难以凸显。因此，文化产业集聚对区域创新能力的提升很有可能以一种非线性关系的方式存在，如戴钰通过对我国湖南省文化产业集聚水平的研究，发现湖南省各地市文化产业发展水平与集聚水平皆存在不均衡现象。[25]显然，这种不均衡现象对区域创新能力存在非线性冲击与不均衡影响效应。

为探索我国区域文化产业集聚状况对各区域创新效率的作用关系，本研究以中国30省、直辖市、自治区（因西藏与港澳台地区数据缺失，故未采集使用）的面板数据为样本（时间跨度：2001—2017），通过对我国文化产业集聚现状与各区域创新效率关系的空间计量分析，力图阐明以下问题：第一，目前我国文化产业集聚状况是否能提升各区域的创新效率；第二，文化产业集聚对区域创新效率是否存在空间溢出效应。较之于以往研究，本研究主要创新点与贡献如下：① 理论上，与关注文化产业与区域经济关系的研究不同，本研究着重关注文化产业与区域创新之间的关系，从实证角度论证了二者之间的关系；② 较之于以往以专利授权数等方式建立的区域创新评价而言，本研究建立了区域创新效率评价指标，旨在更科学地衡量区域创新效果；③ 就现实而言，本研究对区域创新能力发展具有指导意义。

二、计量方法、变量选择与数据来源

（一）计量方法

1. 甄别空间计量模型

首先，就核心解释变量的概念而言，它是一种空间概念上的产业集中行为，因此，要探寻文化产业集聚对区域创新效率的影响，使用空间计量模型更为妥当，且空间计量模型能有效解决当被解释变量存在不可忽略的空间效应时普通最小二乘法得到的参数估计有偏且非一致的问题。[26]其次，空间模型具有捕捉解释变量空间集聚效应对被解释变量的影响以及刻画变量间关系的作用。[27]因此，文章先设定空间滞后与空间误差模型。现设立如下空间计量模型：

（1）空间滞后模型（SLM），主要考察被解释变量的空间依赖性。具体形式如下：

$$y=\rho Wy+X\beta+\varepsilon \tag{1}$$

W 为已选择的空间权重矩阵，ρ 称为或用来度量空间滞后的 Wy 对 y 的影响，X 为解释变量矩阵，β 是解释变量的回归系数，ε 为随机误差项。

(2) 空间误差模型(SEM)，空间依赖性还可能通过误差项或遗漏变量体现。模型如下：

$$y=X\beta+u \tag{2}$$

$$u=\lambda Mu+\varepsilon,\varepsilon\sim N(0,\sigma^2 In) \tag{3}$$

其中，M 为空间权重矩阵，且扰动项 u 中存在空间依赖性。这表明，不包含在 X 中但对 y 有影响的遗漏变量或不可观测的随机冲击造成了被解释变量间存在空间相关性。[28]

由于研究的因变量“区域创新效率”是基于多个决策单元评测而成的变量，因此，研究在综合前人研究的基础上，采用超效率 DEA 模型来评测区域创新效率。[29-31]模型具体设置如下：

$$\min\theta$$

$$s.t.\begin{cases}\sum\limits_{\substack{j=1\\j\neq m}}^{n}x_j\lambda_j+s^-=\theta x_m\\ \sum\limits_{\substack{j=1\\j\neq m}}^{n}y_j\lambda_j-s^+=y_m\\ \lambda_j\geqslant 0,j=1,2,\cdots,n\\ s^-\geqslant 0,s^+\geqslant 0\end{cases} \tag{4}$$

上述超效率 DEA 模型方程式中：x 为投入指标，y 为产出指标，θ 为超效率值，s^- 为投入松弛变量，s^+ 为产出松弛变量。在此基础上，另外设 $G=\sum\lambda_j$ 为规模效益。

在上述模型建立完备后，开始采用 Moran I 指数对区域创新效率进行全局 Moran，Moran I 指数的模型如下：

$$\text{Moran's I}\ \frac{\sum\limits_{i=1}^{n}\sum\limits_{j=1}^{n}W_{ij}(Y_i-\overline{Y})(Y_j-\overline{Y})}{S^2\sum\limits_{i=1}^{n}\sum\limits_{j=1}^{n}W_{ij}} \tag{5}$$

2. 估计方法

首先，考虑到解释变量（文化产业集聚水平）对被解释变量（区域创新超效率模型）可能存在内生性干扰等问题，尤其是研究的区域创新超效率模型是基于 Super-DEA 模型的运算最终才得出的综合性指标，Super-DEA 模型的投入产出变量在选择指标时无法做到理想层面的完备性，因而，对被解释变量的测量可能存在一定的偏误。其次，由于研究的多个自变量是根据多种原始数据计算并整理才得出，可能存在一定的偏误，从而导致模型出现内生性问题。综上所述，为较好地解决模型的内生性问题，本研究参考叶阿忠等人的做法，采用单位根检验与协整检验对模型进行检测。[32-34]我们对模型进行内生性评估，同时也将给出 ols 回归结果、固定效应结果、LM 检验、LR 检验等估计结果，以便对比。

（二）变量选择

1. 因变量（区域创新效率，基于区域创新超效率模型 Super-DEA 合成）。与以往测量区域创新能力的研究不同，本研究在借鉴前人研究成果的基础上[35-39]，采用超效率 DEA 模型进行区域全行业创新效率测量。区域创新效率是一种考虑创新能力、创新投入、制度环境的综合创新能力测量方法。因传统的 DEA 模型对有效前沿上的单元及其各单元之间的差异识别能力较差，甚至无法有效识别，因而，本研究以 Anderson 等人建立的超效率模型（Super-DEA）方法，估计研究所涉及的各区域的创新效率。[40]产出变量则选择样本内省级单位的技术市场成交额与专利技术做代表，将 R&D 人员与经费投入、全社会固定资产投资作为投入变量，其中专利技术指标则以年末各数据来源的专利授权量表示。

2. 自变量：文化产业集聚（Cultural Industry Agglomeration，CIA）。根据前人的研究成果，产业集聚水平的测量方法主要有空间基尼系数（G 系数）、行业集中度（CR 指数）、赫芬达尔指数（H 指数）、区位熵（LQ）以及产业值比重指数 R。因研究数据的可得性与研究的现实需要，同时借鉴戴钰、曹清峰、刘耀彬等人测度文化产业集聚的方法，本研究以文化产业区位熵来衡量我国各区域文化产业集聚水平。[41-42]需要说明的是，某个地区的区位熵指数越大，代表该地区文化产业集聚水平越高，反之亦然，全国水平为 1。

3. 控制变量。根据既有理论与研究成果[42-44]，本研究考虑在空间滞后模型里添加影响区域创新效率的其他有关变量：一是对外开放程度，采用省级单位进出口总额与当地 GDP 的比值来衡量；二是经济发展水平，参考岳书敬的处理方法，采用人均 GDP 测量省级单位经济发展水平[45]；三是政府科研投入，理论上政府的 R&D 经费与人员投入力度越大，当地区域创新水平越高；四是人均受教育年限，理论上而言，教育水平与区域创新能力有着较为直接的关系。[46-47]

（三）数据来源

研究实证数据选自我国各省市、自治区、直辖市的统计年鉴（时间跨度：2001—2017）以及结合国家统计局网站、《中国文化文物统计年鉴》《区域创新能力报告》等资料整理而成。其中文化产业相关数据主要来自《中国文化文物统计年鉴》和《区域创新能力报告》，各省 GDP、科研经费投入、全社会固定资产投资、专利授权量、人均 GDP 等数据则来自《中国统计年鉴》以及各省统计年鉴。需要说明的是，《中国文化文物统计年鉴》自 2010 年起不再提供各省文化产业增加值数据，2010—2017 年间的数据根据 2012 年国家统计局发布的《文化及相关产业分类》中“文化产业”的定义，从各省统计年鉴中整理而得。

三、研究结果

（一）估计结果分析

为进一步探讨文化产业集聚与区域创新效率的关系，我们在实证过程中先要对文化产业集聚、区域创新效率等解释变量进行单位根检验，确保数据具有解释能力。

单位根检验与协整检验。由于多数经济变量的时间序列并非平稳序列，为避免出现伪回归问题，我们要对各个变量进行单位根检验与协整检验。研究利用 Eviews 软件对各变量进行 ADF 单位根检验并附上各单位变量的一阶差分检验结果。（见表 1、表 2）

表 1　各变量的单位根检验（ADF）

检验统计量	C	X1**	X2***	X3***	X4	X5	X6**
统计值（P 值）	0.000 0	0.003 9	0.000 0	0.000 0	0.149 3	0.770 0	0.002 3

注：*** $p<0.01$，** $p<0.05$，* $p<0.1$，代表 1%、5%、10%显著性水平。

表 2 各变量协整检验结果

统计值		ADF 检验			1st DIFFERENCE		
		T-statistic	Prob	R-squared	T-Statistic	Prob	R-squared
创新超效率	Y	−4.743 738	0.000 6	0.426 478	−15.497 94	0.000 0	0.787 763
文化产业区位熵	x1	−11.902 36	0.000 0	0.485 032	−14.203 64	0.000 0	0.836 710
对外开放程度	x2	−15.560 86	0.000 0	0.733 721	−11.764 41	0.000 0	0.903 704
人均 GDP	x3	−14.149 37	0.000 0	0.647 142	−12.491 26	0.000 0	0.864 357
R&D 人员投入	x4	−4.485 214	0.001 7	0.688 044	−4.635 410	0.000 0	0.872 407
R&D 经费投入	x5	−4.494 015	0.001 7	0.682 872	−4.769 187	0.000 6	0.839 548
人均受教育年限	x6	−6.759 396	0.000 0	0.533 575	−7.995 273	0.000 0	0.790 803

基于上述表格，在单位根检验(ADF)方法下，多数解释变量的 p 值都在 5%情况下显著，表明各个变量有较好的平稳性；同时，通过表 2 的结果，截距项以及 4 个自变量拒绝原假设，换言之，大部分解释变量与被解释变量有着较好的协整关系。

(二) 效应选择与确定估计模型

表 3 LM 检验及 Moran'I 指数

项目		随机效应		固定效应	
空间滞后模型 LM 检验(LMlag)		82.878***		183.420***	
空间滞后模型稳健 LM 检验(R-LMlag)		1.933		28.127***	
空间误差模型 LM 检验(LMerr)		85.428***		155.750***	
空间误差模型稳健 LM 检验(R-LMerr)		4.484		0.456	
Moran'I-test	Moran'I	Statistic	Mean	SD(I)	Probability
	0.235	9.683	−0.007	0.025	0.000
LR 检验		343.529*** (SLM)		335.239*** (SEM)	

注：*** $p<0.01$, ** $p<0.05$, * $p<0.1$,代表 1%、5%、10%显著性水平。

从表 1 可知，Moran'I 指数为 0.235，且通过 1%显著性检验，表明文化产业集聚中空间因素不能忽略，需使用空间计量模型分析(选择空间矩阵为距离矩阵)。LR 检验用于判断固定或无固定效应，其原假设为支持固定效应，计算值表明空间滞后、空间误差模型都在 1%显著性水平下支持固定效应。同时，对于各个模型的最后抉择也进行了 LM 检验，即基于经典 OLS 回归及其相关检验的基础上，通过对 Lagrange Multiplier(LM)统计量显著性的判断，以此决定采用空间误差模型或空间滞后模型。倘若两种模型的 LM 统计量皆为显著性时，则进行下一步考量，以稳健(robust)的 LM 统计量最终确定使用何种模型。结果表明：固定效应下两种模型的 LM 检验均通过 1%显著性水平，而稳健的 LM 检验(Robust)仅空间滞后模型通过，其数值为 28.127。因此，本研究最终选择以固定效应下的空间滞后模型来分析文化产业的空间集聚。

(三) 固定效应下的空间滞后模型估计

前三项变量的回归结果显示，① 解释变量文化产业区位熵(X1)、控制变量对外程度(X2)、人均 GDP(X3)的系数为正数，并且都在 5%的水平上显著；R&D 人员投入(X4)、R&D 经费投入(X5)、人均教育年限(X6)等系数为正数，且在统计学 10%的水平上显著。这说明古典经济增长理论也能用于解释区域创新效率现象，即文化产业区位熵对区域创新效率有一定的解释能力，但就 P 值的具体数值而言，其解释能力微弱。一方面，这与本研究所使用面板数据的时间跨度有关，若扩大面板数据的观测值，有望得到改进；另一方面，个别控制变量不够显著，与研究所选取的变量数据有直接关系，但并不影响解释变量的解释能力。② 空间溢出效应系数为正数，且强烈拒绝原假设，说明我国文化产业集聚的空间溢出效应明显，这也从侧面揭示了区域溢出效应对区域创新效率的作用机制，即文化产业集聚程度高的区域通常具有较高的区域创新效率，并呈现出扩散效应(具体情况见表 4)。

表 4　空间效应下的 SLM 模型估计结果

模型		空间效应下 SLM 模型估计结果		
		Coefficient	Asymptot t-stat	Z-probability
解释变量	X1	0.027 634	−0.707 869	0.047 902
	X2	0.096 247	−3.221 577	0.001 275
	X3	0.266 176	3.919 130	0.000 089
控制变量	X4	0.058 904	1.713 935	0.086 541
	X5	0.064 450	−2.160 671	0.030 721
	X6	0.494 200	1.850 126	0.064 295
溢出效应	W * dep. var.	0.326 994	5.127 013	0.000 000
拟合优度	R-squared	0.308 5		
	corr-squared	0.301 7		

（续表）

模型		空间效应下 SLM 模型估计结果		
		Coefficient	Asymptot t-stat	Z-probability
P 值	probability=1−chis_prb(LR,dof)	0.000 0		
Moran I		0.235 297 69		
Marginal Probability		0.000 0		
LM-lag		183.420 4***		
Robust LM-lag		28.126 7***		

注：*** p<0.01，** p<0.05，* p<0.1，代表 1%、5%、10%显著性水平。

文化产业集聚对区域创新效率的关系是研究考察的重点，变量系数、变量的统计 P 值都在 5%水平上显著，这意味着从统计学上看，文化产业集聚与区域创新效率呈现正相关关系。但解释变量 1 的 p 值过于接近 0.05，这可能是由以下几个方面造成的：① 区域文化产业集聚程度高低不同且文化产业集聚是一个动态过程，同时具有一定的虹吸效应，集聚程度高的区域对其周边通常的作用机制先是集聚文化产业人才，导致周边文化产业人才缺失，周边区域文化产业集聚程度自然降低，在该区域文化产业集聚完成后，开始出现溢出效应。② 我国文化产业虽然发展迅速，但是毕竟仍处于起步阶段，这也会影响解释变量的系数以及数值问题。因此从 2001—2017 年的面板数据来看，解释变量的效果说服能力有限。

从控制变量来看，人均 GDP(X3)能够更加有力地解释区域创新效率，这是因为研究定义的人均 GDP 是衡量某个区域经济发展水平的变量，经济发展水平越高对区域创新的投入也就越大，上海、江苏、浙江、北京等地的大规模科研投入是最好的证明。人均受教育年限(X6)对区域创新效率具有更好的解释能力，但统计 P 值却在 5%—10%的水平上显著。首先，依据前人研究[47-48]，受教育水平与创新能力存在强烈的正相关关系。其次，教育变量是一个具有强烈滞后因素的变量，教育需要在几年后或者更长时间才可以发挥相应的作用，因而人均教育年限并不能很快作用于区域创新。再者，经济发展良好趋势对受过良好教育的人存在虹吸效应，在现实中，受过高等教育的人几乎都愿意去经济发展水平较高之地并发挥自身所学，这也能更好地解释教育变量对区域创新能力的影响。

四、结论与建议

本研究先评估了区域创新效率以及文化产业集聚程度，再通过建立空间滞后模型评估两者的关系，最后通过对模型估计的分析，论证了文化产业集聚对区域创新效率的影响作用，找出了影响区域创新效率的增长因素，并且论证了文化产业集聚具有空间溢出效应。最终得出如下结论与政策建议：

1. 文化产业对区域创新效率的提升较为缓慢

我国的文化产业发展对区域创新效率的提升是双向的。一方面，就某种角度而言，我国文化产业的发展提升了各区域的创新能力；另一方面，区域创新能力的提高能促进文化产业积极发展，二者相互作用，是一个动态过程。如果某区域文化产业集聚程度较高，则会吸引相应的创新人才，其原因既包括了经济原因也包括了教育等多种因素。因此，在鼓励发展文化产业的同时，不能期望它能够对区域创新能力有立竿见影的效果，但应重视文化产业基础理论研究，兼顾“文化”与“产业”双重属性，通过文化产业的知识叠加属性，进而增强文化产业的多重作用。[49]

2. 考虑空间差异的影响结果

省份间存在明显的文化产业集聚程度差异，因此在审视文化产业集聚与区域创新效率之间的关系时，应当充分考虑区域之间的差异。北京、上海、广东、江苏、浙江等地具有较高的文化集聚与创新效率，合理制定相应的人才吸引政策，更多地吸引创新人才，建立合理的人才流动机制，将人才吸引政策落实到位，将成为提高各区域文化产业发展水平与区域创新能力的有效路径。

3. 鼓励文化产业多元发展

针对发展水平与区域创新能力较弱的区域，应当鼓励多元化发展，一方面积极培养本土人才，发展具有本区域优势的文化产业，例如以民俗旅游为代表的地方特色产业，另一方面也要积极向文化产业集聚程度高的区域学习先进的经验，并制定相应的发展政策。[50]

重视其他控制变量的影响。一些控制变量如人均受教育年限、对外开放程度对区域创新效率的影响效应不尽相同，它们可能会反过来倒逼提升各区域文化产业集聚水平。

参考文献

[1] 高晓霞,芮雪琴,宋燕.中国省市区域创新能力动态研究——基于2001—2010年面板数据[J].科技管理研究,2014,34(2):15—19.

[2] Wang X, Fang H, Zhang F, et al. *The Spatial Analysis of Regional Innovation Performance and Industry-University-Research Institution Collaborative Innovation—An Empirical Study of Chinese Provincial Data*[J]. Sustainability, 2018, 10(4): 1243.

[3] 钟廷勇,国胜铁,杨珂.产业集聚外部性与我国文化产业全要素生产增长率[J].管理世界,2015(7):178—179.

[4] 肖雁飞,吴艳萍,向云波,等.产业转移、专业化分工与跨区域协同发展研究——以粤湘赣桂为例[J].地域研究与开发,2017,36(6):10—13.

[5] 韩帅帅,狄乾斌.产业结构变动对城市经济承载力增长的贡献——以辽宁省14个城市为例[J].地域研究与开发,2017(04):37—42,48.

[6] 丁志伟,康珈瑜,温倩倩,等.中原经济区城市创新水平的空间分异及其影响因素[J].地域研究与开发,2018,37(2):14—19.

[7] 魏守华.区域创新能力的影响因素——兼评我国创新能力的地区差距[J].中国软科学,2010(9):76—85.

[8] 詹湘东,王保林.区域知识管理对区域创新能力的影响研究[J].管理学报,2015,12(5):710.

[9] 齐亚伟,陶长琪.环境约束下要素集聚对区域创新能力的影响——基于GWR模型的实证分析[J].科研管理,2014(9):17—24.

[10] 齐亚伟.我国区域创新能力的评价及空间分布特征分析[J].工业技术经济,2015,34(4):84—90.

[11] 汪涛,丁雪,杜根旺.国内外区域创新能力研究综述与未来展望[J].技术经济,2014,33(9):43—48.

[12] 刘耀彬,袁华锡,王喆.文化产业集聚对绿色经济效率的影响——基于动态面板模型的实证分析[J].资源科学,2017,39(4):747—755.

[13] 胡惠林.论文化产业及其演化与创新——重构文化产业的认知维度和价值观[J].中国文化产业评论,2017(1):3—44.

[14] 周凯,武晋原.文化产业与转变经济发展方式的关系、路径研究[J].现代管理科学,2012(9):30—32.

[15] 臧志彭.政府补助、公司性质与文化产业就业——基于161家文化上市公司面板数据

的分析[J].中国人口科学,2014(5):57—66.

[16] 金元浦.文化创意产业概论[M].北京:高等教育出版社,2016:21.

[17] 丹增.大力发展文化产业培育新的经济增长点[J].中国流通经济,2009(3):10—13.

[18] 欧朝敏,王瑞,李景保.湖南省文化产业发展的产业链解析[J].经济地理,2010,30(9):1507—1510.

[19] 刘冰峰,闫宁宁.文化产业创新能力对产业升级的影响效应——以景德镇文化产业为例[J].企业经济,2016(08):174—178.

[20] 魏鹏举,孔少华.内生增长视野下的文化产业创新发展思路分析[J].同济大学学报:社会科学版,2016(3):27—34.

[21] 周锦,顾江.城市文化产业创新的内外机制分析[J].现代经济探讨,2013(5):57—60.

[22] Hanzawa S, Yamamoto D. *Recasting the Agglomeration Benefits for Innovation in a Hits-based Cultural Industry: Evidence from the Japanese Console Videogame Industry*[J]. Geografiska Annaler: Series B, Human Geography, 2017, 99(1): 59 - 78.

[23] Power D, Hallencreutz D. *Cultural Industry Cluster Building in Sweden*[M]// Proximity, Distance and Diversity. Routledge, 2017: 33 - 54.

[24] Rahbarianyazd R, Doratli N. *Assessing the Contribution of Cultural Agglomeration in Urban Regeneration through Developing Cultural Strategies*[J]. European Planning Studies, 2017, 25(10): 1714 - 1733.

[25] 戴钰.湖南省文化产业集聚及其影响因素研究[J].经济地理,2013 (4): 114 - 119.

[26] ELHORST J P. *Spatial Panel Data Models*[M]. Berlin: Springer, 2010.

[27] 曾岚婷,叶阿忠.技术创新视角下外商直接投资与金融发展的空间非线性关系——基于半参数空间模型的实证检验[J].工业技术经济,2017,36(11):126—132.

[28] 叶阿忠,陈生明,冯烽.服务业集聚和经济增长对我国城镇化影响的实证研究[J].运筹与管理,2015,24(3);205—211.

[29] 黄林甫,叶阿忠,熊开亮.中国省域知识空间相关性研究——基于半参数计量空间滞后模型[J].福建师范大学学报:哲学社会科学版,2011(5):27—31.

[30] Moreno P, Lozano S. *Super SBI Dynamic Network DEA Approach to Measuring Efficiency in the Provision of Public Services*[J]. International Transactions in Operational Research, 2018, 25(2): 715 - 735.

[31] Lin R, Chen Z. *Modified Super-efficiency DEA Models for Solving Infeasibility under Non-negative Data Set*[J]. INFOR: Information Systems and Operational Research, 2018, 56(3): 265 - 285.

[32] 张琦,洪开荣,罗建华.基于超效率DEA模型的湖南地级市房地产投入产出效率比较

分析[J]. 经济地理,2016(4):120—125.

[33] 彭刚,何雅兴. 货币供应、货币超发与通货膨胀:基于全球 52 个经济体的实证检验[J]. 世界经济研究,2018(4):16—27.

[34] 叶阿忠,陈生明,陈晓玲. 空间溢出视角下人才跨国外流与技术创新——基于半参数面板空间滞后模型[J]. 科技进步与对策,2014,31(21):143—148.

[35] 于明洁,郭鹏,张果. 区域创新网络结构对区域创新效率的影响研究[J]. 科学学与科学技术管理,2013,34(8):56—63.

[36] 王崇锋. 知识溢出对区域创新效率的调节机制[J]. 中国人口资源与环境,2015,25(7):77—83.

[37] 余泳泽,刘大勇. 创新价值链视角下的我国区域创新效率提升路径研究[J]. 科研管理,2014,35(5):27—37.

[38] 李婧,管莉花. 区域创新效率的空间集聚及其地区差异——来自中国的实证[J]. 管理评论,2014(8):127—134.

[39] 颜莉. 我国区域创新效率评价指标体系实证研究[J]. 管理世界,2012(5):174—175.

[40] Andersen P, Petersen N C. *A Procedure for Ranking Efficient Units in Data Envelopment Analysis*[J]. Management Science,1993,39(10): 1261 - 1264.

[41] 曹清峰,王家庭,杨庭. 文化产业集聚对区域经济增长影响的空间计量分析[J]. 西安交通大学学报:社会科学版,2014,34(5):51—57.

[42] 关祥勇,王正斌. 区域创新环境对区域创新效率影响的实证研究[J]. 科技管理研究,2011,31(21):16—19.

[43] 张娜,李小胜,李少付. 环境规制下区域创新环境对工业企业技术创新效率的影响研究[J]. 资源开发与市场,2018,34(5):605—610.

[44] 李婧,谭清美,白俊红. 中国区域创新效率及其影响因素[J]. 中国人口资源与环境,2009,19(6):142—147.

[45] 岳书敬,邹玉琳,胡姚雨. 产业集聚对中国城市绿色发展效率的影响[J]. 城市问题,2015(10):49—54.

[46] 张琼. 知识运用与创新能力培养——基于创新教育理念的大学专业课程变革[J]. 高等教育研究,2016(3):62—67.

[47] 王冰,顾海川,李继怀. 社会化教育与大学生创新创业能力形成的内在关联性及其引领功能[J]. 现代教育管理,2017(3):79—83.

[48] Eklinder-Frick J, Age L J. *Perspectives on Regional Innovation Policy-From New Economic Geography Towards the IMP Approach* [J]. Industrial Marketing Management, 2017, 61: 81 - 92.

[49] 周建新，胡鹏林. 中国文化产业研究2018年度学术报告[J]. 深圳大学学报：人文社会科学版，2019，36(01)：45—56.

[50] Hong J, Yu W, Guo X, et al. *Creative Industries Agglomeration*, *Regional Innovation and Productivity Growth in China*[J]. Chinese Geographical Science, 2014, 24(2): 258-268.

作者简介

周建新，江西萍乡人，深圳大学文化产业研究院教授，博士生导师。研究方向为区域文化产业、客家文化。

谭富强，四川遂宁人，深圳大学文化产业研究院博士生。研究方向为文化产业与文化创新。

Research on the Influencing Effects of Cultural Industry Agglomeration on Regional Innovation Efficiency Based on Space Measurement

Zhou Jianxin　Tan Fuqiang

Abstract: The effective factors for improving China's regional innovation ability include political, economic, social and cultural factors. It's necessary to verify from an empirical perspective that whether the cultural industry development can improve regional innovation ability, and whether cultural industry agglomeration can improve regional innovation efficiency. This paper analyzes China's provincial panel data from 2001 to 2017 with the spatial econometric approach. The research shows that: cultural industry agglomeration can promote regional innovation efficiency, and has significant agglomeration and spillover effect spatially; in addition, the control variables such as the degree of opening-up, the input of R&D personnel, and the input of R&D funds can also promote regional innovation efficiency. Based on the previous achievements of others, this research constructs new indexes for evaluation of regional innovation efficiency, demonstrates the effects of cultural industry agglomeration on regional innovation efficiency from an empirical perspective, and verifies previous research conclusions.

Key words: Cultural Industry Agglomeration; Regional Innovation Efficiency; Spatial Lag Model; Fixed Effect

效率、差异与趋势：西部地区文化产业发展评估

——基于转型视角*

边　璐　陈　培　张江鹏

摘　要：文化产业已经成为推动国民经济发展的重要力量，加快西部产业转型升级、促进西部经济创新发展意义重大。通过三阶段 DEA-Windows 模型对 2013—2016 年西部地区 12 省份的文化产业效率进行评价，既考虑了投入产出的时间连续性，又考虑了环境因素和随机因素对文化产业效率的影响。研究发现，西部地区文化产业效率整体较低，且各省份之间存在较大差距，文化产业发展不均衡；在剔除环境与随机因素后效率变化较大，规模效率仍然是制约西部地区文化产业发展的重要因素；各省份效率的相对变化表明，西部地区文化产业的效率演变有逐渐收敛的趋势。

关键词：文化产业发展效率　三阶段 DEA　转型发展

一、引　言

长期以来，西部地区的人力、资本、教育、信息、交通等基础薄弱，同时政策开放度与灵活度不足造成营商环境与国内其他地区相比差距明显。而在资源富集的要素禀赋特征诱致下资源型产业成为西部经济的重要支柱，并形成路径依赖。西部地区经济发展对资源开发的依赖程度较深，影响本地区产业结构动态的合理化与高级化。而我国正处于向高质量发展转型的关键期，全面要求在稳定经济增长的

* 基金项目：本文受国家社会科学基金西部项目（13XJL012）、内蒙古哲学社会科学规划项目社科研究基地专项课题（2017ZJD024）、内蒙古自治区哲学社会科学规划项目（2013C090）资助。

基础上，科学调整产业结构。西部地区传统的高消耗、高能耗、高污染、低产出的经济发展模式无法持续，面对高质量发展诉求下的经济结构转型压力，唯有向高效率的绿色经济转变，提高经济增长的质量，将促进经济结构转变作为重要突破口，才能确保可持续发展在西部地区的经济建设中得到落实。[1]政策实践中，许多地区坚持把文化产业作为绿色崛起的重要增长极。党的十八大报告提出加快发展文化产业，提升其先导性、战略性和支柱性作用，十九大进一步将文化战略、文化产业提高到一个全新的高度，对文化产业发展实行全新的定位。文化已从单纯的意识形态载体逐渐转变为经济发展的新增长点，高速发展的文化产业不仅成为国家经济增长的新引擎，也是增强国家和地区综合竞争力的战略制高点。[2]

西部地区殊异的文化风情，为西部地区文化产业发展奠定良好的文化资源基础。但与发达地区相比，西部地区文化产业经营意识与发展水平显得“先天不足”。其中，文化消费观念陈旧、文化消费市场亟待建设、相关政策与服务不完善、配套设施和条件滞后、人才与技术资源匮乏等缺憾表现突出，上述问题导致西部地区现代文化产业和新兴业态发展步履维艰。[3]全球化背景下，跨国文化企业打破地域分工界限，不断挤压弱势地区的发展空间，叠加我国发达地区文化产业迅速扩张的态势，使得文化产业不平衡进一步加剧，西部地区文化产业面临前所未有的冲击和挑战。[4]因此，高质量发展的转型要求下对西部地区文化产业投入产出效率问题的深入研究，能更加全面地反映西部地区文化产业效率状况，揭示西部地区效率差异的原因及趋势，为相关部门制定具有地区特色的文化产业发展政策提供科学依据。效率提升推动文化产业绿色高效发展有助于优化西部地区产业结构，提高经济的转型升级水平，实现区域均衡发展，促进西部地区经济整体高质量发展。探索并提升西部地区文化产业效率，是一个关乎西部地区发展的重大理论与现实问题。

二、文献综述

随着文化产业重要性的日益凸显，国内外专家学者通过不同方法在不同层面推动了文化产业效率的研究。综合来看，研究产业或行业效率主要通过参数法和非参数法。随机前沿函数模型是参数方法的典型代表，董亚娟(2012)应用 SFA 随机前沿模型对我国 31 个省份(2004—2009 年)的数据进行验证，分析了影响各地区文化产业效率的诸多因素，结果表明东部地区效率差异较为显著，西部地区近几年有所提升，文化资源禀赋对文化产业效率有正向影响。[5]参数法是以投入、产出变量以及环境的合理假设为前提，个体环境对文化产业发展的影响较为显著，因此

SFA 分析法测算效率并不理想。[6]数据包络分析即 DEA 方法区别于 SFA 的特点是不需要考虑生产前沿的估计参数、权重假设，只需投入产出两个维度的数据，对于文化产业这一多投入多产出的复杂系统，有着先天的优势。[7]韩学周等(2012)以表演团体等具体细分文化艺术行业为研究对象，借助 DEA 模型研究其发展效率，研究表明各行业综合技术效率整体都处于上升趋势。[8]数据包络分析是当前的主流分析方法，但它忽视了环境因素和包括运气在内的统计误差对效率的影响[9]，Fried(2002)将数据包络模型(DEA)和随机前沿模型(SFA)进行整合，提出了三阶段 DEA 效率测度模型，对决策单元的效率评价排除了外部环境和随机情况的干扰，效率更具有可比性，应用更加广泛。[10]何里文等(2015)应用三阶段 DEA 模型，从我国十大城市群的角度研究了 2010 年的文化产业投入产出效率，指出在剥离环境以及随机因素后，相比第一阶段其效率值有所下降。[11]蒋萍等(2011)也运用三阶段 DEA 针对 2008 年全国范围的文化产业效率进行测度分析，在剥离了环境和随机因素后，发现西部地区效率值在调整前后变化较大，这说明西部地区综合技术效率受环境影响较为显著。[12]

尽管国内外学者采用不同的研究方法、研究角度对文化产业效率进行了有意义的探索，但仍有以下不足：① 目前采用三阶段 DEA 研究文化产业效率的文献中大多以截面数据为研究对象，该数据信息量有限，不能全面反映文化产业效率；并且已有文献的关注点主要在于截面效率的测算，无法揭示效率随着时间演进的纵向变化趋势；② 国家统计局在 2004 年、2012 年相继颁布并修订了《中国文化及相关产业分类》，由于 2012 年拓展了文化产业的范围，因而统计口径差别较大，这一现实导致以往研究得出的结论可能存在偏差，无法更好地反映文化产业的内涵并指导政策实践。基于上述现实，本文进行如下方面的扩展：① 选取 2013—2016 年西部地区文化产业的面板数据，可反映出投入产出在时间上的连续性，进而分析我国西部地区文化产业的动态演化趋势，弥补学界对我国西部地区文化产业及效率问题关注不足的遗憾；② 探究效率差异的来源，有助于找出各地区间文化产业效率存在差异的影响因素体系；③ 分析各决策单元综合技术效率的动态演进，对各个地区效率分布进行比较；最后，2013 年以前《中国文化文物统计年鉴》的数据是按照 2004 年《中国文化及相关产业分类》标准核算，2013 年统计局颁布了《文化及相关产业统计年鉴》，该年鉴数据则是按照 2012 年颁布的《中国文化及相关产业分类》核算，如以 2008 年内蒙古文化产业增加值为例，《中国文化文物统计年鉴》统计为 17.9 亿元，《文化及相关产业统计年鉴》统计为 111.2 亿元，后者是前者的 6 倍有余，差异较大。文化产业更加科学的分类下统计口径标准的变化，易导致各界对区域文化发展程度认知的差异。为科学全面揭示西部地区文化产业发展现状与效率，本文认为 2013 年以后的《中国文化及相关产业统计年鉴》数据更能准确反映区域文化产业状况。

三、三阶段 DEA-Windows 模型

（一）DEA-Windows 模型

传统 DEA 模型的关键是通过构造生产前沿面比较一个时间点的各个决策单元的效率水平，由于不同时期的前沿面有差异，所以其效率值无法比较。国内外学者一般通过两种方法对模型进行修正，第一种修正模型是 Malmquist 指数法，主要原理是利用距离函数构造一个从第 t 期到第 $t+1$ 期的指数。该模型主要用于测算决策单元的全要素生产率，可进一步得到效率变化与技术变化。[13]第二种方法是 DEA-Windows 模型，如果某个决策单元在不同窗口时期，即将该决策单元视为不同决策单元，此原理下可以保证每个决策单元只需与窗口内的前沿面比较，实现其可比性。该方法的优势是增加了决策单元数量，而且可以将效率值进行横向和纵向两个维度的比较，进而反映效率的动态演化过程。[14] Heshmati 认为 Malmquist 指数法反应的技术进步水平有偏差，计算出的效率值很有可能不准确。[15]因此，本文采用 DEA-Windows 模型对文化产业效率进行测算。

（二）三阶段 DEA-Windows 模型

本文将 DEA-Windows 模型和三阶段 DEA 模型结合起来构建三阶段 DEA-Windows 模型，主要是通过 DEA-Windows 进行效率评价，第二阶段用随机前沿模型将松弛变量拆分，最后调整各投入变量进行最终效率测算。

第一阶段：DEA-Windows 模型

运用 DEA-Windows 分析法时，依据 Charnes 等研究成果，选择窗口宽度 $d=3$ 或 $d=4$ 能够平衡效率测度的可信度和稳定性。[16]假设需要测算 T 时段内 n 个 DMU 的效率，窗口宽度为 d，则需要建立窗口数量为 $T-d+1$，共需测算 $(T-d+1)\times d$ 个效率值。最后将效率值进行平均化处理，得到决策单元的最终效率值。[17]

第二阶段：SFA 回归模型

采用面板 SFA 建立第一阶段分析得到的投入松弛变量关于环境因素以及包含混合误差项的回归分析模型，如式(1)所示：

$$S_{ni}=f(Z_i;\beta_n)+\nu_{ni}+\mu_{ni};i=1,2,\cdots,I;n=1,2,\cdots,N \tag{1}$$

其中，S_{ni} 是第 i 个决策单元第一阶段的松弛变量，Z_i 是环境变量，β_n 是环境变量的系数，$\nu_{ni}+\mu_{ni}$ 表示混合误差项，ν_{ni} 表示随机噪声，μ_{ni} 表示管理无效率。假设 $\nu\sim N(0,\sigma_v^2)$，$\mu\sim N^+(0,\sigma_\mu^2)$ 且假定 μ 服从截断的正态分布。

对投入指标进行调整，以便将所有决策单元置于相同的外部环境和随机误差中。如式(2)所示：

$$X_{ni}^A=X_{ni}+[\max(f(Z_i;\hat{\beta}_n))-f(Z_i;\hat{\beta}_n)]+[\max(\nu_{ni})-\nu_{ni}]i=1,2,\cdots,I;n=1,2,\cdots,N \tag{2}$$

X_{ni}^A 是调整后的投入变量；X_{ni} 是调整前的投入变量；$[\max(f(Z_i;\hat{\beta}_n))-f(Z_i;\hat{\beta}_n)]$ 表示将所有 DMU 调整至相同的外部环境之中；$[\max(\nu_{ni})-\nu_{ni}]$ 是将所有 DMU 的随机误差调整至相同情况。

第三阶段：剔除环境因素的 DEA-Windows 模型

将调整后的投入产出变量再次代入 DEA-Windows 模型计算西部地区 12 省份的文化产业效率，此时的效率值已经剔除环境因素和随机因素的影响，更加接近真实的效率值。

四、指标构建

(一) 投入产出指标

参考前人研究经验，构建西部地区文化产业投入、产出指标体系，并且参照 2018 年国家统计局发布的文化产业九大分类，剔除缺失较多数据的指标，实现数据的可获得性、可比性。具体效率评价指标见表 1。

表 1 文化产业效率评价指标体系

一级指标	二级指标	可度量指标
投入指标	人员投入	文化产业从业人员(人)
	资本投入	固定资产投资(万元)
	政府财政政策环境	文化事业费(万元)
	文化机构规模	文化机构总和(个)
产出指标	经济贡献	文化产业增加值(亿元)
		文化产业营业收入(亿元)

(二) 环境因素指标

将环境指标确定为影响文化产业生产效率且无法通过主观控制的因素[18]，参考前人研究成果，本文从地区发展水平、居民受教育水平、文化市场氛围三个方面剥离对西部地区效率的环境影响，选取的环境变量包括：① 人均 GDP。该变量可反映地区经济发展状况，经济发达程度对大众精神文化需求程度具有直接影响。② 教育情况。选取 6 岁以上人口中大专及以上学历人口，该占比可反映地区居民教育水平。地区教育水平高，不仅利于文化产业作品创造、经营人才的聚集，对实现文化消费市场的多层次需求亦有重要影响。③ 文化市场经营机构。该变量反映了地区的文化产业市场氛围和规模状态。"十二五"以来国家对科普文化机构建设力度较大，大规模开展文化普及工作对于形成地区文化市场氛围与提升居民文化欣赏水准进而深化文化消费市场意义重大。同时文化市场经营主体的多元化与数量变化反映出文化产品供给的活跃度，对于区域文化氛围具有促进作用。

（三）数据来源与说明

由于国家统计局于 2012 年公布的《文化及相关产业分类》对 2004 年的分类进行了重大调整，为保证分析口径一致并且全面反映西部地区近年文化产业发展现状，本文选取西部地区 12 省份 2013—2016 年的数据，数据来源于《文化及相关产业统计年鉴》《中国文化文物统计年鉴》、部分省份统计局网站及统计公报等。固定资产投资为各省份投入文化及相关产业的固定投入额；从业人员由统计年鉴中各省份规模以上、规模以下文化制造业、文化批发零售业、文化服务业三大行业从业人员数量加总所得；文化机构数是指公共图书馆、群众艺术馆、文化馆、文化站、博物馆、艺术表演团体、艺术表演场馆等主要文化机构个数的总和；文化产业增加值、文化产业营业收入的数据是通过对规模以上、规模以下的文化制造业、文化批发零售业、文化服务业三大行业相关数据进行加总而得。

五、实证结果分析

（一）第一阶段：DEA-windows 效率分析

选取我国西部地区 12 个省份 2013—2016 年投入产出指标数据，借用 DEA-Solver 软件为运行平台，运用 DEA-Windows 模型得出西部地区的文化产业效率。将窗口设置为 3，每 3 年为一个时间窗口，本文需要对 12 个决策单元在 4 年内的效率进行评价，需要处理的决策单元共有 48 个。通过与传统 DEA 方法对比，更能展现 DEA-Windows 方法在计算效率方面的优势，如表 2 所示。

将表 2 中传统 DEA 和 DEA-Windows 得出的效率值进行对比发现，传统 DEA 中较多省份的文化产业效率值均为 1，无法体现出文化产业效率的动态变化。通过 DEA-Windows 方法可以得到不同地区同一时间段的文化产业相对效率和同一地区文化产业效率的演化情形。

表 2 效率计算方法比较

类别	地区	年份				均 值	排 名
		2013	2014	2015	2016		
传统 DEA	内蒙古	0.826	0.774	0.852	0.848	0.825	9
	广 西	0.927	0.837	0.801	0.791	0.839	6
	重 庆	1.000	1.000	1.000	1.000	1.000	1
	四 川	0.733	1.000	1.000	1.000	0.933	3
	贵 州	1.000	1.000	0.689	0.655	0.836	7
	云 南	1.000	0.748	0.915	1.000	0.916	4
	西 藏	0.624	0.792	0.698	0.815	0.732	10
	陕 西	1.000	1.000	1.000	1.000	1.000	1
	甘 肃	0.382	0.415	0.347	0.331	0.369	12
	青 海	0.708	0.926	0.681	1.000	0.829	8
	宁 夏	1.000	1.000	0.664	0.764	0.857	5
	新 疆	0.300	0.559	0.590	0.689	0.535	11
	均 值	0.792	0.838	0.770	0.824	0.806	—
DEA-Windows	内蒙古	0.785	0.745	0.798	0.794	0.780	9
	广 西	0.874	0.755	0.801	0.788	0.804	6
	重 庆	1.000	1.000	0.998	1.000	1.000	1
	四 川	0.731	1.000	0.978	1.000	0.927	3
	贵 州	1.000	0.968	0.601	0.587	0.789	8
	云 南	1.000	0.725	0.862	1.000	0.897	4
	西 藏	0.620	0.792	0.637	0.644	0.673	10
	陕 西	1.000	1.000	1.000	1.000	1.000	1
	甘 肃	0.350	0.407	0.329	0.300	0.347	12
	青 海	0.654	0.879	0.643	1.000	0.794	7
	宁 夏	1.000	0.941	0.639	0.684	0.816	5
	新 疆	0.300	0.559	0.538	0.594	0.498	11
	均 值	0.776	0.814	0.735	0.783	0.777	—

由表 2 可知，西部地区各省份的差异较为显著，陕西、四川基本上在效率前沿面，新疆、甘肃文化产业效率一直较低。2013—2014 年西部各地区文化产业效率大部分处于下降状态，效率差异逐渐变小，2014—2015 年西部各地区文化产业效率差异逐渐增大，且效率仍然处于下降趋势，2015—2016 年西部各地区文化产业效率大部分处于上升趋势且差异仍在增大。

(二) 第二阶段：SFA 模型实证分析

建立随机前沿模型（SFA），被解释变量为第一阶段 DEA-Windows 测算出的各决策单元的松弛值，解释变量为选取的三个环境因素，分别为人均 GDP、教育水平、市场经营机构数，测算结果表明：

log 函数值、LR 单边检验结果较好，且通过了 1%的显著性检验，说明第二阶段排除外部环境的干扰是十分必要的，且投入冗余变量 γ 值趋近于 1 说明相比随机因素，环境方面的因素主要影响投入冗余[19]，说明不可忽视环境因素对投入值松弛变量的影响，如不剔除环境因素可能会导致文化产业效率值有偏差，在较好的外部环境中文化产业效率会提升，反之，较差的外部环境会降低文化产业效率。人们应通过调整原始投入变量来排除其影响效应，从而得到的效率评价结果更加真实有效。①

(三) 第三阶段：调整后的 DEA-Windows 模型实证分析

(1) 西部地区文化产业效率时序分析

表 3　第一、三阶段西部地区 2013—2016 年文化产业效率

地　区	第一阶段	第三阶段	第一阶段	第三阶段	第一阶段	第三阶段
	TE	**TE**	**PTE**	**PTE**	**SE**	**SE**
内蒙古	0.777	0.653	0.797	0.895	0.975	0.730
广　西	0.796	0.743	0.836	0.942	0.952	0.789
重　庆	0.999	1.000	1.000	1.000	0.999	1.000
四　川	0.948	0.975	0.966	0.984	0.981	0.990
贵　州	0.788	0.707	0.823	0.923	0.957	0.767
云　南	0.862	0.791	0.870	0.945	0.991	0.837
西　藏	0.687	0.199	0.975	0.996	0.705	0.199

① 鉴于篇幅的原因，具体测算过程省略。

（续表）

地 区	第一阶段	第三阶段	第一阶段	第三阶段	第一阶段	第三阶段
	TE	TE	PTE	PTE	SE	SE
陕 西	1.000	0.997	1.000	1.000	1.000	0.997
甘 肃	0.354	0.373	0.481	0.826	0.736	0.451
青 海	0.783	0.413	0.966	0.996	0.811	0.414
宁 夏	0.807	0.344	1.000	0.999	0.808	0.345
新 疆	0.515	0.425	0.599	0.894	0.858	0.476
均 值	0.776	0.635	0.859	0.950	0.898	0.666

不同环境因素对文化产业投入冗余的作用方向不尽相同，因此，第二阶段 SFA 结果的分析可将各个 DMU 调整至相同环境与随机因素之中，再进行效率评价是合理的。为剔除外部因素对西部地区文化产业效率的影响，第三阶段根据公式调整投入变量，把调整后的 4 个投入变量再次进行 DEA-Windows 模型分析，所得结果即为调整后的文化产业效率，西部地区各省份 2013—2016 年平均效率如表 3 所示，除去环境和随机因素西部地区平均效率表现为先下降后上升，总体处于平缓的上升趋势，且各省份差距逐渐缩小，表明为国家持续的西部大开发政策下各项优惠向西部倾斜及激发其自身发展的强大动力，为西部特色文化产业发展提供了有利条件。但由于西部文化产业规模小、基础薄弱，无论政策效应的完全体现还是西部自身内生动力的激发效果都需要一定时间。

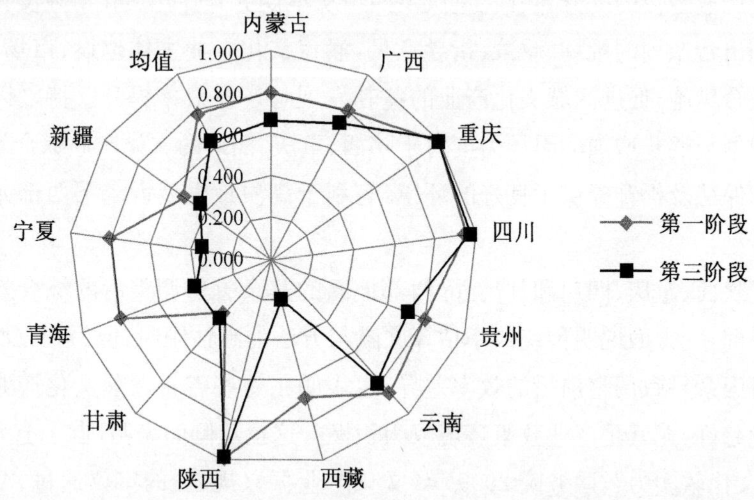

图 1 第一阶段与第三阶段文化产业效率均值

如图 1 所示，文化产业综合技术效率在调整前后有较大变化，图中的外圈表示第一阶段西部地区 2013—2016 年各省份的平均效率，内圈表示第三阶段西部地区 2013—2016 年各省份的平均效率。总体来看，西部地区各省份的文化产业效率之间存在较大差距，地区间发展不均衡。广西、贵州、云南、甘肃、新疆的文化产业效率在第一、第三阶段变化相对较小，内蒙古、西藏、青海、宁夏则在第三阶段出现了大幅下降，重庆、四川、陕西的文化产业效率一直处于较高水平，表明了西部这三个地区的文化产业决策和管理水平都处于西部领先地位。剔除环境因素后西部地区各省份文化产业效率差异增大，第一阶段与第三阶段的显著差异说明外部环境和随机因素对西部地区文化产业效率有着重要的影响。

总体来看，西部地区综合技术效率均值从第一阶段的 0.776 下降到 0.635，纯技术效率均值从第一阶段的 0.859 上升到 0.950，规模效率均值从 0.898 下降到 0.666，剔除环境因素后大部分省份的综合技术效率和规模效率均有所下降，纯技术效率有所上升，表明大部分省份的文化产业发展水平被高估。

从非参数测算的具体指标而言：

1. 从综合技术效率看，陕西在调整前处在效率前沿面，调整后为 0.997，重庆在调整前为 0.999，调整后处在效率前沿面，体现陕西、重庆的文化产业发展综合效率较高，外部环境对其效率影响较小。现实里，陕西、重庆包括四川，经济发展水平居于西部前列，高校众多人才聚集，无论是文化产业产品的供给能力，还是本地消费市场的潜力，都为文化产业发展提供了极大的发展空间。政策实践上，随着国家对文化产业定位的提升，陕西、重庆及四川从早期的碎片化文化产业支持政策逐步过渡到出台系列的规划、政策、指导意见，涵盖文化企业主体建设、市场营造、投融资等复合措施，促进区域文化产业的蓬勃发展与产业效率提升。持之以恒的政策系统规划与逐步增加的引导力度对于陕西、重庆、四川的文化产业综合效率与产业优势的保持及提升提供了良好的环境，有利于高质量发展诉求下西部龙头地区的经济转型。

除了陕西、重庆、四川和甘肃外，西部地区的其余省份调整后的综合效率值都低于调整前，一方面说明传统效率估算文献与方法的高估倾向，但另一方面环境因素和随机因素导致调整前后的效率差异，也表明了这些省份发展文化产业的整体外部环境趋好，尤其是产业政策环境较为积极。这也从侧面表明，自十七大报告首次定义“文化软实力”、国务院 2009 年《文化产业振兴规划》的审议通过、“十二五”规划的“推动文化产业成为支柱性产业”一直到十八大、十九大文化产业战略性与先导性的定位过程中,地方政府制定与践行积极的文化产业政策,挖掘本地殊异的文化风情与文化资源,培育本地文化产业的企业主体并为文化产品从生产供给到需求引导的全产业链提供政策保障,为促进文化产业发展保驾护航。总之,良好的外部环境会对文化产业发展效率产生正向影响。

与西部平均水平对比,甘肃、青海的综合技术效率原高于西部平均水平,调整后规模效率大幅降低导致综合技术效率降低,且均低于西部平均水平。甘肃与青海在西部文化产业不平衡格局中压力较大,未来进一步发展需更多从加大投入角度提升规模效率。

2. 纯技术效率可以用来分析我国各省份文化产业的无效在多大成分上取决于技术原因[20],重庆、陕西的纯技术效率在调整前后均为 1,青海调整前后均为 0.996,表明外部环境因素并未对这些省份造成影响,宁夏在调整后有小幅下降,其他省份在调整后均有不同程度的上升,说明这些省份之前的效率值较低是由于环境因素的影响,整体技术管理水平提升较为明显。从各省份的变化来看,甘肃、新疆是变化最大的省份,比调整前的纯技术效率值大 0.345、0.295。云南的纯技术效率原高于西部平均水平,调整后下降且低于西部平均水平,说明云南的文化产业效率受环境因素或随机因素冲击影响,其管理水平仍有较大的进步空间。创新与管理是经济发展的永恒主题,尤其是对于西部地区欠发达背景下提升文化产业效率促进转型意义更为迫切。相对于西部地区传统优势的资源型产业创新与管理模式,文化产业从文化产品创作、传播、生产服务各环节体现的行业特殊性决定了其模式与创新的差异性,需要西部地区着眼于特殊性,分析各要素组合与配置最佳模式,提升创新程度实现纯技术效率的持续改进。

3. 文化产业规模效率是用来分析目前文化产业生产规模与最佳生产规模的差距,其效率值越接近 1,说明越接近最佳生产规模。重庆、四川调整后的规模效率大于调整前,其他省份的规模效率均小于调整前。由各省份变化程度可知,其中变动最大的分别是西藏、甘肃、青海、宁夏和新疆。它们比调整前的规模效率值小 0.505、0.284、0.383、0.345 和 0.295,且均低于西部平均水平,表明这些省份的规模效率是制约文化产业发展的最重要因素。同时与已有研究[5][20]取得较为一致的结论,即西部地区文化产业总体处于规模报酬递增的阶段,应在原有的产业基础上引导市场主体加大投入扩大规模,提高西部文化产业规模效率。

(2) 西部地区各省份效率差异分布与发展趋势

为深入对比西部各省效率差异,以西部地区各省份的文化产业纯技术效率与规模效率平均值差异为划分标准，将西部地区各省份分为 4 种类型。

第一种的陕西、重庆、四川属于双高型，文化资源丰富，文化产业发展水平处于西部前列。樊纲等的《中国分省份市场化指数报告(2018)》显示，陕西、重庆、四川无论是市场化总指数评分还是要素市场的发育程度评分均为西部前三，重庆位于市场化总指数评分第一，陕西的要素市场发育程度最高。区域的市场化环境有助于西部文化产业蓬勃发展，而三省市作为西部文化产业效率双高型的代表，肩负着引领西部文化产业效率提升方向的重任，包括通过进一步优化营商环境，创新探索新业态及管理模式、促进文化产业主体积聚化发展参与国际国内产业竞争，成为西部文化产业效率提升的标杆。

第二种的内蒙古、广西、贵州、云南属于低技术高规模类型，应着重提升文化产业管理水平，强化市场意识，挖掘地区特色文化资源。此四区域要素市场发育程度得分处于 4.29(贵州)—5.33(广西)之间，在西部地区属于中等水平，但其非国有经济的发展评分均值低于西部平均水平。低技术效率不仅来源于要素配置程度，如市场意识、业态模式选择、管理水平等因素影响不可忽视，更在于西部地区资源型产业路径依赖下国有经济占比极高，非国有经济生存环境差与持续生存能力弱。文化产业天然的特征决定了需要不同所有制共同驱动才能激发竞争活力，促进技术效率提升。故此类代表省区低技术效率的突破，需要更加大非国有经济企业的比重，真正在政策、资源、服务等方面做到一视同仁，促使市场主体竞争，强化市场意识，提升管理水平。另一方面，此类区域地区特色文化资源富集，深入挖掘并推广创作，对于提升发展效率意义明显。例如内蒙古的“乌兰牧骑”、云南民俗文化以及贵州的红色文化及酒文化等。

第三类的西藏、宁夏、青海属于高技术低规模类型，效率的改善应以提升规模效率为主，通过扩大产业规模，实现资源集中配置来提升文化产业效率；第四类的新疆、甘肃属于低技术低规模类型，在管理水平与规模方面都需要提高。此两类地区均是低规模效率类型，在整体西部地区文化产业处于规模报酬递增阶段，及时抓住绿色转型的时代诉求与政策东风，积极挖掘并围绕地方殊异的文化风情发展文化产业扩大产业规模，实现投入导向的规模效率提升。

六、结论与建议

本文引入三阶段 DEA 和 DEA-Windows 相结合的方法，基于西部地区 12 个省份 2013—2016 年的面板数据，对文化产业效率的动态演化趋势以及各地区效率差异进行研究，既考虑了投入产出的时间连续性，又考虑了环境因素和随机因素对文化产业效率的影响。第一阶段得出的结果表明我国西部地区整体文化产业效率偏低且各省份的效率差异较大，西部地区综合技术效率低的原因主要是纯技术效率偏低。第二阶段运用 SFA 模型调整投入变量，第三阶段通过剔除外部因素将投入产出置于相同外部环境因素下，通过 DEA-Windows 再次进行分析，效率在调整前后有较大差异，调整后的综合技术效率大幅下降，更客观真实地表明我国西部地区文化产业效率水平，结论如下：

(1) 西部地区文化产业效率值较低表明发展水平总体偏低，效率的均值呈现先递减后增加的趋势且趋势平稳，表明西部地区文化产业发展较为稳定，各省份的投入产出效率差异较大，西部地区文化产业发展不均衡，但随着时间的推移，各省份的效率差异呈现逐渐减小的趋势。

(2) 西部地区各省份文化产业无效的来源不同且差异较大，排除了环境、随机干扰因素后，与规模效率相比，纯技术效率更接近前沿面，说明大部分省份的综合技术效率无效主要来源于规模效率无效，规模效率无效是导致西部地区文化产业效率低的关键因素。

(3) 除贵州、云南、青海、新疆在 2013—2016 年期间波动较大，其余大部分省份的文化产业发展较稳定，从近些年整体趋势来看，近一半省份处在上升趋势，一半省份处于下降趋势，但收敛趋势明显。

(4) 环境因素与随机因素对西部地区文化产业的发展有显著影响，人均 GDP、市场经营机构数对文化产业效率有正向影响，居民教育水平有负向影响，教育水平提高状况下投入文化产业的人力资源要素配置不合理，反而会增大投入冗余，降低文化产业效率。

以上结论有助于揭示与认知西部地区文化产业效率差异，综合对文化产业发展的影响因素分析，对各省份发展文化产业提出以下建议：

(1) 西部地区应扩大文化产业规模，提高规模效率。首先，应在政策方面给予西部地区更大的支持与自由度，如通过财政贴息、税收减免等优惠政策促进西部文化产业规模的扩大。其次，提供良好的融资环境，为文化企业解决融资难问题，如提供差异化的存款准备金率、优惠的信贷政策引导金融机构的信贷方向。降低文化企业上市门槛，鼓励多种类型的资本形式进入市场，从而实现规模效率的提高。第三，西部特殊的经济状态下，政府有形之手理应发挥更大作用。通过组建与依托西部各省大型文化集团，开发具有西部特色的文化产品，打通从文化产品创作、产品渠道疏通、衍生产品制造以及文化产品服务等各环节，形成数个全产业链经营的大型集团，以其为核心整合与引导其他中小文化企业，提升整体行业的规模与抗风险能力。

(2) 通过第二阶段 SFA 分析表明增加人均 GDP 和文化市场机构能够增加西部地区文化产业效率。金元浦认为地区经济发展到较高水平会促进文化产业发展，反之则会制约其发展，当人均收入超过 4 000 美元时，文化产业发展表现得迅速而有力。[21]近些年，西部大部分地区人均收入逐年增长，市场机构数量不断增加。西部地区应持续推进经济建设，增加居民收入，以培育文化消费理念为突破口，培育西部文化消费市场，从而带动精神层面的消费需求，为文化产业发展奠定经济基础。进一步加大对西部地区政策扶持，建立和维护促进文化产业发展的环境，制定有利于增加文化市场竞争主体以及扩大文化市场规模的政策与措施。

(3) 西部地区文化产业发展存在资源浪费现象，人力和物力的投入没有发挥出应有的作用，导致效率较低。着眼于文化产业纯技术效率的进一步提升，加快人才资源要素的培养、配置与管理。应充分利用高校、科研机构资源培养高素质文化产业人才，建立健全文化产业人才交流平台，完善各地区的文化产业人才激励机制，营造良好的文化人才发展氛围，引进具有专业知识和创新技能的高端人才，布局西部地区文化研究团队，优化整体文化人才结构，提升西部地区文化产业效率。

(4) 西部地区应进一步探索文化与科技相结合的新发展模式。进入数字经济网络化时代，不断出现的新业态新模式对传统文化产业经营方式造成巨大冲击。[23]文化产业全要素的升级必然要求传统文化的数字化、智能化步伐加快。科技将会进一步成为文化的主要投入要素，西部地区文化产业后发优势的实现迫切需要以技术为动力，促进消费端的升级，加快新业态新模式开发，打造现代文化生产体系。

西南地区的贵州近年一步步打响了“大数据之都”的招牌。2016 年，贵州获批建设全国首个国家大数据(贵州)综合试验区后，大数据建设迅速提速。处于西北地区的内蒙古，2019 年全区大型数据中心服务器装机能力超过 110 万台，综合装机率超过 60%，居全国首位。其建设的文化旅游融合发展大数据平台正在发挥作用。整个西部在大数据、云计算方面具有独特的优势，发展速度较快。通过文化与科技相结合，西部地区不断打通文化事业与文化产业的内部联系，促进公共文化机构采集文化数据的技术手段迅速化、便捷化与标准化，并把大数据应用于文化创作生产，发展壮大文化产业，打造西部地区文化产业发展新的经济增长点。

参考文献

[1] 王德玉.中国工业经济增长方式转变及其影响因素研究[J].新经济,2016(09):34.

[2] 潘玉香,赵梦琳,朱文宇.京津冀协同发展背景下文化产业资源配置效率评价与对策[J].科技进步与对策,2017,34(07):49—54.

[3] 边璐,张璞,张江朋.我国文化产业与经济增长速度的效应研究[J].统计与决策,2013(09):91—94.

[4] 熊正贤,吴黎围.西部文化产业发展的区域竞合问题研究——博弈论视角[J].经济体制改革,2013(06):46—50.

[5] 董亚娟.区域文化产业效率的影响因素研究——基于随机前沿模型的分析[J].商业经济与管理,2012(07):29—39.

[6] 方忠,张华荣.基于 Malmquist 指数的福建文化创意产业效率区域差异分析[J].亚太经济,2014(03):128—132.

[7] 边文龙,王向楠.面板数据随机前沿分析的研究综述[J].统计研究,2016(06):13—20.

[8] 韩学周,马萱.基于 Dea 模型的中国文化产业发展效率研究[J].云南财经大学学报,2012(3):146—153.

[9] Jondrow J, Lovell C A K, Materov I S. *On the Estimation of Technical Inefficiency in the Stochastic Frontier Production Function Model*[J]. Journal of Econometrics, 2015, 19(2): 233-238.

[10] Fried H O, Lovell C A K, Schmidt S S. *Accounting for Environmental Effects and Statistical Noise in Data Envelopment Analysis*[J]. Journal of Productivity Analysis, 2002, 17(1-2): 157-174.

[11] 何里文,袁晓玲,邓敏慧.我国十大城市群文化产业投入产出效率研究[J].统计与决策,2015(01):134—137.

[12] 蒋萍,王勇.全口径中国文化产业投入产出效率研究——基于三阶段 Dea 模型和超效率 Dea 模型的分析[J].数量经济技术经济研究,2011,28(12):69—81.

[13] Färe R, Grosskopf S, Norris M. *Productivity Growth, Technical Progress, and Efficiency Change in Industrialized Countries: Reply*[J]. American Economic Review, 1997, 87(5): 1040-1044.

[14] Charnes A, Clark C T, Cooper W W. *A Developmental Study of Data Envelopment Analysis in Measuring the Efficiency of Maintenance Units in the U.S. Air Forces*[J]. Annals of Operations Research, 1984, 2(1): 95-112.

[15] Heshmati A. A Sequential Malmquist-Luenberger Productivity Index: Environmentally Sensitive Productivity Growth Considering the Progressive Nature of Technology [J]. Energy Economics, 2010, 32(6): 1345 - 1355.

[16] Charnes A, Cooper W W, Lewin A Y. Extensions to DEA Models [M]. 1994: 49 - 61.

[17] 王锋,冯根福.基于Dea窗口模型的中国省际能源与环境效率评估[J].中国工业经济, 2013(07):56—68.

[18] 王家庭,张容.基于三阶段Dea模型的中国31省市文化产业效率研究[J].中国软科学,2009(09):75—82.

[19] 陈巍巍,张雷,马铁虎,等.关于三阶段Dea模型的几点研究[J].系统工程,2014,32(09):144—149.

[20] 高云虹,李学慧.西部地区文化产业效率研究[J].财经科学,2017(02):112—121.

[21] 金元浦.文化创意产业的历史性出场[J].求是,2008(19):57—58.

[22] 王小鲁,樊纲,胡李鹏.中国分省份市场化指数报告[M].北京:社会科学文献出版社,2019.

[23] 高书生.体系再造:新时代文化建设的新命题[J/OL].经济与管理,2020(01):1—4.

作者简介

边　璐,内蒙古包头人,副教授,博士,硕士研究生导师。研究方向为产业金融。

陈　培,内蒙古包头人,博士研究生。研究方向为产业创新发展。

张江鹏,山西芮城人,讲师,博士。研究方向为产业创新发展。

Efficiency, Difference and Trend: Evaluation on the Development of Cultural Industry in the Western Regions— Based on the Perspective of Transformation

Bian Lu　Chen Pei　Zhang Jiangpeng

Abstract: Cultural industry has become an important force boosting the development of national economy. It is of great significance to accelerate the transformation and upgrading of western industries and promote the innovation and development of western economy. This paper evaluates the cultural industry efficiency of 12 provinces in the western regions from 2013 to 2016 using the Three-Stage DEA-Windows Model, which considers not only the time continuity of input and output, but also the influences of environmental factors and random factors on cultural industry efficiency. In the western regions, the cultural industry efficiency is relatively low on the whole, and differs greatly among each province, showing the unbalanced development of cultural industry in the western regions; after exclusion of environmental and random factors, the efficiency changes greatly, and scale efficiency remains an important factor restricting the development of cultural industry in the western regions; the relative changes of efficiency in each province show that the efficiency evolution of cultural industry in the western regions presents a trend of gradual convergence.

Key words: Cultural Industry Efficiency; Three-Stage DEA; DEA-Windows Influential Factor

文化科技融合视域下欠发达区域文化产业“弯道超车”策略研究*

——以江西为例

薛　华

摘　要：首先对文化科技融合视域下文化产业发展的特点和趋势进行分析，然后深入探讨科技与文化融合推动文化产业升级的动力与逻辑机理，最后以江西为例具体分析欠发达区域文化产业实现“弯道超车”的可能性并提出对策建议。研究的主要结论是：① 文化科技融合推动文化产业升级的动力与逻辑机理是催生新的文化产业业态、变革新的文化产业发展模式、拓展和延伸文化产业价值链、变革新型文化消费理念与方式；② 理顺文化产业的行政管理体制、完善文化产业的相关政策机制、扩宽文化产业的发展模式、打造文化创意城市名片是欠发达区域文化产业实现“弯道超车”的四大对策。

关键词：文化科技融合　欠发达区域　文化产业　“弯道超车”

一、引　言

18世纪工业革命以来，科技创新日益成为世界经济政治与社会发展的核心动力。近年来，以互联网服务、大数据与云计算、VR（虚拟现实）、AR（增强现实）、人工智能、机器人等为代表的新科技，不断融入文化产品的创意制作、渠道传播和内容消费的全流程，科技创新与文化产业呈现明显的融合态势。新科技的融入，逐渐模糊了文化产业的产业边界，催生了文化产业中各类新型业态，为文化产业的变革

* 本文系江西省社科规划青年项目“文化创意和科技耦合视角下江西产业升级的机制研究”（课题编号：17YJ30）、国家社科基金艺术学重大项目“5G时代文化产业新业态、新模式研究”（项目编号：202D05）阶段性成果。

和发展注入新的动能，推动文化产业在"供给侧"和"需求侧"的双向升级。随着文化体制改革的深入推进，再加上科技进步带来的生产和消费变革，文化产业发展不断抢抓科技和制度创新的"风口"，持续保持超出传统产业的增长势头。2018 年，我国文化产业增加值占 GDP 比重达 4.3%，2019 年前三季度我国文化产业营业收入增长 7.6%①，文化产业对经济发展的贡献率不断提高。

十八大以来，我国各省份积极把握国家政策利好、科技创新融合的机遇，使文化产业发展呈现良好的发展态势。但区域间文化产业发展差异化愈加明显，区域不平衡发展将是中国文化产业在相当长一段时期内的基本特征。长三角、环渤海与东南地区通过文化产业生产要素的升级，提升了资源配置效率，降低了对要素投入的依赖，进一步巩固了引领全国的地位。中部、西北、西南和东北地区立足自身特色，依托资源禀赋的差异化优势和要素投入的持续增长，通过发展特色文化产业，探索出创新性路径，并开拓了广阔发展空间。2017 年国务院宣布全面复兴传统文化，在这一系列重大国策的红利释放推动下，具有深厚传统文化底蕴与丰富地方文化遗产的一些欠发达地区，是否能够实现文化产业"弯道超车"？本文在文化与科技融合的视域下，通过分析文化产业发展的特点与趋势，在深入探讨科技与文化融合推动文化产业升级的动力与逻辑机理的基础上，以江西为例具体分析欠发达区域文化产业实现"弯道超车"的可能性，并提出对策建议。

二、相关文献回顾

按照《文化及相关产业分类(2018)》定义，文化及相关产业是指为社会公众提供文化产品和文化相关产品的生产活动的集合。其生产活动范围包括两部分：① 以文化为核心内容，为直接满足人们的精神需要而进行的创作、制造、传播、展示等文化产品(包括货物和服务)的生产活动，具体包括新闻信息服务、内容创作生产、创意设计服务、文化传播渠道、文化投资运营和文化娱乐休闲服务等活动。② 为实现文化产品的生产活动所需的文化辅助生产和中介服务、文化装备生产和文化消费终端生产(包括制造和销售)等活动。

关于科技创新与文化产业融合的相关研究主要集中在以下方面：① 关于文化产业发展与技术创新之间的关系。Reilly (1997)、Buckler (1998)、Frohman (1998)、胡晓鹏(2006)、吴钊(2015)、解学芳(2020)等国内外学者从不同的角度进

① 数据来自国家统计局。

行了研究，基本上形成了一致的观点，认为科技为文化产业的发展提供技术支持，科技发展提升了文化产业的创新能力，而文化产业的内在需求也成为科技创新的动力与源泉。② 文化和科技耦合的国际经验。郭新茹（2017）等分析了发达国家率先利用文化耦合科技来培育新兴产业业态，推动产业升级的经验。③ 文化与科技耦合的模式、重点领域和路径。邹龙妹（2013）提出伴随共生、文化主导、科技催生等模式。黄华（2010）认为创意产业是现代科技运用于文化的重要载体。余菲菲（2012）认为，文化与科技的融合不仅体现在产业层面，还体现在资源与企业层面。刘洋（2013）认为需建立系统的政策驱动机制、健康有序的产权保护机制与互动机制等四种机制。刘学华（2012）通过要素耦合互动模型分析，提出要打破文化与科技的边界，强调要素的互动融合。

关于科技创新对产业升级的研究。国内外诸多文献探讨了创新和产业升级两者间的理论关系。熊彼特在《经济发展理论》一书中提出“创新理论”，强调了生产技术的革新和生产方法的变革在经济发展中的至高无上的作用。有关技术创新与产业升级关系的实证研究，近年来国内学者利用省级面板数据和企业水平数据实证检验技术创新对产业升级的正向影响。

关于科技和文化产业融合对产业升级的研究。李焕（2019）认为，文化与科技融合发展的历史演进表明，文化与科技的发展是同根同源、耦合互动式发展的，文化要素与科技要素的耦合互动、融合发展是文化产业发展的动力，文化与科技深度融合的本质在于要素集聚互动。陈鑫、张苏缘（2019）构建文化与科技融合指标体系，从融合发展基础、融合发展环境与融合发展能力三个一级指标出发，综合评价得出文化科技融合发展综合指数，发现江苏省文化与科技融合不断加深。

综上所述，国内外学者在文化与科技融合方面已做了大量研究。而从文化与科技融合视角切入系统去探讨欠发达地区如何实现文化产业发展的现实问题的研究成果较少。因此，本文在前人研究成果的基础上，试图在文化科技融合视域下，具体分析欠发达地区实现文化产业的发展优势、现实短板以及面临的挑战，从而科学地提出推动欠发达地区文化产业“弯道超车”的建议对策。

三、文化科技融合视域下文化产业发展的特点与趋势

云计算、大数据、物联网、人工智能、区块链、5G 等新科技在文化产业中的运用，深刻改变了人们获取知识、传递信息、鉴赏文化的通道，推动文化创作生产传播方式发生深刻变革，给文化产业带来了颠覆性的影响。从舞美设计到文物保护，从

互联网在线直播到博物馆数字化展陈，科技和文化的交融日益广泛和深入，二者的融合走向深度化、广度化。基于当前文化科技融合发展新趋势的研判，2017 年 5 月，科技部印发的《"十三五"现代服务业科技创新专项规划》中重点领域新增"推进文化与科技深度融合发展"部分。而在《"十三五"时期文化发展改革规划》中，文化科技融合的关键词也频频出现。中国人民大学创意产业技术研究院副院长宋洋洋认为，文化科技创新已成为我国经济实现"弯道超车"的新引擎之一。文化科技融合背景下我国文化产业发展总体表现出以下特征与趋势：

一是文化经济总量不断增长，文化产业对经济的贡献率不断提升。2018 年我国文化产业实现增加值 38 737 亿元，比 2004 年增长 10.3 倍；2005—2018 年文化产业增加值年均增长 18.9%，高于同期 GDP 现价年均增速 6.9 个百分点。文化产业增加值占 GDP 比重由 2004 年的 2.15%、2012 年的 2.36%提高到 2018 年的 4.3%，在国民经济中占比逐年提高。从对经济增长的贡献看，2004—2012 年间，文化产业对 GDP 增量的年平均贡献率为 3.9%，2013—2018 年进一步提高到 5.5%。在我国实体经济遭遇寒冬的形势下，文化产业增加值仍保持了两位数的高速发展，GDP 占比逐年提高。这充分展示了文化产业逆经济周期增长的特性和规律。据统计，2018 年全国规模以上文化及相关产业 6 万家企业实现营业收入达到 8.93 万亿元人民币，同比增长 8.2%，文化及相关产业 9 个行业中新闻信息服务、创业设计服务、文化传播渠道 3 个行业增速超过 10%。

二是新产品、新业态、新模式持续涌现，产业发展动能充足。文化生产、传播、消费的数字化、网络化进程加快，数字内容、动漫游戏、视频直播、视听载体、手机出版等基于互联网和移动互联网的新兴文化业态蓬勃发展。数字产业发展迅速，成为我国文化产业的新风口。据数据显示，2018 年我国动漫产业总产值突破 1 700 亿元。2018 年，中国网络视听行业在用户规模、内容创作、产业发展、技术应用等方面继续保持较快发展，网络视频用户规模已达 6.09 亿，占网民总数 76%，短视频应用的用户规模和使用时长呈爆发式增长态势，成为中国网络视听市场的新生"主力军"。网络视听已占据互联网数据访问总流量的 80%以上，在新兴的文化业态和文化消费模式当中影响力持续扩大。2018 年全国网络文学用户规模超过 4.3 亿，网络视频用户规模超过 6.1 亿。从在线视频行业近三年数据可看出，广告收入基本持平，内容付费占比逐年上升，付费用户比例达到 50%，同比增长 23.8%。预计网络视频内容的市场规模将达到 2 016.8 亿。数字文化产业在发展中逐渐形成了内容短、视频化、更新快的"短频快"特征。2016 年 12 月，国务院发布《"十三五"

国家战略性新兴产业发展规划》，首次将数字创意产业纳入其中，成为与新一代信息技术、生物、高端制造、绿色低碳产业并列的"十三五"时期我国战略性新兴产业发展的五大支柱之一。其中，新技术的运用也在不断拓展数字文化产业的边界，成为文化发展新动能。

三是文化产业结构不断优化，与"互联网＋"相关的行业，增速远超其他行业。据国家统计局对全国规模以上文化及相关产业6.0万家企业调查，2018年，上述企业实现营业收入89 257亿元，比上年增长8.2%(按可比口径计算)。数据显示，从产业类型看，2018年文化制造业营业收入38 074亿元，比上年增长4.0%；文化批发和零售业16 728亿元，增长4.5%；文化服务业34 454亿元，增长15.4%。从行业类别看，文化及相关产业9个行业中，有7个行业的营业收入实现增长。其中，增速超过10%的行业有3个，分别是：新闻信息服务营业收入8 099亿元，比上年增长24.0%；创意设计服务11 069亿元，增长16.5%；文化传播渠道10 193亿元，增长12.0%。增速为负的行业有2个，分别是：文化娱乐休闲服务1 489亿元，下降1.9%；文化投资运营412亿元，下降0.2%。数据显示，2019年前三季度，文化新业态特征较为明显的16个行业小类，实现营业收入15 324亿元，比上年同期增长21.3%。其中，互联网其他信息服务、互联网广告服务、用户可穿戴智能文化设备和虚拟现实设备等行业营业收入的增速更在30%以上。互联网信息服务等互联网新业态发展势头强劲，行业营业收入增速30%以上，与互联网相融合的文化核心领域产业地位日益凸显。文化产业内部的14个不同类型行业发展仍处于分化阶段，电竞产业还处在遍地开花阶段，尚未出现地理上的集中趋势。但传统文化产业，如电影产业在中国已经出现了地理集聚趋势。

四是文化产业发展的空间集群格局不断优化，区域增速呈版块化差异发展。中西部地区文化及相关产业企业发展表现突出，2018年，中部和西部地区文化及相关产业企业营业收入分别增长9.4%和13.8%，均高于东部地区6.7%的增长水平，西部地区更是达到2倍以上，中西部地区占全国比重稳步上升。在营业收入增速超过全国平均水平的11个省份中，西部地区重庆(11.8%)、内蒙古(17.8%)、广西(18.4%)、甘肃(19.7%)、四川(20.8%)和陕西(23.6%)6省异军突起，中部地区的江西(15.0%)、湖北(14.2%)和河南(13.0%)3省也抢占了一席之地，而东部地区数量较少，仅有2个省份。中西部地区文化产业发展步伐加快，正在逐步改善文化产业区域发展不平衡状态。

四、文化与科技融合推动文化产业升级的逻辑机理

科技创新对经济社会发展存在巨大推动能量，近年来中国发展的实践已证明科技创新是中国经济发展的最重要的推动力。在文化产业领域，文化与科技的融合促进了文化产业创新发展，为实现我国文化产业高质量发展提供直接动力。“文化＋科技”的模式，为文化产业转型和多业态融合提供了更多的可能。特别是“互联网＋”向社会各领域、多角度的融合与漫延，从一、二、三各个产业细分领域来看，文化产业与互联网的融合程度之深、伴生业态之丰富是其他产业所无法企及的；从文化产业的角度来看，文化创意的集群化、产品制造的智能化、传播的跨平台化都已经远远超出其他产业。文化产业发展的三个层次可以归纳为三类，第一类是传统意义上的文化产业，如传统旅游业、文艺演出业、民族传统节庆和传统工艺品类；第二类是以电子与纸质印刷为基础的广播、电视、电影、新闻出版等常态文化产业；第三类是数字化、互联网等高新技术支撑下，以“创意”“创新”为核心的创意产业新业态。创意产业是传统文化产业发展的更高阶段，在此领域内的实践为人们发现、归纳、抽象出科技创新与文化产业融合推进产业升级的理论逻辑创造了现实空间。新科技融合下的文化产业升级换代主要体现在以下四个方面：

一是催生新的文化产业业态。信息化和数字化给文化产品表现形式带来了更多的可能性与灵感，声音、形象、光影、时间等不同的元素在文化产品创作实践中被广泛应用。新科技改变着出版业的外在形态，出版企业纷纷运用AR、VR技术尝试AR图书的生产与制作，并尝试采用人工智能技术改变出版发行业的内容生产、流程管理、发行传播等过程。大屏幕展示、电子翻书、互动投影、3D投影、数字海报等技术手段，使得文化产品以图文为主向以视频为主转变，从单向传播向互动传播转变，从PC单终端向PC、手机、IP电视、车载电视多终端转变。2016年下半年，一则名为“穿越故宫来看你”的H5短视频在互联网出现，该视频一经发布就刷爆朋友圈、引爆互联网。该产品以代表北京文化的“超级IP”形象故宫及相关传统文化内容为原型，尝试用科技活化传统文化，通过NEXT IDEA与腾讯优势业务合作，以传统文化与互联网跨界混搭，探索了传统文化IP的活化模式。形式的创新和内容的跨界呈现崭新的故宫形象，产生较大的经济效益，助推故宫博物院成为博物馆行业的领先者。

二是变革新的文化产业发展模式。目前，学界对文化产业发展的模式尚未有统一的标准。文化产业发展模式就是文化资源的独特配置方式，不同的配置方式

会形成不同的配置特点，从而产生不同的配置效果。新科技融入文化产业，“科技＋文化”的重点领域是数字文化产业，新科技的融合导致数字文化产业的高速发展，人才、资金等生产要素向数字文化产业流动，产生新的文化产业发展模式。在新技术的引领下，在出版领域，近年来电子出版物的消费远远高于传统书籍，亚马逊、谷歌等对消费者的购买行为进行大数据分析，通过分析了解读者的偏好，定制他们喜爱的出版商品。甚至作者也可以通过对作品的预测分析读者的偏好来修改完善作品，以求书籍更为畅销，而出版商通过大数据对纸质书的出版与发行地点进行预测。互联网推动文化产业可以最快找到自己的服务群体，文化消费、文化服务的效率均得到了质的提升。业内认为，未来人工智能可能会最先渗透到内容审核、分发营销与IP评估的工作中。同时，在新的视听制播流程中，算法将会发挥重大作用，影响出资方投资/买单的逻辑，影响内容创作决策。

三是拓展和延伸文化产业价值链。文化产业价值链主要包括创意生成、产品开发与制作、商业推广、最终消费等环节。文化产品具有可共享、可复制、可重复使用的特点，新科技的使用使得多媒介传播同一创意成为可能，通过元素分离与萃取，使核心创意通过不同的媒体工具与技术工具，从不同角度进行延展和表现，形成相互促进的有机整体，从而延伸文化产业链条。传统文化产业可借助高新技术培育出许多新型业态，如演出、场馆展示和大型文化传播活动广泛采用数字影像、声光多媒体、Led显示等高清技术，出版、报业传媒等传统文化行业融合数字化技术、网络技术、移动通信技术等高新技术。

四是变革新型文化消费理念与方式。新时代我国主流文化消费者大部分是“80后”、90后，甚至00后，数字时代成长起来的青少年消费者，接受能力强、消费能力强，喜欢各种娱乐性强、体验性强、个性鲜明的消费品，对物联网、人工智能、数字追溯、3D打印、区块链等数字技术耳熟能详。新时代年轻消费群体的主体意识不断成长，理智化、体验式、个人性、可持续等新消费观念将倒逼文化产业的升级。

五、欠发达区域借助文化科技融合实现文化产业“弯道超车”的可能性分析

在中国特色社会主义进入新时代的背景下，经济社会的高质量发展成为当下的应有之义。对地方政府而言，在区域间经济、产业甚至文化竞争的激烈博弈下，寻求转型升级发展的可行之路显得尤为迫切。对于欠发达省份而言，在传统产业领域与先行一步的省份展开竞争需要资源、政策等的密集型投入，而先行省份的前

期资源投入和国家政策的产业结构设计已成为欠发达省份难以克服的障碍。然而回归到文化产业领域，文化产业发展的基础必须具备一定的经济实力和消费水平，因此经济发达的城市更适合文化产业的发展。但是，通过创意或者吸引外来投资，还可以实现在荒漠中建立娱乐之城，在国家文化产业政策尚处初代、产业结构正在大变革的初期，这使得欠发达区域在文化产业领域实现“弯道超车”成为一种可能。新科技革命有利于解决不均衡、不充分发展，不生态、不持续发展等诸多发展难题，因此欠发达地区是否能得益于文化科技融合，实现文化产业的“弯道超车”？

江西位处中国中部地区腹地，别称赣鄱大地，是江南“鱼米之乡”，古有“吴头楚尾，粤户闽庭”之称，其悠久的历史与深厚的文化底蕴为文化产业发展提供了坚实的基础，本部分以江西为例，分析其文化产业的发展优势、现实短板与面临挑战。

(一) 发展优势

一是正遇上百年难得的发展机遇，各种利好政策叠加。科技进入加速发展时代。习近平总书记在十九大报告中明确提出，到 2035 年基本实现社会主义现代化，到 2050 年前后基本建成社会主义现代化强国。这既是基于我国科技创新、经济社会发展趋势上形成的科学研判，更为主动把握新科技革命带来的重大战略机遇提出了新的更高要求。同时，我国正处于中华民族文化伟大复兴的时期，十九大报告指出：“文化自信是一个国家、一个民族发展中更基本、更深沉、更持久的力量。”“推动中华优秀传统文化创造性转化、创新性发展……更好构筑中国精神、中国价值、中国力量，为人民提供精神指引。”用前沿科技手段传承中国优秀传统文化、弘扬传统文化精髓正是对提升文化自信、建设文化强国诉求的响应，因此，2019 年 8 月，科技部、文化旅游部等六部委共同印发《关于促进文化和科技深度融合的指导意见》，明确提出到 2025 年，基本形成覆盖重点领域和关键环节的文化和科技融合创新体系，实现文化和科技深度融合。

二是江西具有深厚的传统文化底蕴与丰厚的地方文化遗产。江西作为文化大省历史悠久、名人辈出，同时其文化内涵丰富，特色鲜明，书院文化、陶瓷文化、茶叶文化、药业文化、稻作文化、造纸文化、矿业文化、风水文化、宗教文化、商帮文化等十大文化在历史上留下了深刻的印记。江西依托一篇《滕王阁序》，打造了南昌首个实景化、沉浸式、体验型的夜游演艺游园项目《滕王宴乐》，该项目以夜秀灯光为底色，以滕王和月娥的爱情故事为背景，以大唐礼邦为主轴，通过器乐、舞蹈，融合全息技术和水幕秀等时尚科技，再现大唐盛世繁荣场景，《滕王宴乐》自 2016 年 8 月 26 日推出以来，受到社会各界人士的广泛好评，并助力南昌滕王阁成功晋级国家五A级旅游景区行列。此外，“神奇海昏”展馆划分《海昏故事》VR影片体验区、海昏遗址出土文物AR演示区、海昏遗址“十大文物”拼接互动区和海昏文创产品展示区四大板块，充分运用VR、AR现代科技介绍遗址保护、遗址公园建设相关情况，展现海昏侯国灿烂的历史文化，塑造海昏侯品牌形象。通过运用虚拟现实科技，观者身临其境，体验真实、震撼而又神秘的观感。

三是政策支持力度大。江西全面贯彻落实习近平总书记关于文化产业发展的重要指示精神，紧随国家大政策，密集出台《关于加快文化强省的实施意见》《关于推动文化产业高质量跨越式发展工作方案》《关于进一步支持文化产业发展的若干意见(试行)》等政策，加快文化强省建设，推动文化产业高质量跨越式发展；提出深入实施文化强省战略，健全现代文化产业体系和市场体系，培育新型文化业态，促进各类文化市场主体发展壮大，推动全省文化产业高质量跨越式发展并成为支柱性产业；提出优化产业结构、打造产业平台、激发市场活力、加大投入力度、拓宽融资渠道、落实相关政策、强化人才支撑、完善推进机制等八大方面的意见。除了三个顶层设计的文化产业政策以外，江西还为落实《关于推动特色文化产业发展的指导意见》，制定了《关于实施“一县一品”战略发展特色文化产业的指导意见》，大力发展特色文化产业，推进文化产业供给侧改革。2017年，在10家获得第一批国家级文化产业示范园区创建资格的园区中，江西景德镇市陶溪川文创街区名列其中。2019年江西省文化体制改革专项小组印发《江西省文化产业园区认定及规范管理办法(试行)》，推动现有各类文化产业园区提质增效，提出2025年前打造10个重点省级文化产业园区的目标，对新认定的国家级和省级文化产业园区分别给予一次性奖补100万元、50万元，鼓励文化产业园区建立众创空间，对认定为省级众创空间的园区视运营情况在省级科技专项资金中给予奖励性补助，对认定为省级中小微企业“双创”基地的园区在省级工业转型升级专项资金中给予适当奖补。

四是江西文化消费市场广阔，市场空间巨大。2017年，江西全省居民人均教育文化娱乐支出1 606.8元，只有全国平均水平的77.02%，消费潜力还很大。2018年文化产业主营业务收入2 962亿元，比上年实际增长14%；文化产业增加值793亿元，比上年实际增长12%。随着人民对美好生活的向往需求越来越强烈，在江西省经济稳中向好的政策推动下，文化消费需求与市场也必将逐步上升。江西省文化产业的支柱性功能越来越突出。随着居民收入水平的持续提高以及消费观念的转变，人民群众的文化期待和文化消费需求不断升级，向往多元文化消费方式、更新的文化生活体验、更高的文化精神需求，愿意为优质文化产品付费，将倒逼文化产业供给侧升级。可以预见，随着人均 GDP 的提高，文化消费已经到了快速增长期，将为文化产业的发展提供强劲的消费拉动力。

（二）现实短板

一方面，江西省发展文化产业基础薄弱。“物华天宝、人杰地灵”的江西具有丰富的特色文化资源，但长期以来，由于观念滞后、认知偏差，这些资源一直未转化为产业优势。2018 年，江西省文化产业增加值 793 亿元，占 GDP 的比重为3.83%，文化产业距离成为地区支柱性产业还存在一定差距；江西现有大型文化企业较少，龙头企业偏少，出版发行业一枝独秀，十年间，入围“中国文化企业 30 强”的企业总计 77 家，虽然江西出版集团年年入选，但十届评选江西仅此一家入选。[①] 文创园区较少，有技术实力、艺术创意能力及丰富的 IP 资源储备等核心要素的企业较少。江西省主营业务收入超 10 亿元的文化企业 19 家，其中超 20 亿元的有 4 家。中小企业活力有待增强，2017 年，江西省“三下”文化企业平均主营业务收入为 256.2 万元，低于全国 263.6 万元的平均水平。江西省文化企业单位数由 2015 年的 16 030 个增加至 2017 年的 29 253 个，增幅达 82.49%。文化服务业作为文化产业快速增长的引擎，规模以上文化服务业企业虽然增长迅速，但 2017 年，营业收入仅为三上企业营业收入的 15.66%，远远小于全国 32.48%的平均值。2017 年，全国规模以上文化企业营业收入中，制造业、批零业、服务业营业收入比例分别为 47.48%、20.04%、32.48%。

另一方面，文化与科技融合有待深化。一是文化与科技融合平台欠缺。按照《关于促进文化和科技深度融合的指导意见》要求，到 2025 年建成 100 家左右特色鲜明、示范性强、管理规范、配套完善的国家文化和科技融合示范基地，而截至 2019 年 3 月江西仅有 1 家。二是文化科技类企业较少。江西文化产品生产服务、文化传播信息、文化装备等领域关键共性技术缺乏，兼具规模、品牌、活力的文化科技企业偏少，缺少一批如腾讯游戏、哔哩哔哩、喜马拉雅 FM 等企业的网络游戏巨头、网络视频“独角兽”和网络音频“新星”。

（三）面临挑战

各省都在密集出台各项措施推动文化产业的高质量发展。发达地区利用先发优势，巩固提升文化影响力和产业支撑力，形成了“马太效应”。相对来说，人才、资金、政策的支持力度相对较大。例如，2017 年广东的文化产业增加值达到 4 800 亿

① 《江西文化产业发展报告(2019)》。

元，占 GDP 的 5.37%，文化产业已经成为广东省支柱性产业。广东重视文化产业的多领域发展，其数字出版产值占全国的 20%，动漫业产值占全国三成，游戏业收入占全国七成，网络音乐产值占全国近八成。同时广东省文化厅结合本省实际发展情况起草《广东省关于加快文化产业发展的若干政策意见（征求意见稿）》，着力实施创新驱动发展战略，健全现代文化产业体系和文化市场体系，培育新型文化业态，加快建设文化强省，推动本省文化产业高质量发展走在全国前列。

六、发展建议

工业化步入中后期阶段，欠发达地区的文化产业发展之路应立足新时代，以习近平新时代中国特色社会主义思想为指导，在文化产业的行政体制、政策机制、发展模式和产业集群等方面探索推进，建立文化与科技的深度融合良性耦合机制，实现 1+1>2 的良性发展。

一是理顺文化产业的行政管理体制。文化与旅游部门的合并，为文旅深度融合提供服务和保障。未来，可考虑科技与文化的管理部门职能的合并、新设等，以便于形成对创新创业最便利的商事主体管理规制，使之成为未来技术和产业国际规制的重要策源地之一。

二是完善文化产业的相关政策机制。不断完善对文化产业园区、文化企业的支持、文化创意人才的培育、文化产业基金、文创产品的培育等专项政策；积极推进政策创新，对科技创新、文化创业中涌现出的大量新技术、新业态、新模式给予最大程度的包容尊重；定期系统梳理现有法律法规和政策条文，建立各类法律和政策的创新绩效评价制度；设立由省级财政出资或宣传文化单位发起、市场化运营的文化产业投资基金或引导基金，对有核心、有技术实力、有丰富 IP 资源的文化企业予以各类扶持。

三是扩宽文化产业的发展模式。将文化产业平台化，以平台优势吸引其他产业人才、资金、思想的汇入，可依托江西出版集团等实力强劲的企业平台，成立文化传媒集团，实现信息互通、资源共享，带动其他中小微文化企业发展。

四是打造文化创意城市名片。集中力量打造省内文化城市名片，如南昌 VR 之都、景德镇创意陶艺名片等，形成诸如北京历史文化遗产名片、上海文化创意产业名片、天津的曲艺和民俗文化名片、武汉音乐城市名片等耳熟能详的文化创意类城市名片。

参考文献

[1] 杨光,于秀艳.文化和科技融合对山东省文化产业转型升级影响及对策研究[J].科技与创新,2018(8).

[2] 郑自立.文化科技融合助推文化产业高质量发展的机理与策略[J].当代经济管理,2019(2).

[3] 文化科技创新成为我国弯道超车新引擎[N].科技日报,2019-10-28.

[4] 李慧.7.6%:文化产业扮靓多彩生活[N].光明日报,2019-11-29.

[5] 李慧.文化产业如何面对大数据时代[N].光明日报,2018-6-6.

[6] 金元浦.我国当前文化创意产业发展的新形态、新趋势与新问题[J].中国人民大学学报,2016(4).

[7] 顾江,郭新茹.科技创新背景下我国文化产业升级路径选择[J].东岳论丛,2010(7).

[8] 李焕.文化与科技深度融合机理:要素集聚视角的分析[J].陕西行政学院学报,2019(3).

[9] 陈鑫,张苏缘.文化与科技融合背景下江苏文化产业结构升级与路径选择[J].文化产业研究,2019(3).

[10] 以融合创新助推高质量发展——盘点2018年文化产业发展新趋势[EB/0L].新华网,https://baijiahao.baidu.com/s?id=1621871546584185317,2019-06-28.

[11] 郭新茹,潘卓."文化耦合科技"的国际经验分析[J].金陵科技学院学报:社会科学版,2017(6).

[12] 陈少峰,张立峰.文化产业商业模式[M].北京:北京大学出版社,2018.

[13] 郭建晖,梁勇.江西文化产业发展报告(2019)[M].南昌:江西人民出版社,2019.

作者简介

薛华,江西赣州人,江西省社会科学院副研究员。研究方向为文化产业政策。

Research on the Strategy for "Corner Overtaking" of Cultural Industry in Less-developed Regions from the Perspective of Culture and Technology Integration —Case Study of Jiangxi Province

Xue Hua

Abstract: This paper firstly analyzes the characteristics and trend of cultural industry development from the perspective of culture and technology integration, then deeply discusses the motive force and logic mechanism for the culture and technology integration to promote the cultural industry upgrading, and finally analyzes the possibility for the cultural industry in less-developed regions to realize "corner overtaking" with Jiangxi as an example and brings forward countermeasures and suggestions. The main conclusions of the research are: ① the motive force and logic mechanism for the culture and technology integration to promote the cultural industry upgrading are to produce new business forms of cultural industry, reform new development models of cultural industry, expand and extend the value chain of cultural industry, and reform new concepts and methods of cultural consumption; ② straightening out the administrative management system of cultural industry, improving relevant policy mechanism of cultural industry, widening the development model of cultural industry, and creating the name card of cultural creative city are the four countermeasures for realizing "corner overtaking" of cultural industry in less-developed regions.

Key words: Culture and Technology Integration; Less-developed Region; Cultural Industry; "Corner Overtaking"

文化产业发展对经济增长全要素生产率的影响研究*

孙红旭　周　圆

摘　要:本文利用 2004—2016 年我国大陆地区 30 个省级行政单位的面板数据,以文化产业内生驱动和外生驱动因素衡量文化产业发展,用 DEA-Malmquist 指数法测算各省经济增长全要素生产率,研究文化产业发展对经济增长全要素生产率的影响。实证检验结果发现,文化产业外生驱动因素会对全要素生产率产生显著的负向影响,而文化产业内生驱动能够显著促进全要素生产率提升。与对全要素生产率的影响类似,文化产业外生驱动对经济增长的影响显著为负,内生驱动的影响显著为正,且内生驱动的影响系数大于外生驱动影响系数的绝对值,总体上仍然能够推动经济增长。随着文化产业发展,文化产业内生驱动对经济增长及其全要素生产率的影响逐渐减弱,而文化产业外生驱动对经济增长及其全要素生产率的影响逐步增强。

关键词:文化产业　文化资本　经济增长　全要素生产率

一、引　言

文化产业具有人力资本积累、技术创新、知识外部性等优势,它们决定了文化产业必然成为经济增长的新支点(施卫东和卫晓星,2013)。近年来,我国文化产业投融资体系建设和文化资源开发逐步规范化,文化贸易繁荣,文化市场空前活跃,文化产业已经改变了中国文化和经济的面貌,并强烈参与了中国社会的现代转型(Shan, 2014)。国家统计局发布的数据显示,2017 年我国文化及相关产业增加值为 34 722 亿元,按现价计算(下同),比 2016 年增长 12.8%,占 GDP 的比重为

* 本文系江苏省决策咨询研究基地:江苏文化产业研究基地课题“十四五时期江苏培育文化消费新增长报酬的策略路径与制度保障研究”的阶段性成果。

4.2%，比同期 GDP 名义增速高 1.6 个百分点。文化及相关产业增加值保持平稳快速增长，占 GDP 比重稳步上升，在加快新旧动能转换、推动经济高质量发展中发挥了积极作用。①

文化产业对经济增长的影响主要有直接和间接两个方面。直接来看，文化产业增加值的上升会促进经济总量的增长；间接而言，文化产业发展所带来的产业结构优化升级、人力资本积累等因素也对经济增长有着重要的贡献(蔡旺春，2010；施卫东和卫晓星，2013；杜传忠，2014；张炜和姚海棠，2014)。相较于工业化社会的经济增长，经济与文化共生演进导致增长方式的转变，由主要依赖物质资源投入转变为主要依赖智力和文化资源投入(陈宪和韩太祥，2008)，即文化资本的投入。而要运用文化资本必先形成文化资本，而要形成文化资本必须实现文化和资本的融合(内在结合)，使“文化产业化、产业文化化”(李祝平和宋德勇，2007)。

文化资本的投入是提升经济增长全要素生产率的重要途径。我国经济增长正处于由传统的要素驱动向创新驱动的转型升级过程中，全要素生产率的提升是重中之重。索洛模型假设技术进步是外生的，技术进步成为全要素生产率的主要构成，经济达到稳态后的人均产出增长只取决于技术进步。与索洛模型不同，内生增长模型放弃了资本收益递减的假设，主要是因为对资本 K 做出更加广义的解释，认为可以把知识也看作一种资本，使得储蓄和投资也能促进经济长期持续增长。文化资本可看作知识资本的一部分，经济的长期持续增长依赖于效率的提高，从而文化资本的积累可以提高经济增长全要素生产率。全要素生产率是由技术创新以及知识资本等一系列因素决定的，文化产业的发展内在包含了创新创意以及知识资本的积累，理应对经济增长全要素生产率的提升有着一定的促进作用。本文基于我国省域文化产业发展情况，运用 DEA 方法测算省域经济增长全要素生产率，实证检验文化产业的发展与经济增长全要素生产率之间的关系。

二、文献回顾与理论假说

当今世界已步入知识经济时代，经济增长的主要推动力量逐步转向文化因素以及人的创造力，内在地催生了文化创意产业的繁荣发展，也逐渐改变了经济的增长模式(厉无畏，王慧敏，2006)。经济和文化的加速融合正在现代生活中发生，给城市和地区经济发展带来了新的面貌，并为政策制定者提供了提高当地收入、就业

① 资料来源：http://www.stats.gov.cn/tjsj/zxfb/201810/t20181010_1626867.html。

和社会福利水平的新机会(Scott, 2005)。文化产业既是新兴动能成长的“加速器”,又是新旧动能转换的“稳定器”,对经济领域重塑新动力体系具有特殊启发意义(齐骥,2017)。Power(2002)给出了大量数据分析的结果,发现文化产业对瑞典经济和劳动力市场做出了重要贡献。王林和顾江(2009)对长三角地区 14 个城市的实证研究表明,即使在准入门槛较高的情况下,文化产业的发展对长三角地区的经济增长也产生了显著的促进作用。向勇和喻文益(2011)从理论角度出发,从全要素生产率的视角探讨了文化创意产业发展与经济增长的关系,认为文化创意的发展能够内生地促进全要素生产率的进步,带动技术创新与组织创新的联动,但缺乏进一步的实证支持。

对于文化产业发展促进经济增长的路径而言,许多学者做了有益的探索。部分学者研究认为,文化产业集聚能够产生规模效应,带来分工的专业化和知识创意的溢出,从而推进经济增长。文化产业对区域经济的溢出效应主要体现为技术诱导效应、文化生态效应和产业融合效应等三个方面(邢亚彬和许长新,2013)。刘立云和雷宏振(2012)的实证研究表明陕西文化产业集聚能够促进经济增长,他还运用 ISM(解释结构模型)模型进一步解释了文化产业集聚与经济增长的关系。曹清峰等(2014)利用中国 31 个省份的面板数据研究发现,文化产业集聚存在明显的区域差异和空间相关性,文化产业集聚对区域经济增长存在显著的推动作用。杨卫武和毛润泽(2015)研究表明,文化产业集聚对经济增长有明显的正向作用,且文化产业集聚对经济增长的贡献率存在着比较大的地区差异。

文化产业具有较强的关联和扩散效应,从而推动了经济结构转型升级及长期增长。蔡旺春(2010)基于投入产出模型的实证分析认为,文化产业的扩散效应可以优化产业结构,从而显著推动中国经济增长。邢亚彬和许长新(2013)基于技术效率视角,实证分析文化产业投资对江苏区域经济的溢出效应,发现单位地方文化财政支出创造的 GDP 与单位财政总支出的地方文化财政支出均与技术效率正相关,而且,后者对技术效率的影响更为显著。王洪涛(2014)研究表明,文化产业发展对广西经济增长产生了较为显著的促进作用,其产业的关联效应和波及效应总体较强,能够有效促进广西产业结构的优化和升级。薛飏(2016)研究发现,文化产业投入和产出规模扩张对地区生产总值和人均国民生产总值增长具有显著的促进作用,两者间的交互效应会加大其对经济发展的推动力,文化产业还可以通过带动旅游业和整个第三产业发展来促进地区经济增长。袁连升和傅鹏(2018)研究认为文化产业发展对 GDP 和人均 GDP 均有显著的促进作用,并体现出加速效应。

假说 1:文化产业发展可以促进经济增长。

文化产业发展除了能够直接作用于经济增长,还能够通过文化资本的积累提高经济发展水平。文化资本是能为人们带来持续收益的特定价值观体系,它是决定经济增长的一种关键性生产要素和最终解释变量(高波和张志鹏,2004)。文化产业发展在提高人力资本水平方面具有外部性,文化资本投入能够推动文化产业及地区经济增长(周莉,2015)。关于文化资本促进经济增长的路径,陈宪和韩太祥(2008)从三个方面进行了理论分析,首先在生产率方面,文化要素通过影响企业家职业选择、企业管理者选择机制,影响企业层次生产率,进而影响总生产率和经济增长;其次,文化作为知识资产,构成总生产函数的重要组成部分,从而决定了经济增长率和增长路径;另外,经济和文化的共生将转变经济增长方式和经济竞争方式。王云等(2012)实证结果表明,我国省级文化资本存量间存在着显著的正向空间相关性,考虑空间相关性因素之后,文化资本每增长 1%,可以促进 GDP 增长 0.379%。李娟伟等(2016)研究发现,儒教伦理文化资本和商业精神文化资本可以通过人力资本、组织效率以及市场效率等途径,成为促进中国经济增长效率提高的有利因素。秦琳贵和王青(2017)认为文化消费通过影响人力资本积累间接促进经济增长,经济增长与文化消费的长期均衡关系具有很强的误差修正效应,当经济增长受到外部冲击产生变化时,能够以比较快的调整速度自动回归到长期的均衡状态;从长期来看,文化消费对经济增长的促进效应更强。靳涛和林海燕(2018)通过宏观的两部门增长模型研究表明,文化资本对经济增长的作用不一定总是正的,这取决于溢出效应和替代效应的大小,且这两种效应随着文化资本积累及经济发展阶段的不同,呈现交替变化的态势。

假说 2:全要素生产率的提升主要是依靠技术进步以及知识资本积累,而文化产业发展所带来的创意创新与人力资本积累契合全要素生产率提升的必要条件,本文认为文化产业的发展会带来全要素生产率的提升。

通过对相关文献梳理发现,文化产业发展能够通过产业集聚效应、知识创意溢出及其较强关联性和融合性推动区域经济增长,尤其是文化产业发展过程中的文化资本积累更是有助于推动全要素生产率的提升和经济长期增长。关于文化产业推动经济增长的理论和实证文献已有很多,但是关于文化产业对全要素生产率影响的相关文献较少,向勇和喻文益(2011)从理论角度出发探讨了文化产业发展对全要素生产率的推动作用,但缺乏进一步的实证支持,本文在其基础上,从实证层面对文化产业发展与经济增长全要素生产率之间的关系展开研究。

三、模型构建与数据选取

(一) 模型构建

对于如何衡量文化产业发展,并没有统一的指标。文化产业增加值能够很好地反映文化产业的发展情况,是一个比较理想的指标,但是其关于省域文化产业增加值的数据统计存在着一定的问题,获取困难。《中国文化统计年鉴》公布了 1996 年至 2009 年之间的各省份文化产业增加值情况,但此后便不再发布。《中国文化及相关产业统计年鉴》公布了我国 2004 年至 2016 年的总体文化产业增加情况,但是省域文化产业增加值只有最新发布的 2015 年和 2016 年的数据。另外,虽然部分省份会公布各自的文化产业增加值情况,但由于统计口径存在较大的差别,数据不具有可比性。所以,文化产业增加值虽然是较为理想的指标,但是由于数据获取较为困难,只能退而求其次,从其他角度来衡量文化产业发展。文化产业固定资产投资以及文化消费分别作为文化产业发展的“外生”和“内生”驱动力量,共同推动了文化产业的发展,且两者的数据统计较为全面,基于此,本文把文化产业固定资产投资以及文化消费两个方面作为文化产业发展的衡量指标,来检验其对经济增长全要素生产率的影响。首先是模型一,以全要素生产率作为被解释变量:

$$tfp_{i,t}=\alpha_{1,0}+\alpha_{1,1}lncfix_{i,t}+\alpha_{1,2}lnconsume_{i,t}+\alpha_{1,3}edu+\alpha_{1,4}patent_{i,t}+\alpha_{1,5}inter_{i,t}+\alpha_{1,6}elec_{i,t}+\alpha_{1,7}str_{i,t}+\alpha_{1,8}urb_{i,t}+\alpha_{1,9}lab_{i,t}+\alpha_{1,10}capital_{i,t}+\alpha_{1,11}lnfdi_{i,t}+\varepsilon_{1,i,t} \quad (1)$$

其中,tfp 为全要素生产率,$lncfix$ 表示人均文化产业固定资产投资的对数,$lnconsume$ 为居民人均文化消费的对数,edu 表示教育水平,$patent$ 为研发水平,$inter$ 表示网络设施水平,$elec$ 为电力消费水平,str 表示产业结构,urb 是城镇化水平,lab 为劳动力参与率,$capital$ 表示人均资本存量,$lnfdi$ 是外商直接投资的对数,ε 为误差项。下同。

对文化产业发展全要素生产率的影响不同于对经济增长水平的影响,在对全要素生产率进行检验之后,进而对经济增长进行检验。模型二以经济增长作为被解释变量,检验文化产业发展对其影响。

$$lngdp_{i,t}=\alpha_{2,0}+\alpha_{2,1}lncfix_{i,t}+\alpha_{2,2}lnconsume_{i,t}+\alpha_{2,3}edu+\alpha_{2,4}patent_{i,t}+\alpha_{2,5}inter_{i,t}+\alpha_{2,6}elec_{i,t}+\alpha_{2,7}str_{i,t}+\alpha_{2,8}urb_{i,t}+\alpha_{2,9}lab_{i,t}+\alpha_{2,10}capital_{i,t}+\alpha_{2,11}lnfdi_{i,t}+\varepsilon_{2,i,t} \quad (2)$$

其中,$lngdp$ 表示各省国民生产总值的对数,其他同模型一。

（二）变量说明

本文样本数据涉及 2004 年至 2016 年我国 30 个省级行政单位（港澳台及西藏除外），数据来源于国家统计局官方网站、《文化及相关产业统计年鉴》以及各省统计年鉴。

1. 被解释变量

① 全要素生产率（tfp）。本文借鉴张军等（2004）以及李健和盘宇章（2017）的方法，用 DEA-Malmquist 指数法测算省际全要素生产率，主要涉及以下数据：一是各省实际产出。本文采用 2004—2016 年各省地区生产总值，并以 2004 年为基期，使用地区生产总值指数进行平减，得出各省实际生产总值。二是资本投入。使用永续盘存法计算各省资本存量来衡量资本投入。永续盘存法：$K_{it}=K_{it-1}(1-\delta_{it})+I_{it}$，其中，$i$ 指地区，t 指时间，K 为资本存量，I 是指投资，δ 为折旧率。首先以 2004 年为基期，用固定资产投资指数计算各省实际固定资产投资额；其次采用基期的固定资产投资总额除以 10%以作为初始资本存量，并将资本折旧率 δ 设置为 9.6%；最后根据永续盘存法进行各省资本存量的计算。三是劳动投入。以各省就业人数来衡量。② 经济增长（gdp）。以各省实际生产总值来表示。

2. 核心解释变量

① 文化产业外生驱动：人均文化产业固定资产投资（$cfix$）。以文化、体育和娱乐业全社会固定资产投资与年末常住总人口之比来表示，并且以 2004 年为基期，用固定资产投资价格指数进行平减。② 文化产业内生驱动：人均文化消费（$consume$）。以城镇居民人均教育文化娱乐服务支出乘以城镇人口加上农村居民人均教育文化娱乐服务乘以农村人口，然后除以总人口，并且以 2004 年为基期，用娱乐教育文化类居民消费价格指数来平减。文化消费通过对教育和文化娱乐服务的消费，可以促进个人文化资本的积累，从而提升整个社会的文化资本水平，促进经济增长全要素生产率提升。

3. 控制变量

① 教育水平（edu）用每百人普通高等学校在校学生人数表示。② 研发水平（$patent$）以每千人国内专利申请受理量来衡量。③ 网络设施（$internet$）用互联网上网人数比例表示。④ 电力消费（$elec$）以人均年度电力消费量（万千瓦时）衡量。⑤ 产业结构（str）用第三产业增加值在地区国民生产总值中的占比来表示。⑥ 城镇化水平（urb）用地区城镇人口数在年末常住人口中的比例来表示。⑦ 劳动力参与率（lab）以各地区就业人数与年末常住总人口之比来衡量。⑧ 人均资本存量

(*capital*)用地区资本存量与年末常住总人口之比来表示。⑨ 外商直接投资(*fdi*)以外商企业投资总额来表示。

表1　描述性统计

variable	变量	均值	方差	最小值	最大值
tfpch	全要素生产率	1.430	0.370	0.740	2.590
lngdp	国民生产总值	9.230	1.010	6.140	11.37
effch	技术效率	0.890	0.170	0.420	1.300
techch	技术进步	1.640	0.340	1	2.400
lncfix	人均文化产业固定资产投资	7.930	0.940	5.830	10.24
lnconsume	人均文化消费	6.880	0.590	5.730	8.390
str	产业结构	0.410	0.080 0	0.280	0.750
urb	城镇化	0.520	0.140	0.260	0.900
elec	电力消费	0.350	0.230	0.080 0	1.310
internet	网络设施	0.320	0.190	0.030 0	0.780
edu	教育水平	1.670	0.620	0.460	3.570
patent	研发水平	0.530	0.790	0.010 0	4.630
lab	劳动力参与率	0.560	0.090 0	0.290	0.800
capital	人均资本存量	1.370	1.690	0.230	16.19
lnfdi	外商直接投资	5.920	1.430	1.950	9.080

四、实证检验结果分析

本样本为“大N小T”型面板数据，首先对本文自变量进行多重共线性检验，经Pearson相关系数矩阵检验可以看出，其中最大值为0.871，另外经过方差膨胀因子(VIF)检验，最大值为8.48，可认为不存在严重的多重共线性问题。然后进行hansman检验，采用固定效应模型进行回归。

表 2　Pearson 相关系数检验

	lncfix	lnconsume	str	urb	elec	internet	edu	patent	lab	capital	lnfdi
lncfix	1										
lnconsume	0.599***	1									
str	0.589***	0.575***	1								
urb	0.670***	0.837***	0.665***	1							
elec	0.650***	0.468***	0.176***	0.386***	1						
internet	0.583***	0.871***	0.470***	0.690***	0.533***	1					
edu	0.492***	0.695***	0.481***	0.757***	0.129**	0.589***	1				
patent	0.370***	0.721***	0.566***	0.667***	0.301***	0.684***	0.467***	1			
lab	−0.186***	0.204***	−0.0400	−0.00400	0.0120	0.187***	0.139***	0.230***	1		
capital	0.455***	0.479***	0.252***	0.532***	0.330***	0.489***	0.580***	0.414***	0.097*	1	
lnfdi	0.085*	0.723***	0.325***	0.695***	0.0480	0.574***	0.555***	0.656***	0.311***	0.323***	1

注：***、**、*分别表示在1%、5%、10%的水平下显著。

(一) 全要素生产率检验

先检验文化产业发展对全要素生产率的影响，检验结果见表 3。由检验结果可知，文化产业固定资产投资对全要素生产率的影响显著为负，作为文化产业发展的“外生动力”，文化产业的固定资产投资可能对文化产业增加值以及地区国民生产总值等数量方面的增长具有一定的促进作用，但由于文化产业固定资产投资更偏重对社会效益的追求，且投资过程中存在的热钱涌入及重复建设，导致资源错配以及生产率损失。虽然文化产业固定资产投资不利于全要素生产率的提升，但这并不意味着我们不应该加大文化产业固定资产投资力度，以致“因噎废食”，而应该合理配置文化产业固定资产投资资源，提升其生产率。文化消费对经济增长全要素生产率的提升有着显著的促进作用，文化消费能够提升个人的教育水平和文化素养，提升个人的人力资本水平，从而有利于整个社会的文化资本积累，提升经济增长的全要素生产率水平。此外，教育水平的提高也能够提升经济增长全要素生产，作为知识资本积累的重要方式，其对全要素生产率的提升效应毋庸置疑。社会研发水平的提高也能够显著促进经济增长全要素生产率，研发水平的提高意味着社会的技术进步，而技术进步是提升全要素生产率的重要举措。电力消费水平的提高以及上网人数的增加都对经济增长全要素生产率有显著的正向影响，作为创新设施的资本投入，两者都有助于促进社会创新水平和技术进步，从而提高全要素生产率。

表 3 全要素生产率检验

	tfpch		effch		techch	
	(1)	(2)	(3)	(4)	(5)	(6)
lncfix	−1.881*** (0.39)	−1.551*** (0.38)	−0.537*** (0.15)	−0.470*** (0.15)	−0.849*** (0.24)	−0.550** (0.25)
lnconsume	1.129*** (0.41)	1.058*** (0.39)	0.251 (0.16)	0.271* (0.15)	0.637** (0.26)	0.447* (0.26)
elec	0.907*** (0.12)	0.940*** (0.11)	0.273*** (0.04)	0.270*** (0.04)	0.380*** (0.07)	0.443*** (0.07)
internet	1.021*** (0.22)	1.066*** (0.21)	−0.0820 (0.08)	−0.0860 (0.08)	1.267*** (0.14)	1.353*** (0.13)
edu	0.313*** (0.07)	0.442*** (0.08)	−0.00100 (0.03)	0.0310 (0.03)	0.294*** (0.05)	0.387*** (0.05)
patent	0.086*** (0.03)	0.150*** (0.03)	0.027** (0.01)	0.049*** (0.01)	0.0260 (0.02)	0.051*** (0.02)
lab	−1.429*** (0.42)	−1.726*** (0.41)	−0.554*** (0.16)	−0.611*** (0.16)	−0.471* (0.26)	−0.750*** (0.26)
capital	0.024* (0.01)	0.042*** (0.01)	0.014*** (0.01)	0.020*** (0.01)	0.00900 (0.01)	0.019** (0.01)
lnfdi	0.0570 (0.04)	0.105*** (0.04)	−0.024* (0.01)	−0.0110 (0.01)	0.088*** (0.02)	0.121*** (0.02)
str		−1.999*** (0.35)		−0.806*** (0.13)		−0.352 (0.23)
urb		−3.536*** (0.70)		−0.996*** (0.27)		−2.185*** (0.46)
cons	7.783*** (0.52)	7.895*** (0.49)	3.766*** (0.20)	3.833*** (0.19)	2.670*** (0.33)	2.612*** (0.32)
N	390	390	390	390	390	390
R^2	0.623	0.676	0.732	0.765	0.895	0.902
Adjusted-R^2	0.582	0.638	0.703	0.738	0.883	0.891
F	64.32	66.07	106.4	103.2	331.7	291.3

注：***、**、*分别表示在1%、5%、10%的水平下显著。

（二）经济增长检验

文化产业外生驱动对经济增长全要素生产率的影响显著为负，而文化产业内生驱动的影响显著为正。内生增长理论认为全要素生产率的提升是推动经济长期增长的主要力量，那么文化产业内生及外生驱动因素对经济增长会产生什么样的影响呢？本文以各省GDP作为被解释变量，衡量文化产业内生和外生驱动因素对经济增长的影响，检验结果见表4。与对全要素生产率的影响类似，文化产业外生驱动会对经济增长产生显著的负向影响，而文化产业内生驱动对经济增长的影响显著为正，文化产业内生驱动所带来的文化资本积累在推动全要素生产率提升的同时促进经济实现长期增长。与对全要素生产率的影响不同的是，文化产业内生驱动对经济增长的正向影响系数要大于外生驱动的负向影响系数的绝对值，因此，总体上文化产业发展能够推动经济的内生增长。此外，教育水平、研发水平的提高以及电力设施、网络设施的完善等有助于为知识资本积累提供良好的内外部条件，同样会促进经济增长。

与王晗(2016)的研究类似，他的研究认为文化产业发展并不能够直接推动经济增长，经济增长的主要动力依然是物质资本要素，但文化产业与物质资本要素、人力资本要素等结合能够共同推动经济增长。文化产业包含的产品通常是较为"高级"的产品，在当地经济发展水平较低时，居民对于此类产品的需求较低；但在经济发展水平较高时，居民对此类产品的消费相应增加（袁连升和傅鹏，2018）。

表4　经济增长检验

	(1)	(2)	(3)	(4)	(6)
lncfix	−1.843*** (0.23)	−2.334*** (0.21)	−0.800*** (0.20)	−1.169*** (0.18)	−0.726*** (0.21)
lnconsume	2.941*** (0.21)	2.733*** (0.20)	1.072*** (0.20)	1.406*** (0.18)	0.945*** (0.22)
str		−1.847*** (0.23)		−1.499*** (0.20)	−1.485*** (0.19)
urb		2.769*** (0.45)		2.316*** (0.36)	1.618*** (0.40)
edu		0.507*** (0.05)	0.490*** (0.04)	0.345*** (0.04)	0.327*** (0.04)

（续表）

	(1)	(2)	(3)	(4)	(6)
patent		0.089*** (0.02)	0.045*** (0.02)	0.039** (0.02)	0.033** (0.02)
lab		0.535** (0.26)			−0.235 (0.23)
capital		−0.007 00 (0.01)			0.021*** (0.01)
lnfdi		0.073*** (0.02)			0.071*** (0.02)
elec			0.177** (0.07)	0.049 0 (0.06)	0.101 (0.06)
internet			1.494*** (0.12)	1.326*** (0.11)	1.405*** (0.12)
cons	3.589*** (0.36)	6.629*** (0.33)	6.804*** (0.27)	7.196*** (0.24)	6.886*** (0.27)
N	390	390	390	390	390
R^2	0.887	0.961	0.964	0.972	0.973
Adjusted-R^2	0.877	0.957	0.960	0.969	0.970
F	1 404	964.1	1 561	1 517	1 156

注：***、**、*分别表示在1%、5%、10%的水平下显著。

（三）东中西部检验

中国文化产业对经济发展的带动效应存在显著的地区差异，西部地区文化产业对经济发展的提升作用最大，中部和东部地区效应相对不足（薛飏，2016）。文化产业发展对经济增长的作用呈现出明显的区域特征：在东部地区，主要体现在文化产业对固定资产投资和人力资本结构的改善，间接地促进经济增长；在中西部地区，则直接表现为文化产值的增加对经济增长的贡献（杜传忠等，2014）。我国地域广阔，东部、中部以及西部地区经济社会发展存在较大差异，文化产业发展水平不一，经济增长的速度及质量不尽相同。本文分别以全要素生产率及经济增长作为被解释变量，探讨不同地区文化产业发展的影响效应，检验结果见表5。

从东部地区来看，文化产业发展的外生驱动对全要素生产率的影响为负，内生驱动对全要素生产率的影响为正，二者均不显著。但是，文化产业外生驱动对经济增长的影响显著为负，内生驱动的影响显著为正，且内生驱动的影响系数大于外生驱动影响系数的绝对值，尽管文化产业发展对东部地区全要素生产率不具有显著影响，但是仍然能够显著促进经济增长。东部地区文化产业发展对经济增长率具有“水平效应”，不具有“增长效应”。虽然东部地区文化产业总量在全国处于领先地位，但由于政策、技术、金融等一系列要素资源的配置扭曲程度较高，其文化产业发展对经济增长全要素生产率的影响并不显著。

对中部地区而言，文化产业的外生驱动及内生驱动对全要素生产率以及经济增长的影响都不显著，但是相较于东部地区，文化产业外生驱动对全要素生产率及经济增长的影响系数为正，文化产业内生驱动对全要素生产率以及经济增长的影响系数为负。中部地区文化产业发展处于由西部地区向东部地区的过渡阶段，文化产业固定资产投资对经济增长仍然具有一定的正效应，但是其文化消费水平较低，对经济增长的贡献还不显著。中国经济呈现典型的空间集聚特征，而经济增长对固定资产投资的依赖程度依然很大，且越是经济落后地区，这种依赖程度越深（袁连升和傅鹏，2018）。

就西部地区来看，文化产业外生驱动对全要素生产率的影响为正，但是不显著，文化产业内生驱动对全要素生产率的影响在10%的水平上显著为负。文化产业外生驱动对经济增长的影响在1%水平上显著为正，内生驱动对经济增长的影响在1%的水平上显著为负。相较于东部和西部地区，西部地区的文化产业及经济社会发展水平较低，经济增长方式仍处于相对初级的粗放型发展阶段，固定资产投资等外生驱动力量仍然在经济增长中扮演着重要的作用，消费等经济增长的内生驱动力量还没有发挥应有的效应。

靳涛和林海燕（2018）对文化资本与经济增长的关系进行实证研究后发现，文化资本前期对经济增长的作用十分微弱甚至为负，后期对经济增长的作用显著为正。袁连升和傅鹏（2018）在非线性模型的设定下，认为文化产业发展对区域经济的影响呈现出“U”型特征。这意味着，随着经济发展水平的提高，文化产业发展对经济增长的促进作用会逐渐增大。从空间维度上看，从西部到中部，再到东部，文化产业外生驱动对全要素生产率的影响系数由正逐渐转为负，文化产业内生驱动对全要素生产率的影响系数由显著为负逐渐转化为正。文化产业外生驱动对经济增长的影响系数由显著为正逐步过渡到显著为负，文化产业内生驱动对经济增长的影响由显著为负逐步转变到显著为正。转换为时间维度的视角，由西部到中部、东部，可以视为经济发展水平由低到高的不同阶段，随着文化产业的发展，文化产业外生驱动对经济增长及全要素生产率的影响逐步减弱，当经济发展到一定水平时，外生驱动存在的资源错配情况，会对经济增长及其全要素生产率产生一定的阻碍。而文化产业内生驱动对经济增长及其全要素生产率的影响由负到正，逐步增强，文化资本的不断积累促进全要素生产率的提升以及经济的增长。

表5　东中西部检验

	tfp			lngdp		
	东部	中部	西部	东部	中部	西部
lncfix	−0.826 (0.58)	0.528 (0.86)	1.105 (0.81)	−1.809*** (0.24)	0.330 (0.72)	1.227*** (0.32)
lnconsume	0.649 (0.59)	−0.811 (0.87)	−1.544* (0.80)	2.064*** (0.25)	−0.040 0 (0.73)	−1.107*** (0.32)
str	−0.036 0 (0.69)	−2.137*** (0.35)	−2.614*** (0.66)	−0.237 (0.29)	−2.307*** (0.29)	−0.685** (0.26)
urb	−6.542*** (1.45)	−2.681*** (0.76)	−5.737** (2.54)	0.285 (0.61)	1.232* (0.63)	3.546*** (1.01)
elec	1.957*** (0.72)	0.706 (0.67)	0.919*** (0.22)	1.396*** (0.30)	−0.969*** (0.56)	0.559*** (0.09)
internet	1.281*** (0.33)	0.690** (0.28)	1.467*** (0.54)	0.660*** (0.14)	2.472*** (0.23)	1.303*** (0.22)
edu	0.130 (0.11)	0.585*** (0.10)	1.059*** (0.21)	0.199*** (0.05)	0.200** (0.08)	0.513*** (0.09)
patent	0.078** (0.04)	−0.247** (0.11)	0.131 (0.19)	0.008 00 (0.02)	0.029 0 (0.09)	0.079 0 (0.07)
lab	−2.881*** (0.57)	−1.460** (0.65)	0.360 (0.78)	0.527** (0.24)	−0.376 (0.54)	0.362 (0.31)
capital	0.061*** (0.02)	−0.094 0 (0.07)	−0.020 0 (0.08)	0.007 00 (0.01)	−0.054 0 (0.05)	−0.185*** (0.03)
lnfdi	0.099* (0.05)	0.160** (0.06)	−0.037 0 (0.06)	0.029 0 (0.02)	0.098* (0.05)	0.010 0 (0.03)
cons	6.969*** (0.92)	3.515*** (0.75)	4.261*** (1.35)	7.818*** (0.38)	6.336*** (0.63)	3.544*** (0.54)
N	143	117	130	143	117	130
R^2	0.819	0.768	0.705	0.986	0.985	0.989
Adjusted-R^2	0.788	0.722	0.651	0.984	0.982	0.987
F	49.94	29.15	23.68	778.6	562.9	859.8

注：***、**、*分别表示在1%、5%、10%的水平下显著。

五、结论与对策

经济“新常态”背景下，文化产业的动力逻辑和驱动路径无疑为创新经济领域供给侧结构性改革提供了“破冰之力”(齐骥，2017)，文化产业的发展不仅从总量上提升经济增长水平，更是会通过文化资本的积累改善经济增长的效率和质量。本文基于2004年至2016年我国30个省级行政单位(港澳台以及西藏除外)的面板数据，运用DEA-Malmquist指数法对省际全要素生产率进行测算，以文化产业固定资产投资以及文化消费分别作为文化产业外生驱动和内生驱动的代理变量，用文化产业外生驱动及内生驱动来综合衡量文化产业发展水平，实证检验文化产业发展对经济增长全要素生产率的影响。

检验结果表明，文化产业外生驱动对全要素生产率有着显著的负向影响，而文化产业内生驱动能够显著促进全要素生产率增长。由于文化产业固定资产投资过程中存在一定的金融资源配置扭曲以及文化产业对社会效益的重视，使得文化产业固定资产投资效率损失，从而使这一文化产业外生驱动要素不利于全要素生产率提高。文化消费能够提升个人文化知识水平，从而有利于整个社会的文化资本积累，使得文化消费这一文化产业内生驱动要素推动经济全要素生产率的提高。全要素生产率的提高能够推动经济增长，和对全要素生产率的影响类似，文化产业外生驱动对经济增长产生显著的负向影响，而内生驱动则会显著促进经济增长，且内生驱动的影响系数大于外生驱动影响系数的绝对值，从内外驱动总体来看，文化产业发展能够促进经济增长。

文化产业是现代社会发展最快的产业之一，在发达国家文化产业增加值几乎占GDP的10%以上(Li, 2012)。对于我国来说，文化产业还有非常巨大的发展潜力，进一步推动文化产业发展，促进我国经济长期高效稳定增长。但是，由于不同的省域拥有的比较优势有差异，文化创意产业的发展基础也不同，因此在制定文化创意产业政策时，各级地方政府部门也应有不同的着重点(张炜和姚海棠，2014)。进一步加大对文化产业发展的政策支持，实现文化产业的合理布局，不仅能够促进整体经济增长，而且可以实现区域平衡发展(薛飏，2016)。优化文化产业固定资产投资结构，继续提高西部和中部地区文化产业固定资产水平，完善文化产业基础设施，减轻东部地区文化产业固定资产重复投资程度，避免同质化竞争。鼓励居民提高文化消费水平，综合利用财政、税收等手段提高文化消费市场供需水平，增加优质文化消费产品供给，补贴居民文化消费支出，强化文化产业发展内生驱动，促进我国文化资本积累。文化产业内生和外生驱动推进文化产业不断发展，在满足人民美好生活需求的同时，推动经济增长及其全要素生产率提升，建设美丽中国。

参考文献

[1] 靳涛，林海燕. 文化资本与经济增长：中国经验[J]. 经济学动态，2018(01)：69—85.

[2] 袁连升，傅鹏. 文化产业发展助力区域经济增长的双重效应——基于中国省际面板的经验数据[J]. 产经评论，2018，9(01)：75—87.

[3] 李健，盘宇章. 金融发展、实体部门与全要素生产率增长——基于中国省级面板数据分析[J]. 经济科学，2017(05)：16—30.

[4] 齐骥. 文化产业促生经济增长新动力研究[J]. 山东大学学报：哲学社会科学版，2017(03)：42—48.

[5] 秦琳贵，王青. 我国文化消费对经济增长影响的机理与实证研究[J]. 经济问题探索，2017(03)：38—45，55.

[6] 顾萍，田贵良. 基于投入产出模型的文化产业对区域经济增长贡献测度[J]. 学海，2016(06)：136—141.

[7] 薛飏. 区域经济增长的文化产业驱动效应研究——基于省级面板数据的分析[J]. 人文地理，2016，31(05)：148—154.

[8] 李娟伟，任保平，刚翠翠. 文化资本异质性能够提高中国经济增长效率吗？——来自30个省区面板数据的理论与实证研究[J]. 中南财经政法大学学报，2016(03)：24—31，96，158—159.

[9] 王晗. 文化产业发展能够促进经济增长吗？[J]. 财经问题研究，2016(05)：48—53.

[10] 杨卫武，毛润泽. 文化产业集聚、经济增长与地区差异——基于省级面板数据的回归分析[J]. 上海师范大学学报：哲学社会科学版，2015，44(04)：34—42.

[11] 周莉，王洪涛，顾江. 文化产业财政投入的经济效应——基于31省市面板数据的实证分析[J]. 东岳论丛，2015，36(07)：71—77.

[12] 曹清峰，王家庭，杨庭. 文化产业集聚对区域经济增长影响的空间计量分析[J]. 西安交通大学学报：社会科学版，2014，34(05)：51—57.

[13] 王洪涛. 广西文化产业发展与经济增长关系的实证研究[J]. 学术论坛，2014，37(08)：89—93.

[14] 张炜，姚海棠. 文化创意产业对经济增长的影响：基于省域尺度数据[J]. 福建论坛：人文社会科学版，2014(02)：71—76.

[15] 杜传忠，王元明，王飞. 中国文化产业对区域经济增长的作用及其机理分析——基于

2001—2011 年省际面板数据的实证研究[J]. 现代管理科学,2014(01):12—14,40.

[16] 邢亚彬,许长新. 文化产业投资对江苏区域经济的溢出效应研究[J]. 南京社会科学,2013(12):23—28,55.

[17] 施卫东,卫晓星. 我国文化产业对经济增长的影响路径——基于 PLS 模型的验证[J]. 经济管理,2013,35(05):139—148.

[18] 成学真,李玉. 文化产业发展对经济增长影响的实证研究[J]. 统计与决策,2013(03):114—117.

[19] 王云,龙志和,陈青青. 中国省级文化资本与经济增长关系的空间计量分析[J]. 南方经济,2012(07):69—77.

[20] 刘立云,雷宏振. 产业集群视角下的文化产业与区域经济增长[J]. 东岳论丛,2012,33(03):143—148.

[21] 向勇,喻文益. 基于全要素生产率的文化创意与国民经济增长关系研究[J]. 福建论坛:人文社会科学版,2011(10):27—33.

[22] 蔡旺春. 文化产业对经济增长的影响——基于产业结构优化的视角[J]. 中国经济问题,2010(05):49—55.

[23] 王林,顾江. 文化产业发展与区域经济增长——来自长三角地区 14 个城市的经验证据[J]. 中南财经政法大学学报,2009(02):84—88,144.

[24] 陈宪,韩太祥. 文化要素与经济增长[J]. 经济理论与经济管理,2008(09):12—18.

[25] 李祝平,宋德勇. 论文化资本投资与经济增长关系[J]. 求索,2007(04):74—75.

[26] 厉无畏,王慧敏. 创意产业促进经济增长方式转变——机理·模式·路径[J]. 中国工业经济,2006(11):5—13.

[27] 高波,张志鹏. 文化资本:经济增长源泉的一种解释[J]. 南京大学学报:哲学人文科学社会科学版,2004(05):102—112.

[28] 张军,吴桂英,张吉鹏. 中国省际物质资本存量估算:1952—2000[J]. 经济研究,2004(10):35—44.

[29] Shan S L. *Chinese Cultural Policy and the Cultural Industries*[J]. City, Culture and Society, 2014, 5(3): 115 - 121.

[30] Scott A J. *Cultural-Products Industries and Urban Economic Development*[J]. Urban Affairs Review, 2004, 39(4): 461 - 490.

[31] Power D. "Cultural Industries" *in Sweden: An Assessment of Their Place in the Swedish Economy*[J]. Economic Geography, 2002, 78(2): 103 - 127.

[32] Li S H. *Culture Industry Development and Regional Economy—Case Study of Tianjin*[J]. Physics Procedia, 2012, 25: 1352 - 1356.

作者简介

孙红旭，黑龙江哈尔滨人，东北农业大学经济管理学院。研究方向为文化产业。

周　圆，福建莆田人，南京大学国家文化产业研究中心。研究方向为文化产业经济学。

Research on the Influences of Cultural Industry Development on Total Factor Productivity of Economic Growth

Sun Hongxu　Zhou Yuan

Abstract: Based on the panel data of 30 provincial administrative units in Chinese Mainland from 2004 to 2016, this paper uses the endogenous and exogenous driving factors of cultural industry to measure the development of the industry, uses DEA-Malmquist index method to estimate the total factor productivity of economic growth in each province, and researches the influences of cultural industry development on total factor productivity of economic growth. The empirical test results show that, the exogenous driving factors of cultural industry will produce remarkable negative influences on total factor productivity, while its endogenous driving factors can obviously promote the enhancement of total factor productivity. Similar to the influences on total factor productivity, the influences of exogenous driving factors on economic growth are significantly negative, while those of endogenous driving factors are significantly positive, and the influence coefficient of endogenous driving is greater than the absolute value of that of exogenous driving, so on the whole, cultural industry can still promote economic growth. With the development of cultural industry, the influences of its endogenous driving on economic growth and its total factor productivity are weakened gradually, while the influences of its exogenous driving are enhanced gradually.

Key words: Cultural Industry; Cultural Capital; Economic Growth; Total Factor Productivity

文化旅游

旅游发展对产业结构升级的影响及门槛效应

——以长三角41个城市为例

丁正山　秦东丽　胡美娟

摘　要:旅游业作为新兴经济体,其发展与产业结构之间的关系成为推动经济增长的核心要素。本研究基于长三角地区2000—2017年的面板数据,利用ArcGIS10.4软件、采用Hansen面板门槛模型,检验旅游发展与产业结构升级之间的关系。研究结果表明:① 旅游发展与产业结构之间并非呈现线性关系,而是存在显著的门槛效应;② 旅游发展以0.027 1和0.059 9为门槛变量,对产业结构的影响效果表现为“急剧抑制—缓慢阻碍—平缓促进”的“U”结构模式;③ 经济发展水平、信息化水平、市场化程度和人力资源能够显著促进产业结构升级,而外商投资与政府干预对产业结构升级产生负向作用;④ 目前,长三角各城市均已跨越第二门槛值,旅游发展对产业结构升级的推动作用逐渐凸显。

关键词:旅游发展　产业结构升级　面板门槛模型　长三角

一、引　言

近年来,随着供给侧的结构性改革,我国经济逐渐由高速增长阶段转向高质量发展阶段,转变经济发展方式,实现产业转型升级将成为我国未来相当长一段时间内国民经济发展的首要目标。长三角地区作为我国经济发展的先行区,产业基础雄厚,在长三角一体化发展背景下,如何实现长三角产业结构优化升级是实现经济高质量增长的核心因素(赵磊,2019),将为中国经济跨越“中等收入陷阱”指引方向。以第三产业总产值占GDP的比值表征第三产业的产业比重,从《中国城市统计年鉴(2001—2018)》中可以看到,2000—2017年,长三角地区第三产业比重从2000年的39.12%上升至2017年的53.02%,年均增幅为0.77%。在长三角地区第三产业比重不断提升的过程中，旅游业作为引领经济增长与推动社会生产变革的综合性产业，一直以来保持逐渐增长态势，根据长三角各省市《旅游统计年鉴(2001—2018)》，人们可以发现，长三角地区旅游总收入占GDP的比重也由2000年的10.36%增长至2017年的18.02%，年均增幅为0.43%。综合以上数据，在研究时段内，旅游产业与第三产业发展具有同样的增长趋势，而第三产业比重的增加又是产业结构升级的一种表征，所以旅游发展对产业结构升级有无影响？若有，那么又是以怎样的方式产生影响的？

有关旅游发展对产业结构升级的影响起源于对旅游经济效应的研究（戴斌，1998），B. Archer 和 R. Vaughan(1980)利用乘数理论验证了旅游就业现象中的乘数效应；Alister(1982)总结分析了旅游经济效应对产业结构调整的影响；Telfer(2000)在探讨旅游发展的经济效益时提出了旅游产业关联性；张凌云(2000)运用定性研究方法分析了旅游产业的经济地位及波及效应；李江帆(2001)运用投入产出理论综合分析了旅游业发展对农业、工业、服务业等产业的影响效应，诚然，早期学者们对旅游经济效应的研究均是以旅游产业的强关联效应为基础，探讨旅游经济效应提升对相关产业及经济产生的影响力，因此旅游经济效应的研究蕴含着旅游发展对产业结构调整升级的影响。近期国内外学者多集中于研究旅游发展对经济增长的影响（程晓丽，2014；赵磊，2017；Jose F P, 2017；Tarik D, 2018；Daniel S, 2019），认为旅游发展能够拉动经济增长、旅游发展对经济增长存在门槛效应等，通过经济增长间接反映旅游产业升级过程。对于旅游发展对产业结构升级的直接影响多集中于国内研究，邱云美(2005)认为乡村旅游能够促进农村产业结构调整；麻学锋(2010)利用回归分析法测算发现张家界旅游发展能够带动区域产业结构高级化的演进；柴寿升(2012)采用格兰杰因果检验得出青岛旅游业发展能够使产业结构高级化得到提升；杨莎莎(2017)采用空间计量模型探讨发现中国旅游发展与产业结构升级的互动关系存在东中西的差异性，乔小燕(2019)进一步验证了该结论。

综合以上分析，现有关于旅游发展对产业结构升级的作用的研究已取得较大的进展，但是，① 研究主要分析旅游发展对国民经济的带动作用，即旅游经济效益的提升推动经济的增长以及旅游产业关联效应促进产业结构的调整升级，并未考虑旅游发展对一二三产业的联动效应；② 现有文献都集中于对省级层面或者单一城市，而没有从区域层面探讨各城市间旅游发展与产业升级的关系；③ 已有研究多认为旅游发展对产业结构升级产生正向效应，并未考虑到历史发展时期可能存在的非线性影响效应。因此,本研究尝试对长三角地区进行分析,采用 Hansen 面板门槛计量模型,充分考虑非线性突变特征,探讨旅游发展对产业结构升级的直接影响效应,以期能够为区域经济的提质增效以及资源优化配置提供指导与借鉴。

二、理论推断与分析

产业结构升级是产业结构从低级形态向高级形态转变的过程,也即劳动力从第一产业逐渐向二、三产业转移,使得第三产业比重不断增大的过程,从根本上说就是要素资源在产业间的优化配置。(汪浩瀚,2018)旅游业作为服务性产业,起步相对较晚,表明在一段时间内,旅游发展水平的提升,仍不能改变旅游业相对落后的局面,因此资源要素的合理配置将无法实现,产业结构在短时期内将无法达到高级化。但随着旅游资源的开发与相关产业的逐步发展,旅游发展水平稳步提升,其自身具备的第三产业特性及高产业关联度使得产业结构也随之做出相应调整,对产业结构升级的贡献度逐渐凸显。因此,本研究推断,旅游发展对产业结构升级在长期内可能存在与刘易斯模型较吻合的"U"型曲线关系,即在刘易斯拐点之前,旅游发展水平的提升会抑制产业结构升级;越过拐点之后,产业结构将伴随旅游发展水平的提升而得以实现升级。理论推断如下。

(一)初期旅游发展抑制产业结构升级

初期,旅游发展水平的提高对产业结构升级起到抑制作用。在刘易斯拐点之前,旅游发展的提高阻碍产业结构升级可能来自三个原因:旅游业中存在旅游供给与市场需求之间的配置不合理现象,即旅游供给远小于市场需求;旅游发展水平提高主要依靠旅游资源开发,即狭义上旅游业的规模效应实现;比较优势的存在使得资源配置低效扩张。旅游业中存在旅游供给不足现象,这是旅游发展提升的前提,增加旅游要素投入,可带来要素规模报酬递增。还有其他前提,比如金融资金的投入、政府政策的支持、科技人才的引入以及交通设施的建设等。

由于前期旅游业部门中旅游资源要素不足,旅游业对经济发展贡献力度较小,此时旅游产业的各项配套设施的基础性产业发展程度还较低。旅游资源投入产出的直接收益较小,而基础性产业发展的边际收益较高。在社会不断进步的情况下,资金通过招商引入、政府投入等变得较为充裕的情况下,旅游业倾向于增加基础性产业的投入,使旅游发展水平不断提升。基础性产业的发展加上旅游资源的不断开发,旅游发展程度也表现为上升的态势。不过,此时的旅游发展水平上升的速度相对较为缓慢。

刘易斯拐点之后，旅游业中绝对资源规模不足现象消失。旅游资源开发的边际效益降为零，为了再次推动旅游业的发展，与旅游产品在投入产出、技术等方面有联系的关联产业不断增加。此时，旅游发展才进入快速上升时期。

为什么前期旅游资源的开发与配套设施的投入促进旅游发展却导致资源配置程度降低进而不利于产业结构的升级呢？在旅游业初步探索期，资源配置及旅游基础性产业的发展处于较低级阶段，旅游发展水平的高低主要由旅游资源禀赋决定。基础设施的投入使旅游发展水平普遍提高的情况下，仍存在资源配置未实现最优现象的存在。因为资源配置是指资源的稀缺性决定了任何一个社会都必须通过一定的方式把有限的资源合理分配到社会的各个领域中去，以实现资源的最佳利用，即用最少的资源耗费，生产出最适用的商品和劳务，获取最佳的效益。同时，初期旅游业发展的无规划性并不能完全实现资源配置效益的最大化。在不同资源禀赋、不同经济发展水平条件下，各城市旅游产业收入可以证实，旅游资源丰富，且独具民族特色的中西部旅游业发展水平远低于旅游发展较为成熟的东部地区。(李强谊，2016)中国旅游经济的高值区大致分布于"黑河—腾冲"线的右侧等(方叶林，2014)，2000 年经济较为发达的无锡市旅游收入是旅游资源禀赋优势明显的黄山市旅游收入的 3 倍多；这说明基础性设施的投入在提高旅游发展水平的同时，仍未实现资源配置最优化，而长三角区域内经济发展水平差异较大，因此，旅游发展水平的提高阻碍产业结构高级化的发展。

（二）后期旅游发展促进产业结构升级

后期，旅游发展水平进一步提高，则会促进产业结构的升级。在旅游发展跨越刘易斯第一拐点后，旅游业中绝对规模递增效益消失，旅游资源开发边际效益为零，经济社会的一个突出特征是旅游消费需求快速提升。为了应对旅游需求的提升，关联产业的投入不断增加。进一步的发展要求各个部门联合发展，特别是关联度较强的产业。而旅游业正是典型的高产业关联度产业，增强旅游业的前向和后向产业发展势在必行。

旅游资源禀赋依然在市场竞争中发挥重要作用。不过与前期不同，影响旅游发展的禀赋条件逐渐彰显出来，特别是产业基础和技术条件。前者决定能否形成完善的旅游一体化产业，后者决定能否提升旅游生产效率，支撑旅游发展水平差异明显的区域发展。

这时候旅游业由于旅游资源禀赋条件的进一步完善与扩充，将成为地区经济支柱产业。随着旅游资源边际效益的消失，一方面，可依托良好的旅游产业基础，通过旅游业强大的关联性和辐射性，带动相关产业的发展，形成旅游综合产业链，增强第三产业比重，使旅游发展水平进一步提升，以波及效应促进产业结构升级；另一方面，旅游业是劳动密集型产业，就业门槛低范围广，其在发展水平不断提升的过程中，可吸纳大量从第一、第二产业转移出的剩余劳动力（Archer B，1996），使得第三产业产业劳动力比重增大，根据配第—克拉克定律，劳动力由低收入产业向高收入产业的流动即是产业结构升级的表现。因此，本研究接下来的工作即对旅游发展与产业结构升级之间的关系进行检验。

三、研究方法、变量与数据

（一）门槛面板模型

为了实证分析旅游发展与产业结构升级之间可能存在的结构性突变及区间门槛问题，本研究选用 Hansen 提出的门限回归模型进行分析，该模型改进传统门限值分析过程中存在的不确定性及有效性不足问题，使模型设定更加合理。根据旅游发展对产业结构升级的作用过程，将旅游发展作为门限变量，构建模型如下：

$$UPG_{it}=\mu_i+\beta_1 TD_{it}I(TD_{it}\leqslant\gamma_1)+\beta_2 TD_{it}I(\gamma_1<TD_{it}\leqslant\gamma_2)+\beta_3 TD_{it}I(TD_{it}>\gamma_2)+\sum_j\theta_j X_{it}+\varepsilon_{it}$$

式中：i 为地区；t 为年份；UPG 表示产业结构升级的指标；TD 表示旅游发展变量；X 为除旅游发展以外影响产业结构升级的一组控制变量，包括经济发展水平（PG）、外商投资（FDI）、政府干预（GOV）、信息化水平（IN）、市场化程度（MDI）和人力资源（HUM）；μ_i 为个体截距项；β 表示各门槛区间内门槛变量 TD 的系数；γ 为待估计的门槛值；$I(\cdot)$为指示函数；ε_{it} 表示随机扰动项。

（二）变量选择

1. 被解释变量。产业结构升级（UPG）是一定时期内产业结构的变动和产业结构效益的提高，即随着经济的不断发展，产业结构逐步实现高级化的过程。因此，产业结构升级是一个动态变化过程，本研究借鉴 Moore 结构变动指数，测算产业结构高级化程度，用以表征产业结构升级指标。测算方法及原理如下：首先，将 GDP 按照三次产业法划分为 3 个部分，每部分的增加值与 GDP 的比重作为空间向量的一个分量，从而构成一组三维向量 $X_0=(X_{1,0},X_{2,0},X_{3,0})$；其次，分别计算 X_0 与产业由低层次到高层次排列的向量

$X_1=(1,0,0)$，$X_2=(0,1,0)$，$X_3=(0,0,1)$的夹角 θ_1、θ_2、θ_3：

$$\theta_j = \arccos \frac{\sum_{i=1}^{3}(x_{i,j} \cdot x_{i,0})}{\sum_{i=1}^{3}(x_{i,j}^2)^{\frac{1}{2}} \cdot \sum_{i=1}^{3}(x_{i,0}^2)^{\frac{1}{2}}}$$

其次，定义产业高级化指数的计算公式为：

$$UPG = \sum_{k=1}^{3}\sum_{j=1}^{k}\theta_j$$

式中，UPG 为产业高级化指数，即表征产业结构升级。该指标越大，表明产业结构高级化程度越高。

2. 门槛变量。旅游发展（TD）能够促进旅游目的地区域产业的经济结构发生改变，用国内旅游和入境旅游总收入占 GDP 的比重来衡量。总体来说，旅游业作为地区经济发展的组分之一，与国民收入的比值更能反映出旅游发展对地区经济的贡献度。

3. 控制变量。① 经济发展水平（PG）决定着生产力的发展方向，是产业结构升级的根本动力，用地区的人均 GDP 来表征地区的经济发展水平。② 外商投资（FDI）能够对我国经济增长转型产生重要影响，本研究参考汪浩瀚对 FDI 指标的设定方式，即用外商实际投资额与 GDP 的比值表示。③ 政府干预（GOV）从宏观角度表征出地区政府对产业发展的干预程度，可以加速或者延缓产业结构升级进程，用政府财政支出占 GDP 的比重来表示。④ 信息化水平（IN）是经济发展的“催化剂”，会导致资本和劳动力向信息化水平高的产业流动和转移，从而促使产业结构更加合理，本研究采用邮政电信业务量加总构成表征信息化水平。⑤ 市场化程度（MDI）通过供需关系、价格机制和竞争机制对区域产业结构产生作用，从而影响要素在各产业之间的流动和配置。本研究借鉴申玉铭采用经济密度与人口密度的乘积（即：$MDI = \sqrt{ED * PD}$）测算市场发育指数的做法来表征市场化程度，该指数越大，表明市场发育程度越完善。⑥ 人力资源（HUM）为产业结构的转型发展提供了劳动力基础，是产业结构升级的直接动力，其中人力资本中的智力因素又是经济增长的源泉，因此，选择万人在校大学生数量作为衡量指标。

（三）数据来源与统计性描述

本研究所用数据主要来源于《中国城市统计年鉴》《中国旅游统计年鉴》《上海市统计年鉴》《江苏省统计年鉴》《安徽省统计年鉴》，各地市统计年鉴及各地市统计公报、旅游业发展公报以及中经网统计数据库等。根据 2016 年国务院颁布的《长三角城市群发展规划》，确定城市群包括上海市、江苏省、浙江省和安徽省共 41 个城市，但需要说明的是，2011 年安徽省的巢湖市被一分为三，分别并入合肥市、芜湖市和马鞍山市，因此，为保证数据的一致性与可比性，本研究借鉴胡美娟(2019)等人的研究，以长三角最新的行政区划为依据，将 2011 年以前巢湖市相关数据按区县进行调整合并。各变量的统计性描述详细见表 1。

表 1　变量的统计性描述

变量名称	单位	样本量	最小值	平均值	标准差	中位数	最大值
产业结构升级(UPG)	指数	738	185.940	228.306	13.528	228.590	283.300
旅游发展(TD)	指数	738	0.009	0.130	0.131	0.100	0.997
经济发展水平(PG)	万元/人	738	0.227	3.900	3.208	3.028	16.239
外商投资(FDI)	指数	738	0.002	0.679	0.793	0.362	4.839
政府干预(GOV)	指数	738	0.016	0.124	0.060	0.108	0.356
信息化水平(IN)	亿元	738	0.851	70.091	135.833	30.377	1 406.580
市场化程度(MDI)	指数	738	0.107	1.357	1.535	1.002	13.574
人力资源(HUM)	人	738	11.872	428.523	317.695	364.356	1 975.560

四、实证分析

(一) 门槛效应检验

在构建面板门槛模型时，需要进行门限效应的显著性检验及门槛值的准确性检验。根据 Hansen 提供的 Bootstrap 方法获取统计量的 F 值和 P 值，以此判断门槛效应的显著性；此外，通过构建 LR 统计量，判断其是否服从标准正态分布，对门槛值的存在状态进行检验。由表 2 可知，以旅游发展为门限变量，单一门槛和双重门槛效应均在 1%的水平上显著通过门限效应检验；由于单一门槛估计值为0.027 2，双重门槛估计值为 0.060 1，均在 95%的置信区间范围内，且 LR 图形(图 1)中单一门槛和双重门槛的门槛值点均为最低点，故可判断存在两个门槛值；因此，建立双门限面板模型分析旅游发展对产业结构升级的影响是合理的。

表 2　旅游发展门限效应自抽样检验

门槛变量	门槛数	门槛值	F值	P值	1%	5%	10%	95%的置信区间
旅游发展（TD）	单一	0.027 2	32.330	0.000	17.232	12.921	10.352	[0.022 2,0.027 2]
	双重	0.060 1	27.520	0.000	17.873	13.294	10.535	[0.005 70,0.060 4]

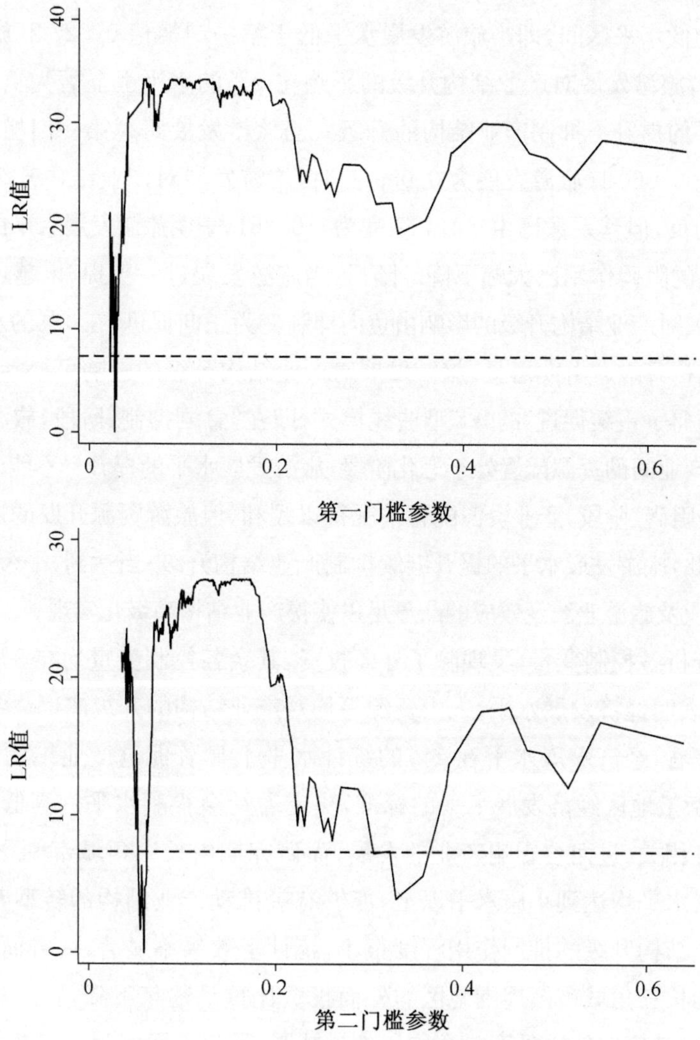

图 1　旅游发展似然比值与门限参数关系图

（二）影响因素分析

结合门限效应检验结果，本研究采用固定效应的双门限模型，以旅游发展（TD）为门限变量，对长三角各城市的产业结构升级进行回归分析，即模型Ⅰ（表3），同时考虑异方差问题的存在，加入稳健性标准误，得到模型Ⅱ。根据门限变量，不难发现，旅游发展的门槛值已把长三角城市的旅游发展程度分为3个区间。在旅游发展的低水平区间，即当旅游发展水平低于第一门槛值0.027 2（旅游发展为0.027 1）时，旅游发展对产业结构升级的影响在1%的水平上显著为负，这表明旅游发展水平的提升会抑制产业结构的升级。当旅游发展跨越第一门槛，但仍未超越第二门槛0.060 1（旅游发展为0.059 9）时，旅游发展对产业结构升级的影响效应仍显著为负，但其系数已由－1.719变为－0.251，表明旅游发展水平的提升对产业结构升级的阻碍作用已大幅下降。随后，当旅游发展进一步提升，越过第二门槛后，旅游发展对产业结构升级的影响由负向抑制变为正向促进，在1%的水平上显著推动产业结构升级。由此可见，旅游发展对产业结构升级的影响可概括为“急剧抑制—缓慢阻碍—平缓促进”的“U”型曲线模式，即在“急剧抑制”阶段，旅游业开发严重不足，各产业间的资源配置处于恶化阶段，旅游发展水平的提升也不能改变这一局面；在“缓慢阻碍”阶段，产业资源配置情况得以缓和，但旅游资源开发的边际效应仍然存在，因此，旅游发展水平的提升继续抑制产业结构升级；当达到“平缓促进”阶段时，关联产业及旅游业波及效应的凸显足以使得产业结构高级化实现。

通过分析各控制变量，发现除了外商投资，其余各控制变量均在5%以上的水平上显著，表明经济发展水平、人力资源等均对产业结构的升级产生一定程度的影响。具体来看，经济发展水平在1%的统计水平上显著促进产业结构升级，人均GDP作为衡量地区经济发展水平的标准，决定着社会福利水平的高低，与社会消费结构息息相关，进而会影响产业的发展，而研究期内长三角城市95%以上地区的经济发展水平均达到小康水平以上，能够有效推动产业结构的转型升级。外商投资对产业结构升级的抑制作用程度很小，统计上效果不显著，一方面，由于以上海为核心的长三角城市及周围地区的外商投资比重呈逐年下降趋势，对外资的流入产生“挤出效应”，使得外商投资作用效果减弱；另一方面，苏北、安徽地区及浙西南等区域边缘地带承接外商投资的低附加值企业偏多，不利于产业结构高级化的提升，且该结论与“全国尺度FDI对产业结构高级化表现出逆向作用”相契合。政府干预对产业结构的升级产生负向作用，政府运用宏观经济杠杆和产业政策对区域产业结构变化进行调控，长三角地区政府财政支出比重逐渐扩大，可能存在政府干预过度以及决策偏误问题，阻碍产业结构高级化发展。信息化水平显著提高产业结构升级，区域信息化程度每增长 1 个百分点，就能使产业结构升级提升 0.077 8%，长三角城市群作为中国信息化程度最高的区域之一，信息化水平的提升可推动区域内产业间的互联互通，增强高技术层次产业的"拉力"与比较优势，降低企业间沟通交流的成本，促进资金、劳动力和技术等向高技术层次产业转移，提升区域城市 UPG 指数。市场化程度有助于产业结构高级化的提升，随着国家"放管服"政策的实施，长三角地区充分利用市场这只"看不见的手"对区域产业结构进行调控，激发市场活力，提高资源利用效率，增强自主创新能力，引导产业向高级化方向发展。人力资源与产业结构升级呈显著的正相关关系，万人在校大学生数量体现了高素质劳动力资源丰度，长三角城市该指标要素数量的增加，使得社会生产效率随之提高，劳动力素质资源的"乘数效应"逐步放大，有效增强专业技术人才，是产业结构转型升级的"重要推手"，并且支持已有研究结论。

表 3　面板门槛模型估计结果

变量	产业结构升级(UPG)			
	Ⅰ		Ⅱ	
PG	0.085 9***	6.09	0.085 9***	5.98
FDI	−0.004 24	−0.51	−0.004 24	−0.37
GOV	−0.040 8***	−3.04	−0.040 8**	−2.55
IN	0.077 8***	3.51	0.077 8***	3.61
MDI	0.085 7***	4.10	0.085 7***	5.15
HUM	0.045 1***	6.36	0.045 1***	5.30
Fe_TD_d1	−1.719***	−6.20	−1.719***	−3.10
Fe_TD	−0.251***	−3.73	−0.251***	−3.67
Fe_TD_d2	0.079 7***	7.89	0.079 7***	9.97
_cons	0.772***	113.75	0.772***	85.68
样本数	738	738	738	738

(三) 门限结果分析

为了更清楚地看出长三角地区各城市旅游发展所处的门槛区间及其演变过程，本研究根据旅游发展与门槛值的大小关系，将 2000 年、2009 年和 2017 年的样本数据分为 3 个区间，即低水平区间(TD＜0.027 1)、中等水平区间(0.027 1≤TD

<0.059 9)以及高水平区间(TD≥0.059 9),并采用 ArcGIS10.4 将其绘制成图 2。

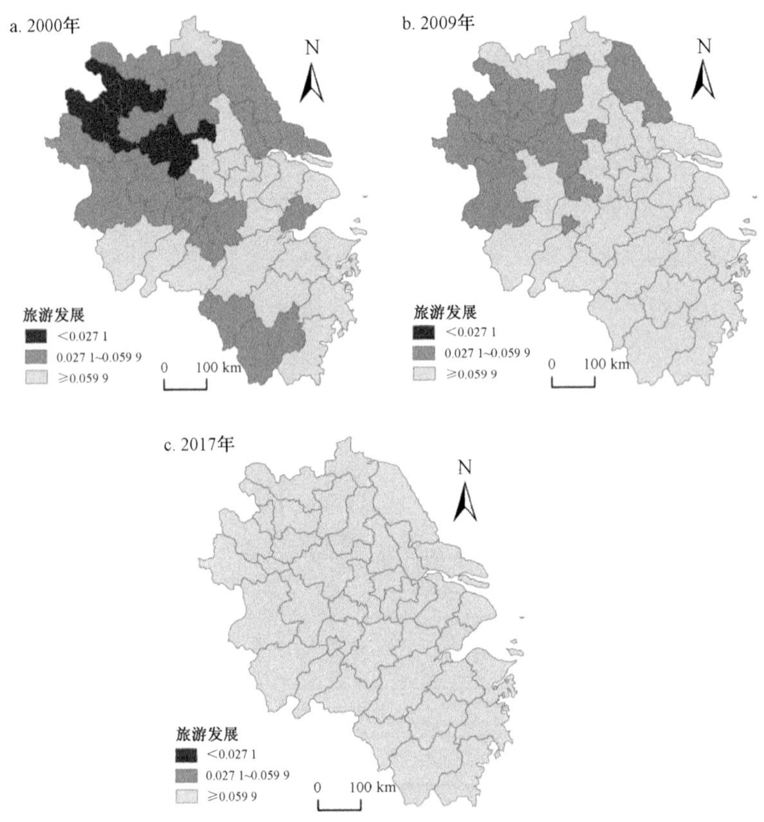

图 2　长三角各城市旅游发展时空演变

由图 2 可知,长三角地区各城市旅游发展及其所处的门槛区间存在显著差异。2000 年,旅游产业依赖型的黄山市、经济发达的上海市、苏南、浙北以及浙东等地区旅游发展水平已超越 0.059 9,以“Y”字形的空间格局步入“U”型曲线右侧,即这些城市的旅游发展能够“平缓促进”产业结构升级;但宿州市、淮北市、亳州市、淮南市和滁州市由于处于旅游发展起步期,且区内旅游资源禀赋优势欠缺,如 3A 级以上景区数量在该时期均为零,使得旅游发展仍低于第一门槛值,处于“急剧抑制”产业结构升级阶段。2009 年,长三角各城市旅游发展水平均超过 0.027 1,跨越第一门槛,且全区 71.73%的城市达到了旅游发展促进产业结构高级化的状态。旅游是社会经济发展到一定阶段的产物,金融危机后,长三角地区经济发展逐渐复苏,各种自然文化旅游资源的开发、人造景观的落成以及相关产业的崛起,使得旅游发展得到迅速提升,有助于减缓其对产业结构升级的阻碍效应。2017 年,长三角地区所有城市均已迈过“U”型曲线拐点，进入“平缓促进”产业结构升级阶段。此时期内，《长三角城市群发展规划》的批准，一方面增强了区域旅游中心城市的引领作用，可充分带动外围地区的旅游发展；另一方面，有利于促进区域合作的产业特质，加强旅游客源地与目的地的承接与转移工作，提高旅游发展效率，从而提升旅游业发展水平。长三角地区作为全国旅游业发展的先行区，率先进入旅游发展促进产业结构升级阶段，即随着旅游发展跨越一定的门槛，其能够推动产业结构向高级化转型，恰好验证了上述理论推断，同时对全国其他地区的产业结构转型升级起到某种程度的预测效果。

五、结论与建议

借鉴已有的理论推断与实证方法，本研究提出“旅游发展与产业结构升级之间存在‘U’型曲线关系”的假设。接着，本研究利用 2000—2017 年长三角 41 个城市的平行面板数据，借助 Hansen 面板门槛模型，对假设进行检验。研究结果表明：① 长三角各城市旅游发展与产业结构升级存在鲜明的门槛效应。当旅游发展水平小于 0.027 1 时，旅游发展水平的提高“急剧抑制”产业结构的升级；当旅游发展水平介于 0.027 1 与 0.059 9 之间时，旅游发展对产业结构升级的作用关系表现为“缓慢阻碍”；而当旅游发展水平跨越 0.059 9 的门槛后，其对产业结构升级的影响演变为“平缓促进”。② 通过对其他控制变量的分析，可以发现长三角城市经济发展水平、信息化程度、市场化程度和人力资源作为提升资源利用效率与社会生产质量的核心要素，能够显著促进产业结构的转型升级；而外商投资与政府干预不当，会对产业结构升级产生负向影响。③ 长三角各城市旅游发展处于相异的门槛区间内。随着时间的推移，跨越旅游发展第二门槛值的城市分布由 2000 年的“Y”字形空间格局演变为 2017 年的全区。目前，长三角各城市旅游发展水平的提升均会推动产业结构的转型升级。

本研究发现旅游发展对产业结构升级呈现“先抑制，后促进”的门槛效应，为地区实现旅游业促进产业结构升级的相关政策提供了理论基础。首先，政府应对旅游发展未迈过第二门槛值的地区制定支持政策，加大旅游发展资金、技术与人才投入，合理规划开发旅游资源，形成旅游产业规模，引导其尽早实现对门槛值的超越；其次，在推动旅游产业规模扩张的同时，通过优化资源要素配置，提升旅游发展质量与效率，实现旅游业的集约化发展，以此改善旅游产业结构，使旅游发展对产业结构升级做出突出贡献；最后，为了更好地实现旅游发展对产业结构升级的促进作用，可充分发挥旅游产业的关联效应，通过带动旅游相关经济活动的发展，拓宽第三产业的发展渠道与路径，为旅游发展影响产业结构升级提供有利条件。

本研究的最终目的是实现产业结构的转型升级，因此，推动旅游产业成为区域主要产业，对我国经济确定未来产业发展方向，提质增效，实现资源有效配置，破除“中等国家收入陷阱”具有重要意义。但本研究只针对我国经济最发达区域之一的长三角地区进行分析，未站在全国视角进行对比分析，这是本研究的不足之处。此外，旅游发展对产业结构升级的直接影响效应是有限的，那么，旅游产业通过间接作用促进产业结构升级，进而影响经济发展的作用途径是什么？影响程度又有多大呢？这些问题有待后续研究进一步探究。

参考文献

[1] 赵磊. 改革开放40年中国旅游导向型经济增长假说研究的学术演变[J]. 旅游学刊，2019，34(1)：6—8.

[2] 戴斌. 论国际旅游经济学的演进与发展[J]. 桂林旅游高等专科学校学报，1998(3)：5—10.

[3] 麻学锋. 张家界旅游业推动区域产业结构演化研究[D]. 西安：陕西师范大学，2013.

[4] Alister M, Wall G. *Tourism: Economic, Physical and Social Impact*[M]. Longman Press, 1982.

[5] Telfer D J, Wall G. *Strengthening Backward Economic Linkages: Local Food Purchasing by Three Indonesian Hotels*[J]. Tourism Geographies, 2000, 2(4): 421-447.

[6] 张凌云. 试论有关旅游产业在地区经济发展中地位和产业政策的几个问题[J]. 旅游学刊，2000，15(1)：10—14.

[7] 李江帆，李冠霖，江波. 旅游业的产业关联和产业波及分析——以广东为例[J]. 旅游学刊，2001，16(3)：19—25.

[8] 程晓丽，王逢春. 安徽省旅游产业发展与经济增长相关性分析[J]. 经济地理，2014，34(3)：182—186.

[9] 赵磊，方成. 旅游业与经济增长的非线性门槛效应——基于面板平滑转换回归模型的实证分析[J]. 旅游学刊，2017，32(4)：20—32.

[10] Jose F P, Ana B R et al. *Is the Tourism-led Growth Hypothesis Valid after the Global Economic and Financial Crisis? The Case of Spain 1957—2014* [J]. Tourism Management, 2017, 61(8): 96-109.

[11] Tarik D, Umit B. *Is Tourism an Engine for economic Recovery? Theory and Empirical Evidence*[J]. Tourism Management, 2018, 68(6): 425 - 434.

[12] Daniel S, George F. *Tourism Demand and Economic Growth in Spain: New Insights Based on the Yield Curve*[J]. Tourism Management, 2019, 75(8): 447 - 459.

[13] 邱云美. 乡村旅游发展与农村产业结构调整的互动关系研究[J]. 农业经济,2005,25(12):39—41.

[14] 麻学锋. 张家界旅游业发展、区域经济增长及产业结构升级[J]. 旅游学刊,2010,25(11):20—25.

[15] 柴寿升,龙春凤,邓丽媛. 青岛旅游业对区域产业结构优化的贡献研究[J]. 中国人口·资源与环境,2012,22(6):152—157.

[16] 杨莎莎,孔令乾. 旅游业发展与产业结构升级的互动机理探讨:低碳经济视角[J]. 重庆大学学报:社会科学版,2017,23(1):1—16.

[17] 乔小燕. 旅游业发展对产业结构升级的影响——基于经济增长新旧动能转换视野[J]. 商业经济研究,2019,38(10):173—175.

[18] 汪浩瀚,潘源. 金融发展对产业升级影响的非线性效应——基于京津冀和长三角地区城市群的比较分析[J]. 经济地理,2018,38(9):59—66.

[19] 李强谊,钟水映. 中国旅游产业专业化发展水平的空间非均衡及其演变——基于Dagum基尼系数与Markov链估计方法的实证研究[J]. 经济地理,2016,36(12):197—203.

[20] 方叶林,黄震方,王坤,等. 不同时空尺度下中国旅游业发展格局演化[J]. 地理科学,2014,34(9):1025—1032.

[21] Archer B, Fletcher J. *The Economic Impact of Tourism in the Seychelles*[J]. Annals of Tourism Research, 1996, 23(1): 32 - 47.

[22] 胡美娟,沈一忱,郭向阳,等. 长三角城市群旅游场强时空异质性及演化机理[J]. 长江流域资源与环境,2019,28(8):1801—1810.

作者简介

丁正山,江苏南京人,南京师范大学地理科学学院教授、博士生导师。研究方向为旅游地理学。

秦东丽,河南驻马店人,南京师范大学地理科学学院研究生。研究方向为旅游地理学。

胡美娟,湖北黄冈人,扬州大学旅游烹饪学院讲师。研究方向为旅游文化与旅游地理学。

Influences and Threshold Effects of Tourism Development on Industrial Structure Upgrading
—Case Study of 41 Cities in the Yangtze River Delta

Ding Zhengshan Qin Dongli Hu Meijuan

Abstract: The relationship between the development and industrial structure of tourism industry, as an emerging economy, has become a core factor promoting economic growth. Based on the panel data of 2000 to 2017, and by using ArcGIS10. 4 software and Hansen panel threshold model, this paper tests the relationship between tourism development and industrial structure upgrading. The research findings prove that: (1) between the tourism development and industrial structure, there is not a linear relationship, but an obvious threshold effect; (2) tourism development takes 0. 0271 and 0. 0599 as threshold variables, and its influences and effects on industrial structure are expressed as the "U" structure model of "rapid inhibition - slow obstruction - gentle promotion"; (3) economic development level, informatization level, marketization degree, and human resources can remarkably promote industrial structure upgrading, while foreign investment and government intervention have negative effects on industrial structure upgrading; (4) at present, each city in the Yangtze River Delta has crossed the second threshold value, and tourism development has gradually shown its effects on promoting industrial structure upgrading.

Key words: Tourism Development; Industrial Structure Upgrading; Panel Threshold Model; Yangtze River Delta

中国城市群城市旅游共生合作关系比较研究*

钟学思　邓闻静

摘　要:随着国家对旅游业发展的重视度不断提高,如何打造城市群旅游一体化互惠共生模式,推动区域旅游经济可持续发展将成为社会热点关注问题之一。以中国23大城市群为研究对象,对旅游能级、城市旅游对外关联程度及其强度和旅游共生指数进行测算。研究结果表明,城市群内城市的旅游总能级普遍呈现显著的分化特征;城市群内城市旅游外向功能存在地区间的非均衡发展状态,且整体发展水平仍待提升;旅游中心城市普遍为城市群中心城市,充分发挥其旅游产业集聚效应。据此,提出相关政策含义及建议。

关键词:城市群　区域旅游　旅游能级　共生合作

一、引　言

随着我国新型工业化和新型城镇化的不断推进,我国经济发展格局和潜力核心将以城市群为主;城市群作为"一带一路"建设的主战场,其发展也影响着我国各区域新型城镇化的发展方向。[1]在此发展背景下,城市群间的旅游业以区域共生合作并促进区域旅游一体化为宗旨的协同发展模式已逐渐建立。与其他制造业和重工业相比,旅游业是一项既具有高度开放性,又具有高敏感度和依赖性的新兴产业。由于各区域间资源禀赋、交通网络以及其他旅游业发展要素存在差距,因而区域间旅游业的共生均衡阶段仍未达到。城市群旅游业的共生均衡是在各城市群旅

* 基金项目:国家社会科学基金项目"滇桂黔石漠化片区民族特色小城镇文化保护与培育路径研究"(项目编号:15CMZ038);广西高等学校千名中青年骨干教师培育计划(桂教人〔2019〕5号)。

游业的发展条件共享基础之上，建立相互依赖、彼此促进的竞合发展模式，这使得各区域的旅游业在激烈竞争环境下选择合适的共生模式，避开恶性竞争并实现互惠共赢，以实现区域旅游一体化的发展目标。

环境与旅游的相互关系可体现“共存”“冲突”或具有共生性等发展阶段。[2]衍生至城市群体的共生关系则是以某一地域空间为基础，将劳动按区域分工，城市职能相互补充；在合理的等级规模下，关联经济、产业结构，实现资源共享，城市化进程互控；在互利共赢的模式下，共同促进区域整体的发展。[3]生物界中物种之间的竞争、互利共生，与城市群之间旅游业中的“竞争”和“互利共赢”相似。“共生”的概念源于生态学。德国真菌学家德贝里(Bary D A，1879)首次提出“共生”的概念，认为共生是不同种类的生物在同一个环境中生活，并在内进行物质交换和能量交换等行为，使得双方能够共同生存。(Ahmadjian V & Paracer S[4]，2000)在自然科学研究基础上，将“共生”的生态学概念添入社会科学的研究方法(Odum E P[5]，2001)，为生态学概念赋予新的社会含义。Ehrenfeld J & Gertler N[6](1997)讨论丹麦卡伦堡工业生态系统(或称“产业共生体系”)，研究企业之间各环节相互间演变及依赖的关系。黑川纪章[7](2009)从建筑和城市规划等方面衍生并倡导“共生思想”，针对文化艺术、政治、经济和科学技术等社会各领域之间的关系进行综合性剖析；指明共生中包含的竞争和冲突，但这两者之间也存在和谐的、创造性的合作关系，并且认为全球已经进入一个共生的时代。还有学者研究指出，加强旅游与各产业的合作将更有助于城市旅游经济发展(Koutsouris A & Gidarakou I，et al.[8]，2014；Czernek K & Czakon W，et al.[9]，2017)，促进区域合作一体化(Verbiest & Jean-Pierre A[10]，2013；Habibah A & Hamzah J，et al.[11]，2013)。

20 世纪 90 年代初，区域旅游合作共生之间的关系已成为我国学者研究的热点。他们将生物学的共生学说实现创新并延伸为社会科学领域的共生理论，使人们对于自然和社会现象的认知添设一种新的思维方式和研究方法。(袁纯清[12]，1998)相关研究多是将区域经济合作和生态学中的共生理论有机结合，采用距离修正权数模型和客源吸引半径(杨永刚等[13]，2008)、引力模型与欧氏距离(张怀志、武友德[14]，2016)等方法，探讨城市群内部共生关系及其演化(张怀志、武友德[14]，2016)、区域经济合作的运作机理(冷志明、张合平[15]，2007)、跨行政区域旅游竞合(吴泓、顾朝林[16]，2004)、区域旅游合作共生关系(陈四辉[17]，2012)、城市群旅游产业协同发展(马国强、汪慧玲[18]，2018)、乡村旅游精准扶贫的利益主体共生模式(王庆生等[19]，2019)。

从现有研究成果来看，如何将共生理论引入区域旅游经济发展领域等问题已得到重视，将构建区域旅游合作共生关系作为推进区域旅游经济一体化发展的实践途径也得到认可。对于区域旅游合作共生关系研究已取得一定的成果，人们提出了有效促进区域间旅游开发与协调发展的政策措施与建议。相关研究多是从共生单元、共生模式和共生环境的角度探析区域经济的共生关系，从理论层面探索“共生”的基本概念以及由此衍生的城市旅游合作共生关系概念，或借助相关计算方法判断城市群内部共生关系、同质度、关联度和外向功能，进而提出城市群旅游产业协调发展的政策建议，但对于城市群内部城市之间的旅游共生性问题研究空间仍待拓展。

本文的研究贡献在于，以中国 23 大城市群为研究对象，综合考虑城市旅游功能和城市旅游经济的对外影响力，通过参考陆相林等相关学者的测算方法[20]，建立旅游共生指数模型的方法能更准确地评价我国 23 大城市群的内部城市之间的旅游共生关系，从而拓展区域旅游经济中的城市旅游资源优化配置等理论的多元化和多视角研究，并有利于加深推进区域旅游经济一体化发展，为推动区域旅游经济高质量发展决策提供参考。

二、研究设计

(一) 范围界定

城市群现已成为带动区域经济发展的重要增长极，其主要含义包括：在特定地域范围内，以 1 个特大城市为核心，由至少 3 个以上都市圈（区）或大城市为基本构成单元，依托发达的基础设施网络，形成的空间组织紧凑、经济联系紧密，并最终实现同城化和高度一体化的城市群体；中国现有 23 大城市群[21]，具体包括：东部地区的长江三角洲、京津冀、济宁、闽南金三角、辽东半岛、山东半岛、珠江三角洲，中部地区的哈大长、中原、武汉、长株潭、呼包鄂、赣北、皖中、晋中；西部地区的关中、银川平原、南北钦防、滇中、成渝、黔中、兰白西、酒嘉玉。（具体见表 1）

表 1　中国 23 大城市群及其包含城市

区域	城市群	城市群所包含的城市
东部地区	长江三角洲	上海、苏州、无锡、常州、南京、镇江、扬州、泰州、南通、杭州、嘉兴、湖州、宁波、绍兴、舟山
	京津冀	北京、天津、唐山、廊坊、保定、秦皇岛、石家庄、张家口、承德、沧州

（续表）

区域	城市群	城市群所包含的城市
东部地区	济宁	济宁、枣庄、菏泽
	闽南金三角	厦门、漳州、泉州
	辽东半岛	沈阳、鞍山、抚顺、本溪、阜新、盘锦、丹东、辽阳、铁岭、葫芦岛、大连
	山东半岛	济南、青岛、烟台、威海、日照、东营、潍坊、淄博
	珠江三角洲	广州、深圳、珠海、佛山、惠州、肇庆、江门、东莞、中山
中部地区	哈大长	哈尔滨、大庆、齐齐哈尔、长春、绥化
	中原	郑州、洛阳、开封、新乡、焦作、许昌、济源、平顶山、漯河
	武汉	武汉、黄石、鄂州、孝感、黄冈、咸宁、仙桃、潜江、天门
	长株潭	长沙、株洲、湘潭
	呼包鄂	呼和浩特、包头、鄂尔多斯
	赣北	南昌、九江、景德镇、鹰潭、上饶
	皖中	合肥、巢湖、芜湖、铜陵、马鞍山
	晋中	太原、晋中、阳泉
西部地区	关中	西安、咸阳、铜川、宝鸡、渭南、韩城、华阴、兴平
	银川平原	银川、吴忠、青铜峡
	南北钦防	南宁、北海、钦州、防城港
	滇中	昆明、曲靖、玉溪、楚雄
	成渝	重庆、成都、德阳、绵阳、广元、宜宾、乐山、泸州、南充、自贡、达州
	黔中	贵阳、遵义、安顺、都匀、凯里
	兰白西	兰州、白银、西宁、定西、临夏
	酒嘉玉	酒泉、嘉峪关、玉门

（二）指标选取

本文指标体系参考相关学者的研究成果而构建，从指标数据应当具备全面性、科学性以及可获得性等原则出发，将旅游总能级划分为旅游经济、旅游潜力和旅游支撑三个方面；并以旅游总收入、接待游客总数、人均 GDP 和第三产业产值占地区生产总值的比重作为权衡城市旅游经济能级的指标，以旅行社数量、星级酒店数量和 4A 级及以上景区数量作为衡量城市旅游潜力能级的指标，以铁路客运总量和公路客运总量作为衡量城市旅游支撑能级的指标。

（三）数据来源

本文统计年份为2016年，其中中国城市群中所包含的100个地级市大部分数据来自2017年的《中国城市统计年鉴》和各市的统计年鉴及其《国民经济与社会发展统计公报》。由于《中国城市统计年鉴》中关于县级层面的数据存在部分缺失，本文将根据县级市所在省份的2004—2017年统计年鉴的平均值来获取此部分数据。

三、研究方法

本文对数据进行预处理，运用变异系数法求出指标权重；借助 *spss*19.0 将已预处理的数据进行因子分析，对主成分进行提取与实证；通过计算城市群城市旅游能级，借助引力模型对城市旅游对外关联度进行测算，运用区位熵计算出城市旅游外向功能强度；将之前计算所得进行综合计算分析，得出各个城市的旅游共生关系总排名得分。根据测算结果，再次借助 *spss*19.0 将我国城市群城市共生关系进行分类。

（一）数据预处理

1. 构建指标数据矩阵

设城市数量为 n，指标数量为 m，指标数据矩阵为：

$$X=(x_{ij})_{nm}(i\in[1,n],j\in[1,m]) \quad (1)$$

2. 原始数据的无量纲化处理

对于正向性指标：

$$y_{ij}=(x_{ij}-x_{j\min})/(x_{j\max}-x_{j\min}) \quad (2)$$

对于负向性指标：

$$y_{ij}=(x_{j\max}-x_{ij})/(x_{j\max}-x_{j\min}) \quad (3)$$

式(2)和式(3)中，x_{ij} 表示第 i 个城市第 j 个指标，$x_{j\min}$ 表示 j 项指标的最小值，$x_{j\max}$ 表示 j 项指标的最大值。

（二）变异系数法计算指标权重

1. 计算指标 x_{ij} 的变异系数，计算公式为：

$$V_i=\partial_i/\overline{x}_i \quad (4)$$

其中，∂_i 为第 i 个指标的标准差，$\overline{x}_i$ 为第 i 个指标的平均值。

2. 计算指标 x_{ij} 的权数 w_{ij}，计算公式为：

$$w_i = V_i \Big/ \sum_{i=1}^{m} x_{ij} \tag{5}$$

(三) 城市群城市旅游能级测定

1. 借助 *spss*19.0,将已预处理的数据进行因子分析,对主成分进行提取与实证。

2. 城市群城市旅游能级。

$$Z_i = (F_i - F_{\min})/(F_{\max} - F_{\min}) \times 60 + 40 \tag{6}$$

式(6)为将因子分析后的数据进行百分制转换处理,其中,Z_i 为百分制转换后的第 i 个城市的旅游能级得分值;F_i 为百分制转化之前的城市得分值;$F_{\min}$为 F_i 中的最小值,$F_{\max}$为 F_i 中的最大值。

(四) 城市旅游对外关联测度

1. 对于城市 i,单项城市旅游对外关联度指数:

$$TC_{ij} = k_i \sqrt{Z_i Z_j} / D_{ij} \tag{7}$$

$$k_i = Z_i \Big/ \sum_{i=1}^{n} Z_i \times 100 \tag{8}$$

$$D_{ij} = [(D'_{ij} - D'_{\min})/(D'_{\max} - D'_{\min})] \times 60 + 40 \tag{9}$$

式中,Z_i、Z_j 分别为城市 i 和城市 j 的旅游能级,k_i 为城市旅游关联系数,D_{ij} 为已标准化处理后的关联城市旅游交通距离。

2. 对于城市 i,第 i 城市旅游对外关联指数:

$$TC_i = \sum_{i=1}^{n} TC_{ij} \Big/ n \tag{10}$$

(五) 城市旅游外向功能强度测度

$$LQ_{ij} = \frac{G_{ij}/G_i}{G_j/G} \tag{11}$$

式(11)中,G_{ij} 为城市 i 的旅游收入,G_i 为城市 i 的 GDP,G_j 为城市群区域的城市旅游总收入,G 为城市群区域的 GDP 总额。

(六) 城市旅游共生关系排名得分

$$TR_i = (ZR_i + TCR_i + LQR_i) \times 100/(3 \times n) \tag{12}$$

式(12)中,n 为城市群内城市数量,TR_i 为第 i 个城市的旅游共生关系排名得分,ZR_i 为第 i 个城市的旅游能级排名得分,TCR_i 为第 i 个城市的旅游对外关联排名得分,LQR_i 为第 i 个城市的旅游功能排名得分。

四、计算结果及分析

(一) 计算结果

本文通过变异系数法，由式(2)至式(5)求得旅游能级指标权重(见表2)。

表2　中国城市群城市旅游能级指标权重

	指标类别	单项指标	单位	指标性质	权重
旅游能级	旅游经济能级	旅游总收入	万元	+	0.452
		接待游客总数	万人	+	0.076
		第三产业产值/地区GDP	%	+	0.014
		人均GDP	元	+	0.030
	旅游潜力能级	旅行社数量	个	+	0.124
		星级酒店数量	个	+	0.062
		4A级及以上景区数量	个	+	0.069
	旅游支撑能级	铁路客运总量	万人	+	0.095
		公路客运总量	万人	+	0.078

结合表2的计算结果，借助*spss*19.0软件对我国城市群相关指标数据进行因子分析，由式(6)得出中国城市群城市旅游能级的计算结果(过程略)。在长三角城市群中，上海、南京、苏州和杭州4地作为该区域的4个中心城市的旅游总能级排位较前。相比之下，泰州、湖州和舟山的旅游能级较差，最高均未超过45分，最低仅为40分，与上海、南京、苏州和杭州4地的差距较为明显。在京津冀城市群中，北京和天津的旅游经济、潜力能级、支撑能级以及旅游总能级均位列前两位，优势明显；而石家庄也体现出河北省会优势，位居第三。然而，张家口、承德、沧州这些城市的旅游能级各项得分较为落后，均未超过44分。在闽南金三角城市群中，厦门市作为东南沿海重要的中心城市，其旅游能级指数稳居首位。葫芦岛在辽东半岛中，旅游潜力能级排位靠前，但是旅游经济及其支撑能级的排位靠后，以致其旅游总能级排位并不靠前。在中原城市群中，郑州和洛阳分别作为省会城市和我国四大古都之一，其旅游经济、潜力能级、支撑能级以及旅游总能级均稳居前二，并与该区域内其他城市拉开较大距离。在整个武汉城市群中，武汉旅游各项能级指标均遥遥领先于区域内其他城市，且差距较大。在长株潭、呼包鄂和关中城市群中，长沙、呼和浩特和西安作为中心城市，在旅游各项能级指标中均体现明显优势，得

分均为100;而该区域内其他城市与其差距较为明显。在成渝城市群中,重庆和成都作为我国西南区的两大中心城市,其旅游总能级得分均在90分以上,而区域内其他城市的得分均未超过55分,差距较为明显。

根据式(7)至式(10),计算得出中国城市群旅游对外关联度(过程略)研究结果表明,处于东部地区城市群城市的平均对外关联度约为84.527,处于中部地区城市群城市的平均对外关联度为63.997,处于西部地区城市群的平均对外关联度为55.61。东部地区的城市群城市的对外关联度高于中部以及西部地区城市群的城市。

根据式(11),计算得出中国城市群旅游外向功能强度(过程略),从总体来看,我国城市群城市旅游外向功能强度 $LQ_{ij}>1$ 的城市占比39.16%,即39.16%的城市存在外向功能,这些城市的总收入中分配至旅游部门的比例大于其所在区域的分配比例。其中,在东部地区城市群城市中,较多城市的旅游业存在外向功能。

通过式(12),计算出中国城市群城市旅游共生指数 TR_i,借助 *spss*19.0 工具软件对旅游共生指数做聚类分析,将耦合度分为一级共生、二级共生、三级共生、四级共生和五级共生5个等级。研究结果显示,一级共生、二级共生、三级共生、四级共生和五级共生的占比分别为16.78%、25.17%、23.78%、29.27%和0.48%;处于一级共生的城市普遍为城市群中心城市,处于二、三、四级共生的城市占多数,而处于五级共生的城市多是旅游资源禀赋均不占优势的城市。

(二) 比较分析

综合上述计算结果,我们可将我国城市群分为多旅游中心城市群、单旅游中心城市群进行比较分析。

1. 中原城市群和成渝城市群为多旅游中心城市群。从中原城市群整体来看,郑州、开封和洛阳凭借自身良好的旅游资源、深厚的历史底蕴或作为省会城市的相关政策优势,其旅游能级、对外关联度以及外向功能强度均在中原城市群中处于领先位置,利于联合带动整个城市群旅游经济的发展;但济源、漯河等城市现有的旅游经济状况和旅游开发潜力均较弱,因此未与区域内其他城市形成良好的共生竞合关系。从成渝城市群来看,重庆和成都作为城市群内中心城市,凭借自身经济背景、政策和区位优势,其旅游综合能级、对外关联度以及外向功能强度均在区域内遥遥领先,并作为该区域的旅游中心城市,带动着区域旅游经济发展。

2. 除中原和成渝城市群外,其余均为单旅游中心城市群。从位于我国东部地区的城市群看来，上海、北京、济宁、厦门、沈阳、青岛和广州在其所属的城市群内旅游综合能级领先，对外关联度较强，且外向功能强度明显；这些城市作为所在城市群的旅游中心城市，将引领各自区域旅游经济的可持续发展。从位于我国中部地区的城市群来看，哈尔滨、武汉、长沙、呼和浩特、九江、合肥和太原凭借自身经济背景、旅游资源禀赋等优势，分别为武汉、长株潭、呼包鄂、赣北、皖中和晋中城市群的旅游中心城市。从位于我国西部地区的城市群来看，虽然自然资源禀赋较强，但是由于西部地区经济发展较晚，城市群数量较少，其旅游中心城市数量均少于东部、中部地区。西安、南宁、昆明、贵州、兰州和酒泉分别作为关中、南北钦防、滇中、黔中、兰白西和酒嘉玉城市群的旅游中心城市，将带动该区域其他城市的旅游业协同发展。

五、结论与讨论

(一) 结论

1. 城市群内城市的旅游总能级普遍呈现显著的分化特征。中国城市群城市旅游能级的计算结果表明，我国城市群内一级旅游中心城市的旅游总能级得分普遍与区域内其余城市的差距明显。从位于东部地区的城市群来看，上海、北京、济宁、厦门、沈阳、青岛、广州作为所属城市群一级旅游中心城市，其能级得分均为100；而其余城市的得分普遍呈梯度下降，一级旅游中心城市与二级旅游城市普遍平均相差 30 分。从中部、西部地区城市群来看，该现象更为明显。以武汉、长株潭、呼包鄂、晋中、银川平原、滇中城市群为例，武汉、长沙、呼和浩特、太原、银川、昆明的旅游总能级得分均为 100，而其所属城市群内其余城市得分均处于 40—50 分的范围内，两极分化显著。

2. 城市群内城市旅游外向功能存在地区间的非均衡发展状态，且整体发展水平仍待提升。由中国城市群旅游外向功能强度的计算结果可以看出，在我国城市群所包含的 143 个城市中，旅游业具有外向功能的城市仅占比 35.66%，其余城市的旅游业外向功能均微弱或甚至不存在。其中，位于东部地区的城市群的城市占比 19.58%，位于中部地区城市群的城市占比 10.48%，而位于西部地区城市群的城市占比 10.15%。东部地区的城市群城市旅游外向功能强度明显高于中部和西部地区的城市群城市。

3. 旅游中心城市普遍为城市群中心城市，充分发挥其旅游产业集聚效应。中国城市群城市旅游能级和城市旅游对外关联度的计算结果表明，不管是从旅游总能级的角度，还是从城市的对外关联度来看，除极个别城市群外，城市群的中心城市普遍为该城市群的一级旅游中心城市。以东部地区的长江三角洲、京津冀、珠江三角洲、闽南金三角和辽东半岛城市群为例，上海、北京、广州、厦门和沈阳作为城市群中心城市的同时，其旅游业也在城市群旅游业中发挥领先带头的作用。在中部城市群中，哈尔滨、郑州、武汉、长沙、南昌、呼和浩特、合肥、太原作为该区域中心城市的同时，也作为该区域的一级中心旅游城市带动所属区域旅游业的发展。在西部城市群中，西安、银川、南宁、昆明、重庆、成都、贵阳、兰州和酒泉作为所在城市群发展中心的同时，也凭借自身资源与发展优势占据所属区域一级旅游中心城市的位置。

（二）讨论

1. 我国疆域辽阔，由于地形各异、气候多样，因而不同区域拥有的资源禀赋不一，各区域的优势产业也各不相同。以京津冀城市群的沧州市为例，沧州市是我国的“石油之城、管道之都”，支柱性产业主要为冶金、机械制造、管道、石油和食品加工业，但其旅游资源不占优势。因此，其旅游业的相关能级在京津冀城市群中均处于相对落后的状态。或受经济条件、交通条件的制约，该区域旅游资源未得到合理优化，发展潜力仍待深入挖掘。以黔中城市群为例，都匀和凯里均为少数民族聚集区，具有浓厚的少数民族文化底蕴以及优美的山水自然风光，旅游资源丰富；但碍于地形特殊，其交通网络尚未得到充分完善，其旅游业发展程度落后于区域内其他城市。

2. 各城市群过度强调自身旅游竞争力的提升，而忽视与周边城市群的合作，导致城市群旅游业竞合能力的提升受阻。[22]综合计算结果可以看出，我国城市群内具有外向功能的城市基本为旅游收入占城市生产总值比重较大的城市。例如，闽南金三角城市群中的厦门，山东半岛城市群中的青岛、济南、日照和威海，中原城市群中的洛阳和开封，珠江三角洲城市群中的广州和珠海，成渝城市群中的重庆和成都等，这些城市在旅游资源方面均具有明显优势，但对周边城市旅游经济的带动范围有限。

3. 自我国实行城市群经济发展方式以来，形成主要以城市群内中心城市为优先发展对象，然后由中心城市带动该城市群内其他城市经济的发展，在区域内形成“一带一”的旅游经济发展模式。因此，城市群中心城市率先享受优惠的发展政策，并与自身旅游资源特征等因素紧密结合，使得中心城市的旅游业得以长足发展，并成为带动所在城市群旅游经济发展的旅游中心城市。

六、政策建议

本文通过对中国城市群城市旅游综合能级、旅游经济对外关联度及其强度、城市群城市之间共生关系等级分布情况和旅游经济联系进行计算，并对结果进行综合比较分析，得出以下政策含义：通过对中国城市群城市旅游综合能级的计算，为便于政府从旅游资源、旅游经济和旅游支撑等维度发展区域旅游经济，为发展区域旅游经济提供数据支持；借助引力模型分别对中国城市群的城市旅游对外关联度及其关联强度进行测算，为更加直观地观测城市旅游对外的关联程度，并为其制定相关政策进而加强城市群对外旅游经济联系提供帮助；借助 *spss*19.0，分类我国城市群城市共生关系，为构建城市群间旅游竞合模式，不断推动城市群旅游经济建设提供数据支持与理论建议。基于上述政策含义的理解，本文提出以下政策建议：

1. 打造城市群多中心一体化共生发展模式，推进区域内旅游经济均衡发展。随着以城市群为单位的旅游业发展模式日趋成熟，区域旅游经济整合趋势与互动特征也日益明显。建立“多中心”城市群，已经是城市群发展的必然方向，其旨在分担中心城市经济带动功能，实现区域内旅游经济的均衡发展。然而，打造区域多中心一体化共生发展模式需要树立共生合作的观念，在区域内部的共生关系构成条件基础上，合力突破行政区划之间的阻碍；使多个中心城市能够带动更多周边城市共同发展，使区域内部形成优势互补、联动发展的良性竞争合作模式[23]，推动区域内部旅游经济均衡发展，从而提高区域综合竞争力。

2. 创新区域旅游发展思路，确立西部地区旅游资源合作开发战略。旅游资源是区域旅游开发与合作中最基本的发展因素，是旅游业赖以生存和发展的基础。位于西部地区的城市群，因少数民族聚集而具备深厚的文化历史底蕴，且其特殊的地形地貌蕴藏丰富的自然资源。各区域充分发挥该区域特殊的旅游资源优势，在旅游发展顶层设计领域勇于创新，突破区域间的行政壁垒，形成全域旅游发展理念；将各区域间的特色旅游资源整合开发，形成由点到线、由线到面的新型旅游产品，提高西部城市群旅游业综合竞争力，推进西部区域旅游产业转型与升级。

3. 拓宽东部、中部、西部地区的合作平台，提高区域共生关联度。在经济全球化的发展背景下，区域发展合作已成为推进区域经济一体化的核心要义之一。合理开发区域旅游资源，提高资源共生度，是实现我国城市群区域旅游共生合作的基础。因此，区域旅游业的管理和规划将是拓宽区域旅游共生合作平台的关键因素之一。针对当地旅游业发展情况制定相应的交流与对外合作政策，积极建立合理的合作共享机制，扫清区域旅游合作障碍；提高区域之间旅游共生关联度[24]，形成良性竞合模式，实现区域间旅游业合作互补和互惠共赢，推动区域间旅游业高质量发展。

参考文献

[1] 方创琳，张舰. 中国城市群形成发育的政策保障机制与对策建议[J]. 中国人口・资源与环境，2011，21(10)：107—113.

[2] 罗斯・道林，张广瑞. 从环境适应性来探讨旅游发展规划[J]. 旅游学刊，1993(06)：50—53.

[3] 肖东生，石青. 基于共生理论在湖南 3+5 城市群经济一体化中的应用分析[J]. 价值工程，2011，30(01)：148—149.

[4] Ahmadjian V, Paracer S. *Symbiosis: An Introduction to Biological Associations*[J]. Quarterly Review of Biology, 2000, 89(4): 461-71.

[5] Odum E P. *Ecosystem, Concept of-Encyclopedia of Biodiversity*[J]. Encyclopedia of Biodiversity, 2001: 305-310.

[6] Ehrenfeld J, Gertler N. *Industrial Ecology in Practice: The Evolution of Interdependence at Kalundborg*[J]. Journal of Industrial Ecology, 1997, 1(1): 13.

[7] 黑川纪章. 新共生思想[M]. 北京：中国建筑工业出版社，2009.

[8] Koutsouris A, Gidarakou I, Grava F, et al. *The Phantom of (agri) Tourism and Agriculture Symbiosis? A Greek Case Study*[J]. Tourism Management Perspectives, 2014, 12: 94-103.

[9] Czernek K, Czakon W, Marszałek P. *Trust and Formal Contracts: Complements or Substitutes? A Study of Tourism Collaboration in Poland*[J]. Journal of Destination Marketing & Management, 2017, 6(4): 318-326.

[10] Verbiest, Jean-Pierre A. *Regional Cooperation and Integration in the Mekong Region*[J]. Asian Economic Policy Review, 2013, 8(1): 148-164.

[11] Habibah A, Hamzah J, et al. *City-City Tourism Collaboration in the Straits of Malacca Development Region: Key Success Factors*[J]. Asian Social Science, 2013, 9(13): 40-52.

[12] 袁纯清. 共生理论及其对小型经济的应用研究(上)[J]. 改革，1998(02)：100-104.

[13] 杨永刚，景天星，秦作栋. 基于共生理论与产业集群的旅游资源整合研究——对晋陕豫三省的实证分析[J]. 山西大学学报：自然科学版，2008(04)：630—634.

[14] 张怀志,武友德.城市共生及协同演化研究——以滇中城市群为例[J].资源开发与市场,2016,32(09):1078—1082.

[15] 冷志明,张合平.基于共生理论的区域经济合作机理[J].经济纵横,2007(07):32—33.

[16] 吴泓,顾朝林.基于共生理论的区域旅游竞合研究——以淮海经济区为例[J].经济地理,2004(01):104—109.

[17] 陈四辉."泛珠三角"区域经济合作研究——基于共生理论的视角[J].云南民族大学学报:哲学社会科学版,2012,29(02):115—123.

[18] 马国强,汪慧玲.共生理论视角下兰西城市群旅游产业的协同发展[J].城市问题,2018(04):65—71.

[19] 王庆生,张行发,郭静.基于共生理论的乡村旅游精准扶贫模式和路径优化研究——以山东省沂南县竹泉村为例[J].地域研究与开发,2019,38(03):108—112.

[20] 陆相林,孙中伟,马世猛.京津冀区域城市旅游共生关系分析与协同发展对策[J].经济地理,2016,36(04):181—187.

[21] 方创琳.中国城市群形成发育的新格局及新趋向[J].地理科学,2011,31(09):1025—1034.

[22] 马勇,童昀.基于生态位理论的长江中游城市群旅游业发展格局判识及空间体系建构[J].长江流域资源环境,2018,27(06):1231—1241.

[23] 倪向丽,吕宛青,张冬.基于区位熵的旅游产业集聚发展实证研究:以云南为例[J].广西大学学报:哲学社会科学版,2018,40(04):55—60.

[24] 许春晓,佘白连.旅游目的地间共生的市场驱动机制研究[J].旅游学刊,2016,31(07):96—105.

作者简介

钟学思,广西柳州人,广西师范大学经济管理学院副教授、硕士生导师,广西师范大学珠江—西江经济带发展研究院研究员。研究方向为城市化与区域经济可持续发展。

邓闻静,江西新余人,广东省电子商务技师学院教师。研究方向为城市群与区域经济可持续发展。

Comparative Research on the Symbiosis and Cooperation Relationship in Tourism of Cities in City Agglomerations of China

Zhong Xuesi　Deng Wenjing

Abstract: With the increasing attention paid by China to the development of tourism industry, how to create an integrated, mutually-beneficial, and symbiotic model of tourism in city agglomerations and promote the sustainable development of regional tourism economy has become one of the hot social issues. Taking 23 city agglomerations in China as research objects, this paper measures and calculates the tourism energy level, the external correlation degree and intensity of urban tourism, and the tourism symbiosis index. The research findings show that, the total tourism energy level of the cities in city agglomerations is generally featured by significant differentiation; the tourism of cities in city agglomerations is in unbalanced development among regions in terms of extrovert function, and is to be improved in terms of overall development level; tourism center cities are generally central cities of city agglomerations, and shall give full play to their tourism industry agglomeration effect. On this basis, the paper brings forward relevant policy implications and suggestions.

Key words: City Agglomeration; Regional Tourism; Tourism Energy Level; Symbiosis and Cooperation

基于熵值法—突变级数法的大运河文化带文化产业优化升级能力评价*

刘　倩　王秀伟

摘　要:在历史因素和现实因素的交织下,长期以来大运河文化带文化产业面临低水平发展、整体协调能力差等问题,亟待优化升级。立足于此,从发展现状、基础环境和驱动因素三个维度构建文化产业优化升级能力评价指标体系。选取2016年相关数据,运用熵值法和突变级数法对大运河文化带沿线区域文化产业优化升级能力进行评价。结果表明,各省市文化产业优化升级能力呈现出较大的差异性,江苏、北京、山东和浙江四省市超过区域的平均值,而河南、安徽、河北和天津四地则低于该均值。为有效推动沿线区域文化产业优化升级能力的整体提升,各地应依托本地运河文化资源,积极对接国家重大发展战略,探索建立跨区域协作机制,促进文化产业与其他产业的深度融合发展,实现沿线区域文化产业协同发展。

关键词:大运河文化带　文化产业　优化升级能力　熵值法　突变级数法

一、引　言

中国大运河既是世界上规模最大、距离最长、延续时间最久的航运工程体系,也是规模巨大的文化遗产走廊,更是中华文明的伟大标志性工程。2014年6月22日,中国大运河被正式列入《世界遗产名录》,成为中国第46个世界遗产项目。大运河申遗成功后,各地纷纷加强对大运河的保护开发利用。2017年2月和6月,习近平总书记先后对深入挖掘大运河文化资源,统筹保护好、传承好、利用好大运河做出重要指示和批示,这标志着大运河文化带建设拉开了序幕。2019年2月,中共中央办公厅、国务院办公厅印发了《大运河文化保护传承利用规划纲要》,提出

*　基金项目:教育部人文社会科学研究项目(19YJC760111),中央高校基本科研业务费项目(201913013)阶段性成果。

打造大运河璀璨文化带的目标，由此大运河文化带建设正式上升为国家战略。大运河文化带是以运河文化保护、传承、利用为指导，以运河水工遗存、附属设施和相关遗存为基础，以运河物质遗产和非物质遗产为主要对象，以运河文化产业和文化事业为主要载体的带状功能区域。[1]建设大运河文化带既契合大运河的线性遗产特征，也有利于整合运河沿线各地的遗产要素，形成整体发展态势。[2]大运河文化带是我国第一个以文化建设为主要指向的带状发展战略。大运河文化带的提出为沿线区域文化资源的整合、优化和提升提供了千载难逢的机遇。发展文化产业是实现大运河沿线丰富的文化资源创造性转化和创新性发展的重要方式，也是推动沿线区域文化建设的有力支撑。“带状发展”是现阶段我国文化产业区域化发展的主要特征之一。[3]以社会效益与经济效益的双效统一为引领，通过发展文化产业将大运河沿线文化资源与现代消费场景有机结合，实现遗产保护、文化传承、资源开发和经济发展的有机统一，对于推动大运河文化保护、传承、利用，统筹大运河沿线区域经济社会发展具有重要意义。

大运河文化带沿线区域涉及北京、天津、河北、山东、江苏、浙江、河南和安徽 8 个省市，凝聚着我国文化产业发展的核心力量[4]，在我国文化产业发展的空间格局和产业布局中占据了举足轻重的地位。但由于长期以来积累的历史因素和宏观的经济社会发展因素，沿线各省市文化产业的发展基础和发展环境存在较大差异。此外，由于资源的趋同性，临近省份在大运河文化资源的开发利用过程中往往表现出竞争性。[5]沿线区域文化产业的整体协调能力较差，文化产业发展面临优化升级的巨大压力。为了延续壮美运河的千年神韵，大运河文化带的建设需要在顶层设计的基础上，整合各地文化资源，形成发展合力，实现协同发展。为推动大运河文化带沿线区域文化产业的优化升级，促进区域内文化产业的协同发展，应首先对沿线各省市文化产业优化升级能力做出客观评价。在此基础上，结合对沿线各地文化产业发展现状和影响文化产业优化升级因素的分析，构建大运河文化带沿线区域文化产业优化升级能力评价指标体系。运用熵值法和突变级数法对沿线各省市文化产业优化升级能力进行定量评价。根据对评价结果的分析，提出提升大运河文化带沿线区域文化产业优化升级能力的对策建议。

二、大运河文化带沿线区域文化产业优化升级能力评价模型

（一）构建评价指标体系

从经济学角度来看，文化产业优化升级是一个包含多重含义的综合概念。首

先，从产业链的角度来看，文化产业优化升级是指通过优化、协调产业链各环节的关系，提高整个产业链的运作效能，最终提升文化产业的竞争优势。其次，从产业结构的角度来审视，文化产业的优化升级是指通过促使文化产业结构向高度化、合理化演进，提高文化产业的附加值。再次，从空间布局层面端视，通过促进区域文化产业集群或集聚式发展，提高规模经济效益和范围经济效益；通过合理布局发挥比较优势作用，减少邻近区域的同质化竞争，提升区域文化产业的整体竞争力，实现文化产业的优化升级。文化产业优化升级是一个动态的演进过程，受到多种因素的影响。区域经济发展水平、文化资源禀赋以及文化基础设施等基础环境为文化产业的发展提供物质基础、文化内涵和承载空间。良好的发展环境是促进文化产业高质量发展的前提和基础。基于区域产业发展基础，在内外部各种驱动因素的作用下，文化产业激发出优化升级的动机。因此，对大运河文化带沿线区域文化产业优化升级能力的评价不能仅局限于产业本身，还应综合考量产业发展环境、产业升级驱动力等多种因素。因此，我们从文化产业发展现状、文化产业发展环境和文化产业优化升级的驱动因素三个方面构建了大运河文化带沿线区域文化产业优化升级能力的评价指标体系（表1）。

表1　大运河文化带沿线区域文化产业优化升级能力评价指标体系

一级指标	二级指标	三级指标	权重
发展现状 0.376	细分行业 0.220	版权合同登记情况（份）	0.095
		广告经营额（万元）	0.050
		广播电视收入（万元）	0.041
		娱乐场所利润总额（万元）	0.034
	产业概况 0.087	文化产业增加值占GDP比重	0.040
		文化产业增加值	0.028
		文化及相关产业固定资产投资（万元）	0.019
	产业结构 0.069	文化服务业法人单位增加值占比（%）	0.031
		文化批发和零售业法人单位增加值占比（%）	0.022
		文化制造业法人单位增加值占比（%）	0.016
基础环境 0.338	经济基础 0.133	地区生产总值（亿元）	0.096
		第三产业占GDP比重	0.037

（续表）

一级指标	二级指标	三级指标	权重
	资源基础 0.127	文物保护机构藏品数(个)	0.059
		文化及相关产业专利授权数(项)	0.040
		国家级风景名胜区面积(平方公里)	0.028
	文化基础 0.078	公共图书馆总藏量(万册)	0.037
		博物馆数(个)	0.022
		群众文化机构数(个)	0.019
驱动因素 0.286	消费需求 0.094	城镇居民人均文化消费支出(元)	0.035
		农村居民人均文化消费支出(元)	0.033
		接待入境过夜游客数(万人)	0.026
	科技水平 0.078	规模以上文化制造业企业 R&D 经费内部支出	0.038
		专利授权数(个)	0.027
		普通高校数(所)	0.013
	政府政策 0.061	地方财政文化体育与传媒支出(亿元)	0.023
		地方财政科学技术支出(亿元)	0.020
		文物保护管理机构数(个)	0.018
	人力资源 0.053	高等教育人口数(人)	0.030
		文化企业从业人员数(人)	0.023

文化产业的优化升级是基于当前发展现状进行的产业优化和升级。因此，对文化产业发展现状的分析是构建大运河文化带沿线区域文化产业优化升级能力评价指标体系的基础。为了更全面地反映文化产业的发展现状，除考虑文化产业增加值等体现产业发展状况及其变化的数据外，我们选取文化产业领域的四个细分行业的营收数据作为辅助性的评价指标。此外，文化产业结构是衡量一地文化产业发展水平的重要依据，我们选取文化产业内部不同细分行业占比情况来衡量产业结构构成。

文化产业发展的基础环境是推动区域文化产业发展的重要支撑因素和外部条件，文化产业的优化升级也离不开作为支撑因素的基础环境。故此，需要将文化产业发展的基础环境作为测度和评价文化产业优化升级能力不可或缺的指标。文化产业发展的过程既是借助现代生产方式、科技手段和多元的传播渠道推动文化资源实现创造性转化和创新性发展的路向，也是满足人们精神文化消费需求、实现文化创新和创造的过程。同时,文化产业的发展是社会经济发展到一定水平的产物。随着文化产业规模的壮大和产业融合渗透程度的加强,区域或城市文化产业的发展水平某种程度上表征了区域内社会经济的发展水准。反之,经济基础和当前经济发展水平在很大程度上也决定了一地文化产业的发展程度。因此,在构建评价指标体系时,我们选取经济基础、文化基础和资源基础作为衡量文化产业发展基础环境的指标。

文化产业的优化升级除了需要作为基本条件的基础环境支撑外,还需要其他驱动因素的共同发力。因而在构建大运河文化带沿线区域文化产业优化升级能力评价指标体系时需要根据实际,合理选择驱动文化产业优化升级的因素。文化消费是文化生产的最终目的,也是文化产业价值链条中价值实现的终端环节,并对文化生产和文化产业的发展起到直接的拉动作用。现代科技在文化产业全产业链的应用以及文化向科技领域的渗透而外在地表现出来的文化与科技的融合,对文化产业的结构升级、布局优化、融合程度等方面产生了前所未有的影响,成为当前驱动文化产业创新发展的至关重要的因素。人才是文化产业发展中最重要的资源之一,也是文化产业实现优化升级的关键要素。同时,考虑到政府政策在推动文化产业发展中的作用,我们将政策因素也列为驱动文化产业优化升级的重要因素。基于此,我们选取反映消费需求、科技水平、人力资源、政府政策状况的指标作为衡量文化产业优化升级驱动因素的指标。

(二)基于熵值法—突变级数法进行评价的原理

突变级数法是突变理论和模糊数学相结合而形成的评价体系和方法。运用该方法对研究对象进行评价时从底层指标开始,根据不同突变系统的归一化公式计算各指标的隶属函数值,进而通过逐层递归计算出上一层指标各控制变量的取值,最终得到系统的总突变隶属函数值。[6]应用突变级数法无需对各层次指标赋予具体权重,克服了传统评价方法对指标赋权的主观性,但操作中仍需对各层次指标按照重要性进行排序。为了避免人为排序时的主观性,文章引入熵值法对指标进行合理排序。

1. 基于熵值法的各层次指标排序

熵值法利用各指标的观测值所提供的数据大小确定各层次指标的权重。在由8个待评价省份和29项三级指标组成的文化产业优化升级能力评价指标数据矩阵中,对某项指标而言,指标值 X_{ij} 的离散程度越高,熵值越大,该指标在综合评价中所起的作用也将越大;反之所起作用越小。[7]在对熵值做出计算前,需要首先对各项数据进行无量纲化处理。对于越大越优型的数据，处理方法如公式(1)所示：

$$Y_{ij}=\frac{X_{ij}-minX_j}{maxX_j-minX_j} \tag{1}$$

对于越小越优型的数据，处理方法如公式(2)所示：

$$Y_{ij}=\frac{maxX_j-X_{ij}}{maxX_j-minX_j} \tag{2}$$

公式(1)和(2)中，Y_{ij}表示经过标准化处理后的指标取值，X_{ij}表示指标的原始值，$maxX_j$和$minX_j$分别表示各指标原始值的最大值和最小值。根据标准化处理后的数据计算各指标的熵值e_j，如公式(3)所示[8]：

$$e_j=\frac{-1}{ln8}\sum_{i=1}^{8}(P_{ij}lnP_{ij} \tag{3}$$

在公式(3)中，$P_{ij}=Y_{ij}/\sum_{i=1}^{8}Y_{ij}$。在获取熵值的基础上运用公式(4)分别计算各指标的差异系数。某项指标的差异系数越大，表明其对评价所起的作用越大，反之则越小。

$$d_j=1-e_j \tag{4}$$

最后，计算并确定各项指标的权重，如公式(5)所示：

$$W_j=\frac{d_j}{\sum_{j=1}^{n}d_j} \tag{5}$$

通过分别将下级指标的权重进行加权，可得到相应上层指标的权重。当所有指标的权重计算完成后，按照权重大小对各层次指标进行统一排序，由此完成将原始指标体系有效转化为符合突变级数法要求的突变系统。

2. 各层次评价指标所属突变类型的确定

大运河沿线区域文化产业优化升级能力评价指标体系各层次指标分别包含2—4个控制变量。通过对各层次指标体系的特征和各层次之间关系的分析，不难看出指标体系中的一级指标、二级指标和三级指标分别符合尖点突变系统、燕尾突变系统和蝴蝶突变系统的特征。因此，我们将表1中的三个不同层次的指标体系分别明确为尖点突变系统、燕尾突变系统和蝴蝶突变系统。

表 2 常见突变系统

突变系统	势函数模型	分歧点方程	归一化公式
尖点突变系统	$f(x)=x^4+ax^2+bx$	$a=-6x^2$ $b=8x^3$	$X_a=a^{1/2}$ $X_b=b^{1/3}$
燕尾突变系统	$f(x)=\frac{1}{5}x^5+\frac{1}{3}ax^3+\frac{1}{2}bx+cx$	$a=-6x^2$ $b=8x^3$ $c=3x^4$	$X_a=a^{1/2}$ $X_b=b^{1/3}$ $X_c=c^{1/4}$
蝴蝶突变系统	$f(x)=\frac{1}{6}x^6+\frac{1}{4}ax^4+\frac{1}{3}bx^3+\frac{1}{2}cx^2+dx$	$a=-10x^2$ $b=20x^3$ $c=-15x^4$ $\mathrm{d}=4x^5$	$X_a=a^{1/2}$ $X_b=b^{1/3}$ $X_c=c^{1/4}$ $x_d=d^{1/5}$

3. 由突变系统的分歧点方程导出归一化公式

在各突变系统中，通过联立势函数的一阶导数等于零和更高阶导数等于零的情况，可计算得出各突变系统的分歧点方程(表 2)。通过分歧点方程导出归一化公式，以消除状态变量 x 与分歧点方程的控制变量在取值范围上的不一致性。

4. 利用归一化公式进行综合评价

如果突变系统中同一层次的控制变量之间不存在明显的相互作用，那么该系统为“非互补型”突变系统。反之，则为“互补型”突变系统。对于“互补型”突变系统，我们通过取各子指标的平均值得到上一级指标的数值；对于“非互补型”突变系统，则按照“大中取小”原则确定上一级系统控制变量的取值。[9]通过逐层递归，最后确定评价对象的总评价值。

三、大运河文化带沿线区域文化产业优化升级能力评价

(一) 数据来源及指标重要性排序

选取北京、天津、河北、山东、江苏、浙江、河南和安徽八个省市 2016 年的相关数据作为文化产业优化升级能力评价的基础。数据主要来源于《中国统计年鉴》《中国文化及相关产业统计年鉴》以及其他公开数据。考虑到数据之间的可比性，评价之前我们首先对原始数据进行无量纲化处理；在此基础上，运用熵值法确定大运河沿线区域文化产业优化升级能力评价指标体系中各层次指标的重要性排序及各指标权重。(表 1)

(二) 基于突变级数法的优化升级能力评价

在对数据进行无量纲化处理的前提下，根据各同属于上一层次指标的下级指

标间关系的不同，按照“互补型”突变系统取平均值或“非互补型”突变系统大中取小的原则，计算并确定各项二级指标和一级指标的评价结果(表3)(表4)。

表3 二级指标评价结果

	细分行业	产业概况	产业结构	资源禀赋	消费需求	经济基础	文化基础	科技水平	政府政策	人力资源
北京	0.76	0.67	0.75	0.13	0.91	0.51	0.08	0.44	0.60	0.17
天津	0.01	0.07	0.71	0.01	0.23	0.19	0.00	0.13	0.06	0.00
河北	0.05	0.27	0.71	0.35	0.03	0.01	0.43	0.22	0.41	0.28
山东	0.15	0.57	0.54	0.48	0.28	0.10	0.77	0.92	0.51	0.75
江苏	0.43	0.65	0.55	0.68	0.68	0.54	0.76	0.73	0.74	0.88
浙江	0.39	0.52	0.50	0.53	0.70	0.06	0.70	0.31	0.63	0.34
河南	0.07	0.29	0.49	0.23	0.09	0.09	0.60	0.41	0.36	0.65
安徽	0.09	0.18	0.50	0.14	0.19	0.09	0.34	0.42	0.45	0.24

表4 一级指标评价结果

	基础环境	发展现状	驱动因素
北京	0.24	0.73	0.52
天津	0.07	0.26	0.10
河北	0.26	0.34	0.23
山东	0.45	0.42	0.62
江苏	0.66	0.54	0.76
浙江	0.43	0.47	0.50
河南	0.31	0.28	0.38
安徽	0.19	0.26	0.32

从表4可以看出，大运河沿线各省市在文化产业优化升级的基础环境、发展现状和驱动因素三个方面均存在较大差距。根据一级指标的计算结果，通过计算得到大运河沿线区域文化产业优化升级能力的综合评价结果(表5)。

表5 大运河沿线区域文化产业升级能力评价结果

	北京	天津	河北	山东	江苏	浙江	河南	安徽	均值
结果	0.498	0.145	0.256	0.494	0.654	0.466	0.324	0.258	0.39
排名	2	8	7	3	1	4	5	6	

(三)综合评价结果分析

为了更直观地表现大运河沿线区域各省市文化产业优化升级能力的差异,我们将综合评价结果进行可视化处理(图1)。从大运河沿线区域文化产业升级能力评价结果可以看出,大运河文化带沿线区域文化产业优化升级能力呈现出较大的差异性。以区域均值0.39为标准,可将大运河沿线区域的八个省市分为两个梯队:第一梯队是高于均值的江苏、山东、北京、浙江四省市,第二梯队是小于该均值的河南、安徽、河北、天津四省市。

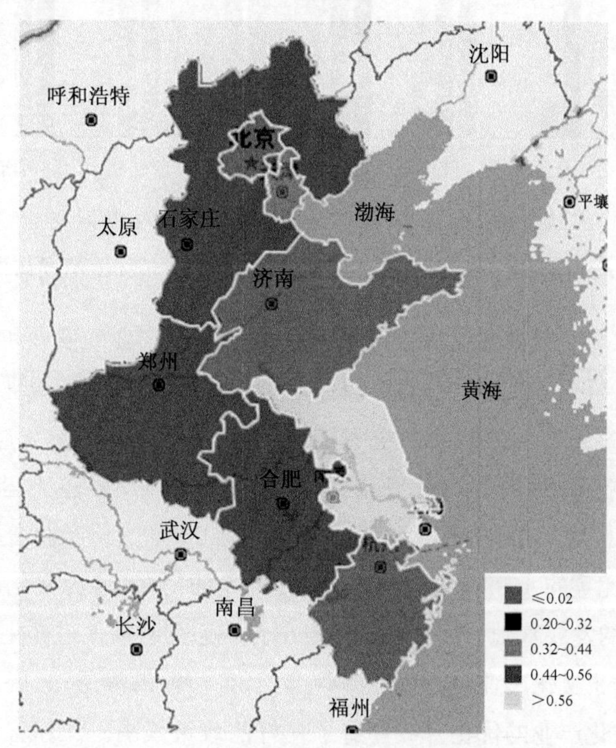

图1 大运河文化带沿线区域文化产业升级能力分层设色图

进一步对一级指标评价结果进行分析,不难发现除北京市以外,其他省市的发展现状、基础环境和驱动因素均呈现出以江苏为中心向两侧递减的趋势(图2)。通过对文化产业的发展现状、基础环境和驱动因素的综合分析,我们可对评价结果及反映的内在动因做出解释。

表5和图1的评价结果清楚地显示出目前江苏省文化产业优化升级能力位居大运河文化带各省市首位。这与推动江苏文化产业优化升级的基础环境、殷实的文化产业发展基础和支撑要素的有力驱动直接有关。江苏经济总量已突破9万

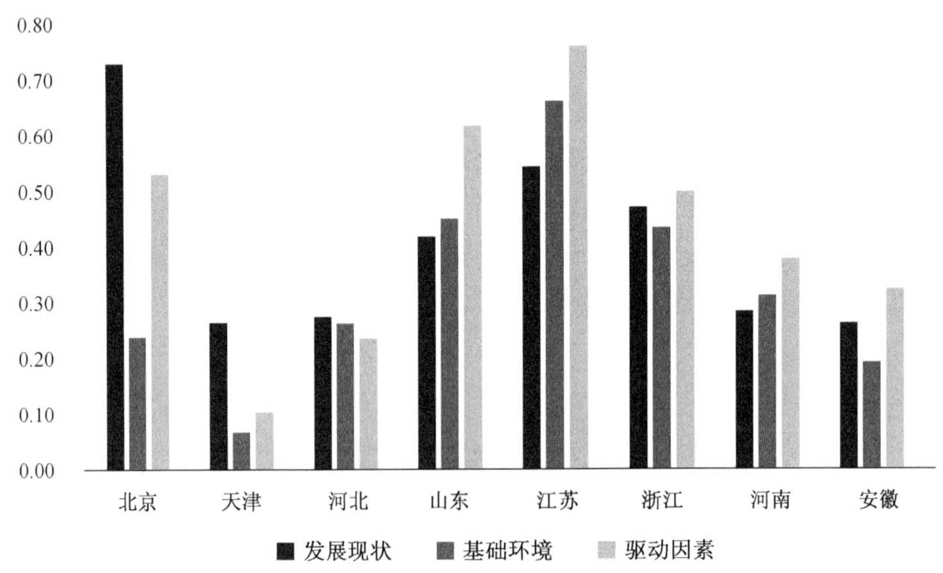

图 2　大运河文化带沿线区域文化产业升级能力各一级指标评价结果分布

亿，连续多年位居全国第二位，雄厚的经济基础为文化产业的发展和转型升级奠定了坚实的基础、留下了足够的回旋空间。地跨南北、通江达海的地理地貌孕育和滋养了类型多样的文化；大运河纵贯全省，千年来留下了丰富的文化遗存，形成了多元交融的文化格局。深厚的文化底蕴和丰富的资源禀赋为江苏大运河文化产业的优化升级提供了得天独厚的基础环境。2016 年，江苏省文化产业增加值约3 863.9 亿元，占 GDP 比重的 4.99%，已接近支柱性产业的门槛，这为文化产业的优化升级奠定了良好的发展基础。近年来江苏省出台一系列政策促进文化与其他产业的融合发展，推动了文化产业向国民经济各部门、各行业的渗透，拓展了文化产业的发展空间，为文化产业的优化升级营造了良好的政策氛围。江苏省科技厅数据显示，2016 年江苏省全社会研发投入 1 985 亿元，高出全国近 5 个百分点。[10] 庞大的研发投入有助于形成推动科技发展的态势，同时也为文化产业的优化升级提供了动力支持。此外，数量众多的高校和科研机构为文化产业的发展提供了源源不断的智力和人才资源，成为驱动文化产业优化升级的重要因素。从表 2 可以看出，江苏省文化产业优化升级的能力位居大运河沿线八省市之首与其巨大的经济总量所构筑的经济基础有重要的关系，这是其他省市难以比拟的。此外，驱动因素中的政府政策和人力资源因素也领先于其他各省，是支撑优化升级能力的重要方面。但文化消费指标的数值相对偏小在一定程度上拉低了一级指标驱动因素的评价值，也间接影响了江苏省文化产业优化升级能力的提升。因此，针对影响文化产业优化升级能力的短板和不足，江苏省应着力通过培育文化产业新业态、新动能，应用新模式、新技术，从供给端提升文化产品供给水平的同时，在需求端培育、满足文化消费的需求。

北京是全国的政治、经济、文化中心，经济实力雄厚、文化禀赋突出、科教资源富集的优势为文化产业的发展提供了无可比拟的基础环境和人力资源、科技支撑、政策服务等驱动因素。受益于政策、市场、资本、人才等健全的要素资源，北京市文化产业的产值和增量居于全国前列，因此指标体系中的发展现状一项高居沿线省份首位，大大提升了文化产业整体的优化升级能力。相邻的天津市与河北省在经济总量、资源基础、文化产业的规模与产值等基础环境和文化产业发展现状方面与大运河沿线其他省市相比并不占优势。加上受虹吸效应的影响，长期以来技术、资金、人才等驱动文化产业发展的要素资源整体处于流出状态。从表 3 可知，无论是文化消费、科技水平还是人力资源的数值，天津和河北两地在大运河沿线省份中都处于低谷。基础环境、文化产业发展现状和驱动因素等指标值的低位徘徊直接影响了两地文化产业优化升级能力的提升。因此，两地文化产业优化升级能力的总体评价结果和各单项指标的评价结果在大运河沿线的八省市中均排名较低。近年来，京津冀协同发展战略的出台为科技、人才、资金等要素资源由北京向津冀两地转移创造了良好的外部条件，借助这一重大历史机遇，在资源统筹和产业合理分工的基础上，天津和河北两地文化产业的优化升级能力或将出现质的提升。

山东和浙江两地的文化产业升级能力评价结果均超出大运河沿线区域的平均值。一级指标评价结果(表 4)显示出两省较为突出的文化产业优化升级能力都得益于由经济基础、文化基础等构成的基础环境指标值和由科技创新、政策投入等驱动因素的高评价值。在基础环境和驱动因素两项一级指标的评价值上，山东较浙江领先。由表 3 可进一步看出，两者的差距主要体现在经济基础、文化基础、科技水平、人力资源等具体层面。这充分表明了经济基础、文化基础等宏观环境和科技、人才资源等驱动因素对文化产业优化升级的显性影响。另一方面，山东在文化产业的发展基础、文化消费、政策驱动等指标的评价值方面低于浙江。这与浙江文化产业多年来形成的强劲发展势头和良性生态布局有关，尤其是在文化政策和文化消费双轮驱动下涌现出了一批在演艺、影视、娱乐、旅游等细分行业声誉鹊起的民营文化企业，积聚了文化产业纵深发展的势能，重塑了文化产业的生态格局，对全省文化产业的发展发挥了良好的示范和带动作用。通过对评价结果的分析，我们也看到文化产业领域的科技投入、人力资源供给水平的相对不足成为驱动浙江文化产业优化升级的制约因素，这也将成为浙江文化产业优化升级需要着重发力的方向。对照文化产业优化升级能力存在的不足，山东需要培育并发挥骨干龙头文化企业的带动作用，增强省域文化产业发展的生态活力和内生动力。结合地方优势产业，拓展文化产业融合的广度和深度，做大文化产业的规模总量，提升文化产业的发展水平，使文化产业的优化升级成为推动山东省新旧动能转换的新引擎。

河南和安徽两省文化产业优化升级能力的评价结果分别为 0.324 和 0.258，处于大运河沿线区域平均值以下。通过分析，不难发现与位于均值之上的其他四省市相比，构成基础环境的文化基础、资源禀赋和文化产业规模、细分行业水平等所表征的文化产业发展现状以及驱动文化产业发展的文化消费、科技投入、政府政策等因素的评价结果普遍较低，从而从整体上拉低了文化产业优化升级能力的评价值。影响上述二级指标评价值较低的因素既有一个时期以来省域经济总量、文化保护传承、资源开发利用等宏观因素，也有文化产业发展的阶段性、外部性因素。根据评价结果，面对文化产业的优化升级任务，两省应抓住大运河文化带建设的历史机遇，深入挖掘包括运河文化在内的地方特色文化资源，将文化资源盘活为可供开发利用的产业资源，并实现与驱动文化产业发展的科技、人才、资本等要素资源的对接，是两省文化产业优化升级的方向。

四、结　语

通过对大运河文化带沿线区域文化产业优化升级能力评价结果的分析，我们可以看出不仅大运河文化带沿线省市间文化产业优化升级能力存在较大差距，文化产业发展现状、基础环境和驱动因素等构成的文化产业优化升级能力的主要指标的评价值亦存在显著差别。针对大运河文化带沿线区域文化产业发展现状和优化升级能力的不平衡性，我们需要立足大运河文化带建设的角度统筹思考提升大运河文化带沿线区域文化产业优化升级能力的对策。

文化产业的优化升级离不开资金、技术、人才、知识等要素资源的支撑。大运河北起京津冀、南抵长江经济带，衔接了丝绸之路经济带和海上丝绸之路，贯通了国家多个重大发展战略区域。国家重大发展战略的实施促进了要素资源在区域内的自由顺畅流动，为大运河沿线区域文化产业的发展创造了历史机遇。沿线各省市应主动对接国家战略，以大运河文化带的建设为平台和纽带打造要素资源跨省市流动的平台。以对接国家重大区域发展战略为契机，文化产业发展具有比较优势的省份通过产业阶梯转移带动要素资源向文化产业发展相对落后的省份转移，促进文化产业链向高端跃进的同时带动文化产业发展落后地区文化产业增加值的提升。文化产业发展相对落后的省份通过完善基础设施建设、出台产业支持政策、优化营商环境等措施吸纳更多的要素资源，为承接文化产业要素资源的转移创造良好的基础环境，在协同发展中推动大运河文化带沿线区域文化产业的优化升级。

大运河文化带建设涉及不同省份、众多主体。为协调不同省份和主体之间的关系，需要构筑统一的建设平台，建立协同联动机制，实现不同省份和具体主体间的优势互补和协调发展，最终促进大运河文化带沿线区域文化产业整体的优化升级。首先是建立大运河文化资源开发利用项目大数据平台。大运河沿线区域的物质文化资源主要是分布于运河沿线的各类文化遗产，开发利用模式多是依托遗产资源发展旅游产业，开发利用的同质化现象较为严重。因此，需要通过建立统一的项目管理平台，加强项目开发的事前规划和论证，减少同质化竞争，改变大运河沿线区域文化资源保护开发的本地化现象，推动大运河文化带全域协同保护与开发。其次是产业信息平台。大运河沿线省份产业构成差异较大，且存在进行产业接续转移的可能性。因此，通过建设统一的文化产业信息平台，根据文化产业优化升级的需要，推动不同类型和业态的文化产业在大运河沿线区域内进行有序转移，满足不同省市文化产业优化升级的需要。

参考文献

[1] 吴欣. 中国大运河蓝皮书：中国大运河发展报告(2018)[R]. 北京：社会科学文献出版社，2018.

[2] 张航. “共建共治共享”视角下江苏省大运河文化带治理创新的困境与对策[J]. 南京邮电大学学报：社会科学版，2018(4)：47—55.

[3] 范建华. 带状发展：“十三五”中国文化产业发展新趋势[J]. 云南师范大学学报：哲学社会科学版，2015，47(3)：90—99.

[4] 范周. 对大运河文化产业带建设构想的思考[EB/OL]. http://www.ce.cn/culture/gd/201602/22/t20160222_8986973.shtml.

[5] 王佳宁，孙静，王君也. 新时代中国大运河文化带建设总报告——8省市基本态势、总体评估和趋势展望[J]. 人口与社会，2018，34(6)：6—26.

[6] 屈文彬. 基于突变级数法的高新技术企业成长性研究——以湖北省上市高新技术公司为例[J]. 科技进步与对策，2012，29(10)：104—108.

[7] 郭显光.熵值法及其在综合评价中的应用[J].财贸研究,1994(6):58—62.

[8] 张玉娟,汤湘希.基于熵值—突变级数法的企业创新能力测度——以创业板上市公司为例[J].山西财经大学学报,2017,39(8):15—27.

[9] 赫连志巍,宋晓明.基于突变级数法的高技术产业升级能力评价研究[J].科学学与科学技术管理,2013,34(4):100—105.

[10] 中国江苏网.江苏这些科技实力 NO.1[EB/L].http://jsnews.jschina.com.cn/jsyw/201706/t20170629_715907.shtml.

作者简介

刘 倩,山东新泰人,青岛理工大学商学院讲师,博士。研究方向为文化经济学、文化产业技术创新与管理。

王秀伟,山东济宁人,文旅部—中国海洋大学文化和旅游研究基地研究员,博士,硕士生导师。研究方向为文化产业创新发展。

Evaluation on the Cultural Industry Optimization and Upgrading Ability of the Grand Canal Cultural Belt Based on Entropy—Catastrophe Progression Method

Liu Qian Wang Xiuwei

Abstract: Affected by both the historical and realistic factors, the cultural industry in the Grand Canal Cultural Belt has faced the problems like low-level development and poor overall coordination ability for a long term, and it needs optimization and upgrading urgently. On this basis, this paper constructs the index system for evaluating the cultural industry optimization and upgrading ability from the three dimensions of current development status, basic environment and driving factors. Based on relevant data of 2016, this paper evaluates the cultural industry optimization and upgrading ability of the regions along the Grand Canal Cultural Belt with entropy and catastrophe progression method. The results show that, the cultural industry optimization and upgrading ability of each province and city differs greatly, that of Jiangsu, Beijing, Shandong and Zhejiang is higher than the regional average value, while that of Henan, Anhui, Hebei and Tianjin is lower than the average value. To effectively promote the overall enhancement of the cultural industry optimization and upgrading ability of the regions along the Belt, each place should, by relying on local canal cultural resources and actively connecting with national major development strategies, explore the establishment of cross-regional coordination mechanism, promote the deep integration and development of cultural industry and other industries, and realize the coordinated development of cultural industry in the regions along the line.

Key words: Grand Canal Cultural Belt; Cultural Industry; Optimization and Upgrading Ability; Entropy Method; Catastrophe Progression Method

文旅融合助力乡村脱贫攻坚的生成逻辑、理论内涵与实施路径*

张　琳　贺浩浩　杨　毅

摘　要:在具有丰富文化旅游资源的贫困乡村地区,文化与旅游融合发展日渐成为实施脱贫攻坚与乡村振兴战略的重要实践形式。文旅融合扶贫的生成是理论、历史、现实、创生和市场五大合力促发的结果,其内涵包括"扶之为何""所扶何贫"和"贫之何扶"三个维度。明晰了文旅融合扶贫在供给侧、需求侧与成效测量方面的现实制因,需要进一步从资本培育、运作能力、支持体系、融合场景等方面精准实践和有效推进,助力贫困地区的文旅融合扶贫事业向纵深发展。

关键词:文旅融合　文化旅游　扶贫　乡村振兴　乡村经济

一、引　言

乡村旅游是充分挖掘、利用贫困地区的人文与自然资源进而实现区域性脱贫的重要途径。近年来,中央及地方各级政府高度重视乡村旅游扶贫开发工作。2015年,国务院扶贫办将旅游扶贫列为我国十大精准扶贫工程之一。同年,国务院发布《关于进一步促进旅游投资和消费的若干意见》,提出未来五年要扶持6 000个旅游扶贫重点村开展乡村旅游,以期每年通过乡村旅游带动200万农村贫困人口脱贫致富。如今,不少地区的乡村旅游业态取得了可观的经济效益,即"贫"的问题有所改善,但一些"困"的问题尚未得到深层次解决。例如部分乡村的旅游业发展过程中存在旅游产品同质、运营模式落后、配套设施欠缺、外来文化冲击等现实

* 本文系教育部人文社科规划基金项目"文化扶贫驱动少数民族地区乡村振兴的实施进路研究"(19YJA760088)和中央高校基本科研业务费专项资金创新团队项目"新时代公共文化服务均等化研究"(SWU1909101)的阶段性成果。

制因，这不仅导致旅游业发展后劲不足，也造成乡村生态环境退化、乡土文化受损等弊病，有碍于进一步巩固并扩大脱贫成果。针对种种弊病，在当前文化与旅游深度融合发展的趋势下，越来越多的地区开始以文旅融合为扶贫手段，将文化作为旅游的灵魂，将全域旅游作为推动区域发展的系统性工程，以期实现经济效益、文化效益、社会效益与政治效益的互补统一。然而学界既有研究尚缺乏对文旅融合扶贫的整体观照，乡村文化与乡村旅游融合发展中的宏观科学问题尚未得到较好的解答。因此本研究希望在理论层面上深入缕析其生成逻辑、理论内涵、现实制因与实施路径，以此构建具有中国元素的文旅融合与脱贫攻坚的相嵌理论，为我国深化文旅融合、提振乡村发展指引方向。

二、文旅融合扶贫的生成逻辑

（一）国家治理体系嬗变的理论逻辑

国家治理体系是诸多治理手段与治理实践的总和。完善国家治理体系、提升国家治理能力是中国特色社会主义发展新阶段的重要议题。在反贫困领域，发展经济学家阿马蒂亚·森（Amartya Sen）基于人类发展过程中的能力和机会视角，提出“能力贫困”“权利贫困”和“功能贫困”等深层次贫困问题。我国乃至世界的反贫困实践已经证明，虽然政府可以给予贫困人群各种帮扶和外部保障，但也多限于“输血式扶贫”模式，而有效利用市场机制，则可以转向更具有长效性的“造血式扶贫”模式，赋予贫困人群可持续的发展能力，进而解决上述深层次贫困问题。然而具有逐利性的市场机制并非万能，乡村的长效治理需要兼顾经济与文化两个方面而不可偏废其一。传承优秀乡土文化，不仅是治理的目的，更是治理的手段，诸如《中共中央国务院关于打赢脱贫攻坚战的决定》等相关政策文件更是将文化扶贫作为扶贫政策的中心议题。但目前我国贫困乡村地区的经济、文化水平与城市相比还有很大差距，加之诸多历史遗留问题及现实问题的存在，贫困地区依托文化资源脱贫的能力还比较弱。在“扶贫先扶志”“扶贫先扶智”逐渐成为各方共识的背景下，从最实际的角度来说，调动贫困人群的“志”与“智”，最有效的手段便是让其感知到某项行为确实“有利可图、有利可得”。而文旅融合是以市场机制搭建贫困人群走向脱贫目标的桥梁，通过治理主体与治理手段的多元化，既可以通过提升乡村地区的文化资源市场化开发能力解决物质贫困问题，又可以实现乡土文化的活态传承，维护人民群众的精神场域，形成良性的文旅融合生态圈，达到乡村“不治自理”的理想状态，最终走向乡村善治之路。

（二）扶贫理念发展演变的历史逻辑

新中国成立以来，我国分阶段地开展了卓有成效的减贫工作。在计划经济体制时期的广义扶贫阶段（1949—1977年），我国形成了以“五保”制度与特困群体救济为主要内容的贫困人群物质保障体系，其主要目标是“兜底”。在体制改革下的规模减贫阶段（1978—1985年），我国则采取了转移土地经营权、提升农产品价格、转移乡村劳动力、以工代赈等举措，其主要目标是解放乡村的生产力，夯实乡村的发展基础。在经济高速增长下的开发式扶贫阶段（1986—2000年），政府扶贫思路从“人口瞄准”转向“区域瞄准”，其主要目标是解决区域性贫困问题。承袭这一阶段的工作思路，在全面建设小康社会背景下的扶贫开发阶段（2001年以来），我国扶贫工作进入巩固扶贫成效、提高发展能力、缩小发展差距的综合开发阶段，将贫困人口集中的地区作为扶贫开发的重点。总体而言，我国扶贫实践呈现出从输血式扶贫转向造血式扶贫、从物质扶贫转向智力扶贫、从个体扶贫转向区域扶贫的三重趋势。依托于“大市场、小政府”的贫困治理格局，意在激发贫困群众脱贫内生动力与能力，通过“断穷根”的政策与产业扶持实现贫困人口“走富路”的文旅融合扶贫，便具有极佳的政策延续性，不仅有助于促进乡村转型发展和农民就业增收、实现城乡互补协调和一体化发展，而且有助于巩固已有扶贫成果，为后续减贫战略的制定提供现实依据。

（三）乡村振兴战略耦合的现实逻辑

“脱贫攻坚”和“乡村振兴”是党的十九大以来针对贫困地区推出的两项重大战略工程。中共中央和国务院联合印发的《关于实施乡村振兴战略的意见》指出，摆脱贫困是乡村振兴的前提和基础，而乡村振兴则为脱贫攻坚成果提供长效保障。实践证明，实现脱贫攻坚和乡村振兴不应走异化乡村的全盘城镇化道路，而应以乡村为本位，发掘乡村资源，展现乡村之美，谋求乡村之富。就现实层面而言，虽然乡村仍是脱贫攻坚工作最为繁重与困难的地区，但是其蕴含着深厚的文旅融合发展基础与潜力。乡土文化是中华文化的源头，不同乡村地区具有独特的人文禀赋。乡村人民在社会发展进程中创造了寄托于乡村地域的各种物质和精神财富，无论是农耕遗产、建筑陈设和乡风习俗，还是民间信仰、民间文艺和民间工艺，均承载着丰富的历史文化基因。但在城镇化和现代化浪潮的冲击下，传统的乡村文化正面临着被破坏甚至消失的困境。乡村振兴，不仅要实现经济振兴，更要实现文化振兴。而具有战略耦合性的文旅融合扶贫，一方面可促进贫困地区的丰富文化资源转化为乡村发展的文化资本、文化动能、文化产业，并以新时代的文化精神、文化活力、文化传承实现乡村振兴的高质量发展和满足广大群众日益增长的高品质生活需求，持续推进贫困地区经济社会的现代化进程；另一方面可着力保护贫困群体的文化传统、文化记忆和民族身份，进而增强其对自我、社会和国家的认同感。

（四）文旅介入区域更新的创生逻辑

乡村空间是自然风光与乡土文化所构成的外在表征与内在精神的统一体，其既有传统农耕文明的静态之美，又有迈向现代产业经济的动态趋向。我国幅员辽阔，不同地域既具有中华文化的共性，又具有地方民风民俗的个性，差异性则意味着稀缺性，这正是文化经济价值的重要来源。具有特殊性的地方文化资源既可以满足各地游客的共性需求，又可凭借其品牌特色在全国性旅游市场中占据一席之地。但是在较长时间内，我国乡村文化空间似乎成为被遗忘的社会对象，进而出现区域空心化与人口贫困化的双重结果。实际上，虽然我国城镇化率已经接近六成，但当今中国多数人口的“根”仍然在乡村，因而乡村天然地是“城里人”的精神家园，这对于乡村而言，正是其发展文旅经济的市场机会，由此促进贫困群体持续脱贫也必须协同空间场域上的地方创生和文旅介入。文旅融合将脱贫攻坚置于区域更新的逻辑之下，将乡村贫困群体的教育、就业、生存、文化与地方创生发展统筹为一体，为此需要基于文旅介入来优化区域人、地、产等生态系统的共生融合，彻底改变乡村衰败的空间环境与文化土壤，实现以地方知识培育文旅人才、以创业聚集活化文旅资源、以创意阶层推动文旅产业、以创新业态促进文旅消费的目标，实现区域经济活力、群体可行能力及乡村文化振兴的协同共进，打造孕育有文化脉络、历史记忆、美丽风貌的特色旅游乡村。

（五）文化消费转型升级的市场逻辑

对市场需求端而言，中国特色社会主义进入新时代，人民群众消费活动由物质需求型向精神需求型转变，这为文旅融合提供了巨大的需求动能。《全球旅游消费报告 2019》数据显示，2018 年我国人均出游达到 4 次，人均旅游消费接近 2 万，这意味着中国已经进入了大众旅游时代。但旅游作为“体验式消费”，于个体而言往往具有“一次性消费”的特征，因此传统知名旅游景区的吸引力有呈相对下降的趋势。长期生活于都市而远离自然的居民不仅想寻求和观赏静态优美的自然景观，更想在旅行中“观文品史、体验生活、寻觅乡愁”，即对旅游空间和场域的诉求从单一景区走向全域旅游的新阶段。从供给端而言，“文化是旅游的灵魂”，失去文化作为内核的旅游业今后必然无法长久立足于竞争日趋激烈的中国旅游市场。特别是近年来政府的文化产业政策利好，各地在文化旅游新业态中的初步实践多已取得良好的经济效益，更加坚定了投资人对文化旅游市场前景的信心。因此综合来看，我国文化旅游产业正步入消费市场与投资市场双向互动、良性循环的新阶段，地处乡土场域的文旅融合业态蕴藏着空前的发展潜力。

三、文旅融合扶贫的理论内涵

文旅融合扶贫作为精准扶贫战略的重要实践形式，表现出主体、客体和内容协同共进的整体思路：首先是主体维度，通过对乡村文化遗产及其他文化资源的产业化开发，使得贫困人群获得可持续的经济收入及文化享用；其次是客体维度，打造具有地方特色的文化旅游景区，为游客提供符合其需求的优质旅游产品，从而形成良好的旅游市场生态；最后是内容维度，文旅融合的过程也是对贫困地区的文化资源进行扬弃和改造的过程，由此可助推贫困地区的文化振兴事业。因而文旅融合扶贫可以理解为：运用市场运作的方法激发贫困群体的自我潜能与开发贫困地区的文化资源，构建稳定向善的文化旅游产业链，进而增进与巩固扶贫成果。具体而言，文旅融合扶贫的理论内涵包含了扶之为何、所扶何贫、贫之何扶三个要素。

(一) 扶之为何——扶贫效益的多元拓展

扶贫，就是要消除贫困及改善民生，进而实现共同富裕。我国贫困地区的文旅融合扶贫的既有行动体现了经济、政治、文化多重维度的功能性。首先在经济层面，文化资源除了具有本体性价值，还附加了诸如品牌、产业等方面的溢出价值。不同于其他能源消耗产业，以创意和文化资源为核心的文化产业顺应了我国经济结构深度调整的要求，因此，文旅融合扶贫既能改善贫困人群经济状况，同时又能促进地方产业结构的调整，提高贫困地区的可持续发展能力。其次在政治层面上，通过对贫困地区文化资源的挖掘与改造，可有效增强贫困地区群众对乡风乡土的归属感，特别是有助于增强少数民族地区少数民族的政治认同，在保障各地区各民族文化共生共荣的前提下促进社会和谐稳定，维护国家统一。最后在文化层面上，在信息传播技术普及和人口大流动的背景下，贫困地区遭受着外部文化的巨大冲击，诸如标准化的大众流行文化和物质享乐主义等价值观威胁着多元化地方文化的生存。部分贫困地区群众在接受外部文化时，对自身文化的认可度逐渐下降、失去对自身文化的坚定信念和情感依托，即是乡土文化价值的消解和传统文脉传承的断裂。文旅融合扶贫正是要着力保护贫困群众的文化传统、文化记忆和民族身份，充分发挥地方能人和乡土智慧的作用，弥补和巩固贫困地区群众的文化认同与文化自信。

(二)所扶何贫——扶贫对象的精准识别

文旅融合扶贫对象的选择直接影响着具体工作的成效。按照涵盖范围的不同,文旅融合扶贫的对象可划分为两种类型。

一是区域对象。由于现代化相对晚发,贫困地区的存续文化相较经济发达地区更加趋于原生状态,具有极大的发展潜力,通过因时因地制宜的产业化运作即可产生良好的经济效益。但囿于区域基础设施薄弱、文化表达能力较差、文化旅游产品匮乏、经营主体规模小且分散、市场信息获取形式落后等阻滞因素,此类贫困地区的文旅融合难以推进,这就需要凝聚各方智慧与力量,将文旅融合作为系统性和综合性的全域扶贫工程。对于区域而言,文旅融合扶贫除了需要发现当地文化资源中的“热点”和“焦点”并将其转化为“卖点”,还需要一站式地解决与旅游相关的基础设施、社会治安、文化氛围等方方面面的问题,从而增强区域文旅融合发展能力。

二是个体对象。我国扶贫工作进入精准扶贫、攻坚克难的重要阶段,更为强调扶贫对象精准到人以提升扶贫的实效性。特色文化是文旅融合的立命之本,因此文旅融合扶贫不能采用大水漫灌式的统一规划方案,而应更加注重贫困群众的差异性,在扶贫过程中尊重并考察扶贫对象的参与能力和意愿。依据参与能力和参与意愿的不同,贫困群众可划分为四类:一是“无能力无意愿”的贫困户,此类贫困户文化素养较低且主观态度较为消极,缺乏运用当地文化资源谋取生计的能力与动力;其二,“无能力有意愿”的贫困户,此类贫困户虽然文化素养较低,然而对新鲜事物具有很强的适应性及探索积极性;其三,“有能力无意愿”的贫困户,此类贫困户虽有一定的知识文化储备,但缺乏对文旅融合的参与兴趣;其四,“有能力有意愿”的贫困户,即身在贫困地区的能人巧匠,受制于环境而不能充分展示自己的才能,但愿意参与文旅融合扶贫项目以提升生活水平并实现自我价值。在这四类贫困户中,对于第二类、第四类贫困户,可以采用文化旅游项目制形式带动其发展;对于第一、第三类贫困户,则需要先开展教育活动,使其在思想观念上有所突破进而顺利开展下一步的帮扶工作。

(三)贫之何扶——扶贫模式的双重型塑

我国各地在文旅融合扶贫工作中进行了诸多探索,形成了具有中国特色的文旅融合扶贫模式。

一方面是以产业富民为靶向的产业兴旺型扶贫模式。文旅融合是发展现代旅游业、促进文化传播的极佳选择,其核心在于以文化内容引领旅游业态。产业兴旺型文旅融合扶贫要求在发现市场需求、依托科技进步、探索产品创意的推动下，将贫困地区原生态文化作为市场资本，与旅游度假、休闲观光等现代服务业相融合，对贫困地区的本土文化资源进行开发，打造“宜居宜游宜业”的乡村地域，形成文化与旅游共生共荣的格局。不同于承接先进地区淘汰产业的经济发展模式，产业兴旺型文旅融合扶贫主要呈现出两个方面的特性：一是通过差异化的文化资源开发，增加乡村第三产业比重，拓宽乡村赋闲劳动力就业渠道，实现为农民创收增收的总体目标；另一方面，通过全域文化资源整合，将更多文化元素融入旅游产业，为旅游体验增添乡土风味与内涵，从而培育区域特色文化产业。同时文化和旅游在相互渗透、相互交叉、相互融合的过程中，势必与其他各行业相互“碰撞”而催生新业态，由此产生的“溢出效应”可惠及更多地区的人民群众。特别是对于存在失传危机的非物质文化遗产，要走从静态保护、活态保护进而到生产性保护之路，同时重视为非遗传承人提供政治上的地位声望和经济上的资金补助，从而提高非遗传承人保护和传承非物质文化遗产的积极性。也就是说，文旅融合扶贫不仅要加强文化硬件设施的配套完善，而且要加强文化引智力度，为贫困地区培育了解本土文化、具有文化经营和服务能力的复合型人才。简而言之，文旅融合必须走文化与经济相融合的可持续发展道路。

另一方面是以文化育民为靶向的文化滋养型扶贫模式。对于文化滋养型文旅融合扶贫来说，其主要目的除了向贫困地区以外的游客提供优质文化产品与旅游消费体验外，还力求在潜移默化中塑造当地群众与游客的精神世界。目前在部分贫困地区乡村文化建设领域，地方政府的格式化操作无法满足当地群众与游客多样化、自发性的文化需求，而文旅融合正是解决此问题的一剂良方。对于扶贫工作者而言，文旅融合的过程是贫困地区接触优秀思想文化的过程，因此扶贫工作者要把握机会，引导贫困人群破除落后的思想观念、改造革新当地文化，积极整饬大肆操办红白喜事、低俗文艺节目表演、聚众赌博等不良风气，进而培育良好家风、淳朴民风、文明乡风。对于游客而言，游客通过文化旅游活动，可以近距离了解乡村文化的内涵与价值，满足自身多层次的精神文化需求。为了更好地培育与保护乡土文化，作为扶贫工作牵头者的政府，在进行文化资源开发和改造时要加强保护、守住底线，避免地方特色文化因遭受外来文化而异化甚至被取代；作为扶贫工作推动者的企业，为了保证文旅融合的长效发展，在开发文化旅游资源时，不应破坏对游客具有吸引力的原生态乡土文化，而要以具有新颖艺术魅力的文化产品和服务为载体，以一种尊重当地民风传统和文化敏感性的方式来运作。对于贫困人群而言，其应充分发挥其主观能动性，在符合现代文明规制的前提下，自觉开展群众喜闻乐见的文化活动丰富自身精神文化生活，以此增强自身的文化获得感与脱贫内生动力，形成以文化力量反哺贫困人群与经济社会发展的向善态势。

四、文旅融合扶贫的制因分析

（一）供给侧——大文旅融合扶贫格局尚未形成

当前文旅融合扶贫实践中尚缺乏多元主体协同共进的大文旅融合扶贫格局，具体原因有三：首先，虽然文化资源的经济价值得到了承认，但具体实践大多侧重于对乡村文化资源旅游产业化的单一开发。以“文化搭台经济唱戏”为代表的陈旧观念本质上是将文化作为经济的附庸，这导致文化部门和社会组织在文旅融合扶贫工作中的参与感不强乃至缺席。其次，发展文化旅游产业需要大量的基础设施来保障，即具有初始投入成本高、成本回收周期长的特点，这导致即使贫困乡村存续有优质的旅游资源，不少市场投资者也会有畏惧心理。虽然每年国家及地方各级政府为旅游扶贫提供的扶贫资金并不少，但由于资金多头管理、审批环节过多、获取条件苛刻和缺乏统筹使用的自主性等问题，亦不能很好地满足乡村旅游业发展的资金需求。再次，普遍存在的乡村本土人力资源不足的现状，导致乡村的传统工艺和民间艺术面临失传危机，使得作为旅游灵魂的文化处于尴尬境地。最后，当前部分乡村文化旅游产业呈现低层次性发展水平，市场资本将城市人口对于乡村的认知转化为对于乡村娱乐的改造之中，不少乡土旅游项目仍缺乏文化内核，乃至直接照搬其他地区的成功模式，特别是以“农家乐”为代表的具有较强可复制性的经营形式，虽然有助于降低试错成本、形成规模经营，但也造成“千村一面”的同质化竞争局面，一旦旅游市场供大于求，这种文旅产品极易受到冲击，甚至可能造成区域性返贫的后果。

（二）需求侧——游客消费“最后一公里”亟待打通

文旅融合扶贫是以增强贫困群众的获得感、推动经济社会全面发展为靶向的，而目标能否实现，最终取决于游客是否“买账”。文化旅游之所以可以产生巨大经济效益从而助力脱贫，并不在于乡土文化或景观本身，而在于游客在当地的饮食、购物、娱乐等活动产生的实际消费。但目前部分地区存在文化旅游产业开发同质化、短期化、盆景化的错误倾向，难以真正吸引游客。而更多的贫困地区则是虽然具备原生态的特色文化，但存在种种制约因素，例如：贫困地区的道路交通、网络通信、停车场、公共厕所、餐饮住宿等基础设施不尽完善；我国游客出游多选在节假日高峰期，拥挤的道路和景区让旅游体验大打折扣；贫困地区的治安力量往往比较薄弱，个别地方旅游行业存在“宰客”、欺客等恶意违法行为。诸如此类的因素造成游客“来不了”“不想来”“不敢来”“留不下”的退避心理，使得巨大的市场机会无法转化为相应的经济效益。因此在文旅融合扶贫的过程中应该将人力、物力、财力等资源向产业变现的“最后一公里”倾斜，为游客的休闲观光、体验消费提供便利与保障。

（三）成效测量——文旅融合扶贫成效难以量化

贫困人群的认可度与满意度是衡量文旅融合扶贫成效的重要标准，但目前部分贫困地区在文旅融合过程中对“脱贫攻坚”这一要旨的重视程度不足，部分政府或企业陷入了“扶强不扶弱，扶富不扶贫”“借扶贫之名，行逐利之实”等怪圈和乱象，造成贫困人群没有真正成为文旅融合扶贫的主要受益者，因此亟须建立完善的扶贫效益监测体系。但具体量化指标体系的构建并非易事，其面临着以下障碍。首先，在全域旅游日益兴起的背景下，文旅融合要突破以单一化旅游产业助推脱贫攻坚的模式，将文旅融合与其他相关产业、事业相结合，进而扩大扶贫受益群体，提升扶贫对象的获益程度。有形的文化旅游基础设施、旅游业所吸引游客数量及经济创收较容易估计和统计，但是无形的公众精神文化满足程度、乡村文化层面的改进难以统一量化和统计，尤其是区域文化差异往往造成贫困地区群众对文化旅游发展的主观认识和价值偏好也有所不同，这加大了从群众主观层面衡量文旅工作成效的难度。其次，文旅融合扶贫不同于作物种植和牲畜养殖等短期见效快的经济扶贫方式，对文化资源的挖掘开发是一个长期治理过程，从文旅产品的开发推广、品牌打造到游客实地“打卡”，再到建立良好的地方形象与口碑，往往要经历较长时间。再次，各贫困地区文化资源禀赋和特性千差万别，这就造成文化旅游资源开发绩效评估、贫困地区脱贫“摘帽”标准制定等方面难以统一，因此需要因地制宜，构建差异化的评价体系。最后，旅游业也具有两面性，虽然理论上它可以带来良好的扶贫效益，但在实际操作过程中若不注重对游客加以规范引导，可能会出现游客恶意破坏乡村遗产、随意丢弃垃圾污染乡村环境等问题，因此也应将各种负面影响纳入考量范围，综合衡量文旅融合扶贫助力乡村发展的具体成效。

五、文旅融合扶贫的实施路径

（一）促进贫困地区文化旅游资本培育

贫困人群作为文旅融合扶贫的主要参与者与建设者，其所拥有的文化资本是发展文化旅游业态的基础性资源，原因有二：一是文化资本质量决定着由其衍生的文化旅游产品的质量，进而决定了当地文化旅游产品在全国性市场上的竞争力；二是贫困人群自身无法提供发展当地文化旅游业的初始资金，其所依赖的外界资金支持力度取决于投资者对当地文化旅游业的发展预期和信心，这归根结底仍是对产品的预期和信心。因此贫困地区的文化存续状况很大程度上决定着当地文化旅游产业的发展下限与上限。而培育贫困地区文化资本最主要、最直接、最有效的途径便是教育，教育又因其期限长短和目的差异而具有不同的形式：一是短期教育，即临时性的实用技能培训，往往针对某一文化旅游项目的具体需要制订培训计划；二是中期教育，即学校职业教育，其教育期限和理论深度要求均高于短期教育，主要目的在于帮助当地青年群体掌握开发与推广地方特色文化旅游产品的知识和技能，进而以乡土人才驱动当地文化旅游业长效发展；三是长期教育，即地方高校、政府、企业等单位与贫困人群形成长期的对口支援关系，及时反馈并解决当地文化旅游产业过程中的问题，特别是要联合培养一批可在当地长期从事相关产业的脱贫致富领头人。而在教育内容上，除了需要教授与文化旅游产业相关的经营理念、管理模式、法律法规外，还需要让群众深入了解本地特色文化的渊源与内涵，并结合新时代要求不断推陈出新、革故鼎新，才能形成日后差异化的旅游产品输出，实现“一村一品”的产业格局。总之，对贫困人群所施的教育应当依据实际情况灵活选择教育形式，既要重视当前效益，更要立足长远。

（二）提升贫困地区文化旅游运作能力

贫困地区因现代化相对晚发，往往存续有较为丰富的原生态文化资源，这些文化资源经过挖掘开发可成为贫困地区实现跨越式发展的基础，但由于贫困人群的各方面能力有限，无法进行规模化、专业化、产业化的市场运作，因此必须依托具备一定资本实力与经营经验的社会企业为牵头力量。而文旅融合运作过程中需注意以下四点：第一，在资源挖掘层面，需要对文化旅游资源进行存量分析和价值评估，如借助地理信息技术探索当地文化旅游资源的分布情况，并采用成本—收益分析法、假设市场定价法等方法对文化旅游资源的经济价值和文化价值进行综合评估，为文化资源开发决策提供依据。第二，在品牌打造层面，贫困地区可以依托其自身人文优势，通过发展研学旅游、康养旅游、体验旅游等新兴旅游形态，充分利用主题化的文化旅游产品品牌综合体提升其在全国的知名度和美誉度，还可以利用核心“IP”（知识产权）衍生出区域性文化周边产业链。第三，在平台建构层面，随着我国经济结构的转型升级，居民消费的重心也从传统的物质产品消费转向体验和认知型消费，这一转变过程正是贫困地区文化旅游产业蓬勃生长的契机。在文化旅游产品推广过程中，应当充分结合互联网自媒体优势，利用微博、微信、短视频等线上自媒体平台打造具有感召力的“网红”景点，提升贫困地区的区域形象。第四，在受益对象层面，须使贫困人群切实参与到文旅融合过程中，使村民拥有均等的发展机会以及共同分享旅游经济红利，特别是规避“精英捕获”现象。一般在文旅融合扶贫过程中，贫困人群主要承担的是操作层面的具体工作，例如凭借歌曲、舞蹈、饮食、手工艺品等文化产品的输出进行创收，但这并不意味着担负着管理与决策职能的旅游企业可以将贫困人群视为廉价劳动力。达到脱贫攻坚与乡村振兴战略的目的，不仅在于要让贫困人群有获得感，更要有参与感和幸福感，因此必须让其担任乡村文旅融合的“主角”，充分释放其自我潜能。具体表现为游客在休闲观光过程中所见所闻皆是原生态的乡土文化与村民，达到“寓产业于乡愁”的理想境界。

（三）完善贫困地区文化旅游支持体系

文旅融合需依托于包括贫困人群、地方政府、旅游企业等多方力量共同构成的产业支持体系，具体而言，需要强化以下措施：其一，推动以政府为保障、以市场为中轴的文旅融合扶贫生态网络，以此提升文化旅游产业效能。一方面，政府应当发挥主导作用与兜底作用，在政府与群众均缺乏启动资金的情况下，为提高贫困地区的市场投资吸引力，可以采取“PPP 模式”，即政府与社会资本合作，以此提高乡村文化旅游项目的运作水平；另一方面，政府和企业应鼓励激励贫困人群积极主动参与文旅融合，尤其要发挥“新乡贤”在文旅融合扶贫中的作用，同时加大文化引智力度，为贫困地区培育深谙地方乡土文化、具有文化产业经营能力的人才队伍。其二，提升扶贫举措的精准性，即在开展文旅融合扶贫的过程中，依据需要给予帮扶的区域对象和个体对象的具体情况，采取精准有效的帮扶措施，避免“一刀切”与照搬其他地区的成功模式。其三，进一步增强对于贫困地区文化旅游产业的财政支持力度，特别是落实国家扶持建设项目和文化旅游投资项目，对资金的使用情况实行严格监督，尽力实现资金效用最大化。其四，加强文旅融合扶贫绩效考核体系建设。一方面要进一步完善建档立卡等制度在文旅融合扶贫效果方面的统计工作；另一方面，要健全贫困户的退出机制，逐步完善各项扶贫、脱贫指标，以实现对贫困地区文化旅游业态现状以及可持续发展能力的综合测评和监控。其五，加强科技引进力度，充分发挥大数据、人工智能、5G 通信等技术手段在改造与展示地方传统文化中的作用。例如，可以将 5G 通信技术与 VR（虚拟现实）技术相结合，使得传统意义上的文化旅游产品突破时空限制而转化为付费制的数字化产品，让游客足不出户也可以领略乡土文化，既有利于降低游客“观光”成本，又有利于挖掘与保护地处偏远地区的乡村景观。

（四）营造贫困地区文化旅游融合场景

贫困地区的文旅融合场景营造是文旅融合扶贫工作的重要抓手。随着我国城镇化的持续推进与城乡差距扩大，乡村青壮年向城镇的集中流动导致乡村空心化问题较为突出，“人”的缺失一定程度上破坏了乡村文化场景平衡，扰乱了乡村地区长久以来固有的文化秩序。文化场景并不仅仅是一个空间存在，它包含了与文化相关的基础设施、有文化韵味的各种景观、富有乡土气息的文化活动，它们彼此相连，勾勒出充满活力的文化场景，给参与其中的人们带来更好的休闲娱乐体验，促进人与人的彼此交流，这也是在贫困地区发展文化旅游产业的根本依据。因此，为了更好地构建贫困地区的文化场景，在贯彻“宜融则融，能融尽融”总思路的前提下，必须从以下三个构成要素着手：其一，在基础设施层面，完善贫困地区与文化旅游相关的现代基础设施建设，尤其应注重诸如公共厕所、通信基站、民宿酒店等事关游客体验的硬件设施，而在文化遗产较为丰富的地区可以建设乡村博物馆以集中展示地方文化，但在建设时也须注意它们与周围环境的和谐统一，拒绝毫无美感的格式化建设，以此维持原生态的乡土本色。其二，在文化景观层面，需科学审慎地布局、设计和建设体现乡土特色与文化韵味文化景观，体现人与自然共生共存、和谐相处的意境，抵制“大拆大建”“新建旧楼”“修旧如新”等错误倾向。其三，在文化活动层面，不仅需要建设体现贫困地区文化特色的特殊娱乐空间，如传统戏曲歌舞、手工艺品等传统文化习俗，同时也需要将传统文化与现代文化恰如其分地有机融合以提高其魅力，特别是增强其对年轻群体的吸引力与感染力，既有利于实现乡土文化与时俱进与传承发展，也有利于引导年轻群体回归乡土、建设乡村、助力脱贫攻坚。

参考文献

[1] 傅才武. 论文化产业对区域经济社会发展方式转型的作用——以湖北省为例[J]. 华中师范大学学报：人文社会科学版，2012(04)：69—76.

[2] 覃建雄，张培，陈兴. 旅游产业扶贫开发模式与保障机制研究——以秦巴山区为例[J]. 西南民族大学学报：人文社会科学版，2013(7)：134—138.

[3] 龙怡帆，王志章. 我国乡村旅游经济包容性发展的研究——基于马克思主义生态观的

视角[J]. 云南农业大学学报:社会科学版,2013(01):1—5.

[4] 黄震方,陆林,苏勤,等. 新型城镇化背景下的乡村旅游发展——理论反思与困境突破[J]. 地理研究,2015(8):1409—1421.

[5] 陈波,侯雪言. 公共文化空间与文化参与:基于文化场景理论的实证研究[J]. 湖南社会学,2017(02):168—174.

[6] 张琳,童翔宇,杨毅. 湘鄂渝黔边民族地区精准扶贫效益评价及增进策略——基于结构方程模型的实证分析[J]. 贵州民族研究,2017(01):177—180.

[7] 王韬钦. 文化振兴视阈下乡村文化旅游融合发展的内生逻辑及路径选择[J]. 科技促进发展,2018,14(12):1186—1192.

[8] 邹开敏. 全民参与的大扶贫格局构建研究——以旅游扶贫为例[J]. 广东社会科学,2019(3):50—56.

[9] 傅才武,申念衢. 新时代文化和旅游融合的内涵建构与模式创新——以甘肃河西走廊为中心的考察[J]. 福建论坛:人文社会科学版,2019(08):28—39.

作者简介

张　琳,吉林吉林人,博士,重庆文化产业(西南大学)研究院研究员。主要研究方向为政府经济学。

贺浩浩,山西临汾人,重庆文化产业(西南大学)研究院研究员。主要研究方向为区域发展与产业经济。

杨　毅,湖北武汉人,西南大学公共文化研究中心研究员,博士。主要研究方向为区域文化治理与社会发展。

The Generation Logic, Theoretical Connotation and Implementation Path of the Culture and Tourism Integration for Boosting Poverty Alleviation in Rural Areas

Zhang Lin　He Haohao　Yang Yi

Abstract: In poverty-stricken rural areas with rich cultural tourism resources, the integrated development of culture and tourism has increasingly become an important practical form of implementing poverty alleviation and rural revitalization strategy. The generation of culture and tourism integration for poverty alleviation is a result jointly promoted by the five forces of theory, history, reality, creation and market, and its connotation includes the three dimensions of "why to alleviate", "what poverty to alleviate" and "how to alleviate property". This paper makes clear the practical restrictions on culture and tourism integration for poverty alleviation in terms of supply side, demand side and effectiveness measurement, and brings forward that it's necessary to further precisely practice and effectively promote the undertaking from the aspects of capital cultivation, operation ability, support system, integration scene, etc., and thus boost this undertaking in poverty-stricken areas to develop in depth.

Key words: Culture and Tourism Integration; Cultural Tourism; Poverty Alleviation; Rural Revitalization; Rural Economy

外商直接投资对中国酒店业外溢效应研究

钱 晔 潘 镇

摘 要:基于中国31个省份2009—2017年酒店业和外商投资相关数据,本文利用C-D生产函数模型及其扩展形式,从短期和长期两方面实证检验了外商直接投资对中国酒店业经济产出的外溢效应。研究结果表明:(一)外商直接投资短期和长期都会对中国酒店业产出有外溢效应,外溢效应受宏观条件如市场化程度、经济发展水平、资本密度等方面的影响;(二)长期而言,外资参与度在16.2%的时候对中国酒店业的外溢效应最大;(三)短期而言,中国酒店业的外商投资溢出效应有一定时滞,在第二年达到高峰值。

关键词:C-D函数 外资参与度 长期效应 短期效应

一、引 言

近些年中国经济结构向着服务业方向转型升级,酒店业作为文化旅游业和服务业的重点行业,也成为外商直接投资的重点领域,跨国酒店在中国的直接投资规模发展迅速。以国际顶级跨国酒店洲际酒店为例,截至2016年年底该酒店已经在中国直接投资了近300家酒店,另外还有近200家酒店在建,成为在华最大的跨国酒店集团;全球知名的希尔顿酒店集团在华拥有的酒店也已经超过了150家,并且筹划在5年内另开140家,等等。

由此可见,外商直接投资在中国酒店业中已占有重要的地位,其对整个酒店业的影响如何,起了促进作用还是阻碍作用?目前,围绕这些话题学界已经形成了一批研究成果,但形成了截然相反的两种观点。一部分研究认为外商直接投资对中国酒店业的发展起到了推动作用,酒店业的外商直接投资不仅能够提高中国酒店业的市场供给能力,还能够通过技术外溢、人才流动、市场竞争等路径提升中国酒店业企业的竞争能力,倒逼中国酒店业朝着科学化、现代化、专业化方向不断改革和创新,有效促进了整个行业的发展;另一部分研究则认为外资酒店业进入本土市场后，会凭借其先进的管理水平和优质的服务水平抢夺本土酒店的客源，进而挤压中国本土酒店业的市场份额，阻碍中国本土酒店业的持续发展。

可以看出，学界对于外商直接投资对中国酒店业的作用究竟如何并没有形成共识，部分原因可能是多数研究仍停留在定性分析上，缺乏必要的数据支撑。也有可能是部分研究缺乏必要的理论基础，相关分析较为随意。为此，本文尝试从理论联系实际的角度出发，利用C－D生产函数模型及其扩展形式，从短期和长期两方面实证检验外商直接投资对中国酒店业经济产出的外溢效应，尝试从学理角度对上述问题给予一个正面的回答。本研究的开展，不仅将为外商直接投资理论在酒店业等领域的研究提供思路和证据，也将为各个地区更好地利用酒店业外商直接投资、因地制宜地发展本地酒店业提供参考，并为国家酒店业相关政策的制定和调整，譬如对于外商直接投资中国酒店业应该更加开放还是更加保守提供理论依据。

二、外资酒店在中国发展概况

外资酒店在中国的发展可以分为若干阶段。以典型的国际酒店为例，经历了第一阶段的初步发展阶段、第二阶段的巩固阶段、第三阶段的全面铺开阶段。

（一）初步发展阶段（20世纪80年代初—20世纪80年代末）

改革开放初期，中国旅游市场开始放开，大量外国游客开始进入国内。旅游人数的快速增长以及外国游客的酒店业需要，催生了游客市场和外国友人住宿市场。当时计划体制下的主要住宿条件是国营宾馆，这类宾馆无论是数量还是质量，均很难满足外国游客的需求。以此为契机，第一批外商投资酒店浪潮开启。①

到1989年，已有11家国际集团酒店进入中国市场，管理了25家酒店，这些酒店大多数位于经济、政治、文化中心等北京、上海、广州等地，还有一部分位于区域中心城市和旅游城市，如杭州、西安、桂林、成都、重庆等。这一阶段的一个特点是

① 1979年邓小平提出“利用外资建旅馆可以，应该多搞一些，昆明、桂林、成都都可以搞，一个地方一两千个床位”，以解决外商的住宿问题。1979年国务院批准了中国第一家中外合资饭店北京建国饭店的建设，1982年建国饭店开业并引进香港半岛酒店管理集团管理，成为中国旅游行业改革开放的标志。1984年由假日酒店集团管理的北京丽都假日酒店开业，成为中国第一家聘请国际著名酒店集团管理的酒店，同年喜达屋、香格里拉、香港新世界酒店集团相继进入北京、杭州、广州，紧接着希尔顿、凯悦、新大谷、马尼拉、日航、美丽华酒店集团相继进入。

外商直接投资的形式大部分为合资酒店，主要原因是当时的政策限制，当时的各级政府较为支持与国际酒店开设合资酒店。

（二）巩固阶段（20 世纪 90 年代初—20 世纪 90 年代末）

20 世纪 90 年代初尤其是邓小平南方谈话以后，中国建设社会主义市场经济与改革开放的步伐进入新阶段。这进一步加速了国际人员往来与旅游业发展，尤其是旅游业、国际游客的增长，对酒店需求大幅度提高。为适应新的形势和需求，1993 年国家旅游局颁布《饭店管理公司暂行办法》[①]，颁布后的第二年中国诞生了第一家中外合资的酒店管理公司——东方喜来登饭店管理公司。随后，各国际品牌酒店集团，包括雅高、万豪、凯宾斯基、卡尔森等酒店集团陆续进入中国内地。这对原来先进入中国市场的六州（洲际酒店集团前身）、香格里拉、新世界希尔顿等产生竞争压力，加速了国际酒店企业在中国的战略布局，同时也产生了些新业态，如服务公寓等（如雅诗阁）。一直到 20 世纪 90 年代末，国际酒店集团管理的酒店数量超过 100 多家。这个阶段的主要酒店布局仍主要在一线大城市，如北京、上海、广州、深圳及一些沿海开放城市和旅游城市，布局了部分省会城市，比如武汉、成都、重庆、合肥等较大的中西部城市，但一些中西部地区的城市被收缩战线，如拉萨、昆明、贵州、呼和浩特、乌鲁木齐等，因为这些城市的中高端市场在这一阶段还比较小，国际酒店在这些地区的投入与产出不成比例而选择战略性“撤退”。

（三）全面发展阶段（2000 年以后至今）

2001 年中国加入 WTO 以后，对外开放进入新的历史阶段，全面融入国际分工体系和价值体系、生产网络。作为“春江水暖鸭先知”的中国旅游酒店业也基本完成了全面开放，对外资的投资限制大幅度减少，降低了进入门槛。尤其是 2003 年取消了对特许经营的限制[②]，这一限制的取消带来国际品牌酒店的进入方式产生重大变化，特许经营成为进入中国市场的一种重要方式。随后的申奥成功、世博会申请成功等一系列利好为国际品牌酒店集团的扩张提供契机。这些酒店的主要布局仍在一线大城市及沿海发达城市，部分在中西部城市，少数发达的三线、四线城市。

由此可以看出，酒店业的外商直接投资总体上与中国国家经济发展、改革开

---

① 此办法适用于中外饭店管理公司，对其成立条件、经营范围都做了详细规定。

② 2003 年《中国加入世界贸易组织第三年的主要承诺》中取消对特许经营的限制。

放进程、旅游市场开发步伐一致，与中国经济的区域开放和发展过程同步，地理空间分布上从沿海到内陆、从东到西、从南到北、从一线城市到二三线城市梯度发展。

三、外商直接投资对中国酒店业的短期和长期外溢效应

(一) 酒店业外商直接投资对产出的外溢效应模型设定

综合考虑酒店业的特点及可得数据，酒店业外商直接投资对总产出效应适宜采用C-D生产函数。设基本模型为：

$$Y_{it}=F(K,L)=A_{it}K_{it}^{\alpha}L_{it}^{\beta} \tag{1}$$

其中，Y_{it}代表第t年特定地区i的酒店行业总产值，A_{it}代表第t年地区i的酒店业全要素生产率，K_{it}、L_{it}分别代表第t年地区i的酒店业资本存量和劳动力投入数量，t和i分别代表年份和地区。

外商直接投资会影响到酒店业总产值，其影响的渠道包括增加资本存量、改变酒店业全要素生产率等。根据以往的研究结论和经验，影响全要素生产率的因素包括了酒店业资本密集度、东道国市场化程度、员工素质、劳动生产率差距、经济发展水平(GDP)等。鉴于本文研究目的和数据的可获得性，结合除了外商直接投资，酒店业资本密集度(CIR)、区域市场化程度(PRI)、经济发展水平(GDP)等因素也对酒店业总产值产生影响，则有：

$$A_{it}=f(FDI_{it},CIR_{it},PRI_{it},GDP_{it})=FDI_{it}^{\gamma}CIR_{it}^{\theta}PRI_{it}^{\varphi}GDP_{it}^{\mu}e^{\lambda} \tag{2}$$

将式(2)带入式(1)，得到

$$Y_{it}=F(K,L)=A_{it}K_{it}^{\alpha}L_{it}^{\beta}FDI_{it}^{\gamma}CIR_{it}^{\theta}PRI_{it}^{\varphi}GDP_{it}^{\mu}e^{\lambda} \tag{3}$$

式(3)取自然对数并添加随机干扰项，得

$$\ln Y_{it}=C+\alpha\ln K_{it}+\beta\ln L_{it}+\gamma\ln FDI_{it}+\theta\ln CIR_{it}+\varphi\ln PRI_{it}+\mu\ln GDP_{it}+\nu \tag{4}$$

如果想要检验外商直接投资外溢效应是否存在最优值，那么可以在式(4)的基础上，加入外商直接投资二次项得到式(5)，这就是检验外商直接投资是否存在最优值的长期效应模型：

$$\ln Y_{it}=C+\alpha\ln K_{it}+\beta\ln L_{it}+\gamma\ln FDI_{it}+\rho\ln FDI_{it}^{2}+\theta\ln CIR_{it}+\varphi\ln PRI_{it}+\mu\ln GDP_{it}+\nu \tag{5}$$

如果想要检验外商直接投资外溢效应是否存在时滞问题，那么可以在式(4)的基础上增加第 t、第 $t-1$、第 $t-2$ 年的外商直接投资作为解释变量，记为 FDI_{it}、$FDI_{i,t-1}$ 和 $FDI_{i,t-2}$，这样就可以得到检验外商直接投资是否存在时滞问题的短期效应模型：

$$\ln Y_{it}=C+\alpha\ln K_{it}+\beta\ln L_{it}+\gamma\ln FDI_{it}+\xi\ln FDI_{i,t-1}+\omega\ln FDI_{i,t-2}+\theta\ln CIR_{it}+\varphi\ln PRI_{it}+\mu GDP_{it}+\nu \tag{6}$$

其中，C 代表常数项，α、β、γ、φ、μ 分别代表酒店业资本、劳动力、外商直接投资、资本密集度、市场化程度、地区 GDP 等各要素对酒店业总产出的影响方向和程度。

（二）变量选取与说明

根据模型设定，除了外商直接投资（FDI）影响酒店业总产出（Y）外，解释变量还包括资本存量（K）、劳动力投入（L）。考虑中国改革开放后的国情及酒店业的发展过程，我们增加了资本密集度（CIR）、市场化指数（PRI）、经济发展水平（GDP），把它们作为控制变量。模型变量描述由表 1 所示。

表 1　变量描述

变量类型	变量名	代码	变量说明
因变量	酒店业总产值	Y(亿元)	限额以上住宿业营业额
自变量	资本存量	K(亿元)	限额以上住宿业年末资产总计
	劳动力投入	L(人)	限额以上住宿业年均从业人员数
	外商直接投资	FDI(%)	外资酒店主营业务收入/限额以上主营业务收入
控制变量	资本密集度	CIR(亿元/人)	限额以上住宿业年末资产总计/限额以上住宿业年均从业人员数
	市场化程度	PRI	采用樊纲等的估计数据
	经济发展水平	GDP(亿元)	GDP

(1) 酒店业总产值。产出水平可以用总产值和增加值来表示。产业增加值通常可以由收入法计算得到，它比总产值等其他指标更能表示一个地区和行业的产值。但查阅中国政府相关部门及相关机构之后发现，没有合适的统计数据能够帮助找到相应省市的酒店业增加值，因此这里采用限额以上的住宿业营业额作为代替指标，表示酒店业的总产出水平。

(2) 酒店业资本存量。中国经济统计中,没有直接的资本存量数据,得到资本存量,需要通过计算或寻找替代变量。计算的方法主要是用资本存盘法进行估计,替代变量则采用资产负债表中的年末资产总计或固定资产净值。中国酒店业的统计中有限额以上住宿业年末资产总计指标,故以此指标作为资本存量的替代指标,反映资本存量。

(3) 酒店业劳动力投入。劳动力投入的衡量指标可以采用产业年末从业人数占从业人员总数的比重或年均从业人员数表示。酒店业有各省市限额以上住宿业年末从业人员数,故采用年均从业人员数来表示劳动力投入,由公式"年均从业人员数=(本年年末从业人员数+上年年末从业人员数)/2"计算得到。

(4) 酒店业外商直接投资。现有有关外商直接投资的研究中有学者采用外资参与度或外资依存度来反应外资投资的比重,在实际研究过程中往往会选择用外资企业销售收入占东道国总收入比例等指标进行计算,作为对外商直接投资的度量。鉴于中国酒店业的可得数据和其他相关研究成果,本研究选择使用外资酒店主营业务收入代替外资酒店销售收入,用限额以上住宿业主营业务收入代替总收入,从而将外资酒店主营业务收入与限额以上主营业务收入的比值作为对一个地区酒店业外资参与度乃至外商直接投资的衡量。

(5) 酒店业资本密集度。资本密集度反映一个行业的资本深化程度,根据经济学原理,资本深化是一个行业高级化的表现。酒店行业在固定资本投入时需要大量资金,投入固定资本后,日常酒店的运行主要为人力资本支出。因此,根据酒店的级别,酒店业可能是资本密集型行业,也可能是劳动密集型行业,为衡量酒店业的资本密集度,反映酒店业的行业特征和高级化程度,用人均资本量反映酒店业的资本密集度。

(6) 市场化程度。市场化程度反映经济资源配置过程中市场起到了多大的作用,作用越大,市场化程度越高,反之越低。中国自改革开放以来,计划或政府的资源配置方式不断缩小,以市场为主的资源配置方式逐渐成为主体。十九大报告提到要以市场作为资源配置的决定性方式。因此,中国的改革开放过程也是市场化不断深化的过程,但各省市的市场化和开放有一个渐次过程。中国酒店业的发展就是在计划经济向社会主义市场经济转型的背景下不断发展壮大,受市场化程度的推动和约束。由樊纲、王小鲁、朱恒鹏编写的《中国市场化指数》①中的相关数据被广泛用于市场化程度的度量。因此,本文同样予以采用。

(7) 经济发展水平。经济发展水平决定了居民的消费水平和第三产业的发展程度。从需求看,经济发展水平越高,居民用于旅游及酒店的支出增加,越有利于酒店业的发展;从供给看,经济发展水平的提高要求酒店业服务和设施升级,增加高档酒店供给。因此,经济发展水平影响酒店业的规模和产值。经济发展水平的指标主要由国内生产总值(GDP)表示。

(三) 样本和数据来源说明

本文的研究对象包括中国大陆 31 个省市。为了进一步对比区域性差异,考察地理区位、经济联系等特征,结合国家区域发展的划分标准,分为东北、京津冀鲁、中部、西南、西北地区、长三角和泛珠三角等 7 大区域,从而为后续的不同区域的横向比较研究做好铺垫。其中,东北地区包括黑龙江、吉林、辽宁三省,京津冀鲁地区包括北京、天津、河北、山东,中部地区包括安徽、山西、河南、江西、湖北和湖南,西南地区包括云南、贵州、四川、重庆,西北地区包括甘肃、宁夏、内蒙古、新疆、西藏、陕西、青海,长三角包括江苏、浙江、上海,泛珠三角包括广东、广西、海南、福建。

本文数据主要来源于 2009—2017 年《中国统计年鉴》及各省级行政区统计年鉴、国家旅游局网站等。另外对于部分地区酒店业个别年份的相关数据披露不完整的情况,本文采取平均值法或插补法进行处理。

(四) 描述性统计分析——总体特征②

从 Y 的均值看,从大到小排序为长三角(242)、泛珠三角(191)、京津冀鲁(161)、西南(93)、中部(91)、东北(51)、西北(30)。Y 的均值排名中,西南大于中部,长三角大于泛珠三角。

从 K 的均值看,从大到小的顺序依次为长三角地区(723)、泛珠三角地区(556)、京津冀鲁(504)、西南地区(249)、中部地区(241)、东北地区(154)、西北地区(94)。可见,中西部和东北地区全部低于全国均值。

从 FDI 均值看,从大到小的排序为泛珠三角(32.46%)、京津冀鲁(22.36%)、长三角(22.31%)、东北(21.57%)、西南(13.98%)、西北(13.33%)、中部

---

① 《中国市场化指数》从不同方面对各省、自治区、直辖市的市场化进程进行全面比较,使用基本相同的指标体系对各地区的市场化进程进行持续的测度,从而提供了一个反映市场化变革的稳定的观测值。

② 受篇幅限制,这里没有列出详细的变量统计结果,如有需要可以向作者索要。

(5.49%),泛珠三角的酒店业外资参与度高于京津冀鲁和长三角 10 个百分点左右。

从 L 的均值看,从大到小排序为泛珠三角(117 618)、长三角(115 815)、京津冀鲁(84 891)、中部(62 177)、西南(51 552)、东北(31 626)、西北(23 101),中部地区的排序相对 K 值和 FDI 的排序靠前了。

GDP 均值排名中,从大到小排序为长三角(39 841)、京津冀鲁(28 626)、泛珠三角(25 567)、中部(20 896)、东北(16 336)、西南(14 247)、西北(5 935)。东北尽管近年来经济增长比较缓慢,但在总量上依然大于西南地区。

CIR 均值中,从大到小排序为长三角(0.006 7)、泛珠三角(0.004 7)、京津冀鲁(0.004 7)、东北(0.004 7)、西南(0.004 6)、西北(0.004 5)、中部(0.004)。

PRI 均值中,从大到小排序为长三角(9.2)、京津冀鲁(7.6)、泛珠三角(6.8)、中部(6.2)、东北(6.2)、西南(5.6)、西北(3.5)。

(五) 单位根检验

为避免每个变量可能存在虚假回归和伪回归,通常需要先进行单位根检验。根据研究的需要,有不同的方法用于单位根检验。本文主要采用 LLC 检验、B 检验和 IPS 检验,本研究涉及的所有变量经这三种单位根检验方法检验后,公值均小于 0.1,说明所有变量都通过显著性检验,面板数据序列是平稳的,具体检验结果见表 2。

表 2 单位根检验结果

变量	LLC 检验	B 检验	IPS 检验
Y	−20.22***	−1.23**	121.18*
K	−15.87***	−2.76***	63.92**
L	−32.22***	−1.91**	76.32***
FDI	−49.87***	−21.76***	231.72**
CIR	−27.88***	−35.09**	67.54**
PRI	−65.91***	−9.02***	42.15**
GDP	−43.52***	−6.67*	31.09***

注:*** 表示在 1%水平上显著,** 在 5%水平上显著,* 表示在 10%水平上显著。

四、酒店业外商直接投资对产出的外溢效应结果分析

由于本研究收集了中国酒店业 31 个省市 9 年的省际面板数据，具有时间序列和截面两个特征。研究样本中成员之间存在相互的个体影响，且没有结构变化，因此可以利用截距的差别进行说明，系数向量相同，故本研究采用变截距模型。

在进行回归前，先对规模设定进行了 F 检验和 Hausman 检验，检验结果在 0.001 下水平显著，可采用变截距固定效应模型进行回归，利用最小二乘法(OLS)，运用 STATA 软件对效应模型和长期动态效应模型进行检验。

(一) 长期静态效应

为检验是否存在最优值，对式(5)进行回归分析，结果如表 3 所示。

表 3　长期静态效应回归结果

系数	回归系数值	T 值
C	−0.97*	−1.45
α	0.25***	5.05
β	0.065**	2.03
γ	0.07***	5.72
ρ	−2.5**	−2.39
θ	0.078***	3.44
φ	0.04**	2.61
μ	0.03***	3.04
R^2:0.99　调整 R^2:0.99　F 值:602.49***		

注：*** 表示在 1%水平上显著，** 在 5%水平上显著，* 表示在 10%水平上显著。

各变量的回归结果分析如下：

(1) 资本存量。资本存量的回归系数值是 0.25，并在 1%水平上显著，对产出水平影响比较大。与其他回归相比，资本存量的回归系数最大，是其他几个变量的若干倍，因此是影响酒店业产出的最大因素。

酒店业是属于资本密集型行业还是劳动密集型行业一直存在争论，从回归结果看，酒店业属于资本密集型行业，资本回归系数值是劳动系数值的 3 倍多。酒店业的投入通常要求较大的固定资产和较长的回收周期，因此需要高投入来维持比较慢的回收周期。前期投入的固定资产需要资金较多，主要费用有购置土地、建

筑、家具、装修、设备、营销推广、人员培训等。在运营过程中,还需要对设备进行维护、更新、新产品研发和投入。尤其是消费需求不断升级,使得酒店业的设备维持和更新加快,提高了资本的折旧率,使资本投入增加。

(2) 劳动力。劳动力回归系数值是0.065,具有显著性影响。回归系数的值相对不大,说明劳动力对外商直接投资的效应还不太明显。劳动力的投入包括劳动力的数量和质量,在基本劳动力投入的基础上,劳动力的质量和服务水平,对酒店业的长期经营绩效有重要的影响。另外,许多学者认为酒店业人力资本具有"门槛效应",大学教育程度人力资本比高中教育程度人力资本更有利于外商直接投资外溢效应的发生。酒店业的经营中也可以发现,酒店档次的高低与人力资本具有很大的相关性,酒店越高级,人力资本的要求越高,除了需要良好的"微笑服务"外,高级酒店还更加关注信息系统的应用、统计预测方法、电子商务的使用等。因此,酒店业对劳动力的投入在满足基本数据情况下,还需要加强人员的服务和技术培训。

(3) 外资参与度、资本密度。外资参与度及平方项的系数分别为0.07和−2.5,资本密度为0.078,通过显著性检验。说明外资参与度与外商直接投资外溢效应之间存在倒U型曲线关系。根据外资参与度回归系数和平方项回归系数,得到U型曲线的极限值为16.2。也就是说,外资参与既可以起到积极作用,也可能起到负面作用,当且仅当外资参与度为16.2%的时候,外商直接投资对于中国酒店业外溢效应的发挥是最有效的。当外资小于这个值时,外商酒店可能通过示范效应、关联效应等渠道起到积极作用。此时,本土酒店通过向跨国或连锁酒店学习先进的管理经验、经营理念、服务水平,或者通过酒店业的纵向联合以及与外资酒店建立合作伙伴或上下游关系,在与外资酒店的合作过程中,提高技术水平和管理水平,提高产品质量。

当超过这个数值时,外资存在的竞争效应对本土酒店业产生"挤出效应",即过度的外资参与降低了外溢效应。外资酒店通常有强大的品牌优势、运营管理水平、服务质量稳定、国际化水平高等优势。尤其在高端细分领域,外资酒店的"挤出效应"尤其明显。因此,把外资参与度控制在一个较合理的区间,达到适度竞争,既发挥外资的积极作用,也控制过度进入,从而促进中国酒店业总产值最大化。

(4) 市场化程度。市场化程度的回归系数为0.04,具有显著性影响。市场化程度反映了经济的资源配置方式,也是酒店业发展的宏观背景和条件之一。中国经济宏观转型已由计划经济走向社会主义市场经济,市场的资源配置作用越来越重要。酒店业的发展也是在市场化进程中获得发展的。市场化程度越高,酒店业产出越大。

(5) 经济发展水平。代表经济发展水平的GDP回归系数为0.03,通过显著性检验。经济发展水平影响居民的收入,收入影响消费。因此,经济发展水平一般与消费存在正相关关系。经济增长,一方面通过收入效应增加对酒店业的消费,另一方面,收入增加为酒店业升级提供动力,收入增加是消费升级的必要条件,收入增加带来的消费升级,要求酒店业升级换代。

(二) 短期动态效应

对式(6)进行回归分析,得到外商直接投资对中国酒店业的短期动态效应,相关结果如表4所示。

表4 短期动态效应回归结果

系数	回归系数值	T值
C	−0.88*	−1.96
α	0.34***	6.13
β	0.082**	2.57
γ	0.075**	6.72
ξ	0.065***	5.91
ω	0.04*	1.98
θ	0.095***	4.76
φ	0.07**	2.58
μ	0.04***	3.16
R^2:0.98 调整R^2:0.97 F值:602.49***		

注:*** 表示在1%水平上显著,** 在5%水平上显著,* 表示在10%水平上显著。

对比可以发现,短期动态效应的系数普遍大于长期静态效应,说明从短期看,模型中的变量重要性提高了。外商投资当年回归系数0.075,超前一年系数0.065,超前两年系数0.04。说明外商投资的溢出效应有一定的时滞,在第二年达到高峰值,外商投资酒店的溢出效应,通过示范效应、竞争效应、人力资本效应等渠道传导到国内酒店需要1—2年的时间。

其他变量的回归系数中,市场化程度和GDP的值远远大于长期,由此说明宏观环境的短期激励作用相当明显。地区市场化程度和GDP水平的不断提高可以进一步为当地酒店业的发展奠定良好的经济条件和基础。从区域上来说,无论是内资还是外资，其投资偏好区域都侧重于经济发展水平较高、市场较成熟的地方。

五、结 语

本文利用C-D生产函数模型及其扩展形式，从短期和长期两方面实证检验了外商直接投资对中国酒店业经济产出的外溢效应及其影响因素。实证结果支持外商直接投资会对中国酒店业发展起到正向促进作用，这个基本结果无论是从短期看还是长期看，都得到了验证。长期来说，外商直接投资的参与度在16.2%的时候，对中国酒店业发展的促进作用最大；短期来说，外商直接投资对中国酒店业发展的积极作用稍有滞后，但往往在第二年就达到高峰。

为了推动中国酒店业更好地利用外商直接投资，各个地区应该结合本地区实际情况及时调整和优化酒店业外商直接投资规模和力度。其中，外商直接投资规模较大的地区，应及时控制外商直投资势头，更加重视提升外商直接投资质量，对于效益不高的外资酒店可以考虑给予一定期限整改或者建议其重新选址；外商直接投资规模较小的地区，可以考虑加大对跨国酒店集团的招商引资力度，提高本地区酒店业的FDI规模。同时，各个地区相关主管部门可以考虑出面引导外资酒店和本土酒店树立良好的竞合关系，定期组织双方企业开展业务交流和沟通，一方面鼓励和引导外资酒店将先进的管理经验分享给本土酒店，另一方面鼓励和引导本土酒店派专业骨干去外资酒店考察学习，提高其业务管理、人才培养等方面的能力，共同推动中国酒店业整体向好发展。

参考文献

[1] 陈丽英，辜应康，何勋. 外资酒店进入中国的投资区位选择[J]. 经济与管理研究，2015(4)：120—127.

[2] 陈立平. 国际酒店集团在华发展的制约因素及趋势分析[J]. 北京工商大学学报：社会科学版，2005，20(6)：101—104.

[3] 霍云霈，杨新军，张兴国. 中国高档旅游宾馆空间分布特征与配置研究——以五星级宾馆为例[J]. 人文地理，2006，21(2)：28—31.

[4] 毛日昇. 劳动力供给、生产率与外商直接投资工资外溢效应[J]. 南方经济，2012，30(7)：23—34.

[5] 汪旭晖，杨东星. 中国流通服务业FDI溢出效应及其影响因素——基于省际面板数据的实证检验[J]. 宏观经济研究，2011(6)：39—45.

[6] 樊纲,王小鲁,朱恒鹏. 中国市场化指数:各地区市场化相对进程 2011 年报告[J]. 北京:经济科学出版,2011.

作者简介

钱 晔,奥籍华人,南京师范大学商学院博士生。研究方向为酒店管理、跨国经营。

潘 镇,博士,南京师范大学商学院教授、博导。研究方向为企业战略、跨国经营。

Research on the Spillover Effect of Foreign Direct Investment on China's Hotel Industry

Qian Ye　Pan Zhen

Abstract: Based on relevant data of the hotel industry and foreign investment from 2009 to 2017 of 31 provinces in China, this paper empirically tests the spillover effect of foreign direct investment on the economic output of China's hotel industry from the perspectives of short term and long term by using C－D Production Function Model and its extended form. The research findings show that, (1) foreign direct investment will produce spillover effects on China's hotel industry in both short term and long term, and the spillover effect is affected by macroscopic conditions, such as marketization degree, economic development level, and capital density; (2) in a long term, the spillover effect on China's hotel industry is the maximum when the engagement of foreign capital is 16.2%; and (3) in a short term, the spillover effect of foreign investment on China's hotel industry has certain time lag, and will reach the peak value in the second year.

Key Words: C－D Function; Engagement of Foreign Capital; Long-term Effect; Short-term Effect

版权经济

诊脉网络电影产业*

阮南燕

摘　要：网络电影自诞生伊始便频繁被诟病，但发展势头强劲。从电影产业发展的角度来看，网络电影是电影产业面对新媒体和互联网的生态环境所采取的机制调整，也是电影产业面对互联网机遇和挑战的自我转型。本文拟从学理的角度诊脉网络电影，定位其在中国电影产业格局中的坐标，探究其产业瓶颈、价值缺失以及转型升级路径。

关键词：网络电影　价值导向　电影美学　产业升级

网络电影①，较之“微电影”，是较为接近传统电影的新媒体电影样态。然而，其从诞生之日起，便频繁遭遇滑铁卢。一方面是网络电影的影片数量、点击量和票房频频刷新，居高不下；另一方面，恶评、指责、谩骂随之而来。即便如此，依旧难挡持续加入网络电影的资金流、制作流和观影流。从 2014 年其诞生开始，仅仅六年的时间，业界就已经无法漠视它的存在。横空出世的网络电影，为何会在短时间内呈现井喷之势？其未来发展会不会昙花一现？从产业发展的角度而言，网络电影的优劣何在？从电影美学维度看，网络电影存在哪些病症？只有立足电影产业发展的整体态势，才能更好地分析和研究网络电影目前存在的问题，针对其产业瓶颈和价值缺失，指出网络电影的产业升级路径。从电影产业发展的角度而言，网络电影和微电影一样，是电影产业面对新媒体和互联网发展所采取的机制调整，既是电影产业发展的题中之意，也是电影产业面对机遇和挑战的自我转型。因此，不能孤立地看待网络电影，而应将其纳入电影产业的整体格局予以关照。恰如评论所言：“网剧已经翻身了，网络大电影还会远吗？”[1] 只有以发展的眼光研究网络电影，才

* 本文为国家社科基金重点项目“健全现代文化产业体系和市场体系研究”（20AZD065）2020 年度国家社科基金艺术学重大项目“5G 时代文化产业新业态、新模式研究（20ZD05）”的阶段性成果。

① 网络电影有广义与狭义之分，广义的网络电影包含微电影和网络大电影，狭义的仅指网络大电影。本文取网络电影的狭义概念。

能看到其在中国电影产业格局中的位置及其巨大的价值导向动力。

一、风起云涌的网络电影

严格来说，网络电影并非严谨的学术词汇，正如“微电影”一样，均属媒体用语，属中国特色词汇。2014 年 3 月 18 日，由爱奇艺主办的“网络大电影成就梦想”高峰论坛在北京举行，正式启动“网络大电影”计划。[2] 2017 年 7 月 18 日，在教育部、国家语委发布的《中国语言生活状况报告(2017)》中，“网络大电影”入选 2016 年度中国媒体十大新词。[3]

何谓“网络大电影?”百度百科云:组建团队拍摄，自己当导演，时长超过 60 分钟，拍摄时间(几个月到一年左右)，规模投资(几百万元到几千万元)，电影制作水准精良，具备完整电影的结构与容量，并且符合国家相关政策法规，以互联网为首发平台的电影，符合国家政策，也可以在电影院上映。[4] 360 百科刻意回避了“大”电影的概念，只称“网络电影”[5]。但其对“网络电影”的概念界定，与百度百科基本一致。爱奇艺之所以称为“网络大电影”，是以“大”电影区别之前的“微”电影，以示其不是电影短片。其次，以“网络”为标识，区别院线电影。可见，目前的“网络电影”和“网络大电影”的概念基本重合，均指除微电影之外的在网络播放的电影长片，是为网络视频平台量身定做的电影，影片时长、拍摄周期、投资规模则是其市场准入的门槛。鉴于此，本文选取“网络电影”的概念，指称网络电影长片这种互联网思维下的电影新形态。

2014 年，全网上线网络电影约 450 部(不含被下线数，下同)，爱奇艺全年分账 top20 总票房 601.6 万元。其中，前三名是《成人记 2》，《二龙湖浩哥之风云再起(上)》(后被下线)，《朝外 81 号》，票房约 163 万元，占 top20 票房的 27%。[6] 2015 年全网上线网络电影 689 部，爱奇艺全年分账 Top20 总票房 5 627.8 万元。前三名是《山炮进城》《二龙湖浩哥之狂暴之路》(后被下线)和《道士出山 3 外星古墓(上)》，票房约 2 160 万元，占 top20 票房的 38%。[6] 2016 年，全网上线网络电影 2 463 部左右，爱奇艺分账 top20 总票房达 1.98 亿元。前三名是《山炮进城 2》《老九门番外之二月花开》《四平青年之浩哥大战古惑仔》(后被下线)，票房约 4 752 万元，占 top20 票房的 24%。[6] 2017 年，全网上线网络电影约 1 973 部，爱奇艺上线 1 321 部(2016 年该数据为 1 780 部)。虽然网络电影总体数量下降，但爱奇艺分账 top20 总票房约 2.28 亿元。总体票房分账金额较 2016 年增长 54%，平均单片分账增长更多。2017 年 top1 分账 26 554 331 元，较 2016 年的 18 293 967 元增长

45%。票房前三名是《斗战胜佛》《超自然事件之坠龙事件》《超级大山炮之夺宝奇兵》,票房约 6 408 万元,占 top20 票房的 28%。[7] 2018 年,爱奇艺上线 1 004 部,top1 的《灵魂摆渡黄泉》票房 4 547 万元,首次实现单片票房过 4 000 万元。紧随其后的是《陈翔六点半之铁头无敌》3 087 万元,《济公之神龙再现》2 854 万元。前三名票房过 1 亿元。[8] 2019 年,爱奇艺共有 25 部网络电影破千万,票房前三名分别是《鬼吹灯之巫峡棺山》3 470 万元,《陈翔六点半之重楼别》2 269 万元,《陈情令之生魂》2 208 万元。[9]

从 2014 年至 2019 年,短短 5 年,不仅网络电影的影片数量呈现井喷之势,单片票房亦呈现爆发式增长状态。迄今为止,网络电影单片票房最高的是优酷的《大蛇》(淘梦出品),5 078 万元。[10] 爱奇艺网络电影年度分账 top20 总票房从 2014 年的 600 万元出头,上升到 2018 年的 3.68 亿元,在 5 年内增长了 61 倍;年度单片票房分账从 2014 年的 634 896 元增长至 2018 年的 45 478 203 元,4 年内增长 71 倍。每年前三名的票房均占当年总票房的 20%之多,可见"二八法则"已然显现,头部内容高分账模式已经成型。2016 年,网络影片开始破千万票房,全网过千万的影片,2016 年 6 部,2017 年 10 部,2018 年 25 部。2019 年,仅爱奇艺破千万的网络电影就达 25 部。可见,网络电影的盈利模式开始走向成熟。

作为网络电影的开创者,爱奇艺的网络电影产业也是发展得最为壮观的,其不断刷新的总票房数据、投资合作公司、上线的独播作品数量和质量,以及持续冲顶的单片分账金额,让越来越多的影视公司、制片人、业内外人士和网民共同关注网络电影的发展。

二、恶评如潮的网络电影

回望网络电影的发展,一面是你方唱罢我登场的喧闹景象,一面是业界无数的谩骂指责和鄙夷如潮的恶评。网络电影野蛮粗暴的增长方式带来的是乱象丛生的网络电影市场,价值观混乱的电影审美,以及与主流意识形态背道而驰的社会影响。这种现象直到 2016 年年底才随着国家监管力度的加强得到遏制。可以说,2017 年之前的网络电影,病症太多。

其一,毫无底线地蹭 IP、蹭热点,借热门上映影片的东风,暗度陈仓。

如网络电影的成名作《道士出山》,讲述的是现代道士阴十三利用祖父传授的茅山道术除鬼打僵尸的故事。制作成本 28 万元,制作周期 40 天,抢在当年 4 月上线,借陈凯歌《道士下山》的东风,没有花一分钱做影片宣传,三部系列影片,获得

2 400 万元的网络票房。如此暴利，极大地助长了网络电影蹭 IP 的热潮，这种情况在 2016 年更如野草般疯长。借冯小刚的《我不是潘金莲》之势，网络上出现各种各样的“潘金莲”影片，《我不做潘金莲》《我不是你的潘金莲》《潘金莲就是我》《鬼脸杀手之二炮手潘金莲》《谁杀了潘金莲》，不胜枚举。借周星驰的《美人鱼》之势，以“美人鱼”为片名的网络影片同样铺天盖地。而《澳囧》《沪囧》《韩囧》等，很明显是对徐峥系列影片的模仿。《捉妖济》与《捉妖记》，《解救吾小姐》与《解救吾先生》，《朝外 81 号》与《京城 81 号》，《万万想不到》与《万万没想到》，《九层妖楼》《九层魔塔》与《九层妖塔》，如此之类，不胜枚举。但凡院线电影阵容强大一点，都会有成堆的网络电影跟风。

其二，借市场准入的低门槛、网络监管盲区以及各种禁令未出台之际，以博人眼球的片名，频繁触碰院线电影无法触及的“红线”，如血腥暴力凶杀、灵异恶俗色情、迷信耽美黑帮等题材。如 2014 年的榜首《成人记 2》脱胎自有“重口味、无节操”之称的网剧《成人记》，在校园青春题材中混淆着叛逆、暴力等敏感话题。排名第二的《二龙湖浩哥之风云再起》则是《四平青年》系列的第二部，乡村黑帮题材，因充斥着粗口、犯罪、暴力等因素，后被下架。2015 年的榜首《山炮进城》明显蹭《老炮儿》的热点 IP，具有鲜明的低俗爆笑喜剧的特色。

从 2014 年至 2016 年前 20 榜单来看，热映影片可以分为五类：① 消费女色类。如《不良女警》《我的极品女神》《校花驾到》《后备空姐》《泡上美女总裁》《女神信条》《山村姑娘》《微交少女》《足球宝贝》《美女总裁的贴身高手》《盲少爷的小女仆》《豪门少女寂寞心》等。② 蹭 IP 类。如《道士出山》系列（《道士下山》）、《山炮进城》（《老炮儿》）系列、《老九门》系列（《盗墓笔记》）、《血战铜锣湾》（《血战钢锯岭》）、《心花怒放》（《心花路放》）等。③ 黑帮暴力类。如《二龙湖浩哥》（《四平青年》）系列、《拳霸风云》《鬼拳》。④ 鬼怪灵异类。如《鬼局之僵尸都去哪儿了》《聂小倩之尘缘未了》《阴阳先生》《狗眼看阴阳—帝王香包》《仙班校园》《笔仙大战贞子》。⑤ 软色情类。如《成人记 2》《青春荷尔蒙 2 躁动时代》《流氓》《成人游戏》《宅男的最终幻想》《超能太监》系列。（所列篇目许多已被下架，不一一列举。）

其三，付费模式引发的网络电影“黄金 6 分钟”制作模式。

网络电影与微电影不一样之处在于其付费观看的模式，这也是其撑起网络院线的原因之一。不过，网民可以选择免费观看影片的前 6 分钟，再决定是否付费观看影片。这一规则的确立，使得所有的网络影片均挖空心思倾力打造免费的“6 分钟”，因此，片名、海报和黄金 6 分钟，成为网络电影的营销关键。从上文的分析来看，网络电影成功吸金的秘诀首在片名。在资金短缺的情况下有效快速地吸引观众，蹭热点 IP 是首选。其次，以赤裸裸的片名搏出位，暗示影片的题材、类型等，因此才有众多消费女色、神怪灵异、黑帮暴力、耽美、软色情的片名出现，以及众多宣扬血腥暴力、软色情的海报。由于有限的资金均专注于前 6 分钟的影片制作上，导致众多超低成本制作的网络影片只有精彩的“6 分钟”。6 分钟之后，粗制滥造、狗尾续貂、粗鄙恶俗的影片层出不穷，有的影片甚至连结局都懒得拍摄，直接来一个“未完待续”。这种明显捞快钱的制作方式，已经很难用传统的电影标准来衡量评价。如此制作，只能是沉渣泛起，恶俗片扎堆，已经无法用“烂片”“渣片”来指称。

其四，缺乏电影应有的人文价值关照、审美情怀和文化历史底蕴，距离合格的“电影”范式与准则甚远。网络电影最招人诟病之处除上述三点外，最深层的原因还在于，网络电影作为“电影”，远远没有达到电影应该具备的基本素养。从某种角度而言，网络电影玷污了电影的圣坛，给“电影”蒙羞，也让有情怀、有美感、有学识的电影观众弃如敝屣。综合而言，绝大多数网络电影，均过于专注血腥暴力、猎奇惊悚、视觉冲击、无厘头恶搞等环节，而忽略了电影应该有的人文价值。从剧作角度而言，大多数作品缺乏基本的起承转合要素，情节单一前后矛盾，结构混乱缺乏内在逻辑，矛盾冲突人为生造、牵强附会，人物缺乏血肉和灵魂。至于影片最重要的主旨，更是严重缺失，苍白而不知所云。如此混乱、失范、无序的网络电影市场，被诘难和指责是“烂片高地”“题材洼地”，呈现金字塔型的市场格局，也就不足为奇。

三、网络电影能否蜕变

2016 年 11 月 30 日，国家新闻出版广电总局严查网络大电影，60 部低俗、暴力、血腥影片集体下架，如《四平青年》《二龙湖浩哥》《大风水师》《催乳大师》《消灭大学生》《超能太监之黄金右手》《绝色之战》等。中宣部副部长孙志军认为，目前的网络电影很大一部分成本低、制作粗糙，其中黑帮打斗、恐怖、封建迷信、校园暴力、同性恋、软性色情等噱头通过片面渲染社会阴暗面，赚取点击率的不在少数，存在负面影响，有必要将网络电影列入电影产业促进法规范，纳入法律监管。[11] 其次，则是网络电影视频平台的各种禁令的发布。爱奇艺划定了9条红线①,并重申网络电影价值观:“青春、阳光、正能量以及合家欢,网络电影面对的是各年龄段受众,呈现的内容要考虑各个年龄层的接受度,保护未成年观众。”随后,腾讯也提出了购片原则:“内容符合广电审查标准,不含血腥暴力、低俗、封建迷信等不符合主流价值观的内容。”搜狐则表示:“对于内容低俗的片方,搜狐视频不仅仅会拒绝,还会采取第一次警告,第二次严重警告并明确标记该片方,第三次甚至多次出现内容低俗的片方,将会被搜狐视频拉黑,永不合作!”[12]2017年6月30日,《网络视听节目内容审核通则》发布,对网络视听节目给出了比较明确的界定,具体包括网络剧、微电影、网络电影、影视类动画片、纪录片,文艺、娱乐、科技、财经、体育、教育等专业类网络视听节目,以及其他网络原创视听节目。《通则》确立了两大内容审核原则:先审后播和审核到位,审核要素包括政治导向、价值导向和审美导向,情节、画面、台词、歌曲、音效、人物、字幕等。《通则》第四章列出了8条完全禁止内容,以及10条须裁剪、删除的内容。[13]至此,网络电影结束了野蛮无序生长的状态,回归电影发展的正途。

2017年,可谓网络电影发展的拐点。影片数量下降至1973部,比2016年减少490部。平台的内容红线开始起作用,爱奇艺拒绝上线的影片就达到当年提交申请影片的20%。80%的网络影片的发行模式以独播为主,远超2016年独播占比的27%。伴随付费市场的高速发展,网络院线市场规模不断扩大,投资回报率非常可观,而2017年投资回报率排名前五的分别是:《陈翔六点半废话少说》993.12%,《超级大山炮之夺宝奇兵》836.49%,《笑嗷喜剧人》751.86%,《降龙大师》472.51%,《斗战胜佛》453.21%。如此高额的回报率,使得平台、制作、出品、发行等各方更注重影片本身的创意和内容环节,尤其是专业团队的加入,让早期低水准的庸俗之作、粗制滥造之作、投机之作直接被淘汰出局。2017年,网络电影产业获得了更多的资本认同,出品方也加大了制作投入,市场投资规模增长74.2%,从2016年的15.5亿元增至2017年的27亿元;单片制作成本也持续上升(见表1)。王晶、郭靖宇、郑凯等影人纷纷加入网络电影市场,大地电影、索尼影视、光线传媒、

① 1. 违背社会伦理准则,不良婚恋观,审美导向以及价值观有偏差,毁三观作品;2. 具体展现血腥暴力情节,传播社会负能量;3. 恶搞名著,宣扬封建迷信;4. 涉及青少年校园伦理的,坚决杜绝未成年涉性内容;5. 诋毁公安、军人、护士、医生、老师形象的;6. 恶搞民族宗教,亵渎宗教信仰;7. 触碰宣扬法律禁止的内容;8. 详细直接展现恐怖惊悚内容;9. 片名低俗化,蹭IP,宣发内容低俗无底线。

山影集团、华策影视、寰宇影视等传统影视公司纷纷加盟网络电影市场，推动网络电影的产业转型。

表 1　2016—2017 年爱奇艺网络电影单片制作成本

时间	100 万以下	100 万—300 万	300 万—600 万	600 万以上	300 万以上(部)	500 万以上(部)	1 000 万以上(部)
2016	80%	20%	0	0	9	3	0
2017	49%	45%	5%	1%	75	12	5

数据来源:爱奇艺 2017 年网络大电影市场发展报告，爱奇艺公众号。

2018 年，提交给爱奇艺的网络电影 1 710 部，爱奇艺拒绝了不合规范的 410 部，最终上线 1 004 部电影。新增合作方 321 家，与 2017 年基本持平，其中 142 家合作方连续两年提交新作品。2018 年合作方票房分账的前 3 名中，北京新片场传媒股份有限公司新上线影片 36 部，天津淘梦银河天河网络技术有限公司新上线影片 32 部，东阳奇树有鱼文化传媒有限公司新上线影片 19 部，而排名第 7 的北京溢彩影视文化传媒有限公司新上线影片 81 部。可见，以创作和制作为核心竞争力的公司，形成了稳定的内容产出节奏，具有鲜明的内容领先优势。

四、网络电影的产业转型路径

与传统电影产业相比，虽然目前的网络电影产业刚刚起步，存在各种不尽如人意之处，但随着法规机制的日益健全和电影样态的日益成熟，网络电影产业的春天也即将到来。因此，客观、公正地运用可持续发展的眼光看待这一新事物，很自然地能够看出网络电影产业所表现出来的萤火之光，看到其未来发展的产业前景。

路径一，融入中国电影产业，重塑电影产业的整体格局。移动互联网时代的来临，不仅将使电影产业的世界格局发生变化，也将使我国电影产业的整体格局发生颠覆性的改变，网络院线和网络电影将成为电影产业的重要一隅。经过 2016 年的野蛮生长和规范整饬，2017 年网络电影真正走向规范有序的产业发展势态，口碑效应初显，开始出现精品，类型更加多元。2017 年口碑较高的网络影片有《缫神契约》(喜剧，6.4 分)、《哀乐女子天团》(音乐，6.8 分)、《孤岛终结》(科幻，6.5 分)、《星游记之风暴法米拉》(动漫，7.4 分)、《海带》(科幻喜剧，6.8 分)、《暴走刑警》(刑侦,6.3分)、《猎魂师》(漫改,“比翼计划”)、《特种兵王2使命抉择》(军事)。[①] 2018年口碑票房双高的有《灵魂摆渡黄泉》(玄幻,7.1分)、《陈翔六点半之铁头无敌》(喜剧,6.2分)、《再见18班》(青春,6.7分)、《我是好人》(犯罪,6.8分)。网络电影不仅口碑改善较大,而且题材也更加多元,出现了除魔幻、喜剧、武侠之外的类型,如科幻、刑侦、音乐、军事等稀缺题材。假以时日,其得天独厚的互联网优势将进一步扩大,在电影投融资、制作、营销发行、院线经营、衍生品研发以及集团化运营等环节将形成独特的一环。

路径二,跨界融合,改变我国电影产业票房独大、产业链拓展乏力的局面,实现网络电影产业链的有效拓展。电影产业的核心价值链环节包括剧本创意、制作、发行、放映和衍生品研发,其中剧本创意和衍生品研发附加值最高。然而,目前我国的电影产业主要靠放映环节盈利,故而形成票房独大的畸形发展局面,也因此一损俱损,一荣俱荣。而最具有盈利空间的衍生品研发环节,始终缺失。从目前网络电影的发展来看,与传统电影相比,网络电影表现出天然的产业链拓展的优势,与短视频、网络文学、网剧、网游、网综、动漫等产业联系紧密,可谓真正的跨界高手。例如《老九门番外》系列,正是热门网剧《老九门》的网络电影续写,可谓网络电影中第一部“网文+网剧+网大(网络大电影)”的剧影联动,借助网剧的热度,连续推出南派三叔的四部“老九门番外篇”,分别对应“二月红篇”“解九爷篇”“陈皮阿四篇”和“霍锦惜篇”。2019年的《陈情令之生魂》同样是“网文+网剧+网大”的延展。2017年12月,根据《鬼吹灯之牧野诡事》改编的《牧野诡事之金豹子》上线,成为重磅网络文学IP改编网大的案例。再来看网游与网大的影游联动:由热门网游《明珠三国》改编而来的网大《明珠三国2之貂蝉攻略》,借助游戏IP号召力增加点击量,网大成功的同时也增加了游戏的影响力;《僵尸英雄之魔王与公主》是基于同名游戏《魔王与公主》而改编制作的,两者发布时间相差无几,针对同一IP,双线出击,共同打造IP。2017年2月,《功夫机器侠之南拳》爱奇艺与央视电影频道同步播出,是首部实现台网联动的网大;2017年4月,《陈翔六点半废话少说》上线,是首部短视频与网络电影联动的影片;2017年8月,《星游记之风暴法米拉》在爱奇艺上线,由全擎娱乐出品,彩条屋影业、光线影业提供的网络电影,也是首部院线级电影专供互联网平台放映的案例。这一系列跨界行为说明,网络电影的跨界优势,可以较大限度地改变传统电影产业核心产业链拓展乏力的短板,以及票房独大的

① 数据来源:参考豆瓣网和爱奇艺2017年网络大电影市场发展报告。

畸形盈利模式，拓展电影的盈利平台和盈利模式。

路径三，以网络电影为支撑的网络院线，是我国电影产业的有益补充。传统院线和网络院线两大放映平台，将改变我国电影产业千军万马过独木桥的现状，实现双轨并行的有效联动。爱奇艺、腾讯视频、优酷、搜狐视频等是目前网络电影的主要播出平台，随着各视频网站自制剧和自制网络电影比例的逐年提升，四大视频网站不仅是成熟的发行平台，更是成熟的网络电影制作平台。虽然目前“网络院线”还只是概念层面，随着网络电影的成熟与发展，网络院线也必将成熟。从影片容量来看，网络院线没有传统档期的约束，可以最大限度地容纳影片。其次，影片的在线时长也不会过多地受到排片量的限制，如果成为热映影片，可以始终在线播放。其三，传统院线目前的售票模式基本是淘票票、猫眼、格瓦拉等网络售票平台，而网络院线的影片也是以在线点播的方式进行，随着付费点播模式的成熟，观众也会逐渐形成付费点播观看的观影习惯。其四，院线电影和网络电影并无绝然的区别，评判的标准首在影片的内容质量和制作水准。对放映设备和环境要求不高的影片，例如 2D 影片，文艺片、纪录片、二次元动漫等小众影片，完全可以选择网络院线放映。这样不但可以避免档期不够挤不进院线的困境，也可以避免排片时“一日游”的无奈。而成熟的网络电影，其系列影片同样也可以选择传统院线放映，或者两种院线同时放映。

路径四，网络电影的投融资、制作、营销等价值链环节更具“互联网＋”的互联网意识，也更具产业活力。从投融资来看，众筹是网络电影的主要手段之一。从 2014 年开始，大量的网络电影开启众筹模式。众筹主要分为两种，一种为股权投资，一种为债权投资。虽然二者在投资的初期都能够盈利，但是从长远发展来看，前者投资风险较大，后者逐渐成为众筹的主要方式。2016 年，网络电影开始在内容上丰富影片类型，越来越向类型片靠拢，许多电影项目也不再只是依赖视频网站入资或者政策补贴，而且随着一些知名的业内人士开始重视互联网平台，许多电影项目和团队利用 IP 的价值或者其在业内的名气，通过众筹的手段，启动新一轮的融资，形成一种资金流转、人才涌进、产业升级的良性业态。表面上看是把院线电影的众筹投资模式照搬到网络电影上，但实质上反映出资本进一步向互联网倾斜，即网络电影市场的收入和产出比大于传统院线。从制作来看，网络电影与网民的互动较为密切，大数据分析较为准确，这有助于网络电影项目以网民的观影意向和观影需求为参考，量身定做网络电影，确立适合网民审美需求的影片类型，选择适合网络放映的题材、主题、内容等影片元素。以互联网思维把握影片创意环节，细分观众群体，调动粉丝经济，合理设计影片的衍生品，充分发挥网络电影的市场潜能。目前已经出现了像新片场、奇树有鱼、淘梦、映美传媒、七娱乐等制作和宣发网络电影的专业团队。2017 年 11 月，《超自然事件之坠龙事件》上线，特效镜头比例创网大记录，引领头部网络大电影制作技术的新高度；《暴走刑警》由金牌制片人马珂操盘，热映期豆瓣评分 7.2，成为一线团队制作网大的代表。从网络电影的营销来看，目前网络电影的良性营销机制已经形成。爱奇艺鼓励合作方进行影片营销，并对参与营销的合作方予以营销分成，2017 年比 2016 年营销分成规模涨幅 159％。2016 年营销合作方营销投入 10％，2017 年增长至 20％。2018 年 top50 的影片，96％均参与了营销合作。营销的方式也非常多元，营销渠道和营销方式均有创新。如线上直播、自媒体、短视频多样化渠道发力，DSP 广告、App 异业合作、PGC 节目等齐头并进，线下则有快闪、路演、线下互动、校园推广等。如《陈翔六点半废话少说》，运用短视频节目营销，如内涵段子、快手 App、美拍 App 以及新浪微博直接拉动影片播放量。再如《血战铜锣湾》设置线下场景营销，以情境体验馆进行影片营销。《再见路星河》运用弹幕口碑营销，片尾弹幕“集体告别初恋仪式”，营销效果明显。

从 2014 年至 2019 年，网络电影的超速发展有目共睹。网络电影的出现，不仅代表互联网技术对电影产业的渗透，更是互联网思维与电影产业的融合，直接打破了电影、互联网、用户的时空限制和时空阻隔，做到精准定位互联网电影目标群体，用户(观众/制作者)不再受平台(影院/网站)的限制(时空限制)，影片从单一时空释放变为可多重时空下观看。随着越来越多电影专业人士、专业团队、影视公司的加盟，网络电影的影片质量将继续提升，网络院线的运营也将继续成熟，网络电影产业将成为中国电影产业的重要一环。

参考文献

[1] 蒋肖斌. 市场进入专业化升级和洗牌期——网剧已经翻身了，网络大电影还会远吗[C]，中国青年报，2018 年 5 月 29 日第 008 版.

[2] 中国新闻网. 网络视频成就电影梦想　爱奇艺启动“网络大电影”计划[EB/OL]. (2014-03-19)[2019-08-09]. http://www.chinanews.com/it/2014/03-19/5968217.shtml.

[3] 中国新闻网. 官方报告分析 2016 年网络用语：“全是套路”“洪荒之力”入选[EB/OL]. (2017-07-18)[2019-08-10]. http://www.chinanews.com/gn/2017/07-18/8280676.shtml.

[4] 百度百科. 网络大电影[EB/OL]. [2019 - 08 - 10]. https://baike. baidu. com/item/%E7%BD%91%E7%BB%9C%E5%A4%A7%E7%94%B5%E5%BD%B1/18408141? fr=aladdin#reference-[1]-17914963-wrap.

[5] 360 百科. 网络电影[EB/OL]. [2019 - 08 - 10]. https://baike. so. com/doc/516069 - 546344. html.

[6] 蛋挞网大数据. 爱奇艺 2014—2016 年网络大电影年度总票房榜公布[EB/OL]. [2019 - 08 - 11]. http://mini. eastday. com/mobile/170116194931047. html.

[7] 搜狐网. 爱奇艺网络电影 2017 年年度总票房榜[EB/OL]. [2019 - 08 - 11]. http://www. sohu. com/a/215829659_649133.

[8] 爱奇艺网络大电影微信公众号. 爱奇艺网络大电影 2018 年年度报告[EB/OL]. [2019 - 08 - 12].

[9] 爱奇艺网络大电影微信公众号. 2019 年年度票房榜最终版:破千万影片数量再创新高. [EB/OL]. [2020 - 01 - 26].

[10] 快资讯.《大蛇》分账票房突破 5 000 万,网络电影要成新风口? [EB/OL]. [2020 - 09 - 01]. https://www. 360kuai. com/pc/990c865a57ec5d310? cota = 3&kuai _ so = 1&sign = 360 _ 57c3bbd1&refer_scene=so_1.

[11] 搜狐网. 60 部集体下架,网络大电影走到了穷途末路? [EB/OL]. [2019 - 08 - 10]. http://www. sohu. com/a/118386834_400331.

[12] 人民网. 爱奇艺给网络大电影画“红线” 蹭热点蹭 IP 不再吃香[EB/OL]. [2019 - 08 - 11]. http://media. people. com. cn/n1/2016/1208/c40606 - 28933339.

[13] 凤凰资讯.《网络视听节目内容审核通则》发布:应坚持以现实题材为主[EB/OL]. [2019 - 08 - 12]. http://news. ifeng. com/a/20170630/51349287_0. shtml.

作者简介

阮南燕,湖南邵阳人,博士,浙江传媒学院文学院副教授,南京大学长三角文化产业发展研究院研究员。研究方向为新媒体影视产业和戏剧艺术。

Diagnosis of Online Film Industry

Ruan Nanyan

Abstract: Online film has been frequently criticized since its appearance, but it has strong development momentum. As seen from the prospective of film industry development, online film is the mechanism adjustment adopted by the film industry in the face of the ecological environment of new media and Internet, and also the self-transformation of film industry in the face of the Internet opportunities and challenges. This paper intends to diagnose online film from the perspective of scientific principle or law, to locate its coordinates in the pattern of China's film industry, and to explore its industrial bottle-neck, value deficiency, as well as transformation and upgrading path.

Key Words: Online Film; Value Orientation; Film Aesthetics; Industrial Upgrading

我国儿童有声阅读市场发展及数字出版商业模式研究*
——以“凯叔讲故事”为例

王 航 张 隽

摘 要:随着数字技术的发展和智能手机的普及,我国儿童有声阅读市场正处于迅猛发展阶段,这为数字出版提供了新的突破口。本文对儿童有声阅读概念做出界定并简要回顾其发展历程,以“凯叔讲故事”为主要案例,运用理论建构、个案分析、比较分析等研究方法,从精准定位、内容为王、专业保证、精益增效四个维度探讨儿童有声阅读产品的内容与艺术形式;从价值定位、产品定位、盈利模式三个方面分析其商业模式;提出通过附加社交属性粘合用户、从“粉丝电商”向“品牌电商”转变来提高用户黏度、加速创新发展等策略。

关键词:儿童有声阅读 数字出版 商业模式

一、引 言

随着互联网技术的发展和网络平台型企业的不断涌现,阅读媒介随之发生改变,数字出版行业勃然兴起,以音频为载体输出内容的在线音频产业呈现出更快的发展势头。作为数字阅读向垂直化和社交化方向的延伸,儿童有声阅读产品以其适合低龄化客户认知水平的优势挑战传统纸质载体阅读的时空边界,不断抢占市场份额。数据显示,2018 年我国在线音频用户规模达到 4.25 亿,同比增长 22.1%。[1]2018 年,中国 14 岁以下人口规模已达 2.47 亿人,二胎政策的开放将使亲子市场的需求继续增长,儿童有声阅读市场的价值和数字化出版的规模不可小

* 本文系国家社会科学基金教育学重点项目“社会变迁进程中青少年价值观的发展与影响机制研究”(项目编号 AEA6005)阶段性研究成果。

觑，儿童有声阅读市场已经引发了行业巨头的关注。喜马拉雅FM的独立儿童音频APP“喜猫儿故事”为0—12岁儿童提供听书服务；荔枝APP推出“亲子宝贝”版块包括睡前故事、儿童歌谣、国学经典等内容；蜻蜓FM也积极构建“儿童成长”版块。儿童有声阅读市场也成为自媒体创业者竞相追逐的热门领域，并已形成了多个具有商业价值的品牌。

现阶段我国儿童有声阅读市场在快速发展的同时也日益显露出一些问题。首先，过度依赖核心人物。“凯叔讲故事”“樊登小读者”和“少年得到”王牌产品的开发围绕着创始人王凯、樊登、张泉灵展开，名人效应快速提升了平台品牌形象，但也令品牌长线发展存在巨大风险。其次，内容质量参差不齐。目前国内自媒体儿童音频内容、实体产品的审核和监管力度较弱，很大程度上依赖于平台的自觉，还未形成类似传统出版业的严格审校制度来保证质量。此外，儿童有声阅读也还未形成有效的商业模式确保市场的稳定发展。

本文将以我国目前最大、最具影响力的儿童有声阅读品牌“凯叔讲故事”为主要案例，运用理论建构、个案分析、比较分析等研究方法，对我国儿童有声阅读产品的内容与艺术形式和商业模式进行研究，并对其市场发展做出预测、提出建议。

二、儿童有声阅读的概念界定及发展历程

(一) 相关研究综述

1. 产品内容与传播方式

目前我国儿童有声读物的两种主要形态为纯声音类和智能终端类，后者逐渐成为市场的主流。[2]尚硕彤等人分析了有声阅读对少年儿童的积极作用，并就图书馆推广有声阅读的方式展开探讨。[3]内容丰富、分级明显、富有趣味的儿童有声读物内容呈现出多元、便捷、互动的特点，平台化、场景化、多元化、社交化发展的新业态不断涌现。[4]王莹分析了儿童有声阅读市场急速增长的原因，并指出儿童有声阅读缺少与儿童的对话互动，使得内容成为单向而非双向的传递。[5]目前的研究主要关注儿童有声阅读产品内容的形式和特点，缺乏对其作为音频产品独特的艺术特色和内容生产方式的分析。

2. 发展模式与案例分析

沈静明指出，建立儿童有声读物内容原创机制、摆脱纸质书的生产限制、提升产品形态的多样性将是未来的发展方向。[6]朱小妮认为内容提供方、内容制作方、渠道发行方、数字终端制造方和用户，优质IP和渠道用户共同形成了该产业的核

心竞争力。[7]王曙光认为有声图书的市场增长点主要集中在童书、大众类出版领域以及优质声音资源方面。[8]范喆指出，在数字化出版背景下，发掘儿童电子听书终端资源潜力，提高编辑制作水平，拓展多样化销售市场，有利于儿童有声读物走向成熟。[9]王小平指出有声书具有便捷性、趣味性特点，能够有效引导儿童阅读，推动阅读方式变革。[10]这些研究聚焦于儿童有声阅读产品的内容生产方式，缺少对其商业模式和内容变现方式的进一步探讨。

（二）儿童有声阅读的概念界定

儿童有声阅读，是指以儿童为活动主体或主要对象，借助新媒体手段和智能设备，以声音形式实现儿童阅读功能的内容收听与分享行为。这类行为活动符合儿童成长的生理和心理特征。在这一概念中，“儿童”既可以是活动主体，在家长和老师的引导下运用有声语言朗读文字作品；也可以是活动对象，通过聆听专门为其制作的有声读物音频实现“音声化阅读”。

0—12岁正是儿童求知欲最为旺盛的时期，但识字和理解能力毕竟有限，在这个年龄阶段通过听的方式辅助理解文字内容，既可以跨越文字认知的障碍，满足儿童的好奇心和求知欲，又可以积累和储备大量听力素材，为日后提升文字写作和口语表达能力奠定基础。

（三）我国儿童有声阅读的发展历程

与美国有声阅读起源于20世纪30年代为盲人制作的audio books（有声书）不同，我国最早的儿童有声阅读始于电台广播节目。中央人民广播电台少儿部在1951年面向中小学生听众开播《对少年儿童广播》，1956年起又针对学龄前儿童制作了《小喇叭》节目。这一时期的儿童有声阅读以收音机为接收载体。20世纪80年代，盒式录音机开始在我国流行，孙敬修播讲的《西游记的故事》磁带和电视剧《济公》的原声磁带受到广大少年儿童的喜爱。进入20世纪90年代，国内一些大型出版社随书发行以CD光盘为载体的音像制品，例如《上下五千年》《十万个为什么》等。21世纪以来，儿童有声阅读发展到数字下载阶段。2003年成立的首家听书网站“听书网”就设置了“儿童读物”版块，实现向互联网空间的延伸。2008年，数字下载彻底取代CD，成为最受欢迎的有声读物形式。随着互联网的快速发展和智能手机的普及，2011年，首家有声读物网络音频应用蜻蜓FM上线，随后，酷我听书、酷听听书等网络听书应用纷纷上线，有声阅读资源逐步从线上转移到应用端。2013年上线的喜马拉雅FM凭借资本和渠道优势后来居上，在2018年上半年，其用户贡献超过有声书市场50%的流量，并通过与出版机构合作，坐拥市场上

70%的畅销有声书版权。[11]

随着儿童有声阅读产品的播放媒介逐渐转移到智能终端,用户数量实现了快速增长。从内容源头到终端接收,儿童有声阅读的产业图谱在不断壮大,产业内部的各个环节走向分化和专业化。[12]创办于2013年的"凯叔讲故事"从微信公众号内容推送起步,凭借高品质内容在两年内积累了400万用户;2016年上线同名App,目前可提供超过9 000个故事和内容,音频播放量突破40亿次,用户日均收听时长50分钟以上;2019年7月完成了超5 000万美元的C轮融资,在资本市场获得青睐。少儿知识付费领域的蓝海正在对越来越多的优质内容和投资形成巨大吸引力。2018年4月正式上线的"少年得到"App在2019年年底刚完成了由华创资本领投的亿元规模A+轮融资;2018年年初上线的"樊登小读者"是"樊登读书会"开发的少儿有声阅读产品App,也将启动独立融资,推进线上线下同步开发规划。

三、儿童有声阅读产品内容与艺术形式

(一)为谁做——精准定位

产品开发的第一步就是精准定位用户。由于低龄儿童文本阅读能力有限,全民诵读热潮的推动,加之近些年青少年视力问题的日益严重,促使家长们关注和选择符合少年儿童特点的讲故事产品。

精选符合少年儿童年龄特点及心智水平的文字内容,首先让孩子听得懂、愿意听,才有可能真正产生兴趣,喜欢听、坚持听,与小伙伴们分享讨论,故事中蕴含的道理才会在孩子心中生根发芽,对其人生观、世界观、价值观的形成产生潜移默化的影响。讲故事本质上是一种叙事,人类学家罗宾·邓巴认为叙事本质上是一种抱团取暖的行为,与人类群居模式关系密切。灵长类动物通过社交梳毛活动建立稳固而长久的群体关系,并成为八卦和语言进化的前身和基础。[13]在讲故事这一信息传受过程中,"只有那些添加了想象成分的故事才能引发眉飞色舞的讲述与聚精会神的倾听"[14],在消磨时间的同时,更重要的是在人与人之间建立起更为亲密的联系。特别是父母给孩子讲故事或陪伴孩子一起听故事时,亲子间亲昵的身体接触、温柔的眼神交流在一个个充满智慧和趣味的小故事中潜移默化地浸润心灵,提升家庭的幸福感,是有爱的教育形式。讲故事和听故事对儿童有声语言能力发展提高具有明显的正向推动作用。有研究显示,促进学龄前儿童语言能力发展最有效的方式就是听家长和老师讲故事并模仿复述。

(二) 做什么——内容为王

儿童有声阅读产品本身的文本质量和水平非常重要。作品题材、语言风格、写作水平等因素是产品能否吸引小听众的前提和基础，并直接影响到能否实现引领孩子成长，提升审美体验的社会价值。在视听效果上精美呈现的《凯叔·声律启蒙》每段内容时长约 3 分钟，第一遍由干净明亮、吐字清晰的童声朗读，先声夺人吸引小听众的注意力；第二遍由王凯伴着古风雅乐示范朗读；第三遍是童声和王凯一起和着打板节奏朗读，为小听众们提供了感受汉语声韵格律和谐之美的机会。“樊登小读者”的主要功能定位为通过音视频解读，帮助孩子培养阅读习惯，其针对的年龄段为 0—15 岁，App 内容不限于故事，增加了百科知识、哲理励志等适合 K12 阶段青少年的书籍，由团队中教育、文学、影视制作专业人员负责选稿和编辑制作。

在新媒体时代，儿童有声阅读产品的内容包括但不限于文字、图片、音频、视频内容，技术条件支持下的交互体验形式未来一定会为内容产品的开发提供更加广阔的空间；产品的形式也不限于仅供收听的音频，在“有声”的基础上充分借助不同媒介表现形式及虚拟现实技术，不断提升内容产品的趣味性和吸引力。

(三) 谁来做——专业保证

“凯叔讲故事”的创始人王凯毕业于中国传媒大学播音主持艺术专业，从事影视配音和媒体工作超过 10 年，他也是两个女儿的父亲，熟悉孩子的接受心理，这些人生经历成为他选编和播讲故事时的突出优势。他讲的每个故事几乎都以“宝贝”的称呼开场，拉近和小听众们的距离，也有利于他迅速进入演播者身份，在有声作品创作中，他把父亲的耐心、亲切、安全感包裹在温暖磁性的声音形象中，使无数孩子成为忠实听众，并潜移默化地传播教育理念，提升有声阅读审美体验，培养儿童阅读习惯，提高语言表达能力。

品牌初步树立起来之后，依托这个优质平台，“凯叔讲故事”又吸引了一批国内优秀的儿童教育专家、儿童心理学家、科研工作者、儿童文学编辑、配音演员、儿童剧演员等专业人士参与文本创作和音频录制，不断丰富产品线，以多种题材类型和声音形象满足不同听众的喜好。例如，凯叔与观复博物馆馆长马未都合作推出的适合 6—12 岁孩子收听的《凯叔讲历史》，其中包含 260 集王凯播讲的历史故事，52 集马未都先生亲自讲解的历史知识，以及 260 个由富有童趣的观复猫声音形象录制的文物小知识，共同打造了一部适合孩子的有声阅读版中国历史。在“凯叔讲故事”与世界著名的权威科学杂志《环球科学》共同开发的适合中国儿童的科学逻辑启蒙系列故事《口袋神探》中，在案件的推理侦破过程中提升小听众的观察力、判断力、推理力、逻辑力和想象力，同时有利于树立正确的价值观，培养正义感和责任感。

（四）怎么做——精益增效

有声阅读产品的主要表现形式是声音，包括人声及音效。由于市场发展迅速，演播者的语言表达水平差异巨大。笔者对喜马拉雅、蜻蜓等国内几家大型平台点击量排名较高的有声书作品对比分析后发现，不同作品的主要差异集中在文学作品本身题材、体裁的不同，如果单独把演播者有声语言表达能力这个元素剥离出来考量，话语样式极为雷同，势必造成令听众难以入耳、入心的结果。

与UGC和PGC模式形成鲜明对比的是那些通过专业制作团队职业化生产内容，快速进入OGC模式，确保产品线的不断丰富和制作水平的精益增效的内容品牌。“凯叔讲故事”的每一集故事都以不低于广播剧的水平专业制作，综合运用人声、配乐、音响效果，产生愉悦共鸣，提升审美体验，激发儿童兴趣。得益于良好的语言感受能力和有声语言表达专业素养专业训练，这些专业的配音演员、朗诵艺术家声音表现形式丰富，自如运用妥帖的语气，声音富有弹性和变化，吐字准确清晰，声音悦耳动听，讲述扣人心弦，牢牢吸引了孩子们的注意力，凭借出色的音质音色条件“先声入耳”地博得孩子和家长的青睐。在有声语言表达方面，给少儿讲故事要格外注意交流的技巧，把控住节奏，语气不宜过于冷静成熟，但也不能一味地哄着孩子，既要采用口语化的方式，又要有合理的身份定位。王凯使用了“父亲给孩子讲故事式”的话语样式而非模式化的固定腔调，使之服务于亲子阅读式儿童作品的话语内容及与之匹配的表述方式，细节更生动，样态更活泼，是对“语无定式”的灵活运用，并逐渐形成了独特的语言风格，吸引越来越多的儿童听众和家长听众。做到这一点，关键在于“凯叔讲故事”团队对打造精品内容的执着信念，在于其不断强化语言功力、开掘艺术个性，形成独特的语言风格的艺术追求。

在人工智能语音识别技术快速发展的当下，“不走心”的声音形象设计和表达方式必将被成本更低、制作更快的语音合成替代。机器无法模仿和超越的是人的感情和基于感情逻辑推进而丰富变化的声音。具有主动性的艺术创作才会产生无限的变化，远非通过采样计算手段机械模仿出来的粗陋形式可以比拟。

四、我国儿童有声阅读平台的商业模式

我国儿童有声阅读的兴起，恰好处于两个互联网创业的风口交汇处。一是伴随着2014年微信公众号的兴起，内容创业成为热点。优质内容和优质IP成为稀缺资源。当时流量相对容易聚集，目前的头部内容创业者基本上都诞生于这一时期。二是伴随着受教育水平较高的80后、90后进入结婚生子阶段，大量年轻父母希望由自己亲手哺育下一代，对孩子的成长预期较高，同时缺乏育儿经验。王凯最初打造的故事产品就契合了大部分年轻家长的亲子教育需求。

下面从价值定位、内容产品、盈利模式三个方面分析我国主要儿童有声阅读平台的商业模式。

（一）以儿童市场为核心的价值定位

目前，我国儿童有声阅读平台普遍形成以儿童音频为核心，以优质内容吸引用户付费，促进免费用户向付费会员的转化，并进一步转化到其他服务中的商业逻辑。"凯叔讲故事"从起初通过微信公众号发布故事、诗词音频，以及交流育儿经验，发展到商城上线后销售内容衍生品和儿童用品，逐渐形成"爆款IP＋多形态商业手段"的商业闭环。"少年得到"在开发少儿音频内容的同时，以"大班直播课"的形式推出《泉灵的语文课》，以"一位老师授课，一位老师课后辅导"的双师直播课的模式打造王牌产品。由"樊登读书会"孵化而来的"樊登小读者"根据儿童年龄推出分级阅读模式。与自媒体创业者不尽相同的是，喜马拉雅、荔枝FM等在线音频平台的少儿模块以用户自主入驻、自主生产的模式为主。

儿童有声阅读平台的业务范畴已经从线上扩展到线下，从数字出版扩展到实体出版行业，出现全面布局的商业生态化儿童品牌。"樊登小读者"运营仅一年就累积了千余家线下渠道合作伙伴；"凯叔讲故事"不仅在App上销售音乐、诗词、书法、绘画等课程，在线下同步销售凯叔听书机和配套故事书，并在全国布局线下体验店"凯叔家"，开启"实体店售卖虚拟产品"的新模式。

（二）内容为王的产品定位

在竞争激烈的内容产业，优质原创内容是核心竞争力。整个有声阅读市场的增长点主要集中在童书、大众类出版领域以及优质声音资源版块。[15]目前儿童有声阅读内容主要依赖对优秀图书版权和优质声音资源的争夺，将优质图书改编成说书稿、广播剧、有声书等形式。一方面，经过传统出版社考核、出版的内容，在质量上更有保障，对平台而言改编难度稍低。另一方面，国内外经典文学名著也是儿

童有声阅读平台竞相改编的对象。我国的四大名著、国外知名著作如《福尔摩斯》《爱的教育》等作品在各大平台均有不同版本的演绎。对儿童有声阅读平台而言，在这场激烈的市场争夺战中，既要注重对优质图书版权的采购，也要不断拓宽图书市场的容量，在拓展内容存量的同时实现增量收益。

此外，优质原创内容的开发同样重要。寻找和培养优秀的儿童文学、科普、知识等领域的创作人才，以市场需求为核心出发点，创作平台独有的优质内容，以内容为核心，以服务为依托，从而实现用户的转化。

（三）两种主要盈利模式

目前，自媒体的变现模式大致分为两种：前向收费变现和后向收费变现。[16]

1. 前向收费

前向收费是指向用户收费，主要有会员制、电商、线下活动及店铺等方式。儿童有声阅读平台前期通过免费的优质内容积累大量用户，前期设置将部分优质内容不对普通用户开放，吸引有需求的用户进行购买，从免费用户变成付费用户，增加用户黏性。后期，搭建起会员体系，缴纳年费成为会员后，可以享受打折购买儿童音频、在商城购物包邮等一系列会员权益。在线上商城方面，“凯叔讲故事”打造得最为完善。王凯团队通过内容信誉影响儿童父母们的消费决策。在商城中推出“凯叔造物”出售外观精致、品质优良的儿童玩具、家庭用品和书籍等产品，销售硬件产品反过来又能提升用户对内容的黏性和品牌的认知。

2. 后向收费

后向收费是指通过品牌广告、软文和植入广告等方式向广告主收取费用。“凯叔讲故事”App 开屏广告和首页为广告主预留了广告位。与传统出版社的合作是“凯叔讲故事”的收入来源之一。王凯团队设有专门的出版部，已经与中信出版社、云南美术出版社等多家出版机构展开合作。将自己团队开发的音频内容加工后，出版为童书，有与马未都合作的《凯叔讲历史》，与果麦文化合作的《神奇图书馆》等。传统出版社也依托“凯叔讲故事”的品牌效应，提高图书销量，直接将儿童音频的二维码和“凯叔讲故事”的 Logo 印在童书封面上，这也提高了“凯叔讲故事”在家长群体中的认知度。王凯团队会挑选 6—8 本儿童图书放入“凯叔盒子”，每本书都会配上二维码，用户可以扫描二维码边听边看。与“凯叔盒子”合作的图书，最高曾在一天内售出 16 000 册。“凯叔讲故事”与中信出版社合作出版的《世界上最大的蛋糕》以上述合作方式单周销量达到 15 000 册。这些合作探索了儿童有声阅读在数字出版产业中发展的商业模式。

五、儿童有声阅读市场的发展预测及建议

儿童有声阅读市场在我国处于迅速发展阶段，互联网公司和自媒体创业者纷纷涌入，推出各种内容产品；用户市场尚处于培育阶段，主要用户集中于一、二线城市收入相对较高的家长群体，并逐渐向三、四、五线城市下沉覆盖。总体而言，在用户培育、内容生产、市场开拓方面还有很长的路要走。

对于用户体量较大的内容产品来说，用户付出的成本越高，与平台的黏性越大；用户黏性越高，活跃度也就越高。对此，笔者有针对性地提出一些建议。

（一）附加社交属性，粘合用户

目前，“凯叔讲故事”“樊登小读者”“少年得到”等自媒体创业平台保持着“高质量低速度”的内容增长方式，产出内容质量高但是频率较低。尼尔·埃亚尔和瑞安·胡佛在《上瘾》一书中提出了让用户对产品形成使用习惯的“上瘾模型”——一款产品要想使用户上瘾必然要具备使用频率高和可感知的用途多两个条件。[17]优质内容对用户而言可感知的用途较多，但是更新速率慢限制了用户的使用频率。此外，少儿有声阅读产品的主要目标群体是儿童，随着他们年龄的增长，这部分用户很大可能会流失，可以考虑融入社交属性，提高互动性，增加用户的参与感，比如鼓励孩子参与故事和绘本创作，上传自己的音频作品等，并建立合理的推荐机制，将优质内容推荐给用户。

（二）从“粉丝电商”到“品牌电商”

在电商变现的过程中，从“粉丝经济”向“品牌经济”的转化尤为重要。以用户为基础，以产品为核心，以口碑为手段，树立品牌形象，有利于加速从“粉丝电商”到“品牌电商”的转变。“樊登小读者”App虽然上线时间不久，但其脱胎于拥有超过400万会员的“樊登读书会”，品牌影响力直接把会员引流到新品牌，实现亲子有声阅读的愿望，加速品牌的快速变现。

儿童有声阅读平台经过多年发展积累了大批精准用户，这奠定了平台进军电商领域的用户基础。考虑到用户的结构特征，母婴用品、儿童教育、品牌衍生商品等在未来可以为儿童有声阅读平台提供更大的增值空间。“凯叔讲故事”2016年推出“优选商城”，由专业买手精心选择适用的亲子产品，并与国内外众多一线母婴品牌达成合作。除了邀请商家进驻，还推出“凯叔造物”自主研发“凯叔讲故事”旗下实体产品，实现自有电商品牌的塑造。

六、结　语

儿童有声阅读产品拓展和放大了声音的社群化功能，未来，随着媒介融合，媒介的边界逐渐消失，社交音频应用极有可能成为下一个声音媒介的衍生形态。以少儿为核心的互联网出版平台为声音媒介与文化传播、自媒体与文学出版的互动与结合做出了积极探索。有了前期积累的庞大而稳定的用户群，手握终端设备开发产品线和线下实体店布局网络，我国的儿童有声阅读市场有望分享智能语音、AI技术快速发展的技术红利，为数以亿计的目标用户提供更丰富的场景化内容产品，为投资方带来长期的稳定回报，也为数字出版行业的快速发展助力。

参考文献

[1] 艾媒网. 2019中国在线音频市场研究报告[EB/OL]. https://www.iimedia.cn/c400/63744.html，2020年1月20日.

[2] 金鑫荣，杨沁雯. 儿童文学有声读物呈现方式研究[J]. 科技与出版，2018(10)：57—60.

[3] 尚硕彤，蒋若晴. 儿童有声阅读推广策略探析[J]. 传媒论坛，2018，1(16)：142—143.

[4] 陈蓓，李宏. 让“阅读”真正成为“悦读”——儿童有声读物发展的新样态[J]. 编辑学刊，2019(05)：63—68.

[5] 王莹. 从“我—它”到“我—你”——移动互联网时代儿童有声阅读的“对话”之思[J]. 出版发行研究，2018(09)：93—96.

[6] 沈静明. 新媒体时代下儿童有声图书市场策略[J]. 编辑学刊，2017(06)：101—104.

[7] 朱小妮. 数字化背景下儿童有声阅读的产业图谱[J]. 出版广角，2017(19)：12—15.

[8] 王曙光. 浅谈有声图书的市场增长点[J]. 出版广角，2016(22)：59—60.

[9] 范喆. 数字化背景下的儿童有声读物出版营销策略[J]. 编辑之友，2014(03)：33—35.

[10] 王小平. 有声书开启图书阅读新方式——以有声文学图书为例[J]. 出版广角，2017(19)：25—27.

[11] 宋青. 从广播长书到有声阅读——改革开放40年中国广播文艺发展媒介学解读[J]. 出版发行研究，2018(08)：15—20.

[12] 朱小妮. 数字化背景下儿童有声阅读的产业图谱[J]. 出版广角，2017(19)：12—15.

[13] [英]罗宾·邓巴. 梳毛、八卦及语言的进化[M]. 北京：现代出版社，2017：16.

[14] 傅修延. 人类为什么要讲故事——从群体维系角度看叙事的功能与本质[J]. 天津社会科学，2018(4)：115.

[15] 王曙光.浅谈有声图书的市场增长点[J].出版广角,2016(22):59—60.

[16] 王楠.自媒体粉丝经济变现之路——以“逻辑思维”为例[J],新闻前哨,2019(1):70—71.

[17] 尼尔·埃亚尔,瑞安·胡佛.上瘾[M].钟莉婷,杨晓红,译.北京:中信出版社,2017:16.

作者简介

王　航,河南郑州人,中国传媒大学播音主持艺术学院博士研究生,助理研究员。研究方向为播音与主持艺术、青少年语言能力提升、传媒教育。

张　隽,山东泰安人,中国传媒大学经济与管理学院硕士研究生。研究方向为艺术管理。

Research on the Development of Children's Audio Reading Market and the Business Model of Digital Publishing in China —Case Study of"Kai Shu Story"

Wang Hang Zhang Jun

Abstract: With the development of digital technology and the popularization of smart phones, the children's audio reading market in China is in the stage of swift and violent development, which provides a new breakthrough for digital publishing. This paper defines the concept of children's audio reading, and briefly reviews its development history. With "Kai Shu Story" as the main case, and by means of theory building, case analysis, and comparative analysis, this paper discusses the content and art form of children's audio reading products from the four dimensions of precision positioning, content first, professional guarantee and lean synergia; analyzes the business model from the three aspects of value orientation, product orientation, and profit model; and brings forward the strategies of conglutinating users by adding social attributes and transforming from "fan e-commerce" to "branded e-commerce", so as to raise the viscosity of users and accelerate innovative development.

Key Words: Children's Audio Reading; Digital Publishing; Business Model

文旅融合视域下大运河江苏段文化 IP 开发策略研究*

郭新茹　沈　佳　韩　靓

摘　要:大运河江苏段是蓄积了千年势能的超级 IP,对其进行创新开发刻不容缓。在文旅融合背景下,大运河江苏段文化 IP 开发取得了显著的成效,但仍存在文化资源创造性转化不足、运河文化 IP 产品创新力度不够、运河特色文化品牌形象不突出、沿线城市协作水平整体不高等问题。基于此,本文首先对大运河江苏段的历史文化演进与特色文化资源进行了系统梳理,然后分析研究了大运河江苏段文化 IP 开发所面临的困境,最后在借鉴阿姆斯特丹运河构建"黄金水道"经验实践的基础上,提出了深入挖掘运河文化资源、构建全方位立体化宣传格局、推动运河文化 IP 跨界融合、强化沿线城市协作联动等对策建议。

关键词:文旅融合　大运河江苏段　文化品牌　文化 IP

一、引　言

2019 年,中共中央办公厅、国务院办公厅印发的《大运河文化保护传承利用规划纲要》明确指出,要"打造大运河文化带,深入挖掘大运河丰富的历史文化资源,保护好、传承好、利用好大运河这一祖先留给我们的宝贵遗产"。大运河作为中华文明的重要标识,贯穿南北、联通古今,是积蓄了中华民族数千年文化势能的超级 IP。大运河江苏段全长 690 公里,占全段三分之一以上,楚汉文化、淮扬文化、吴文化交融汇集,集中展现了江苏的水韵风情与人文情怀,遗产点数量 22 个,占全线的

* 本文系江苏省文化科研课题重点项目"大运河沿线江苏段文化资源开发路径研究(19ZD02)"、大运河文化带建设研究院 2019 年度智库专项课题"大运河文化带江苏段文化产业发展研究(DYH19YB03)"、江苏文化产业基地课题"新冠疫情下江苏文旅产业提振发展研究策略"(20ss1039)的阶段性成果。

40%，流经37个城市，是沿线河道最长、文化遗存最多、列入世界文化遗产点段最多、流经城市最多的省份。① 大运河江苏段文化IP承载着中华民族独特的文化记忆、精神追求和价值取向，创新性开发大运河江苏段文化IP是传承与创新中华优秀传统文化、展示"美丽中国"形象的重要抓手，对于推动沿线区域经济转型发展、创新发展、绿色发展与融合发展，建设"强富美高"新江苏具有重要的理论指导与实践意义。

此外，自2018年3月文化部、国家旅游局的职责整合，文化和旅游部组建以来，我国文旅融合发展趋势进一步加强，文旅融合为区域文化资源的挖掘与梳理、文旅产品业态与模式创新、文化品牌形象构建等大运河文化IP的开发提供了新的发展理念与方式。在此背景下，"宜融则融、能融尽融，以文促旅、以旅彰文"的时代要求正在加速实现，特别是党的十八大以来，在《大运河遗产保护管理办法》《大运河文化保护传承利用规划纲要》《长城、大运河、长征国家文化公园建设方案》等系列国家政策的指引下，大运河江苏段文化资源开发在平台载体建设、特色文化IP打造等方面取得了显著成效，但仍存在着文化资源配置效率低下、品牌影响力亟待提升、沿线城市协作水平较低等问题。因此，在我国文旅融合的时代背景下，在大运河沿线文化资源开发缺乏可遵循、可借鉴的模式经验的现实条件下，科学研判大运河江苏段文化IP在开发过程中存在的问题与影响因素，创新性地开发大运河江苏段文化IP是贯彻落实习近平总书记对大运河文化带建设的重要讲话精神，是保护好、传承好、利用好大运河文化的重要举措，对于纠正大运河沿线文化资源错配，推动大运河特色文化资源的创造性转化、创新性发展具有重要的理论与现实意义。

目前学界关于大运河江苏段文化资源开发方面的相关研究主要集中在以下方面：一是基于不同视角对大运河文化旅游的发展状况进行分析。余彩花等人(2017)基于公共治理理念分析了大运河江苏段旅游开发现状与问题，尹立杰(2019)基于点—轴理论对江南运河、淮扬运河、中运河三大运河文化旅游区的状况进行了分析，王菡薇和侯力(2019)从文旅融合视角剖析了大运河江苏段文化旅游资源融合现状与问题。二是对大运河江苏段文化带建设的意义及模式策略的探讨。张航(2018)以共建共治共享视角解析了大运河文化带江苏段建设的现状、问题及治理创新路径，廖维俊和何有世(2019)从全域旅游视角出发探究大运河文化

① 数据来源：江苏省人民政府 http://www.jiangsu.gov.cn/jsywrd/201708/t20170812_488808.html.

带江苏段的建设模式，汪群和陈杰（2019）论述了大运河文化带江苏段与国家区域发展战略的衔接。三是对大运河江苏段文化遗产的梳理、价值评估、水利保护等方面进行了分析。束有春（2006）分析了大运河江苏段的自然与人文特点、文化遗产保护现状及建议，李永乐和杜文娟（2011）针对性地提出“原生境”展示式、博物馆式、舞台表演式三种旅游开发方式，郑菲菲（2017）探究了大运河江苏段文化遗产现状、价值评估及对策建议，张扬和刘忠国（2019）阐释了大运河江苏沿线三类文化遗产的艺术特色。此外，陈立冬等（2019）侧重大运河江苏段水利文化保护传承利用的存在问题及对策探讨；陈爱蓓（2019）提出，大运河江苏段沿线城市群建设应进一步挖掘大运河历史文化资源，以提升城市群文化品质和国际影响力。

综上所述，学者们从不同视角对大运河江苏段进行了多元化的研究，尤其是大运河申遗成功以来，运河资源保护与开发方面的研究成果越来越丰富。但总体来看，从文旅融合视角对大运河江苏段文化资源开发的研究不多，且尚未形成系统化的研究成果。基于此，本文在借鉴前人对大运河江苏段相关研究的基础上，梳理大运河江苏段的历史文化演进和特色文化资源，分析在文化 IP 开发过程中的现存问题，在借鉴参考阿姆斯特丹运河构建“黄金水道”的先进经验基础上，对创新大运河江苏段文化 IP 开发的策略进行了分析探讨。

二、大运河江苏段文化带的历史文化演进与特色文化资源

大运河江苏段文化带是集交通运输带、城市带、经济带、文化遗产带等于一体的综合文化带，其功能和价值是在多元文化的交融与碰撞中不断彰显与演进的。早在春秋时期，吴王夫差为夺天下霸主开凿邗沟，军事运输即为大运河最初功能也是最主要的功能，主要运输士兵与军粮。此后，伴随战乱的减少，特别是秦始皇统一六国后，大运河军事功能的主导地位逐渐让位于日常交通运输功能。秦始皇疏通由姑苏（今苏州）至钱塘（今杭州）的水运通道以便在吴地行船和巡视国土。两汉时期，吴王刘濞开凿西接邗沟、东达滨海地带的茱萸沟，目的是将海陵仓的盐粮转运到广陵（今扬州），供应王室贵族和国都百姓的日常消费，进一步拓展了运河用于转漕、盐运的运输功能。隋朝统一后，隋炀帝开启南北大运河工程，全国性大运河运输网络基本形成，航运日渐繁盛，为唐代的经济文化繁荣奠定了基础。宋元时期，中国经济中心南移，南方经济全面领先北方，为满足国家经济发展的需要，政府开辟新河道，最终形成了完全意义上北至北京、南达杭州的京杭大运河。明清两代，政府高度重视大运河的漕运价值，常设“漕运总督”和“河道总督”管理运河漕粮

运输和水利。大运河在充分发挥其交通运输功能的同时带动了沿岸手工业、商业的繁荣发展，特别是靠近淮盐产区的大运河江苏段，盐粮贸易兴盛，其中苏州、常州、扬州、淮安等沿线城市人口密集，客商云集，成为全国领先的鱼米之乡、富庶之地。

城市经济的繁盛必将带动文化的繁荣发展。大运河江苏段自古以来便是人才辈出之地，诞生了一大批闻名遐迩的历史文化名人。明清时期江南学子在科举考试中表现尤为突出，相关数据显示，明清时期共有进士 51 681 人，江南诸府出身者 7 877 人，其中苏州、常州分别有 1 682 人和 1 281 人，人数遥遥领先于其他地区。在学术领域，清代经学众多学派中，以苏州人惠栋为代表的吴学和以扬州人焦循、阮元为代表的扬州学派占据一席之地，其中扬州学派对吴学、皖学的理论精髓兼收并蓄，经学家人数众多且学术造诣颇高。在文艺领域，无论是明初的“吴中四杰”、清代的“扬州八怪”，还是近现代以钱基博、钱穆、钱钟书为代表的“钱氏家族”，被称为“大运河之子”的乡土文学作家刘绍棠等文化名人，大运河江苏段为其创作提供源源不断的灵感，为历代文艺精品的孕育提供了肥沃的文化土壤。同时，独具区域特色的文化遗产因运河而生，瘦西湖、总督漕运公署遗址、个园、清名桥历史文化街区等物质文化遗产熠熠生辉，扬剧、苏州评弹、徐州鼓吹乐、富春茶点制作技艺、白蛇传传说等非物质文化遗产经久不衰，缤纷多姿的文化遗产绘就了一幅鲜活的大运河人文图景，演绎出悠久绵长的运河文化故事。这些特色运河文化 IP 构建了开放包容、开拓创新、奋斗进取、精益求精的运河精神，是江苏自古以来率先发展的源头活水，更是江苏经济社会率先发展的内原动力和文化机理。

三、困境：大运河江苏段文化资源开发存在问题

大运河江苏段拥有丰富璀璨的历史文化遗产，融合了不同历史时期、众多特色的优秀文化，集聚了一批享誉全国的文化名人、文学家和艺术家，但文化资源“挖掘、利用、转化、创新”的创意水平较低，很多地方对文化资源的利用特别是民间文化资源陷入被长期闲置、被低水平开发、难以形成合力等尴尬局面，IP 内容优势还没转化为产业优势。这主要体现在以下几个方面：

（一）文化资源难以形成文化叙事

大运河江苏段沿线历史文化资源丰富，拥有 6 处遗产河段、22 处世界遗产点

以及101项国家级非物质文化遗产。[①] 然而在大运河江苏段文化IP开发过程中，其历史文化脉络尚未理清，庞杂散落的文化资源也并未形成有灵魂、有温度、有特色的文化叙事。导致这一问题的主要原因在于：一是隐性、分散的文化资源未得到有效挖掘和系统梳理。大量打上历史烙印的文化信息在时间更迭下被掩盖，藏匿于史书文物或者民间的口口相传中，未形成涵盖文字、图像、视频的权威、统一、动态的数据库，发掘和盘存难度较大。此外，由于对文化资源的保护不够重视，自然的侵蚀和人为的破坏加速了沿线众多文化遗产的消逝，对文化资源的系统梳理造成阻碍。二是对文化资源的内涵研究不够全面。首先，各地仅从文化符号的浅层次、独立性的角度出发挖掘江苏段运河文化资源的内涵，对文化资源之间的相互联系认识不深，展示出来的文化内容呈现出散、弱、小的特点，无法形成一条具有整体性、连贯性、层次性的故事链。其次，各地在保持文化资源原真性的基础上，并未对其独特的文化基因进行有效提炼，也并未寻找其与当代社会发展观念相适应的契合点加以创造性转化和创新性发展，因此难以获得当代社会的价值认同。最后，缺少技术手段的辅助使得文化叙事难以可感可触且缺乏温度，其表达的抽象文化价值和精神内涵也不够传神生动、易于理解，从而无法引起民众的情感共鸣。

（二）运河文化IP产品创新力度不够

文旅融合视域下，在大运河江苏段文化IP创新型开发过程中，运河沿线文旅产品业态与模式单一，沿线区域IP产品创新力度不够的问题仍然显著。主要表现在：一是运河文化IP产品形式较为单一。目前大运河江苏段文化IP产品仍以运河风光观赏、文化遗址展示、博物馆展陈为主要内容，传统的观光型产品比重过大，具有时代性、地域特色的创新性IP产品，如主题乐园、主题会展、主题展演节目与节庆活动等较为缺乏，IP产品内容单调，缺少互动性，导致消费者的体验度与参与度相对较低。二是部分形成文化IP产品同质化程度较高。以文化旅游产品为例，运河观光游、运河度假游、运河仿古游等旅游产品较为丰富，但运河风情游等特色化、复合型旅游产品不足。三是运河文化IP产品的科技应用程度较低。大运河江苏段在运河文化IP产品创新开发过程中与科技的融合程度方面明显不足，未有效发挥5G、超高清、增强现实、虚拟现实、人工智能等技术支撑作用，基于高科技的沉浸式与体验型文旅产品内容仍然较少，趣味性与体验感有待提升。四是少许嫁接

① 数据来源：大运河遗产 http://www.chinagrandcanal.com/view.php? id=7148，2020年1月21日。

科技和创意而形成文化产品和服务，由于缺乏对消费者需求的准确把握和市场运作能力，并没有形成可持续发展的运营模式，并未产生较好效益，文化资源的优势并没有转化成产业优势。

（三）运河个性化品牌形象不突出

大运河江苏段作为一个“超级IP”，具有独特的文化基因与精神内涵。然而在大运河江苏段文化IP的开发过程中，其区域品牌形象并不突出，无法彰显地域文化特色。主要表现在：一是规划开发同质化严重。对比大运河其他各段可见，大运河江苏段沿线各地盲目跟风打造了一批如“运河小镇”的项目，有些地区甚至拆毁运河沿线原本极具地域特色的古建筑，改建为千篇一律的仿古建筑，且开发模式趋于雷同。二是大运河品牌形象宣传有待加强。在宣传力度方面，由于江苏省南北经济发展不平衡，大运河江苏段存在南部知名度高、北部知名度低的状况，如分布在扬州城区和苏州城区的大多数遗产点已经成为国内外知名观光胜地，而如淮安市清口枢纽，虽然是大运河遗产点，却乏人问津；在宣传手段方面，虽然近年来江苏省也有借助如抖音、微博等新媒体平台宣传大运河，但仍以拍摄纪录片、举办线下主题活动等传统宣传方式为主，而在运用现代科技多维度宣传营销、展示大运河江苏段品牌形象方面仍略显不足。

（四）沿线城市协作水平整体不高

城市协作体的构建有利于形成IP开发的合作机制，打破原有地域，有机串联各地区，在最大程度上实现跨区域的资源共享和互补。而在大运河江苏段文化IP开发过程中，由于运河流经地域广泛，管理主体众多，大运河沿线各地仍存在各自为政、封闭发展等问题，这导致在大运河江苏段文化IP开发过程中，城市之间联合协作水平较低，尚未形成跨区域协同发展的利益共同体。主要原因如下：一是运河江苏段沿线城市的文化、经济发展水平存在较大差距。在文旅融合的时代背景下，各地区经济社会发展任务的重点存在偏差，各方利益诉求亟待整合，尚未形成跨区域协同治理的发展共识和具有可操作性的合作方案，因此无法实现IP创新的各类资源要素在不同城市间自由流动和相对均衡的配置。二是缺乏统一协调和全面规划。由于文化IP开发涉及文化、文物、水利、交通、环保、建设和国土等多个行政管理部门，开发规划与保护管理协调难度较大；且运河沿线城市间系统开发文化资源的合力尚未形成，使展示出来的文化内容缺乏整体性、连贯性、层次性。大运河江苏段沿线城市对于大运河的管理力度不平衡，目前只有部分城市出台了相关的城市规划、产业规划和政策措施，而将运河文化IP的创新开发列入具体行动计划的城市更是少数。各地政策措施在对接上的脱节，在很大程度上弱化了不同地区间官方政府共同参与运河文化继承与创新的合力，使城市间常态化协同发展机制难以确立。三是企业跨区域协作能力不足。大运河文化 IP 的开发既需要政府的统筹引导，也需要社会多元主体特别是相关企业的积极参与。然而江苏段沿线区域内、区域间的众多企业参与协同发展的主观意愿不强，缺乏构建彼此之间经济联系的动力，难以形成有机的产业关联。

四、借鉴：阿姆斯特丹运河带所构建的“黄金水道”

在文旅融合的背景下，在大运河沿线文化资源开发缺乏可遵循、可借鉴的模式经验的现实条件下，科学分析并因地制宜、因时制宜地借鉴发达国家运河文化资源开发的路径、举措，对于设计制定推动大运河江苏段文化资源创新性发展策略，率先在全国形成可复制、可推广的大运河文化开发模式与路径具有重要的理论与实践意义。阿姆斯特丹运河带（Amsterdam Canal）是荷兰重要的人工运河网，由百余条运河构成，沿线岛屿、桥梁众多，纪念建筑和传统民居错落，其在演变发展过程中所形成的“城市—运河”运营体系促进了运河文化资源的创造性转化，使其成为运河名城的“黄金水道”。基于此，本文选取荷兰阿姆斯特丹运河带为研究案例，对其在“挖掘、利用、转化、创新”运河特色文化资源方面的策略进行分析，以期为科学制定大运河江苏段文化资源开发策略提供经验借鉴。

（一）以文化遗产保护为前提，促进文化资源创造性转化

阿姆斯特丹运河带的开凿历史上溯至 14 世纪，这为阿姆斯特丹运河及其环绕的老旧城区奠定了深厚的历史文化资源，因此对河道和旧城区的保护成为阿姆斯特丹城市建设和产业发展的首要前提。阿姆斯特丹市高度重视古河道和古城区的保护，严格执行长效化、动态化的运河保护机制，对遗产保护实行底线控制，禁止对旧城区格局进行随意改动。在严格保护的基础上，阿姆斯特丹对运河、工业和商贸文化进行创造性转化，使中心城区向景观、生态、文化价值主导的历史文化街区转型，如传统民居“船屋”被改造为商铺、酒吧、文化博物馆，传统工农产业路线被改造为“慢行游憩观光航线”等。经过系统规划和创意开发，阿姆斯特丹运河以内的环状城区已形成围绕弧形绅士运河、国王运河、王子运河的文化旅游网络。

（二）发挥政府统筹协调作用，优化城市产业布局

与伊利运河产业保护和开发高度依赖自由市场不同，阿姆斯特丹运河网的规划、开拓以及沿线产业发展都以政府的统筹协调为核心。1935 年阿姆斯特丹市实

行《阿姆斯特丹总体建设规划》,逐步形成了运河网络与城市肌理交融的格局,阿姆斯特丹运河带逐渐成为阿姆斯特丹主城区的"骨架"。在规划清晰的城市规划布局下,政府同样对运河区的产业建设做出规划。一方面出台政策法规,限制在旧城区开展可能污染运河、低附加值的产业项目,如2017年起限制市中心旅游团规模;另一方面通过财政等手段,支持数字产业、循环经济、文化产业的发展,高举"智慧城市"的建设目标,实现城市产业的全面转型升级。

(三)推动运河与城市深度融合,培育新型文化业态

阿姆斯特丹依托运河形成了半圆形城市格局和"城市—运河"体系,使运河与城市形成共生共荣、相互交织的独特格局。一方面,城市"装点"运河。阿姆斯特丹被认为是荷兰"艺术的温床"。凡·高博物馆、荷兰国家博物馆、荷兰EYE电影学院、库肯霍夫公园等著名景点坐落于阿姆斯特丹运河沿岸,为运河观光系统增添多样化游览项目,使城市景点和运河河道形成"点—线"的串联布局;另一方面,运河"整合"城市。阿姆斯特丹保留了老城区17世纪便形成的"运河—城市"肌理,后随城市扩建,新旧城区分化,阿姆斯特丹运河网具备了联通新旧城区、内外城市的功能。这种运河与城市深度交融的格局使阿姆斯特丹成为一个联动的产业整体,运河沿岸的历史文化游览、自然生态观光、节庆休闲文娱等业态浸润全城。

(四)创新开发文化衍生品,塑造城市特色文化品牌

依托文化资源打造多样化文化衍生品,以精品文化项目塑造城市文化品牌,是阿姆斯特丹运河文化创新性开发的又一策略。阿姆斯特丹政府引导企业充分依托运河和城市文化遗产进行衍生品开发与推广。物质形态的文化遗存被设计加工为生活用品、工艺纪念品进行销售,如阿姆斯特丹运河带沿岸的传统民居"船屋"、安妮之家等;非物质形态的城市文化也被具化为丰富的文化活动,如阿姆斯特丹以其自行车历史文化为依托,兴建自行车系统基础设施,形成独特、多样性的自行车文化活动。此外,通过举办阿姆斯特丹王子运河音乐节、阿姆斯特丹水上灯光节等国际知名的品牌节庆活动,提升了阿姆斯特丹运河文化的吸引力、传播力、影响力,营造了创意创新的文化氛围。

五、出路:大运河江苏段文化IP开发策略

(一)深入挖掘运河沿线文化资源,夯实运河文化IP开发基础

依照大运河江苏段开掘先后及现行行政区划,将大运河江苏段分为徐宿段、淮扬段和镇常段,推动不同城市找寻运河文化亮点,明确各分段鲜明的地域特色。将

徐宿段打造成以徐州、宿迁为中心的楚汉文化高地，倡导开放包容、多元贯通的运河文化风格，并依托两地丰富的船闸资源，融合如徐州的文庙、梆子、竹马，宿迁的龙王庙行宫、泗州戏、彭泽湖渔鼓等地区特色文化元素。将淮扬段打造成以淮安、扬州为中心的淮扬文化高地。依托如淮安总督漕运公署遗址、河道总督府遗址、扬州盐业历史遗迹、扬州盐宗庙等丰富的文化资源，在加大保护和修复因风化破损的文化遗址的人力、财力、物力和技术投入的同时，充分挖掘其背后的历史文化故事，重点展示淮扬的漕运文化与盐运文化。将镇常段打造成以镇江、常州、无锡、苏州为中心的江南文化高地。选取镇江的古渡文化、常锡的船商文化和苏州的水乡文化等作为塑造运河文化 IP 的点，同时充分利用街景、建筑、街区、公园、城市地标等各种城市空间，将神话传说、酿造工艺、道教仪式、戏曲音乐等特色文化元素融入现代生活中，构建具有特色化、差异化、品牌化的运河文化 IP 形象。

（二）构建全方位、立体化宣传格局，提升运河文化 IP 品牌影响力

构建大运河江苏段文化 IP 品牌宣传推介运营机制，不断扩大其品牌影响力。以大运河江苏段文化课堂讲座、文化论坛等形式，加强公众对大运河文化的认识；积极开展国际性的运河文化交流会、博览会，省市内运河文化旅游系列主题活动等，打响运河文化 IP 品牌。实施“媒体联动”的品牌宣传战略。充分利用省内外各大媒体平台进行广泛宣传，突出“水韵江苏 · 运河文化”主题，加强扬州“运河原点 风雅扬州”、无锡“江南水弄堂 运河绝版地”、苏州“悠扬运河 天堂苏州”等运河文化 IP 品牌的推广；充分借助微博、微信、抖音、快手、bilibili 等热门网络平台以及热门影视剧、综艺节目等，通过如“微博热搜”“热门推荐”“话题引爆”等方式，形成融媒体联动宣传矩阵，加大运河 IP 品牌形象曝光度。深化与部门、地区之间的联合推广，与省内外旅游主管部门广泛开展旅游业务合作，多渠道、多方位地宣传大运河江苏段文化；与著名旅游城市开展营销合作，开发以市、区为重点的客源市场，大力推介重点旅游精品线路以扩大对外影响力。

（三）推动运河文化 IP 跨界融合，丰富创新运河文化 IP 产品

完善大运河江苏段文化 IP 的市场转化机制。以互联网思维，将财政支持、社会资本、企业资金等资金聚集到优秀运河文化 IP 内容的成果转化中，创建一批专门实施运河文化 IP 成果转化的实验基地、中试车间、工作坊、孵化器创新载体。推进运河文化 IP 内容的转化推介、资金对接、咨询培训等活动，促进运河文化 IP 各类关联主体的交流与合作，推动优秀运河文化 IP 内容的产业化。以大运河江苏段运河特色文化项目打造为抓手，深入实施重点文学、舞台艺术、影视剧、重大主题美术、优秀少儿作品等运河精品创作生产工程，创作生产出一批体现当代中国价值观念、弘扬中华优秀传统文化、具有江苏风格与江苏气派、群众喜闻乐见的优秀文化产品，实现文化资源优势向产业优势、竞争优势转变。促进大运河文化 IP 与休闲旅游、网络文学、影视演艺、数字科技等载体的深度融合，加强资源、人才、科技等要素的集聚，丰富运河文化产品和服务新业态。推动运河文化 IP＋休闲旅游的深度融合，充分结合运河风光、传说故事、民俗风情等沿线特色文化，打造一批主题游乐园、特色民俗节庆会展等重点文旅项目，设计推出一批“运河水上游船体验”“运河风情体验游”“重温运河故事”“运河非遗研学游”等特色运河文化 IP 旅游精品线路。推动运河文化 IP＋数字科技的深度融合，充分利用 5G、AI、AR、VR 等新兴技术创新开发运河文化 IP 产品，如打造沉浸式运河文化 IP 主题展馆、创新运河主题互动游戏、设计运河文化 IP 形象机器人等。

(四) 强化沿线城市协作联动，开拓运河文化 IP 开发空间

实施城市联动发展战略，推动形成运河发展利益共同体和命运共同体，打造区域协同发展的示范样本。从大运河江苏段的整体定位出发，突破行政体制壁垒，高起点调整完善发展思路，重构区域发展的大格局，积极推进沿线八大城市行政机构之间的协商对话，统筹各方利益，共同参与大运河发展规划的制定，建立协同工作机制，做到错位发展、互通有无、有效互补；充分发挥政府的统筹职能，引导人才、资金、技术等生产要素的跨区域自由流动，强化跨区域内的资源共享、优势互补；建立健全运河文化发展相关法律，完善知识产权保护机制，加强对各地区文化市场的监督与管理；以专项资金、税收减免、项目扶持等方式积极发动沿线各地区企业、高校、公益组织机构等社会力量，引导大运河合作发展联盟、文化发展基金、国际发展论坛、非遗国际博览会等大运河文化 IP 相关产业项目的落地实施，构建多层次的沟通交流渠道，促进数据互通和信息共享；鼓励企业根据地方特色运河文化资源和本身的资源优势、市场定位、发展战略等进行 IP 开发产业链的分工协同，推动形成跨区域、多层次、立体化的产业分工协作体系，形成创新、开放、高效的区域联动发展格局。

结　语

大运河江苏段是蓄积了千年势能的超级 IP。在文旅融合背景下，大运河江苏段文化 IP 进行创新性开发意义重大。十八大以来，大运河江苏段文化 IP 开发取得了显著的成效，但仍存在文化资源创造性转化不足、运河文化 IP 产品创新力度

不够、运河特色文化品牌形象不突出、沿线城市协作水平整体不高等问题，国际知名运河——荷兰阿姆斯特丹运河在演变发展过程中所形成的“城市—运河”运营体系促进了运河文化资源的创造性转化，其所形成的推动文化遗产保护性开发、优化产业布局、培育新型文化业态、塑造城市文化品牌等举措为大运河江苏段文化 IP 开发提供了思路与借鉴，因此要通过深入挖掘运河文化资源、构建全方位立体化宣传格局、推动运河文化 IP 跨界融合、强化沿线城市协作联动等方式推动大运河江苏段文化 IP 的创新性开发，以使这条黄金水道为江苏高质量发展提供源源不断的动力与活力。

参考文献

[1] Chai Y, Dong W, Wang S. *A Holistic Conserving Approach on Heritage of the Grand Canal, China: Cultural Values Assessment of the Canal Under Historical Context of Jiangnan Civilization*[J]. China City Planning Review, 2011(1): 15 - 19.

[2] Tan X M, Bing Y U, Wang Y H. *Characteristics and Core Components of the Heritage of the Grand Canal in China*[J]. Journal of Hydraulic Engineering, 2009, 40(10): 1219 -1226.

[3] Zhang X. *Research on Outstanding Universal Value and the Analysis Method of Heritage Assessment - the Grand Canal as An Example*[J]. Sciences of Conservation & Archaeology, 2009.

[4] Yuan W. *Management of the Grand Canal and It's Bid as a World Cultural Heritage Site*[J]. Frontiers of Architectural Research, 2012, 1(1): 34 - 39.

[5] Zhou F, Zhu X Q, Lou Y H. *The Redevelopment of Historic Industrial Area under the Low-carbon Perspective: A Study in the South End of the Grand Canal*[C]. International Conference on Mechanic Automation & Control Engineering, 2010.

[6] 余彩花，徐静静，徐雨丹，等. 基于公共治理理念的大运河江苏段旅游开发策略探讨[J]. 旅游纵览(下半月)，2017(07):51—52.

[7] 尹立杰. 基于点—轴理论的大运河(江苏段)沿线区域旅游合作发展研究[J]. 产业与科技论坛，2019，18(17):26—27.

[8] 王菡薇，侯力. 文旅融合视角下的大运河文化带建设[J]. 唯实，2019(12):68—72.

[9] 张航. “共建共治共享”视角下江苏省大运河文化带治理创新的困境与对策[J]. 南京邮电大学学报:社会科学版，2018，20(04):47—55.

[10] 廖维俊，何有世. 全域旅游视角下大运河文化带江苏段建设模式研究[J]. 四川旅游学

院学报,2019(06):41—45.

[11] 汪群,陈杰.推进大运河文化带江苏段建设与国家区域发展战略的有效衔接[J].常州工学院学报:社科版,2019,37(06):1—5.

[12] 束有春.江苏省运河文化遗产保护与展望[J].东南文化,2006(06):58—62.

[13] 李永乐,杜文娟.申遗视野下运河非物质文化遗产价值及其旅游开发——以大运河江苏段为例[J].中国名城,2011(10):42—45.

[14] 郑菲菲.运河文化遗产价值评估和保护利用——以大运河江苏段为例[J].旅游纵览,2017(10):172—173.

[15] 张扬,刘忠国.大运河江苏沿线特色文化遗产的艺术特色阐释[J].艺术评鉴,2019(13):166—168.

[16] 陈立冬,喻桂成,邱晓东,等.浅谈大运河江苏段水利文化保护传承利用[J].中国水运,2019,19(10):41—42.

[17] 陈爱蓓.文化为魂,提升大运河江苏段城市发展品质[J].群众,2019(19):46—47.

[18] 张振鹏,栾晓平.大运河沿线区域产业结构升级路径及启示[J].山东社会科学,2018,(7):150—157,164.

[19] 杨英法,李彦玲,韩峰.京津冀协同发展与大运河文化带建设互融共建探讨[J].社会科学家,2019(6):38—42.

[20] 范金民.明清江南进士数量、地域分布及其特色分析[J].南京大学学报:哲学·人文·社会科学,1997(2).

[21] 姚乐,王健.试论大运河江苏段的特性与文化带建设要点[J].江南大学学报:人文社会科学版,2019,018(003):108—118,127.

作者简介

郭新茹,河南南阳人,南京师范大学新闻与传播学院副教授,南京大学长三角文化产业发展研究院研究员,硕士生导师,产业经济学博士。研究方向为文化产业空间集聚、版权经济。

沈　佳,浙江绍兴人,南京师范大学社会发展学院,研究生。研究方向为民俗文化与文化产业。

韩　靓,河南安阳人,南京师范大学新闻与传播学院,研究生。研究方向为传播学。

Research on the Strategy for Cultural IP Development in Jiangsu Section of Grand Canal from the Perspective of Culture and Tourism Integration

Guo Xinru Shen Jia Han Liang

Abstract: Jiangsu section of Grand Canal is a super IP which has accumulated potential energy for around a millennium, and its innovative development is of great urgency. In the background of culture and tourism integration, remarkable effects have been achieved in the development of cultural IP in Jiangsu section of Grand Canal, but still, there are the problems such as insufficient creative transformation of cultural resources, insufficient innovation of canal cultural IP products, non-prominent cultural brand image with the characteristics of canal, and overall low-level coordination of cities along the line. On this basis, this paper firstly combs the evolution of history and culture and the characteristic cultural resources in Jiangsu Section of Grand Canal systematically, and then analyzes and researches the difficulties faced in the development of cultural IP in Jiangsu section of Grand Canal. Finally, by referring to the practical experience of constructing "Golden Waterway" on Amsterdam Canal, this paper brings forward the countermeasure suggestions such as deeply digging the canal cultural resources, constructing an overall and three-dimensional propaganda pattern, promoting the cross-border integration of canal cultural IP, and strengthening the coordination and linkage of the cities along the line.

Key Words: Culture and Tourism Integration; Jiangsu Section of Grand Canal; Cultural Brand; Cultural IP

涉文化遗产国际投资中政府监管权力的行使边界*

张宇庆

摘　要:随着各国对文化遗产的保护关注度日益增强,外国投资者时常会遇到东道国以保护文化遗产为由动用监管权力,对其投资权利加以限制的情形。有学者建议借鉴传统行政法中的比例原则限制东道国监管权力的行使,但在实践中难以有效使用。究其原因,乃法体系之移植不当所致。本文将以仲裁庭的裁决倾向为线索,分析投资者和东道国存在的利益冲突,并尝试更新比例原则在国际投资仲裁中的适用标准,使之起到规范监管权力的作用。

关键词:国际投资　文化遗产保护　监管权力　比例原则

在国际投资中,当外国投资者的投资利益与东道国的公共利益相冲突时,东道国政府毫无疑问更倾向于保护本国的公共利益,并动用监管权力,对投资者的投资权利加以限制。如何平衡利益双方的关系,规范监管权力的行使,对国际投资法的研究是极为重要的。在过去的国际投资实践中,环境的破坏与保护常常是投资者和东道国政府间产生争议的重要领域。但近年来,随着各国政府对文化遗产保护的重视程度日益增强,涉及文化遗产领域的投资也成了投资者和东道国政府争议的焦点。ICSID也裁决了不少与此相关的案例,但结果基本呈现支持东道国的"一边倒"趋势。理论上,现有的研究在认定文化遗产的公益性、监管权力行使的正当性问题上都有所建树,但对于如何在国际投资中规范东道国政府的监管权力,确定监管权力的边界问题尚无定论。有学者提到借鉴行政法中的比例原则以解决这一棘手的问题。但比例原则作为国内法体系中的一部分,在移植到国际法体系的过

*　基金项目:国家社科基金项目"'一带一路'背景下非物质文化遗产的数字化保护与知识产权保护的冲突与协调"(项目号:19BH151)。

程中，仍需要一定的改良。本文将在现有理论基础上，通过分析比例原则的特征，寻找在国际投资法中该原则的适用标准，使之能更好地规范政府监管权力。

一、涉文化遗产的国际投资现状

文化遗产保护可能发生在国际投资存在的各个领域中，尤其体现在工程开发或者矿产资源开发等大型建设项目投资中。当投资活动中出现了对东道国文化遗产的保护问题时，东道国如果坚持依据它的国内法规定，对所涉及的文化遗产采用一个很高的保护标准，其与投资者的争端就会凸显出来。因为在投资者看来，这个高门槛的国内保护标准与双边投资协定是不符的，东道国的行为构成对投资财产的间接征收，并且损害了自己应获得的投资者权益。

（一）文化遗产的性质

文化遗产的保护问题之所以受到重视，是因为其属于文化权利的一部分。在制度层面上，《世界人权宣言》和《经济、社会、文化权利国际公约》都肯定了人有参与文化生活的权利。在这个背景下，1972 年《世界遗产公约》（WHC）对世界遗产的保护提出了新的标准，它转变了过去绝对依据国家主权对文化遗产进行保护的立场，要求所有成员国作为一个共同体，从全人类的利益出发，对公约所认可的文化遗产进行绝对保护。

在这种背景下，文化遗产自然而然地确立了它在国内作为公共利益的地位，东道国对文化遗产保护采取严格的高标准也就显得更加理所当然。

（二）国际投资协定中的“文化例外”条款

虽然东道国对文化遗产进行严格保护有其正当性，但在国际投资中，也不能忽视东道国应当对投资者的投资权益予以最大限度的保障。东道国政府对文化遗产的高标准保护要求不可避免地会损害到投资者的投资权益，尤其表现为投资项目经济利益的损害。为了解决东道国政府和投资者之间在涉文化领域的矛盾，区别监管权力的行使与对投资财产不合理的干涉，一些投资协定，如 1988 年美国和加拿大两国签署的《美加自由贸易协定》以及 1992 年《北美自由贸易协定》，选择在其中加入文化例外条款来尽力避免因涉及文化因素导致的投资争议。

文化例外政策最早起源于国际贸易领域，其出台目的是防止在国际贸易中由于外国文化产业的大量输入导致本国的文化安全受到损害。文化领域之所以可以像环境、劳工等领域存在贸易自由上的例外，是因为它本身同时具备经济属性和安全属性。在乌拉圭回合中，法国就曾明确提出要在《关税贸易总协定》中加入文化例外原则，以抵御美国的文化产业入侵。

相较于国际贸易领域而言，国际投资领域的发展相对较晚，并且不够成熟。过去的国际投资法和实践过度重视对外国投资者的保护，这导致东道国在行使正常的国内监管权力时受到了很大的影响。21 世纪以来，国际投资法逐渐摆脱了唯经济利益论的价值取向，转而更加兼顾诸如环境、文化等在内的多种利益。基于此，国际贸易法中的“一般例外原则”的做法得以被引入国际投资法领域，成为东道国对投资涉及公共利益时进行监管的有力武器。作为一个“事先保护”机制，一般例外原则为东道国保护本国公共利益预留了弹性空间，又减少了违反双边投资协定的风险。在诸多一般例外中，文化例外作为一个重要部分，在涉及文化因素领域，尤其在文化遗产保护中发挥着重要作用。然而，文化例外的规定虽然被许多投资协定所记载，但仍然不是主流的做法。即便存在文化例外规定，也往往因为语词的开放性使得对规定的解释难以一致。这些因素导致了涉文化因素的国际投资争端持续出现。由此观之，文化例外能够一定程度上避免国际投资争端的发生，但是无法根除此类争端，大量的争端最终还是被送上了国际投资仲裁庭。

二、投资者权利与监管权力的冲突

在国际投资争端中，仲裁庭倾向于使东道国的监管权力得以实现，而不是鼓励投资者对自己投资待遇的过分主张（例如对公平公正待遇的主张）。此种处理方式释放出一个令人深省的信号，即东道国在国际投资中行使监管权力的边界在被无形放大。在讨论仲裁庭这种做法的合理性之前，首先应当讨论东道国政府行使监管权的正当性，并以此为基础，探究投资者与东道国之间的冲突。

（一）监管权力的正当性

监管权力属于国家一般管理或行政权力的范围，是东道国政府拥有的正当权力。习惯国际法承认东道国有权管制或采取其他重大影响外国投资者财产利益的措施，但必须追求合法的目的，以一般公共利益为目标，并且是非歧视性的。对待外国投资时，监管权力之所以重要，其法理根据在于国际条约、协定反映的不仅仅是本国的公共意志，它的制定过程是成员国不断让步的过程，它所反映的是成员国在某领域的某方面经妥协后的共同意志。在双边投资协定中，当事国需要通过一种寻求共识、促进投资合作的真诚态度，推动协定的签订。这其中对于本国公共利益的保护条款（例如文化遗产保护条款）势必无法过于强势。也因此，仅凭文化例外条款难以一劳永逸地解决投资者和东道国之间的利益冲突。即便如此，作为东道国的国际义务,保护外国投资者利益也同样重要。这要求东道国在行使监管权力的时候应当克制,而不能无限度、不计成本地行使监管权力。

(二) 文化遗产领域中的监管权力行使

按照德国学者霍华德·曼恩(Howard Mann)以及康拉德·冯·毛奇(Konrad von Moltke)的观点,监管权力是指一国出于对本国公共利益的保护,诸如在环境、卫生健康、社会福利等领域中,而采取一些非歧视性措施对投资者权利进行限制。这些措施不能被视为征收行为,并且依据国际法,东道国也无须因为这些措施的实施而对投资者进行赔偿。随着各国对文化遗产的重要性认知程度不断加深,文化遗产的保护已经成了各国追求的公益目标。在 Co. Penn Central 案中,美国最高法院认为对历史文物的保护目的足以构成政府动用监管权力的理由,因此私人不能依据美国的《土地法》对抗政府的保护性监管行为。联邦最高法院认为,禁止索赔人在中央车站上加盖楼层确实会对它的经济效益产生不好的影响,但无论如何索赔人还是有经济利益可寻的;但纽约土地保护委员会(LPC)的措施有着能够通过保护历史文物增强公众生活质量的公益目的。本案彻底确定了保护文化遗产能够作为公益目的而被政府实施监管权力。在这之后,文化审查制度变得流行起来,但这种审查式的监管制度也成了投资者诟病与抨击的对象。由于文化审查的标准是由东道国自己制定的,投资者往往因为标准过高而认为它侵害了自己享有的公平公正待遇。虽如此,仲裁庭对投资者的主张却不总是持支持态度。例如,在 Unglaube v. Costa Rica 案中,仲裁庭认定投资者确实因为一些行政行为的原因导致其项目受到了拖延,但不认为投资者的公平公正待遇受到了侵害,因为投资者没能证明哥斯达黎加政府的行为是武断、歧视、缺乏正当程序的。实际上,在处理文化审查问题时,不少仲裁庭都会通过举证责任的分配来判断文化审查的合法性,而不是直接对文化审查本身进行审查。一方面是因为仲裁庭无权干涉一国的国内法规定,另一方面仲裁庭也无心将问题扩大化,仅仅通过举证责任的分配就解决了这个棘手的问题。

(三) 仲裁庭对利益冲突的倾向

从国际投资实践来看,投资者以公平公正待遇受损为由提起的投资权益保护仲裁不在少数。但是从结果来看,仲裁庭的裁定表现得十分保守。表面上看来,这与仲裁庭的职能有关。对于仲裁庭来说,它没有权力对东道国的国内政策评头论足,在判断一项政策性措施是否违反了公平公正待遇时,只能按照既定的标准进行判断,并且由索赔人对东道国监管措施违反公平公正待遇承担举证责任。由此可见，虽然投资者在提起仲裁时可以无所顾忌，但公平公正待遇想真正被仲裁庭确认是十分困难的。在投资者权利和东道国监管权力之间，仲裁庭偏向了后者。下文以格拉姆斯黄金公司案为例，具体分析之。

三、涉文化遗产保护的国际投资争端：以格拉姆斯黄金公司案为例

在涉及文化遗产保护的国际投资争端中，公平公正待遇可以被认为是投资权利的重要缩影，投资者主张公平公正待遇时往往会和政府的监管权力发生冲突。本部分将结合格拉姆斯黄金公司案阐述冲突之所在，并具体分析仲裁庭对投资权益的认定，说明发生利益冲突时仲裁庭的倾向。

（一）案情回顾①

格拉姆斯黄金公司（下称“格拉姆斯公司”）是一家为在美国和拉丁美洲勘探、开采贵重金属而设立的加拿大公司。在 20 世纪 80 年代和 90 年代，格拉姆斯公司在加州成功开发了两块露天金矿。基于这两个金矿的成功开采，格拉姆斯公司成立了全资子公司——格拉姆斯帝国公司，用以开发它在加州西南部获得金矿开采权的帝国项目。但是在该矿产所在区域内有一条“寻梦之路”，这条“寻梦之路”对印第安土著具有重大意义，Quechan 族人一年数次在此进行着古老的祭奠仪式，部落族人的葬礼也在这条路上举行。这条“寻梦之路”寄托着 Quechan 族人的信仰和文化传承，对该部落的族人有着高度宗教文化特征或象征意义。在 1987—1994 年间，格拉姆斯公司依据美国《采矿法》的规定，经过美国土地管理局的批准后运用露天开采技术开采金银。同时，公司根据加州地质和矿产委员会的要求，处理了矿坑的回填问题。尽管如此，整个开采及回填计划还是不可避免地导致格拉姆斯公司实施某些影响原住民保护地及一些文化保护区的行为，“寻梦之路”首当其冲。这也成了加州政府在事实上收回了格拉姆斯公司在该地区采矿权许可的原因。

依照格拉姆斯公司的观点，联邦政府和加州政府的行为违反了 NAFTA 第 1105 条，联邦政府在审查了若干法案后，错误地推迟了对拟定项目的审议；而加州政府在该项目可能被联邦政府同意的情况下，通过州政府的行为使该项目陷入无法获得经济效益的局面。格拉姆斯公司据此认为美国两级政府损害了公司享有的公平公正待遇。

① 为节约篇幅，案情概括只节选了与本文分析有关的部分。

(二) 认定投资权利所反映出的仲裁庭立场

公平公正待遇为外国投资者维护其合法投资利益提供了重要的法律依据。对于格拉姆斯公司的主张,仲裁庭在裁决中首先明确了对公平公正待遇的认定标准,然后审查了被诉的联邦及加州两级政府的行为是否构成对公平公正待遇原则的违反,最后提供了自己对原告诉讼请求的看法。

1. 公平公正待遇的标准

虽然理论上对公平公正待遇的标准是否反映了习惯国际法中所包含的"最低标准"这个问题争论不休,但在对 NAFTA 第 1105(1)条的认定中,由于成员国以及争端双方没有反对,仲裁庭采纳了北美自由贸易区委员会(FTC)在 2001 年此的标准给出的解释。按照 FTC 的解释,公平公正待遇是指缔约一方给予另一方投资者之投资的最低待遇为习惯国际法给予外国投资的最低标准;且公平公正待遇条款并不产生习惯国际法中外国投资最低待遇标准之外或之上的待遇。在此基础上,仲裁庭认定,应当采用 1926 年"尼尔案"(*Neer v. Mexico*)中的标准确定"最低待遇标准"。

在"尼尔案"中,审理该案的委员会对侵犯公平公正待遇做了严格的认定标准,认为政府行为只有使得"任何一个公正明理的人都能轻易地判断出来的政府严重不作为"才构成之。在本案中,仲裁庭认为,它适用"尼尔案"标准的决定是基于 NAFTA 成员国的同意做出的,并且原告没能证明"尼尔案"标准已经发生演变。对于为何采取静态的"尼尔案"标准,仲裁庭认为,这是一个依据习惯国际法订立的"地板线"标准,尽管个案所面临的情况会发生变化,但这条底线不能因此变化,否则底线的设立毫无意义。[①] 这种静态的认定态度在投资仲裁实践中并不多见,即便是同样涉及 NAFTA 第 1105 条的最低待遇标准认定问题时,其他仲裁庭对它的认定也采取了动态的态度。[②] 本案中,仲裁庭采取的静态态度无疑直接影响到了对格拉姆斯公司所主张的具体事实的认定。这也为接下来分析仲裁庭在本案的价值取向以及原因埋下了伏笔。

---

① 然而,仲裁庭并没有解释由此产生的另外两个问题:仲裁庭将证明标准演变的责任分配给了投资者,仲裁庭始终没有解释"尼尔案"标准可以被当代国际投资法所沿用的原因。

② 例如在 ADF 诉美国案中,仲裁庭就认为无论是习惯国际法还是最低待遇标准,都是不断发展的;在 Merrill 诉加拿大案中,仲裁庭也强调最低待遇标准的范围已经远远超出了"尼尔案"中的范围。

2. 仲裁庭对美国两级政府行为的认定

对于联邦政府的行为，格拉姆斯公司提出了包括任意违反先前法律和实践、无理由拖延等在内的指控，并着重指出，在联邦政府对帝国项目进行文化审查期间，它受到了恣意的和不透明的待遇。针对加州政府的行为，格拉姆斯公司认为加州政府的措施都是针对它的帝国项目做出的，充满了歧视、武断与恣意，与它们制定的目标间没有理性关联。

对于格拉姆斯公司针对联邦政府的不公平文化审查的主张，仲裁庭认为若独立判断文化审查，依据“尼尔案”中的认定标准并不存在严重的不正义、恣意或明显的不公平，也不存在完全缺乏正当程序、明显的歧视或明显缺乏理由，因此仲裁庭认定文化审查没有违反第 1105 条。在对加州政府的措施进行的审查中，仲裁庭也得出了相同的结论。随后仲裁庭对两级法院的行为进行了综合审查，仲裁庭认为，在本案中，仲裁庭并没有发现存在两级政府共同损害投资人权利的意图，尽管联邦政府和加州政府旨在共同制止帝国计划的意图在仲裁庭看来是违反第 1105 条的有利因素，但也不至于将二者的行为上升到违反国际协定义务的高度。格拉姆斯公司也无法证明两级政府的行为间存在因果关系，也没能证明它们的行为意图就是为了违反国际条约义务。因此仲裁庭将两级政府的行为视为单独的事实上的集合本身，而这种集合并不违反第 1105 条。

最终，仲裁庭根据“尼尔案”的标准，认为格拉姆斯公司没能证实美国两级政府的行为不存在明显的恣意、不公平、歧视等，也就没有违反习惯国际法的最低待遇标准。因此美国两级政府没有违反公平公正待遇原则。

四、监管权力的行使边界：比例原则的适用

从格拉姆斯公司案中，人们可以发现，仲裁庭对东道国政府行使监管权力的做法不会进行实质性审查。在涉及既定标准的问题时，该案的仲裁庭令人诟病的一点是它对公平公正待遇原则的最低待遇标准采用了静态的“尼尔案”标准，并且将证明标准变化的举证责任分配给了索赔人。这种做法显然加重了索赔人的负担，也等于在变相减小索赔人权利实现的可能性。仲裁庭不对监管权力进行实质审查固然与其职能有关，但有着更深层的原因。从法体系的角度来看，国际法上不存在也不可能存在对国家行使监管权力的边界与限度进行规定。为了解决这个令人尴尬的问题，鼓励仲裁庭更愿意审查东道国的政府行为，规范东道国政府的监管权力，不少学者都曾提出，仲裁庭可以借鉴各国国内法体系，依靠各国审查一般行政

案件中的比例原则来对东道国的政府行为进行评价，以起到对监管权力的合理限制，防止监管权力无限膨胀。

（一）比例原则概述

比例原则被誉为行政法学中的帝王原则，传统国内行政法中，对行政机关的行政行为，需要从其追求的目的和实现这个目的的手段两个角度进行评价。比例原则因此而生，强调行政权力的行使不得没有限制，或手段与目的之间不成比例，从而对公民的合法权利造成伤害或使行政行为成本高于收益。这个原则的主要优势在于，它为行政行为平衡公共利益和私人利益提供了一个更加透明的分析结构。传统行政法中，比例原则的内容包括适当性原则、必要性原则及相称性原则。①

比例原则在解决国内行政纠纷中发挥了巨大的作用，很多形式合法的行政行为因为比例原则的存在而被认定为合法但不合理，判定行政机关对相对人的损害进行赔偿，起到了保护行政相对人合法权利免受公权力侵犯的作用。但应当注意的是，国际法和国内法是两个不同的体系，国际投资案件毕竟与一般国内行政案件在性质上有根本差别，在将国内法的措施移入国际法的过程中不能照搬，要注意体系的适配性。是否能够对比例原则照单全收，或者只是借鉴其合理部分，这些都需要经过进一步的分析。

（二）比例原则在涉文化遗产投资争端中的适用可能性

想为比例原则在涉及文化遗产的投资仲裁的适用寻找法律依据，首先应当确定的是，对双边投资协定的解释应当符合《维也纳条约法公约》对条约解释的规定。根据后者第 31 条第 3 款(c)项“可以适用于当事国关系的任何国际法规则”，因此，对双边投资协定中规则的解释应当包括国际投资法渊源下的一切可依靠的规则。通常认为，一般法律原则即便是脱离了《国际法院规约》第 38 条第 1 款的规定，仍然是国际法各领域中重要的法律渊源。而比例原则在国际贸易法、国际人权法、国际投资法等各个领域中都有所适用，已经成了一个一般法律原则。它符合《维也纳条约法公约》第 31 条第 3 款(c)项所称的“可靠的规则”。

在国际投资仲裁中，涉及公平公正待遇的认定问题时也有对比例原则的适用。

---

① 参见刘权. 目的正当性与比例原则的重构[J]. 中国法学，2014(4)。刘权在文中表述，适当性原则强调政府权力的行使手段应当适当，使手段能够促进所欲追求之目的；必要性原则要求行政机关在能够实现目的的多种手段中，选择造成损害最小的那种；相称性原则又可称为狭义的比例原则，它旨在使行政行为的目的与手段相称，避免出现行政权力的滥用。

公平公正待遇强调合理期待，但是这种合理期待并不意味着要东道国保证其法律或政策一成不变，如 Saluka v. Czech Republic 案中，仲裁庭就运用比例原则。它指出，投资者期待其投资时的有利环境会完全保持不变是不合理的。为了确定投资者预期的落空是否是正当的与合理的，也必须考虑东道国为了公共利益监管国内事务的合法权利……因此判断捷克共和国是否违反了第 3.1 条，一方面需要权衡申请人的合法与合理的预期，另一方面也要权衡被申请人的和法律的监管利益。这说明，比例原则的适用在国际投资法领域是有先例存在的，但是在涉及文化遗产的投资争端中，我们发现比例原则并没有发挥它应有的作用。这里也提示我们，传统的比例原则标准在此类争端中并不适配，需要新的演进。

（三）规范比例原则的适用标准

随着越来越多的国际投资争端被诉至投资条约仲裁机构（ITA），人们失望地发现，ITA 体系因未能平衡外国投资者的权利与东道国的监管权而受到严厉批评。国际投资仲裁庭的做法也差强人意，即便是将比例原则移植到仲裁中也是一样。这是由于国际法体系与国内法体系不同。实际上，在国际投资法体系中，国际投资仲裁庭在解释和运用比例原则时不可避免地会涉及造法的问题。如前文所述，国际投资案件和国内行政案件毕竟性质不同，在国际投资仲裁中，仲裁庭的合法职能只能是对包括双边投资协定在内的文件进行解释和适用。这一点在涉及文化遗产的投资仲裁中也不例外。然而，囿于比例原则的各个子原则的认定都无客观标准，将比例原则直接引入这类投资仲裁中，无疑是要求仲裁庭直接根据自己的判断评价东道国对文化遗产监管权力的行使。这使得仲裁庭的行为大有逾越管辖权之嫌，并把自己推向司法造法的风口浪尖。除此之外，考虑到国际司法机关缺乏“因循先例原则”（*stare decisis*），仲裁庭没有义务遵从之前仲裁庭对比例原则的运用方法。由于各个仲裁庭的组成人员不同，价值取向不同，缺乏对比例原则统一的适用方法可能会带来裁决的不一致，加剧比例原则在涉及文化遗产的投资仲裁中的适用混乱。

但是在涉及文化遗产的投资争端的实践中，无论案件是否采用了比例原则，仲裁庭对东道国行使监管权都采取了宽容的态度。究其原因，仍是前文所提及的仲裁庭对司法造法的提防心理。这也从另一个侧面反映了比例原则难以发挥应有的作用。格拉姆斯黄金公司案中，仲裁庭认为它的作用不是用自己对基本事实材料的判断来取代一个合格的国内机构的判断，也不会去评价国内机构的做法是否合乎目的与手段的相称。它所能做的就是根据分配当事人的证明责任来对案件做出裁决。仲裁庭对东道国监管权力的"高度宽容"实际上是由它绝对中立的立场所决定的，它并不想因为评头论足而被卷入司法造法的风波中。

产生"司法造法"错觉的根本原因，在于比例原则的适用缺乏一个更合适的标准，这也是体系移植时不可避免地会出现的情况。对比例原则适用的争议包括对政策目标的合法性或价值有争议，对是否有其他手段可以实现该目标存在分歧，或用比例原则分析过于强势。这也可以用来解释为什么很多仲裁庭在涉及文化遗产保护这种被日益关注的公共利益问题时，不愿意运用比例原则去平衡东道国和投资者之间的关系；抑或即便运用了比例原则，也会瞻前顾后，担心受到指责。

以往学界在就比例原则的标准进行讨论时，往往都是从仲裁庭的角度出发，分别审查比例原则的三个要素，力求达成一个可以解决个案的标准。例如，仲裁庭应当审查东道国的行为在多大程度上侵害了投资者的权利以及侵害所持续的时间，如果东道国不采取相关举措，危险现实化的可能性有多大，以及损害的程度和可能性。东道国具体行政目标的重要性，如果政府所采取的是一个损害相对较少但可能不太有效的举措，公共利益将在多大程度上受到损伤。政府所采取的措施在多大程度上已实现所声称的目标，以及东道国是否已就其侵权举措提供了补偿，因为后者可使比例失调的举措变得比例适当。然而，从司法者的角度出发无法解决比例原则难以被有效利用的情况。因为无论仲裁庭在审查中的态度如何中立，它都不免会对东道国的国内政策进行自己的解读。

对于如何细化比例原则在涉及文化遗产的投资仲裁中的标准这个问题，笔者认为可以从微观和宏观两方面进行。从微观的角度来看，投资者母国与东道国通过在 BIT 中设定的文化例外条款中加入比例原则的要求，这种做法在其他的例外要求中已经有所使用①，既起到防止东道国滥用文化例外的作用，又为司法裁决提供法律依据。宏观地看，国际投资仲裁可以借鉴美国的 Chevron 原则，即：法院解释行政机关做出行为所依据的法律的过程中，如果出现法院的解释与行政机关的

① 《中国—加拿大双边投资条约》(2012)第 33 条"一般例外"第 2 款规定："只要相关措施不以武断或不合理之方式适用，或不构成对国际贸易或投资之变相限制，本协定中任何规定均不得被理解为阻止缔约方采取或维持下述措施，包括环境措施：(一) 确保遵守与本协定条款无不一致的法律法规所必要的措施；(二) 保护人类、动物或植物生命或健康所必要的措施；或(三) 与保护有生命或无生命的可耗尽自然资源相关的措施，如果此类措施与限制国内生产或消费的措施同时有效实施。"

解释出现矛盾,而国会又没有对该法律做出明确的解释时,法院应当遵从行政机关的解释。这个解释的技巧经过类比,可以运用在细化比例原则在涉文化遗产投资案件的标准上。在此,仲裁庭在运用比例原则时,可以化约传统的三项子原则,只注重对"必要性"的认定。换言之,只要行政机关能够证明他们的行为是必要的,那么司法机关应当遵从。[①] 将这个改良后的标准借鉴到涉文化遗产国际投资争议中,可以归纳为若东道国能够证明它所行使的监管权力的目的是保护文化遗产不受损害的利益,并且手段是经过专业判断后所采取的,那么仲裁庭应当对这个判断保有尊重的态度。

证明"必要性"标准能够改善仲裁庭运用比例原则时面临的尴尬局面,既体现出司法的谦抑性与对国家的尊重,又通过将证明合法性的责任分配给东道国,一改以往仲裁庭将举证责任全部分配给投资者的不公平局面,既能够维护个案的正义,也不会破坏不同法体系间的独立性。这对于推进比例原则在国际投资仲裁中的适用具有一定的借鉴意义。

(四) 规范监管权力对我国的影响

将比例原则吸纳进国际投资法体系,使其发挥规范监管权力行使的作用,这个做法对我国而言也是有利的。监管权力的行使以公共利益的存在为前提,我国是文化遗产大国,文化遗产事关我国全体人民的利益,但为保护受投资影响的文化遗产而动用监管权力时,不能偏废对投资者利益的保护。在日常的执法中,执法机关应当按照实施一般行政行为时所采用的比例原则,让自己的行政行为符合行政合理性要求。这种对执法活动的要求,既能达到保护文化遗产这类公共利益的目的,又不会留他人之口舌。这对于向外国投资者塑造我国是一个负责任的法治国家形象,进而吸引投资而言无疑起到的是正面的作用。

五、结 语

国际仲裁实践在处理投资权利和监管权力的矛盾时往往偏向后者,这实际上是国际法体系在处理涉及国内法事务时不可避免地要面临的情况。我国是文化遗产大国,在涉文化遗产投资中应当更侧重于监管权力的实现。虽然目前国际仲裁庭对监管权力的态度较为宽松,但作为一个负责任的大国,我国在对外资进行文化

---

① 实践中,欧洲人权法院在 James and Others v United Kingdom (James v U. K.)中就采用了这个标准。

监管时应当注重比例原则的要求,使监管有法可依、有理可循,实现通过外资推动经济发展以及更好地保护我国文化遗产的目的。这对于树立我国法治国家形象,推动国际投资法进步而言都是有利的。

参考文献

[1] Valentina Sara Vadi. *Cultural Heritage and International Investment Law: A Stormy Relationship*[J]. 15 International Journal of Culture Property, 2008,15(2—3)(4).

[2] 孙雯,高洁."一带一路"建设中国际投资争端的文化遗产保护[J]. 南京大学学报:哲学·人文科学·社会科学,2018(5).

[3] 马冉. 国际投资争端中涉文化争端的法律问题研究——以公平公正待遇与征收条款的适用为视角[J]. 上海对外经贸大学学报,2016(9).

[4] 鲁道夫·多尔查,克里斯托弗·朔伊尔. 国际投资法原则:第二版[M]祁欢,施进,译. 北京:中国政法大学,2014.

[5] CarolineHenckels. *Indirect Expropriation and the Right to Regulate: Revisiting Proportionality Analysis and the Standard of Review in Investor-state Arbitration*[J]. Journal of International Economic Law, 2012,1(225).

[6] Alec Stone Sweet. *Investor-State Arbitration: Proportionality 's New Frontier*[J]. Faculty Scholarship Series, 2010,1(228).

[7] 刘权. 目的正当性与比例原则的重构[J]. 中国法学,2014(4).

[8] See Prabhash Ranjan. *Using the Public Law Concept of Proportionality to Balance Investment Protection with Regulation in International Investment Law: A Critical Appraisal* [J]. Cambridge Journal of International and Comparative Law, 2014,3(854).

[9] See Caroline Henckels. *Indirect Expropriation and the Right to Regulate: Revisiting Proportionality Analysis and the Standard of Review in Investor-state Arbitration*[J]. Journal of International Economic Law, 2012,1(237).

[10] 银红武. 涉环境国际投资仲裁案中比例原则的适用[J]. 广州大学学报:社会科学版,2018(9).

[11] 彭岳. 一致性解释原则在国际贸易行政案件中的适用[J]. 法学研究,2019(1).

[12] 莫雪."一带一路"之国际投资条约中公平与公正待遇标准的新发展——以 White Industries v. India 案为例[J]. 广西政法管理干部学院学报,2018(2).

作者简介

张宇庆，辽宁大连人，南京大学法学院助理研究员。研究方向为文化遗产保护。

Boundary for the Exercise of Government's Regulatory Power in International Investments Involving Cultural Heritage

Zhang Yuqing

Abstract: With the increasing attention paid by each country to the protection of cultural heritage, foreign investors often encounter the use of regulatory power by host countries to restrict their investment rights on the ground of protecting cultural heritage. Some scholars suggest restricting the exercise of regulatory power by host countries by referring to the principal of proportionality in the traditional administrative law, but it is difficult to use the principle effectively in practice because of the improper transplantation of legal system. This paper will analyze the conflict of interests between investors and host countries by taking the ruling tendency of arbitral tribunal as the clue, and attempt to update the applicable standard of the principle of proportionality in international investment arbitration, so that it can play the role of normalizing the regulatory power.

Key Words: International Investment; Protection of Cultural Heritage; Regulatory Power; Principle of Proportionality

博士论坛

文化距离影响对外直接投资的研究动态*

孙俊新

摘　要:文化距离衡量了国家间的文化差异,其对对外直接投资的影响是学术界重点关注的领域,也是文化和经济互动关系研究的重要组成部分。早期研究从理论和实证两方面证实了文化距离的负面效应,但在概念假定和研究方法上存在一系列局限。上述局限推动了研究的深入。近年来的研究详细考察了文化多样性、文化融合、企业异质性、母国和东道国宏观环境等一系列变量对文化距离作用效果的调节,揭示了文化距离的积极效应,打开了文化距离影响对外直接投资的"黑箱"。上述发现凸显了文化差异对经济的重要影响,因此跨国公司有必要增强跨文化意识,深入挖掘文化因素的影响,并综合运用内外部因素,探索突破文化差异约束的渠道。

关键词:文化距离　对外直接投资　外来者优势　调节变量

文化产业具有极强的产业间溢出、联动效应,世界主要经济体文化产业的发展普遍对自身国际经济活动产生了积极的推动作用,如韩国的"四倍效应"("世界主要经济体文化产业发展现状研究"课题组,2014)。在中国,从习近平总书记在文艺座谈会上的讲话到党的十九大报告都提出"激发全民族文化创造活力",强调"构建中国文化软实力",凸显了将文化的海外活动与中国制造业及现代服务业高质量海外发展相协同的意图。"一带一路"建设中,中国在经贸、能源、金融、通信、航空等诸多领域与沿线经济体开展了广泛的合作,对外直接投资日益成为常态。但民众的抗议、社区的反对、政府的毁约一度造成中国很多好的对外直接投资项目搁浅,而这一连串因素背后都有着中国和东道国文化差异的影子,是文化因素直接或间

*　基金项目:本文受教育部社科研究青年基金项目"文化距离对中国 OFDI 的影响:基于文化'走出去'的调节效应分析"(17YJC790133)和 2018 年北京市属高校高水平教师队伍建设支持计划青年拔尖人才培育计划项目"文化'走出去'影响对外直接投资的机理研究"(CIT&TCD201804061)资助。

接导致了中国很多好的对外直接投资项目最终失败。因此，务实探讨文化对经济的影响成为迫切需要解决的话题，但这并不容易。经济学研究中，由于文化难以度量而长期被视为外生给定。文化距离概念的提出在很大程度上缓和了这一困境，但文化距离又被视为长期不变，如果在考察文化对对外直接投资的影响时仅考虑文化距离，那么中国企业将只能被动适应长期不变的文化距离而难以主动作为，因此，更全面地考察文化距离的内涵及其对投资的影响成了重要任务。本文通过综述最新的研究进展，尝试回应这一诉求。

一、文化距离的概念及其度量

文化被视为"英语中两三个最复杂的单词之一"(Williams, 1976)，复杂、无形且微妙，以至于难以度量，故而在经济学研究中，国家间的文化差异常以语言、民族等的差异加以替代。(张川川和李涛，2015)20 世纪 80 年代"文化距离"概念的提出，使得文化差异得到更全面的度量，并被广泛用于经济学分析。文化距离是指文化中存在的无形"距离"，是指不同国家和地区之间由语言、生活习惯、社会文化等所造成的文化差异。文化距离的值越高，代表两个国家的文化差异越大；值越小，代表两个国家间的文化越相近。

现在通行的测算文化距离的指标是建立在文化维度基础上的，文化维度刻画了各国文化的主要特征。最常用的文化维度由 Hofstede(1980)提出，并按照 Kogut 和 Singh (1988)的方法加总得出国家间的文化距离。自诞生以来，Hofstede 的文化维度已经经过多轮完善，形成权力距离、个人主义和集体主义、男性主义和女性主义、不确定性规避、长期导向和短期导向、放纵倾向和约束倾向六个层面，且各维度的影响也不尽相同。(李璐男和李志萍，2017)此外，Schwartz 文化维度(Schwartz, 1994)、GLOBE 文化维度(House, Javidan 等，2002)和基于世界价值观调查设计的文化维度(Inglehart, 1997)也是文献中常用的指标。一系列文献全面对比了上述文化维度的差异(Drogendijk 和 Slangen, 2006; López-Duarte, 2013)，并尝试完善文化距离的计算公式(Shenkar, 2001; Avloniti 和 Filippaios, 2014; Yeganeh, 2014)。此外，部分文献以文化距离为核心融入更多主观和客观因素构建心理距离指标(Sousa 和 Bradley, 2006；张华容，王晓轩等，2015)，但鉴于文化距离和心理距离的分析在研究结论、研究方法上都不存在明显差异，且心理距离尚未形成较统一的度量方法(葛京和王良，2010)，下文统一按照文化距离展开分析。

二、文化距离影响对外直接投资的早期研究

基于文化距离概念和度量方法的日益成熟，在国际投资蓬勃发展的现实背景下，大量文献探讨了文化距离和对外直接投资的关系。

（一）理论研究

斯堪的纳维亚学派（Scandinavian school）较早从理论上凝练了文化距离对对外直接投资的影响（Johanson 和 Wiedersheim-Paul，1975；Johanson 和 Vahlne，1977；Welch 和 Luostarinen，1988；Toyne，1990），认为母国和东道国在文化上的差异会阻碍信息流动，从而影响企业的投资区位，而且随着母国和东道国之间文化距离的增加，企业更倾向于选择新建投资、合资而不是并购。进入 20 世纪 90 年代后，日益严重的社会和环境问题促使人们开始反思社会发展模式，更加重视非经济因素尤其是文化因素在经济发展中的重要作用，由此文化转向成为经济地理学研究的重要方向（Chaney，1994；Crang，1994；Bauder，2001），并由克鲁格曼通过新经济地理学的区域专业化模型引入文化差异对要素流动的影响而得到强化（Krugman 和 Venables，1996）。文化距离也是新制度经济学的重要内容（Bowe，Golesorkhi 等，2014）。跨国公司的海外子公司不仅面临投资国制度环境的同构压力，而且时常面临来自母公司统一实践方面的一致性要求，双重的同构压力必然影响子公司的市场表现，进而影响跨国公司海外投资的各种决策。（Chan 和 Makino，2007）

上述研究大多将文化距离视为制约跨国公司海外投资的因素，认为跨国公司在国外市场会遭遇“外来者劣势”。（张明，陈伟宏等，2019）这是因为：第一，文化距离影响跨国公司人员对东道国信息的获取和理解，容易造成沟通和交流的困难，增加交易成本。信息输出者和接收者之间的文化差异越大，其理解、解决问题的思维方式、沟通方式以及需要的激励机制差异越大，越容易引发冲突和矛盾。（Ahern，Daminelli 等，2015）第二，文化距离限制知识的传播。这种限制效应是全面而深刻的，不论是管理经验还是技术知识，也不论是正向传播还是逆向传播都会受到影响。（Ahammad，Tarba 等，2016；Powell 和 Lim，2017）第三，文化距离影响正式制度的作用效果（Dikova，Panibratov 等，2016）。因此，文化距离被认为增加了对外直接投资的成本和风险，限制了投资的地区、方式和收益。这类文献往往在经典的经济学框架中直接引入文化因素，推导严密，假设也符合理论创立之时的经济现实，因而在很长时间占据主导地位。

近年来的研究在承认上述发现的价值的基础上，也开始关注跨国公司的国际化收益，亦即文化距离的“外来者优势”。(Brannen, 2004; Stahl, Maznevski 等, 2010; Tung 和 Verbeke, 2010; Zaheer, Schomaker 等, 2012)其主要观点可以概括为：第一，文化距离增强了跨国公司的战略能力，因为战略性资产都是文化嵌入的，通过在文化距离较大的国家和地区的对外直接投资，跨国公司在国外获取了显著不同于本国文化的资产，将扩充跨国公司的隐性知识储备。(Morosini, Shane 等, 1998)第二，文化距离将提供跨国知识共享和学习的机会，因为母国和东道国的管理者有着不同的思维方式，有可能更好地抓住稍纵即逝的市场机会而取得成功，而且不同文化背景的人在一起工作可以相互学习，有利于管理经验和知识的分享。(Kirkman, Lowe 等, 2006; Reus 和 Lamont, 2009; 孔德议, 2017)第三，文化距离同时为跨国公司的差异化战略提供了基础。产品的研发、生产和销售都会受到当地文化的影响，投资文化距离远的地区意味着跨国公司能够提供明显不同于当地的产品，并通过差异化产品和服务占领市场。(Stahl, Tung 等, 2016)这一系列文献更全面地考察了文化差异的影响，为分析跨国公司的跨文化实践提供了理论指导，是经济学研究纳入并日益重视文化因素的重要反映。

(二) 实证研究

在理论的指导下，实证研究普遍假设无论是投资前、投资中还是投资后，文化距离都阻碍对外直接投资。投资前，实证文献认为在文化距离较远的国家，跨国公司将遭遇更强的信息和生产要素流动障碍，因而这些国家不会是投资的首选。(Quer, Claver 等, 2012; Egger, Fahn 等, 2014; Drogendijk 和 Martín Martín, 2015; Dikova, Panibratov 等, 2016; Mohr 和 Batsakis, 2018; 刘晓宁, 2018)投资中，多数研究认为文化距离越小，跨国公司越容易获得东道国民众的集体认同，因而跨国公司越可能投入较多资源，采取类似全资的高股权比例进入模式；不过也有观点认为文化距离越大，机会主义风险越大，跨国公司越愿意采取高股权比例进入模式。(Diego, Enrique 等, 2007; Xu, Hu 等, 2011)投资后的效益分析中，多数文献的实证结果同理论假设相一致，认为文化距离限制子公司的财务收益，也影响子公司在海外的生存期，但对母公司财务收益的影响有限。(Zaheer, 1995; Mezias, 2002; Malik 和 Zhao, 2013; Li, Jiang 等, 2016; Tower, Hewett 等, 2019)同时，文化距离还将影响跨国公司扩张的节奏和子公司融入跨国公司全球架构的方式。(Beugelsdijk, Kostova 等, 2018)

尽管如此，学术界对上述结论的适用性仍存疑虑。首先，上述研究主要关注发达国家的对外投资，而这些投资主要是横向投资和顺向投资，较少存在纵向投资和逆向投资，其研究结论能否适用发展中国家存在不确定性。（Thomas 和 Grosse，2001；Buckley，Forsans 等，2012）其次，上述研究假定文化距离的影响是线性的，但实际中受外来者劣势和外来者优势的双重影响，文化距离的影响可能是非线性的。（Malhotra，Sivakumar 等，2011；殷华方和鲁明泓，2011；Chang，Kao 等，2012；綦建红，李丽等，2012）同时，上述文献仅从静态角度考察文化距离的影响，而从动态角度看，随着国家间文化的融合或文化相近国家投资市场竞争的加剧，跨国公司或许不得不进入文化差异较大的国家寻找机会。（Tihanyi，Griffith 等，2005；Drogendijk 和 Slangen，2006；Franziska 和 Ekaterina，2015；Malik 和 Yazar，2016）最后，以上文献普遍假定文化距离对所测量的两个国家是相同的，但实际中文化距离可能是非对称的，比如一国可能对周边国家的文化更为了解，又如文化软实力强劲的国家的文化更容易被世界各国了解。（Zaheer，Schomaker 等，2012；Yeganeh，2014）

（三）研究的局限

研究的分歧促成了对研究局限的深入思考，其中最具代表性的文献当属 Shenkar（2001）。这篇文章获评 Journal of International Business Studies 在 2001—2010 年间的最佳论文，成为指导后继研究的经典之作。此后的文献（Brouthers 和 Brouthers，2001；Tung 和 Verbeke，2010；Zaheer，Schomaker 等，2012；Beugelsdijk，Kostova 等，2017；Beugelsdijk，Ambos 等，2018）从不同角度展开分析，更深入地指出了文化距离研究的局限。

总结现有文献的分析，文化距离研究的局限主要体现在概念假定和研究方法两个层面。从概念假定上讲，文化距离存在对称性、稳定性、线性性、因果关系和协调性等隐含假定，而这些假定不仅缺乏文献支持而且同现实不符。对称性是指 A 国企业对 B 国的投资同 B 国企业对 A 国的投资面对相同的文化距离，但如上文已经指出的，现实中文化距离可能是非对称的；稳定性是指文化距离在较长时间内保持不变的假定，但现实中，受全球化和文化融合等因素的影响，文化距离可能呈现动态变化；线性性是假定文化距离同投资之间是线性关系，但实际上文化距离越远，跨国公司越可能较晚在该地区投资，并越可能选择低控制度的投资方式，海外机构的经营表现也可能越差；因果关系是指假定文化距离同对外直接投资之间存在稳定的因果关系，但事实上这种关系受多种因素的影响，可能呈现系统性差异；协调性是指假定文化距离会阻碍对外直接投资，但文化之间也可能存在相互吸引从而创造更多的投资机会并提高投资效率。研究方法的不足主要表现在假定企业同质、国家内部文化一致、文化距离各个指标对国际投资具有相同的影响,而这些假定同样缺乏文献支持。具体而言,企业具有异质性,受企业国际化行为、文化管理等的影响,企业所面对的文化距离可能不同于国家间文化距离;文化距离衡量了国家间文化的平均差异,暗含各国内部不存在文化差异,但实际情况是,各国内部可能存在多种文化,各文化之间也存在一定差异;文化距离是不同文化维度的加总,常见的加总指标假定各维度对投资的影响是均等的,但已有研究表明各个指标的影响可能非常不同。

上述不足得到了广泛的关注,并取得一系列研究进展,体现在:① 动态测度文化距离,如 Hofstede 指标不定期更新、世界价值观调查每五年更新一次;② 对非线性关系和文化距离不同维度的分别考察已经成为研究范式;③ 关注"外来者优势"以弥补"外来者劣势"的研究局限;④ 承认文化距离的非对称性并相应改进研究方法;⑤ 引入调节变量,集中讨论文化距离发挥作用的条件。前四项在上文已有论述,下文不再赘述,而对文化距离发挥作用的条件的研究,构成了近年来的研究热点,下文着重展开综述。

三、影响文化距离发挥作用的变量

近年来的文献已经很少单独分析文化距离和对外直接投资两者间的关系,而更多的通过引入调节变量考察文化距离发挥作用的条件和机制,这适应了投资环境复杂变化的现实要求,也提升了理论的指导意义。(López-Duarte, Vidal-Suárez 等,2019)

(一) 文化多样性

通过假设国家内部的文化同质,文化距离实质上衡量了国家间文化的平均差异,但一国内部往往存在多种文化(Li, Duan 等,2018),即便在文化差异较大的国家也可能存在同母国文化相似的人群(Papadopoulos, Martín Martín 等,2011)。从事跨国经营的企业往往通过市场细分定位东道国的某类人群,从而面对的文化差异也只是同东道国这一群体的文化差异,尤其当文化差异构成跨国公司海外市场开拓的障碍时,跨国公司更倾向于进行上述市场细分,从而导致跨国公司运营的当地环境可能明显偏离国家层面平均的文化差异。(Beugelsdijk, Slangen 等,2014)对跨国公司市场细分行为的研究证明了上述直觉。Hofstede, Steenkamp 等(1999)对欧洲酸奶消费人群的分析,Miller、Thomas 等(2008)对分布在美国各主要城市的拉美银行客户群体的分析，Verbeke(2013)对星巴克全球消费人群文化特征的分析，都证明了上述猜想。因此，相关理论模型开始纳入国家内部的文化差异(Sasaki 和 Yoshikawa，2014)，认为东道国内部存在多种文化，而跨国公司在东道国也会通过市场细分定位某一细分市场，所以跨国公司海外投资所面对的不是国家间的文化差异，而是同东道国细分市场之间的差异。

基于以上理论假设，学术界实证检验了东道国文化多样性的影响。Haj Youssef 和 Christodoulou(2018)研究了国内文化差异对跨国经营管理的影响，并用固定效应模型对来自 18 个国家的样本进行了回归，发现国内文化差异的影响甚至超过国家间文化差异的影响。Dheer，Lenartowicz 等(2015)以新制度经济学为指导，确认印度国内存在 9 种文化，并分 7 个层次探讨了这些文化之间的差异，证实了国家内部文化差异对企业国际决策的影响。研究文化多样性调节效应的文献大多以语言、宗教、民族等作为代理变量，并证实了文化多样性的积极影响，如 Dow、Cuypers 等(2016)考察了国家内部的语言和宗教差异对跨国并购股权结构的影响，Cuypers、Ertug 等(2015)考察了东道国语言和文化对并购后股权结构的影响，Miao、Zeng 等(2016)考察了国家间和国内文化对在华韩国企业知识溢出的影响，Xie 和 Reddy 等(2017)、袁海东和朱敏(2017)考察了移民对文化距离的调节作用。还有部分文献从图书、音乐、电视广播等核心文化产业的角度或专门构建文化多样性指标来研究文化多样性的影响。(Benhamou 和 Peltier，2007；曲如晓和曾燕萍，2014)

(二) 文化融合

文化距离被假定不随时间的变化而变化，但受全球化冲击的影响，各国文化可能呈现动态变化，并发展出文化趋同(cultural convergence)、文化分化(cultural divergence)和文化会通(cultural crossvergence)三方面的文献。文化趋同论认为，全球化的发展，特别是以文化交流、文化贸易和文化投资为代表的国际文化活动的发展，将有助于促进国家间文化的相互了解，增进彼此的文化认知(Ambirajan，2000；Berry，2008；Bisin 和 Verdier，2014)，从而企业国际化可能遇到的困境在发生之前就可以根据预期做好备案(Sanchez，Gomez 等，2008)。文化分化论则坚信国际经济一体化带来的不是文化的趋同，而是各国文化意识的日益增强并由此凸显各国文化的不同。文化会通论的文献(Ralston，Holt 等，1997；Ralston，2008；Ralston，Holt 等，2008)构建了文化受政治和经济影响的模型，并用美国、俄罗斯、中国等国的数据加以实证。以中国为例，文献发现中国传统的集体主义价值观受到了个人主义价值观的影响,并呈现相互渗透的趋势,近几代中国人中也越来越多地涌现出积极的企业家精神。

文化融合产生了不同的经济影响,并深刻影响着跨国公司的海外决策。Lien, Lo 等(2019)以德国歌德学院、西班牙塞万提斯学院和中国孔子学院为样本,分析了在海外设立文化机构对一国国际贸易和投资的影响,发现海外文化机构通过提升当地居民对本国语言、文化的熟悉度,缓解了文化距离的阻碍作用,带来了丰富的商机,而且在发展中国家设立文化机构将带来更明显的投资促进作用。更多的文献从文化趋同、分化和会通的角度展开分析。Sarala 和 Vaara(2010)研究了文化距离对跨国公司知识传播的影响,发现文化趋同、文化会通对跨国公司知识传播有积极影响,并调节了国家间文化差异的影响。

(三)企业异质性

受限于数据的可得性,早期研究往往假设企业同质,从而基于代表性企业的分析框架,从国家或者行业的层面研究对外直接投资,这相当于假定一国的企业要么全部从事对外直接投资,要么全部不参与对外直接投资。但是,一国开展对外直接投资的始终是少数企业,这些企业可能具有某些共同特征,为此有必要从企业层面具体分析文化距离的影响。现有文献考察了企业所有权(杨勇,梁辰等,2018)、研发投入(许钢祥和朱杏珍,2019)等因素对文化距离的影响,并着重考察了以下因素:

第一,企业层面的文化差异(Nakagawa, Tada 等,2017)。Dong 和 Glaister(2007)通过研究 238 个中国公司国际战略的样本,发现母国和东道国的国家文化和企业文化之间的差异都可能对跨国公司的经营业绩产生影响,而跨国公司则可能采取文化管理的应对策略。事实上,众多文献讨论了企业文化管理的影响,并认为这种策略会产生积极影响。(王宛秋和吴文玲,2015)Tan 和 Wang(2011)从理论上研究了企业如何平衡母国和东道国之间的文化差异,基于制度经济学、国际商务和商业伦理学构建理论框架,在区分核心文化差异和非核心文化差异的基础上,发现跨国公司将根据对东道国文化环境的预期,改变在母国的行为方式以适应东道国的文化环境,并且这种调整随着东道国环境的不同而有所不同。

第二,企业的国际化经验。企业国际化经验越丰富,企业越可能预判遇到的问题并妥善处理,在问题发生时也有更多资源和经验可以利用。Powell 和 Lim(2018)发现当跨国公司投资国外非制造领域时,国际经验能够正向调节文化距离和海外公司多数持股之间的负向关系,而当跨国公司投资国外制造领域时,国际经验能够负向调节文化距离和海外公司多数持股之间的正向关系。刘璐、杨蕙馨等(2019)对中国企业73起跨国并购事件的分析表明母公司的国际经验和吸收能力都有助于反向调节文化距离的负面效应，建议跨国公司应充分挖掘母公司特质积极应对文化差异。(黄嫚丽，张慧如等，2017)

第三，基于高层梯队管理理论。高级管理人员的国际经验同样影响文化距离的效果，因为高级管理人员的个体特征会影响企业决策，特别是高级管理人员往往拥有一定的自由裁量权。(Wangrow, Kolev 等，2019)现有文献主要通过国籍、留学经历等指标衡量高级管理人员的国际化水平(Nielsen, 2010；孙淑伟，何贤杰等，2018)，并证实了其对企业并购、经营绩效等的积极作用(Lu, Liu 等，2014)，且认为其对企业的国内运营几乎不产生影响(Kaczmarek 和 Ruigrok, 2013；徐笑君，2016)。

(四) 母国和东道国宏观环境

文化距离对投资的影响受制于母国和东道国的宏观环境，包括政治因素、经济因素、地理距离、文化环境等(李琳和郭立宏，2018)。这些因素不仅构成文化距离发挥作用的外部条件，而且也是跨国公司海外投资的重要依据，如果上述因素所带来的积极效应超过文化距离的负面效应，那么跨国公司仍将投资。以东道国市场潜力为例，如果东道国市场潜力巨大，那么即便文化距离带来的阻碍作用很大，跨国公司也愿意承担一定风险到海外投资，Bailey 和 Li(2015)采用美国企业2006—2011年间在110个国家的投资样本证实了上述假设。同样的，在考察东道国政府治理水平时，即便同在文化距离较远的国家，如果政府治理水平令人满意，当地企业的机会主义行为得到很好的限制，跨国公司将愿意更多选择合资的方式；反之，如果政府治理能力较差，当地企业的整合风险也将激增，那么跨国公司会更多选择独资的方式。(Chang, Kao 等，2012; López-Duarte, 2013)

综上所述，引入调节变量是国际学术界的研究热点，但相关研究仍存在诸多不足，表现在：第一，在分析文化多样性时，文献大多通过东道国语言、民族等的数量片面衡量文化多样性，而忽视了构建文化多样性综合指标，也忽视了文化消费、文化贸易中所展现出的文化多样性。第二，在分析企业异质性时，尽管企业的国际经验有可能缩小文化距离的负面作用，但目前尚不清楚企业国际化的经验、企业在东道国所属文化圈的经验、企业高级管理人员的国际经验中哪几项发挥作用及相互替代的程度。第三，对文化因素的重视不足。当前研究的重点多是分析制度因素、经济因素与文化距离之间的关系，很少实证文化贸易、文化交流等跨国文化因素对文化距离的影响，而文化距离的本质是文化差异，削弱或者消除外来者劣势需要全面考察文化因素并充分发挥文化手段。这些不足也构成未来研究的发展方向，特别是综合利用一国文化消费的数据，分析文化多样性、文化贸易、文化交流等指标对文化距离影响的调节。

四、研究结论和启示

(一) 研究结论

文化距离对对外直接投资的影响一直是学界关注的热点话题，但早期的研究偏重研究文化距离的负面效应，且因为概念假定和研究方法的局限，一直未能提出破解负面效应的方法。为此，近年来的研究尝试在如下方面做出突破：

第一，越来越关注文化距离对跨国公司海外投资的积极影响。这不仅具有明显的理论意义，丰富和发展了早期的研究，而且具有鲜明的现实意义，有助于解释和指导日益活跃的国际投资实践。当考虑到国家内部普遍存在的文化差异时，研究跨文化投资的积极效应显得更加重要。

第二，越来越关注不同变量对文化距离影响的调节效应。这方面的研究打开了文化距离影响对外直接投资的"黑箱"，从理论和实证上给出了缓解文化距离负面影响的应对机制，为企业主动作为、应对文化距离提供了实践指导。

第三，研究方法和研究思路更加全面和细致。现有研究不仅对文化距离的测量更加细致，突破了文化距离原有假设，而且研究对象凸显对发展中国家特别是新兴市场国家的关注，增加了结论的适用性和可信度。

(二) 启示

第一，跨国公司应该关注国家间文化差异，树立跨文化意识。现有研究已经表明，文化距离对跨国公司海外投资有着全方位影响。因此，从事对外直接投资的跨国公司必须始终保持文化敏感性，重视国家间文化差异，积极探索发挥文化差异积极效应的途径和方法，利用丰富的资源和多元的思维模式推动企业成长；另一方面，应秉承跨文化意识，积极推动文化沟通和文化培训，打破文化障碍，规避文化差异的消极影响，通过文化整合求同存异，提升对外直接投资的效率。

第二，跨国公司应当积极利用内外部因素，探索突破文化距离约束的渠道。现有文献已经证实文化距离对跨国公司国际化的影响受文化多样性、文化融合、企业异质性及母国和东道国宏观变量等多重因素制约。因此，一方面跨国公司应狠练内功，通过积累国际经验、构建国际化管理团队、加强企业内部文化管理等方式，提升公司内部应对文化冲击的能力和效率；另一方面，跨国公司也应当积极发挥母国和东道国的政治、经济、文化因素，发挥已有优势，营造良好外部条件，弱化文化距离的不利影响。

第三，应从文化角度进一步挖掘影响对外直接投资的关键因素。目前对文化产品和服务的内涵和外延仍缺乏国际共识，造成国家间文化交流、文化贸易、文化投资等国际文化活动数据的缺失，导致研究文化距离影响对外直接投资的机制时缺失了对国际文化活动的分析，而这些国际文化活动正是从文化层面破解文化差异最直接的方式，因此，未来的研究应更多关注文化层面的国际活动，探索以调研数据、案例分析等方式深化现有研究，完善文化距离影响对外直接投资的机制。

参考文献

[1] Ahern K. R., Daminelli D., Fracassi C. *Lost in Translation? The Effect of Cultural Values on Mergers Around the World*[J]. Journal of Financial Economics, 2015, 117(1): 165-189.

[2] Bailey N., Li S. *Cross-national Distance and FDI: The Moderating Role of Host Country Local Demand*[J]. Journal of International Management, 2015, 21(4): 267-276.

[3] Benhamou F., Peltier S. *How Should Cultural Diversity Be Measured? An Application Using the French Publishing Industry*[J]. Journal of Cultural Economics, 2007, 31(2): 85-107.

[4] Beugelsdijk S., Ambos B., Nell P. C. *Conceptualizing and Measuring Distance in International Business Research: Recurring Questions and Best Practice Guidelines*[J]. Journal of International Business Studies, 2018, 49(9): 1113-1137.

[5] Bisin A., Verdier T. *Chapter 17—Trade and Cultural Diversity*[M]. Handbook of the Economicsof Art and Culture. A. G. Victor and T. David, Elsevier, 2014, Volume 2: 439-484.

[6] Dheer R. J. S., Lenartowicz T., Peterson M. F. *Mapping India's Regional Subcultures: Implications for International Management*[J]. Journal of International Business Studies, 2015, 46(4): 443-467.

[7] Dikova D., Panibratov A., Veselova A., Ermolaeva L. *The Joint Effect of Investment Motives and Institutional Context on Russian International Acquisitions*[J]. International Journal of Emerging Markets, 2016, 11(4): 674-692.

[8] Dong L., Glaister K. W. *The Management of Culture in Chinese International Strategic Alliances*[J]. Asian Business & Management, 2007, 6(4): 377-407.

[9] Drogendijk R., Martín Martín O. *Relevant Dimensions and Contextual Weights of Distance in International Business Decisions: Evidence from Spanish and Chinese outward FDI* [J]. International Business Review, 2015, 24(1): 133 - 147.

[10] Egger P., Fahn M., Merlo V., Wamser G. *On the Genesis of Multinational Foreign Affiliate networks*[J]. European Economic Review, 2014, 65: 136 - 163.

[11] Haj Youssef M. S., Christodoulou I. *Exploring Cultural Heterogeneity: The Effect of Intra-cultural Variation on Executives' Latitude of Actions in 18 Countries*[J]. International Journal of Cross Cultural Management, 2018, 18(2): 241 - 263.

[12] Hofstede G. *Culture's Consequences: International Differences in Work-related Values*[M]. Sage Publications, Inc, 1980.

[13] House R., Javidan M., Hanges P., Dorfman P. *Understanding Cultures and Implicit Leadership Theories Across the Globe: An Introduction to Project GLOBE*[J]. Journal of World Business, 2002, 37(1): 3 - 10.

[14] Inglehart R. *Modernization and Postmodernization: Cultural, Economic, and Political Change in 43 Societies*[M]. Princeton: Princeton University Press, 1997.

[15] Johanson J., Wiedersheim-Paul F. *The Internationalization of the Firm—Four Swedish Cases*[J]. Journal of Management Studies, 1975, 12(3): 305 - 323.

[16] Kaczmarek S., Ruigrok W. *In at the Deep End of Firm Internationalization*[J]. Management International Review, 2013, 53(4): 513 - 534.

[17] Kogut B., Singh H. *The effect of National Culture on the Choice of Entry Mode* [J]. Journal of International Business Studies, 1988, 19(3): 411 - 432.

[18] López-Duarte C. *Trying to Solve the Cultural Distance Paradox: A Commentary Essay*[J]. Journal of Business Research, 2013, 66(4): 523 - 524.

[19] López-Duarte C., Vidal-Suárez M. M., González-Díaz B. *Cross-national Distance and International Business: An Analysis of the Most Influential Recent Models*[J]. Scientometrics, 2019, 121(1): 173 - 208.

[20] Li L., Duan Y., He Y., Chan K. C. *Linguistic Distance and Mergers and Acquisitions: Evidence from China*[J]. Pacific-Basin Finance Journal, 2018, 49: 81 - 102.

[21] Lien D., Lo M., Bojanic D. *Asymmetric Effects of Cultural Institutes on Trade and Foreign Direct Investment*[J]. The World Economy, 2019, 42(5): 1520 - 1553.

[22] Lu J., Liu X., Filatotchev I., Wright M. *The Impact of Domestic Diversification and Top Management Teams on the International Diversification of Chinese Firms* [J]. International Business Review, 2014, 23(2): 455 - 467.

[23] Malhotra S., Sivakumar K., Zhu P. *Curvilinear Relationship between Cultural Distance and Equity Participation: An Empirical Analysis of Cross-border Acquisitions*[J]. Journal of International Management, 2011, 17(4): 316 - 332.

[24] Malik T. H., Yazar O. H. *The Negotiator's Power as Enabler and Cultural Distance as Inhibitor in the International Alliance Formation*[J]. International Business Review, 2016, 25(5): 1043 - 1052.

[25] Morosini P., Shane S., Singh H. *National Cultural Distance and Cross-Border Acquisition Performance*[J]. Journal of International Business Studies, 1998, 29(1): 137 - 158.

[26] Nakagawa K., Tada K., Fukuchi H. *Organizational Cultural Crossvergence and Innovation: Evidence from Japanese Multinationals in Emerging Markets*[J]. CrossCultural Management Journal, 2017, (1): 47 - 57.

[27] Papadopoulos N., Martín Martín O., Gaston-Breton C., Martín Martín O. *International Market Selection and Segmentation: A Two-stage Model*[J]. International Marketing Review, 2011, 28(3): 267 - 290.

[28] Powell K. S., Lim E. *Investment Motive as a Moderator of Cultural-distance and Relative Knowledge Relationships with Foreign Subsidiary Ownership Structure*[J]. Journal of Business Research, 2017, 70: 255 - 262.

[29] Powell K. S., Lim E. *Motive Meets Experience: Cultural Distance, Motive, Related Experience, and Foreign Subsidiary Ownership Structure*[J]. Journal of Business Research, 2018, 92: 81 - 92.

[30] Ralston D. A., Holt D. H., Terpstra R. H., Kai-Cheng Y. *The Impact of National Culture and Economic Ideology on Managerial Work Values: A Study of the United States, Russia, Japan, and China*[J]. Journal of International Business Studies, 2008, 39(1): 8 - 26.

[31] Sanchez J. I., Gomez C., Wated G. *A Value-based Framework for Understanding Managerial Tolerance of Bribery in Latin America*[J]. Journal of Business Ethics, 2008, 83(2): 341 - 352.

[32] Sarala R. M., Vaara E. *Cultural Differences, Convergence, and Crossvergence as Explanations of Knowledge Transfer in International Acquisitions*[J]. Journal of International Business Studies, 2010, 41(8): 1365 - 1390.

[33] Sasaki I., Yoshikawa K. *Going Beyond National Cultures - Dynamic Interaction between Intra-national, Regional, and Organizational Realities*[J]. Journal of World Business, 2014, 49(3): 455 - 464.

[34] Schwartz S. H. *Beyond Individualism/Collectivism: New Cultural Dimensions of Values*[M]. London: Sage Publications, Inc, 1994.

[35] Shenkar O. *Cultural Distance Revisited: Towards a More Rigorous Conceptualization and Measurement of Cultural Differences*[J]. Journal of International Business Studies, 2001, 32(3): 519-535.

[36] Stahl G. K., Maznevski M. L., Voigt A., Jonsen K. *Unraveling the Effects of Cultural Diversity in Teams: A Meta-analysis of Research on Multicultural Work Groups*[J]. Journal of International Business Studies, 2010, 41(4): 690-709.

[37] Tan J., Wang L. *MNC Strategic Responses to Ethical Pressure: An Institutional Logic Perspective*[J]. Journal of Business Ethics, 2011, 98(3): 373-390.

[38] Tower A. P., Hewett K., Fenik A. P. *The Role of Cultural Distance Across Quantiles of International Joint Venture Longevity*[J]. Journal of International Marketing, 2019, 27(4): 3-21.

[39] Wangrow D. B., Kolev K., Hughes-Morgan M. *Not All Responses Are the Same: How CEO Cognitions Impact Strategy When Performance Falls Below Aspirations*[J]. Journal of General Management, 2019, 44(2): 73-86.

[40] Xu Y., Hu S., Fan X. A. *Entry Mode Choice of Chinese Enterprises: The Impacts of Country Risk, Cultural Distance and Their Interactions*[J]. Frontiers of Business Research in China, 2011, 5(1): 63-78.

[41] Yeganeh H. *A Weighted, Mahalanobian, and Asymmetrical Approach to Calculating National Cultural Distance*[J]. Journal of International Management, 2014, 20(4): 436-463.

[42] 葛京,王良. 基于文化种群归类的中国企业出口对FDI带动效应研究[J]. 管理学报, 2010,7(01):131—137.

[43] 黄嫚丽,张慧如,刘朔. 中国企业并购经验与跨国并购股权的关系研究[J]. 管理学报, 2017,14(08):1134—1142.

[44] 孔德议. 知识转移与跨国并购绩效——基于文化和留任的调节效应[J]. 亚太经济, 2017(02):121—127.

[45] 李琳,郭立宏. 文化距离、文化严格程度与跨国知识溢出[J]. 科学学研究,2018,36(06):1078—1086.

[46] 李璐男,李志萍. 文化距离、制度距离对跨境风险投资进入模式的影响[J]. 软科学, 2017,31(09):16—19,78.

[47] 刘璐,杨蕙馨,崔恺媛. 文化距离、母公司能力与跨国并购绩效——基于中国上市公司

跨国并购样本的实证研究[J]. 山东大学学报:哲学社会科学版,2019(04):55—64.

[48] 刘晓宁. 企业对外直接投资区位选择——东道国因素与企业异质性因素的共同考察[J]. 经济经纬,2018,35(03):59—66.

[49] 綦建红,李丽,杨丽. 中国OFDI的区位选择:基于文化距离的门槛效应与检验[J]. 国际贸易问题,2012(12):137—147.

[50] 曲如晓,曾燕萍. 文化多样性测度研究评述[J]. 黑龙江社会科学,2014(06):62—66.

[51] 孙淑伟,何贤杰,王晨. 文化距离与中国企业海外并购价值创造[J]. 财贸经济,2018,39(06):130—146.

[52] 许钢祥,朱杏珍. 制度双元情境下的中国跨国企业对外投资进入模式选择——基于合法性视角的实证研究[J]. 财贸研究,2019,30(08):43—51.

[53] 杨勇,梁辰,胡渊. 文化距离对中国对外直接投资企业经营绩效影响研究——基于制造业上市公司微观数据的实证分析[J]. 国际贸易问题,2018(06):27—40.

[54] 殷华方,鲁明泓. 文化距离和国际直接投资流向:S型曲线假说[J]. 南方经济,2011(01):26—38.

[55] 袁海东,朱敏. 海外华人网络对中国对外投资的影响研究——基于东道国异质性的视角[J]. 国际商务(对外经济贸易大学学报),2017(05):79—89.

[56] 张川川,李涛. 文化经济学研究的国际动态[J]. 经济学动态,2015(01):96—108.

[57] 张华容,王晓轩,黄漫宇. 心理距离对中国OFDI区位选择的影响研究[J]. 宏观经济研究,2015(12):129—136,152.

[58] 张明,陈伟宏,蓝海林. 中国企业"凭什么"完全并购境外高新技术企业——基于94个案例的模糊集定性比较分析(fsQCA)[J]. 中国工业经济,2019(04):117—135.

作者简介

孙俊新,山东人,北京第二外国语学院经济学院副教授,首都对外文化贸易研究基地研究员,博士。研究方向为国际贸易与投资、国际文化贸易与投资。

Trends of Research on the Influences of Cultural Distance on Foreign Direct Investment

Sun Junxin

Abstract: Cultural distance measures the cultural differences among different countries, and its influence on foreign direct investment is a field attracting the special attention of the academic circle, and also an important part of research on the interaction between culture and economy. The early researches have proved the negative effects of cultural distance from both theoretical and empirical aspects, but they have a series of limitations in terms of conceptual assumptions and research methods. The above-mentioned limitations promote the deepening of research. The researches in recent years have surveyed the adjustments to the functions and effects of cultural distance by a series of variables such as cultural diversity, cultural integration, enterprise heterogeneity, and macro environment of mother country and host country, revealed the positive effects of cultural distance, and opened the "black box" that cultural distance affects foreign direct investment. The above-mentioned findings highlight the important influences of cultural differences on economy, so multinational companies must strengthen the cross-cultural awareness, deeply dig the influences of cultural factors, and apply internal and external factors comprehensively to explore the channels for breaking through the constraints of cultural differences.

Key Words: Cultural Distance; Foreign Direct Investment; Foreigners' Strength; Regulated Variable

共演要素视角下中国主题公园综合评价体系研究*

覃 巍

摘 要:运用管理学“共演战略”理论,结合中国主题公园现状展开分析,通过内与外、人与事多维度系统构建 4 要素,建立 12 个影响因素指标体系,采用 DEMATEL 方法,综合评价要素之间的直接影响与间接影响关系,对主题公园现阶段发展问题进行综合分析,为未来主题公园建设、发展、设计提出科学解决方案。通过研究为主题公园人才培养机制创新、主题公园 IP 资源创新、主题公园全产业链建设、主题公园市场管理机制创新、主题公园动态战略布局规划提供系统性决策依据和方法,整体性提升我国主题公园发展综合竞争实力。

关键词:共演要素 主题公园 DEMATEL 方法 共演战略

一、引 言

党的十九大报告指出:“推动文化事业和文化产业发展,健全现代文化产业体系和市场体系,创新生产经营机制,完善文化经济政策,培育新型文化业态。”[1] 文化产业正在成为推动经济转型发展的重要力量。主题公园在我国文化产业发展中占有重要地位,从 1989 年我国在深圳特区建立的第一个主题公园——深圳锦绣中华微缩景园营业以来,全国各地掀起了主题公园建设热潮。据《人民日报》报道,近 30 年来,中国全国共有约 2 500 座主题公园相继落地开花。另据欧睿国际发布的《世界旅游市场全球趋势报告》报道,到 2020 年,中国的主题公园零售额将达到 120 亿美元,较 2010 年增长 367%,日均游客数量将超过 3.3 亿人次,将成为全球

---

* 基金项目:重庆市社会科学规划重点应用项目“重庆巴文化传承与产业发展研究”(2017ZDYY29)。

最大主题公园市场[2]不难看出，主题公园建设在未来具有美好发展前景，但数据背后也存在亟待解决的行业发展危机。主题公园建设中问题集中表现在“主题公园建设概念不清、盲目建设、模仿抄袭、低水平重复等是我国主题公园建设存在的主要问题，有些地区出现了地方债务风险和房地产化倾向”[3]。

主题公园发展问题的形成具有多样性、系统性，关联性、交错性、不确定性、不连续性的综合性特点，因此需要从主题公园建设的内与外、人与事等多维度开展综合性分析；此外，主题公园的研究视角过于宏观，对数据采集、系统分析等都提出了较高要求，这也是长期困扰学界展开系统研究的难点之一。从静态研究延伸到动态研究，将主题公园看成完整的企业系统，北京大学光华管理学院路江涌(2018)[4]提出的“共演战略”理论为分析主题公园发展提供了系统分析理论方法。基于此，本文结合 Seyed-Hosseini, S. M.; Safaei, N.; Asgharpour, M. J. 的 DEMATEL(Decision Making Trial And Evaluation Laboratory)方法，应用定性与定量相结合的研究方法，构建影响主题公园综合评价体系，以分析我国主题公园建设中存在的问题。以帮助公园建设者与管理者把握主题公园发展中的用户需求、组织建设、产品创新等问题，推动主题公园创新发展。

二、共演要素与主题公园综合评价体系构建

路江涌提出的“共演战略——重新定义企业生命周期”理论，主要分析现代互联网发展中的创新性企业战略发展问题。企业发展可以分解为四个阶段，各阶段影响要素为“用户”“组织”“市场”“产品”四大要素。通过四大要素在不同阶段的演化过程分析，互联网企业战略规划发展理论得以形成。对于以创新驱动发展的主题公园企业来说，共演战略理论提出的四阶段、四要素同样适用。结合共演战略理论，共演要素被运用到分析主题公园建设与发展之中。构建主题公园共演四要素，可以动态地把握主题公园在不同阶段的要素变化，从而科学、客观地反映主题公园各发展阶段的影响要素特点。

(一) 主题公园用户要素

用户要素，无论是传统企业，还是新型互联网企业或文化企业，都是需要重视的关键影响要素之一，用户需求决定企业发展的方向与战略，没有用户需求的企业最终将走向衰败。岳红琼(2000)[5]指出了主题公园的知识性、教育性、娱乐性、科技性、体验性等需求要素，这说明了大众对主题公园需求的多样性和复杂性。主题公园的需求可以归纳为以下三种：主题公园的知识性需求、主题公园的体验性需

求、主题公园的趣味性需求。

(二) 主题公园组织要素

无论是传统企业，还是现代互联网企业、文化企业，都需要合理、高效、科学的组织结构体系。董观志(2000)通过对国内100多家主题公园经营管理活动的调查分析，归纳总结出九个关键要素："① 面向未来的信息架构，② 明确的战略定向，③ 有效的管理决策，④ 最优化的游戏规则，⑤ 高弹性的运作机制，⑥ 精致化的人员组织，⑦ 集成化的技术平台，⑧ 供应链式的业务流程，⑨ 高响应度的营销策略"[6]。不难看出，组织要素对于主题公园的发展具有至关重要的作用，组织建设的成败将直接影响到主题公园的整体效率，直接影响到主题公园的战略决策与规划目标能否实现。结合新时期我国主题公园的发展特点以及最新的对主题公园的建设要求，融合部分专家的研究成果，本研究提出主题公园组织要素的三大影响指标要素：组织创新能力、团队管理能力、主题经营能力。

(三) 主题公园市场要素

李彬(2016)指出："市场是一个历史悠久的概念，不论在古代的中国或是在古代的希腊、罗马，'市场'最初都是指商品交换的地点或场所。随着市场自身的发展，人类对市场的认识也在不断地丰富和深化，不再限于交换的地点或场所。"[7]市场随着科技的发展越来越多元化、多样化，竞争越来越激烈，越来越复杂。李盛文等(1990)在对市场要素分析中提出："市场有机体的基本因素是商品和劳务的供给与需求、商品与劳务的价格以及买卖双方的竞争等。这些因素的相互作用，决定市场的现状及其发展趋势。"[8]对于主题公园来说，市场要素更多体现的是对需求的反映，主题公园的定位、选址、空间布局都与客源需求有着密不可分的关系。中国生产力学会编著的《2011—2012年中国生产力发展研究》中，着重强调了"主题公园在地域、区位选择上需要考虑空间聚集、区域竞争及客源市场的要素影响"[9]。这证明了主题公园市场要素受到竞争、需求趋势的重要影响。结合相关理论，本研究提出构建市场要素三大指标：市场饱和度、主题公园历史文化趋势、主题公园休闲度假趋势。

(四) 主题公园产品要素

企业都须注重对产品或服务的研发与生产，这是企业最重要的生产要素，产品的品质将直接影响顾客对产品的需求度。董观志等(2006)对"产品"的定义是："产品是指能提供给市场，用于满足人们某种欲望和需求的任何事物，它包括实物、服务、场所、组织、思想和主意等。"[10]从定义可知，产品是满足需求不断变化的事物，产品要素直接影响企业的生存。主题公园产品就是为社会提供特色服务，产品价值的体现对比传统产品，更具多元化、多样性，产品可以从不同角度，满足大众需求。通过不断提升主题公园的特色、品质、主题 IP 等方式，为顾客提供优质产品是主题公园不懈追求的发展目标。本研究对主题公园产品要素提出以下三大观测指标：主题公园创新、主题公园特色、主题公园品质。

三、主题公园综合评价模型实证分析

（一）基于共演要素的主题公园综合评价指标构建

通过研究分析，主题公园在运营发展中的需求、管理、市场、产品与传统企业有着相似之处，结合共演要素理论，从共演要素的用户、组织、市场、产品四个要素维度，构建 12 个影响因素体系。从系统化的视角建立主题公园运营管理评价体系，将用户、组织、市场、产品分别设定为准则指标 U1～U4；将主题公园知识需求、体验需求、趣味需求设定为 A1～A3；将组织创新能力、团队管理能力、主题经营能力设定为 A4～A6；将市场饱和度、主题公园历史文化趋势、休闲度假趋势设定为 A7～A9；将主题公园创新、特色、品质设定为 A10～A12。4 个准则层共有 12 个因素指标层。（表 1）

表 1　基于共演要素主题公园综合评价指标体系

目标层	准则层	因素层
主题公园综合评价	用户要素 U1	主题公园知识性需求 A1
		主题公园体验性需求 A2
		主题公园趣味性需求 A3
	组织要素 U2	组织创新能力 A4
		团队管理能力 A5
		主题经营能力 A6
	市场要素 U3	市场饱和度 A7
		主题公园历史文化趋势 A8
		主题公园休闲度假趋势 A9
	产品要素 U4	主题公园创新 A10
		主题公园特色 A11
		主题公园品质 A12

（二）DEMATEL 方法

DEMATEL(Decision Making Trial And Evaluation Laboratory)方法运用图论与矩阵工具对系统因素进行分析，通过专家打分，确定系统中各因素之间的逻辑关系并形成直接影响矩阵，最终计算出每个要素的被影响程度和对其他要素及其评价目的的影响度。[11]步骤如下：

第一步：构建影响模型，辨析要素之间的直接影响关系。

分析主题公园要素之间直接关系的强弱程度，通过制作相关问卷的形式，采用网络调查与邮件、电话访谈形式收集相关数据，采用专家打分的方式予以统计各主题公园要素之间的关联程度，以 0，1，2，3，4 五级分值予以表述，0 表示无影响，1 表示略有影响，2 表示较小影响，3 表示中等影响，4 表示较大影响。

第二步：构建主题公园直接影响矩阵。

通过专家打分，将各专家的打分进行汇总及处理后，在此基础上构建矩阵 X^d：

$$X^d=\begin{bmatrix} 0 & x_{1,2} & \cdots & x_{1,j} \\ x_{2,1} & 0 & \cdots & x_{2,j} \\ \vdots & \vdots & \vdots & \vdots \\ x_{i,1} & x_{i,2} & \cdots & x_{i,j} \end{bmatrix} \tag{1}$$

其中 $1\leqslant i\leqslant n, 1\leqslant j\leqslant n$，$n$ 为影响要素总数。

第三步：计算规范化主题公园直接影响矩阵。

通过构建直接影响矩阵 X^d，计算各行元素之和并取最大值；各列元素之和并取最大值，将行与列之和中最大值比较取行、列最大值，将直接影响矩阵 X^d 中各元素除以最大值得到规范化主题公园直接影响矩阵 X。

第四步：计算主题公园综合影响矩阵 T。

$$T=X\,(1-X)^{-1}=(t_{ij}) \tag{2}$$

根据上述公式，规范化主题公园直接影响矩阵 X，求出综合影响矩阵 T。t_{ij} 表示要素 i 对要素 j 所带来的直接影响及间接影响的程度，或要素 j 从要素 i 受到的综合影响的程度。

第五步：计算影响度(R)、被影响度(D)、中心度($R+D$)与原因度($R-D$)。

$$R=\sum_{j=1}^{n} T_{ij} \quad (1\leqslant i\leqslant n, 1\leqslant j\leqslant n) \tag{3}$$

$$D=\sum_{j=1}^{n} T_{ij} \quad (1\leqslant i\leqslant n, 1\leqslant j\leqslant n) \tag{4}$$

T 的每行要素之和称为该行对应元素对所有其他元素的综合影响值，称之为影响度(R)。T 的每列元素之和指该列对应元素受其他各元素的综合影响值，被称为被影响度(D)。每个要素的影响度与被影响度之和称为该元素的中心度($R+D$)，它表示了该要素在影响要素中的位置和所起作用的大小。每个要素的影响度与被影响度之差称为该元素的原因度($R-D$)。原因度>0 表明该元素对其他要素影响大，称为原因要素。原因度<0 表明该元素受其他要素影响大，称为结果要素。

第六步：主题公园权重计算。

由主题公园综合影响矩阵 T 可以得到评价指标 U_n 的影响度与被影响度，进而可以通过 U_n 的评价指标的作用大小及重要程度，由于中心度表示单个指标在整个指标体系中的作用大小，能够反映指标的相对重要程度，因此对各指标的中心度进行归一化处理即可得到评价一级指标的权重，规范化区域文化产业综合分析指标权重向量公式为：

$$A=\left(a_n \middle| \sum_{n=1}^{4} a_n = 1, 0 \leqslant a_n \leqslant 1, n=1,\cdots,4\right) \tag{5}$$

其中，a_n 为指标 U_n 的权重。

(三) 中国主题公园综合评价体系分析

运用 DEMATEL 研究方法，综合评判中国主题公园的发展综合状况，从系统化视角对中国主题公园复杂性的问题进行综合评价分析研究，结合定性与定量分析，研究各因素与要素中心度、原因度、影响度、被影响度之间的关系，对问题给予客观的量化评价分析。

1. 中国主题公园评价实证结果计算与模型构建

根据表 1 对目标层、准则层、因素层要素划分，设计中国主题公园评价体系调查问卷，问卷通过纸质与电话、网络链接的方式发放给相关专家完成，共计发出 11 份，其中 5 名从事文化产业管理研究方面学者，3 名是相关研究领域学者，3 名是有较高学历的对主题公园现状有所关注的研究者。共有 10 名问卷内容被采用，采用率为 90.9%。

2. 中国主题公园综合评价计算结果

通过统计，得到如下影响矩阵构造图(图 1)，对专家调查问卷数据进行处理后得到评价直接影响矩阵 Y，标准化处理后得到中国主题公园评价综合影响矩阵 T。

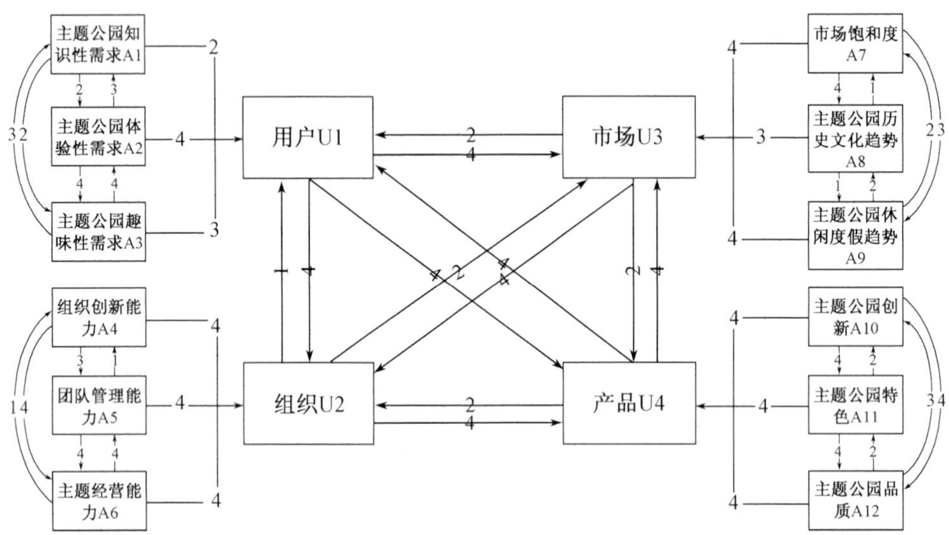

图 1 中国主题公园综合评价影响矩阵构造图

3. 综合计算

根据综合影响矩阵计算得出各影响要素的影响度(R)、被影响度(D)、中心度(R+D)与原因度(R－D)(表 2)：

表 2 主题公园综合影响关系表

	影响度	被影响度	中心度	原因度
主题公园知识性需求 A1	0.51	0.38	0.88	0.13
主题公园体验性需求 A2	0.88	0.38	1.25	0.50
主题公园趣味性需求 A3	0.81	0.38	1.18	0.43
用户要素 U1	0.90	1.51	2.41	－0.61
组织创新能力 A4	0.81	0.13	0.95	0.68
团队管理能力 A5	0.67	0.42	1.09	0.25
主题经营能力 A6	0.67	0.46	1.13	0.21
组织要素 U2	0.56	1.99	2.55	－1.43
市场饱和度 A7	0.76	0.17	0.93	0.59
主题公园历史文化趋势 A8	0.37	0.32	0.70	0.05
主题公园休闲度假趋势 A9	0.58	0.22	0.80	0.36
市场要素 U3	0.62	1.89	2.51	－1.28

(续表)

	影响度	被影响度	中心度	原因度
主题公园创新 A10	0.98	0.33	1.30	0.65
主题公园特色 A11	0.82	0.38	1.20	0.45
主题公园品质 A12	0.76	0.49	1.25	0.27
产品要素 U4	0.78	2.03	2.81	−1.24

4. 权重计算

根据综合影响中心度计算,用户要素 U1、组织要素 U2、市场要素 U3、产品要素 U4 权重占比,中心度数值分别是 2.41、2.55、2.51、2.81;通过归一化公式可得各要素权重为:用户要素 U1 占权重 23.48%,组织要素 U2 占权重 24.77%,市场要素 U3 占权重 24.44%,产品要素 U4 占权重 27.32%。

(四) 要素综合结果分析

从中心度分析,准则层最重要的影响要素为产品要素,其次是组织要素,这两大要素对主题公园建设者和管理者来说,是重要的观测指标,目前我国的主题公园在组织建设和产品开发经营方面,存在许多问题,如主题公园的雷同性,IP 资源匮乏,知识产权缺乏,主题公园管理能力、经营能力、创新能力欠缺这些都对我国的主题公园的市场竞争力和大众需求造成了严重影响,通过综合研究,未来加大对组织与产品的创新、管理、经营已经成为亟待解决的重点议题之一。从因素层数据发现,中心度指标最高的是主题公园创新 A10,其次是主题公园品质 A12;主题公园体验性需求 A2 方面,不难看出主题公园的产品创新、品质是最重要的影响要素,满足大众的体验性需求也非常重要,相关要素对主题公园的设计与建设都提出了较高的要求,需要投入较高的成本,才可更好地满足大众、市场的需求,更好地推动主题公园的建设水平提升。

从原因度计算结果分析来看,准则层的组织要素 U2 最容易受到各方因素的影响,组织管理水平、创新能力、团队建设能力、管理稳定性等需要主题公园投入较高的管理成本予以克服,通过要素系统化建设,才能加强组织要素的持续发展和提升。在因素层中组织创新能力 A4、主题公园创新 A10、市场饱和度 A7、主题公园体验性需求 A2 四个因素是关键影响因素,两个创新因素决定主题公园组织内部结构的整合优化,市场饱和度与体验性需求反映主题公园外部的重要影响因素,从内外融合的思维模式结合共演要素视角,综合性分析内外因素影响主题公园发展的综合驱动要素，主题公园在建设与设计中，首先要充分考虑区域市场的饱和度，设计中要考虑融合体验性需求，加强主题公园的创新性管理水平，在产品开发中全面提升产品的创新性。只有综合性提升以上要素发展水平，才能基本保障主题公园发展的最低要求水平，同时其他要素不断演变，才可以综合性地驱动主题公园的整体水平提升。

四、结论与建议

结合案例世界著名主题公园迪士尼乐园的发展历程可知，从华特·迪士尼1923年创立 The Walt Disney Company 开始，直到1955年第一座加州阿纳海姆迪士尼乐园建成开放，总共用了32年的时间。在这32年的时间里，迪士尼共创造了大量的动画题材作品，打造了一支优秀的创作团队、管理团队和创新团队，并且培养了大量的忠实用户；在发展建设中，严格控制市场对饱和度等要素的控制。目前全球只有6座迪士尼乐园，并且还在不断地通过优秀的管理团队和营销模式创新发展，创造更加辉煌的发展前景。迪士尼乐园的发展演化路径和本研究的分析结果不谋而合，紧密结合内外因素，共同形成体系化的发展主题公园的路径优化方向。我们希望通过本研究可以有效推动我国主题公园建设的科学化、系统化思维建构，建立主题公园综合评价体系，从主题公园创意初期到发展中期以及不同发展时期，建立科学的主题公园的动态评价办法，更好地客观评价主题公园的发展运营状态，战略性地思考主题公园未来的发展方向。

通过以上对主题公园影响要素和案例的分析，我们认为，我国政府全面加强主题公园的监督与管理，是非常正确的决策。主题公园的建设与发展，对主题公园的设计者、建设者、管理者来说都提出了较大的挑战。主题公园建设并非简单的企业管理问题，它是有别于传统企业的复杂系统发展问题，对投资者与管理者都提出了较高要求。从目前中国主题公园的调查来看，主题公园建设受到大众需求因素影响较小，受到来自组织、市场、产品的综合影响更多。目前全社会主题公园建设热潮更多的是受到国家政策的激励和大众需求因素的驱动，而并非主题公园组织建设能力、产品创新程度所驱动。外部因素是驱动需求旺盛的主因，内部还未形成可以驱动主题公园发展的体系，拔苗助长地发展主题公园模式是造成我国目前主题公园建设市场混乱的主要原因。对此，本文提出以下建议：

(一) 加快主题公园创新型管理人才培养

通过研究可知，随着主题公园在全国建设热潮的到来，主题公园的组织管理、创新、经营人才缺口巨大，目前我国还未建立体系化的、专门性的主题公园建设管理方面的专业人才培养体系，全社会也没有针对主题公园管理提升的相关培训机构。客观条件严重影响了主题公园的未来发展，是严重制约我国主题公园发展的一大短板。组织人才队伍建设是影响我国主题公园发展的重要因素，全社会、教育界、学术界需要共同加强对主题公园人才队伍的培养，各级科研机构、高等教育机构要建立体系化的人才培养体系，加强主题公园创新型管理人才培养力度，将职业教育和高等教育引入主题公园人才培养体系中，从长远角度思考我国未来主题公园发展方向的综合性探索。主题公园中高级人才的培养对于目前主题公园的发展更为急迫，这需要主题公园管理层注意到管理要素对主题公园整体发展的作用，要加强加快主题公园内部人才培养机制建设，通过内部成立专业的培训部门、研究机构、建立教研融合措施等方式，增强内部组织人才理论与实践的结合创新。外部需要依托相关科研机构、高等院校人才资源、开展国内外主题公园学习交流活动，整体促进主题公园由内到外、由外到内的相互促进、相互融合过程，科学化、立体化地建构我国主题公园创新型管理人才的培养机制。

（二）立足主题公园 IP 资源，激发全产业链产品创新活力

主题公园产品营销依托实物、虚拟与服务三种类型，每个主题公园都具有自身特有的 IP 资源，由 IP 资源所形成的需求度决定主题公园的核心竞争力，因此发挥主题公园 IP 资源价值是激发全产业链产品创新的基础，主题公园建设不能拘泥于某个独立的产品营销，因为独立产品的成功无法形成全产业链的发展创新，创新需要有足够的 IP 资源，创新是打造全产业链产品的关键，因此激发主题公园建设中的创新活力是非常关键的影响因素。创新在主题公园建设的每一个环节都具有重要意义，包括内容创新、形式创新、体验创新、感官创新等。创新是提升主题公园体验价值与品质的关键要素之一。人们总是在为迪士尼乐园成功而感到羡慕，但人们更应该为迪士尼打造全产业链 IP 资源发展的模式感到震撼，迪士尼在创业初期将所有精力都投身到 IP 创新之中，再通过围绕 IP 创新形成当今的迪士尼文化产业链，全面提升其 IP 的产品价值，从而成为立足主题公园 IP 资源、激发全产业链产品创新活力的典范。

（三）加强主题公园区域建设市场饱和度监控

落实国家对主题公园建设热潮的监控与管理，有利于主题公园建设的合理健康发展。虽然市场饱和度提升会刺激和提升大众消费热情，并降低消费成本，带动主题公园的发展，但是不能放松监管，因为主题公园建设具有周期性，需要合理、科

学、系统地进行中长期发展规划，不能瞬间为了满足需求而急速扩大规模，更需要不断提升主题公园建设的差异化。同质化主题公园发展会给社会和市场造成严重的资源浪费，毕竟主题公园的建设需要大量的资金、土地等各类资源来共同完成。所以有意识地加强对主题公园建设规模的监管、主动寻求主题公园设计的差异化、减少区域主题公园同质化等问题的出现是必要的，这也为市场审批部门与监管部门加强管理与研究提出了严峻挑战，如何协调好短期利益和中长期利益是摆在政府面前的综合性难题。

（四）建立系统化、综合性的动态主题公园评价体系

我们运用 DEMATEL 方法构建中国主题公园综合评价体系，通过此体系可以系统地、科学地分析我国主题公园的发展现状，对主题公园的运营状态进行有效评估。虽然专家打分法存在一定的主观性，但也能客观地融合各方面专家的建议和意见，综合性地反应要素之间的直接影响与间接影响性，研究结论与实际还是基本相符的，并且通过此方法，尽可能地避免了过度主观性。在未来的应用研究中，我们还需要系统化地建立动态发展各阶段的评价指标体系，建立动态的主题公园评价体系，从共演要素用户、组织、市场、产品的角度全面分析企业发展创业期、成长期、扩张期、转型期或衰退期。建构主题公园全发展周期综合评判分析体系，提升主题公园的建设与发展的科学性，为主题公园在不同阶段所需要解决的关键问题予以及时准确的指导，以提升我国主题公园竞争力，创新我国主题公园发展模式。

参考文献

[1] 权威发布. 十九大报告全文[EB/OL]. http://www.spp.gov.cn/tt/201710/t20171018_202773.shtml，2017-10-18.

[2] 我国已有 2500 座主题公园落地！未来还有多大机会？[EB/OL]. http://www.sohu.com/a/231489238_327912，2018-05-14.

[3] 关于规范主题公园建设发展的指导意见[EB/OL]. http://www.gov.cn/xinwen/2018-04/09/content_5281149.htm，2018-04-09.

[4] 路江涌. 共演战略：重新定义企业生命周期[M]. 北京：机械工业出版社，2018：1—2.

[5] 岳红琼. 从主题公园的状况看其建设的取舍原则[J]. 特区经济，2000(08)：53—55.

[6] 董观志. 旅游主题公园管理原理与实务[M]. 广州：广东旅游出版社，2000：295.

[7] 李彬著. 竞争法的基本范畴研究[M]. 北京：知识产权出版社，2016：23.

[8] 李盛文，尹才忠，蒋辅义. 当代干部知识大全[M]. 成都：西南交通大学出版社，1990：205.

[9] 中国生产力学会编. 2011—2012 中国生产力发展研究[M]. 北京：中国统计出版社，2013：61.

[10] 董观志、李立志. 盈利与成长迪斯尼的关键策略[M]. 北京：清华大学出版社，2006：147.

[11] 李洪伟，周德群，章玲. 运用 DEMATEL 方法及交叉增援矩阵法对层次分析法的改进[J]. 统计与决策，2006(08)：10—11.

作者简介

覃　巍，湖南石门人，土家族，重庆邮电大学讲师，中国海洋大学管理学院博士研究生。研究方向为文化资源管理与开发。

Research on the Comprehensive Evaluation System of Theme Parks in China from the Perspective of Co-evolution Elements

Qin Wei

Abstract: By applying the "co-evolution strategy" theory of the Management Science, and in combination the practical status of theme parks in China, this paper carries out analysis, establishes an index system of 12 influential factors through the dimensions of inside and outside, persons and things, and based on 4 elements for system construction, comprehensively evaluates the direct and indirect influences among the elements by means of DEMATEL, and analyzes the development problems in the present stage of theme parks. Also, it brings forward scientific solutions to the construction, development and design of theme parks in the future. Through research, this paper provides a systematic decision-making basis and method for the talent cultivation mechanism innovation, IP resources innovation, total industry chain construction, market management mechanism innovation, dynamic strategy layout planning of theme parks, improving the integrated competitiveness in the development of theme parks in China on the whole.

Key Words: Co-evolution Element; Theme Park; DEMATEL Method; Co-evolution Strategy

传统文人画色彩的文化表征研究*

杨莉萍

摘　要:中国绘画的色彩不仅是视觉上的呈现,也蕴含着很多的文化哲理。传统文人画家认为色彩具有不依附于表现对象的独立的形式美,并能传达人的内心世界,因此具有独特的文化表征。本文分析了传统文人画色彩语言所呈现的具体样态,并探究了其色彩语言背后深层次的文化表征。文人画的色彩语言离不开文人画家的文化理念、审美价值及哲学思想的影响,赋予了色彩以文化特质,这种特质体现了中国传统文化的精髓。对文人画色彩的研究容易停留在现象的层面,而忽略现象背面的文化表征。因此,对传统文人画色彩的文化表征研究,有利于深入理解和传承传统文人画的精髓,在新时代的语境下重新审视传统文人画的色彩观。

关键词:传统文人画　色彩　文化表征

一、引　言

中国绘画又称为“丹青”,可见“色彩”是绘画突显物象的重要途径之一。色彩不仅在绘画领域,也在社会文化中扮演着丰富的角色,它融入了多样的智慧和思想文化的内涵。中国传统绘画历经几千年的文化传承与发展,自然而然地形成了面貌纷呈的绘画色彩。在不同的历史时期,色彩又呈现出各自不同的特征。因为每一种色彩表象的背后都可以追溯其蕴含的深厚的文化因素,即不同阶段的文化观念、审美理想、思想基础等综合因素的影响。于是,色彩语言的差异可归结为文化表征和审美范式的不同。

传统文人画也形成了别具一格的色彩体系。文人画家始终没有停止对绘画色彩语言的探索,在不断地探究和追求释放内心世界的过程中,文人画逐渐在色彩表

* 基金项目:本文为江苏省社会科学基金项目“宋代文人画品评的研究”(15YSC002)的阶段性研究成果。

现上注重主观情感的表达，重水墨而轻色彩，色彩表现追求意尽而不求色似。具体表现在文人画家在进行绘画创作的过程中，并不拘泥于再现客观物象的真实色彩，而是在社会背景的影响下结合自己的人生际遇，为了表达内心世界的情感及自己独特的艺术感受，对客观世界中具体物象的色彩进行重新提炼、概括和组合，从而宣泄自己的主观思想和情绪。因此，这种超越真实，被重新提炼、概括和组合的色彩便是情感化的色彩。这种文人画的色彩观与其说是一种色彩系统，不如说是一种文化的表征，它是将纷繁复杂的客观物质世界的色彩与抽象的、符号化的色彩联系起来，创造了现象与本体相互渗透的人文世界。

二、传统文人画色彩的文化理念

（一）文化表征的内涵

文化表征包括显性的外在形象和隐性的内在精神形象。“表征，指被群体或社会认可的物质或精神对象突出特点的符号信息标记。”①可见，文化表征具有符号性。“文化表征作为文化的载体，代表了文化的主要特征，是某种文化的外在表现，尽管其只是某种文化的局部性代表，但是许多情况下常被等同于指代对象，与符号的内涵具有一致性。”②可见，绘画的色彩既是外在的形象，也有丰富的内涵精神，这种精神实质上是文化的符号，代表了某种文化。色彩的文化表征具有多样性，随着绘画史的推移，绘画的色彩体系也在不断充实、更新，其文化表征也随着时间的发展和环境的改变而变化，因此，对色彩文化表征的研究应从不同的维度、不同的视角、不同的范围来考察。

传统文人画作为传统绘画中的一道独特的风景线，其绘画的面貌迥异于院体画和画工画，其色彩语言也有着别样的内涵。伴随着文人画的兴起、发展和成熟，文人画色彩的文化表征也随之拓展和深化。传统文人画的色彩体现的是文人的文化理念，文人对色彩的认知，文人对客观世界的认识，文人对人与自然关系的认知等文化的表征。

（二）文人画家对色彩的认知

《易传》中有“观物取象”的观点，“观物”即对客观自然界的观察，并通过细致的观察了解“物”的面貌与特点。“取象”即对“物”的特征的提炼和表达。这是人们走

① 汪民安. 福柯的界线[M]. 开封：河南大学出版社，2018：75.

② 田超杰. 文化表征视角下的河南城市品牌建设研究[J]. 科技经济导刊，2019(11).

进自然、认知自然，并创造出一种能够表达客观物象的符号体系。“随类赋彩”是谢赫六法中总结中国画用色的绘画理论，强调的是绘画要表现客观物象的自然属性，即物体的“固有色”。“固有色”展现的是客观物象本原的色彩面貌，而不是对色彩的视觉感应。中国古代绘画在施色时多再现客观物象原有的本色，即使着色也有干、湿、浓、淡的变化，但都是在原有颜色基础上的变化，从而实现生动的、丰富的韵味。那么，这种基于客观物象自身的固有色而进行的用色，客观上也会出现画面色彩缺乏主观个性的不足。这种不足主要体现在当创作者想要表现内心细腻而微妙、多变且又丰富的情感及心理活动时，或者想要综合展现更绚丽和丰富的自然界的色彩时，固有色的表现力就不够全面。

绘画中的色彩除了再现客观物象，也具有很强的情感象征意味，每种色彩都有独特的象征性，绘画创作的个体都有自己特别的色彩倾向和色彩感觉，因此，由色彩引起的联想也是迥异的。色彩具有符号功能，但并不能简单地描摹自然，成为自然的“代替物”，也不是纯粹艺术审美的范畴，而应当是作为人们思维和情感交流的“媒介”而存在。表面上看，绘画中的色彩体现出的是人对色彩的审美直觉，其实在深层里又潜藏着一种文化结构，也是人的主观意志和文化意欲的表征。绘画作品需要通过意境的营造达到调动和感染人的情感，色彩在绘画中的作用则是可以成为一种传递心灵世界的声音和表达创作者情感的语言。

传统文人画家认为色彩是表达内心世界的符号，是主观情感的表达，于是在创作中对色彩的表现追求意尽不求色似。文人画家对客观自然界多样的色彩加以高度凝练和概括，这种提炼的过程为画家主观世界的审美选择提供了很大的空间，体现画家情感世界的“主观”随着境遇的改变而变化，因此擅长表现“主观”的文人画色彩语言也需要根据现实的变化来更新自己。于是文人画家以开阔的视野，大胆地追求更为广阔的表现空间，寻找与内心变化相适应的全新的色彩表现方式和手段。文人画家在追求色彩新的表现技法的过程中，对传统的色彩语言进行了变革与创新，突破了传统绘画中狭义的自然色彩观，对绘画中色彩的认识不再简单地、被动地遵从外观色彩的表现，而是将色彩归于主观体验和感受，能动地强化主观感受的色彩。可见，文人画家的色彩观具有革命性的意义，并带有象征意义。

文人画设色常常是画家主观色彩的反映，有的画家甚至抛弃了描绘对象本身的颜色。比如，文人画里对水的描摹，有四季变化影响下呈现出的不同颜色：绿色表现春天的水，青色表现秋天的水，黑色表现冬天的水。为什么水的颜色因不同的季节而发生改变呢？文人画家认为，如果用绿色表现寒冬的水，很难呈现出冬天的寂静和寒冷。因此,水的固有色已经根据画家的内心感受过滤和抽象出来了。大自然中的竹子原本是绿色的,而在文人画中的竹有的是黑色,还有苏轼曾用朱砂画竹。这种不按照客观物象固有色的设色技法完全是画家情感的宣泄,具有强烈的主观性。

绘画中色彩的主观性与作品想要表现的意境和格调相关,也与作者所要寄托和抒发的情感密不可分。文人画追求“立意”,对色彩的运用也是表达“立意”的有效途径。“立意”是指画家对于所描摹的客观事物有了感知和理解,在苦心经营和反复推敲下确立整个画面所要表达的主题及画家要传达的一种情感和思想,这种主题和思想需要借助艺术形象的塑造来表现。创造能够表达主题旨意的具体形象的过程称为“为象”。绘画创作的形象不仅是现实形象的折射,更主要是经过画家的意匠经营形成的,这种创作出的新形象就叫“意象”。“意象”在创作之初往往是不清晰不确定的,必须经由反复的揣摩与修改,才能逐渐成为清晰的、充分反映客观对象的形象。色彩是绘画中形象塑造的重要途径。文人画中的色彩是经过主观提炼的色彩,即“意”所铸之体。笔则为意所主宰,由意而生,始有笔墨。张彦远说:“夫象物必在于形似,形似须全其骨气,骨气形似,皆本于立意而归乎用笔,故工画者皆善书。”①因此,文人画家对自然中色彩的表达虽建立在“观物”的基础上,但更多的是赋予色彩特有的情感因素。

元代的吴镇曾说,“尝观陈简斋墨梅诗云:意足不求颜色似,前身相马九方皋,此真知画者也”②。他指出,绘画的意境和趣味比现实中真实的色彩更重要。所以文人画重意象的特点就决定了文人画更加重视画家的“意”在作品中的体现,“意高则高,意深则深,意远则远”③。所以,文人画家对自然景物色彩的描绘更注重画面中色彩的调配是否合适,是否有利于传达作者赋予色彩的情感和内涵,并借以抒发作者的主观感受,至于物体原本的颜色可以大胆地夸张、取舍和变异。

三、传统文人画色彩的审美标准

“逸”品作为绘画品评标准的首次提出是在朱景玄《唐朝名画录》“神、妙、能、逸”四品里提到的,他把王墨、李灵省和张志和的作品列为逸品的等级,认为“此三

---

① 张彦远.历代名画记[M].上海:上海人民美术出版社,1964:32—35.

② 吴镇.论画.历代论画名著汇编[M].北京:文物出版社,2011:145.

③ 方薰.山静居画论[M].北京:中华书局,1986:14.

人，非画之本法，故目之为逸品，盖前古未之有也，故书之”。他认为逸品是指那些不拘常法的作品，即非画之本法。

到了北宋，黄休复在《益州名画录》中将“逸”居首，排定“逸、神、妙、能”四格，并对“逸”做了详尽的解释，随后，“逸”的审美趣味占据了上风，成为文人绘画推崇的最高标准并逐渐盛行起来。

逸是超越了形似和规矩的画法，又是一种超凡脱俗、解衣盘礴的自由心态，是一种创作主体内心的追求和创作时的状态。如俞剑华对逸的论述：“唯以其人品高尚，文学丰富，诗意悠长，书法超逸，故所作虽不精工，亦自有一种秀逸高雅之气，扑人眉宇，所谓文人画，所谓士气，所谓书卷气，所谓无纵横习气，俱属此类。其初评画者以神品妙品能品为正格，以逸品为变格，其后竟以逸品高出一切，反居三品之上。”①可见，这里的“逸”是从创作主体的修养和创作心态的角度而言的。

“画之逸格，最难其俦。拙规矩于方圆，鄙精研于彩绘”②，伴随着文人画“逸”的品评标准登上审美舞台，文人画的审美标准对绘画的创作产生了深刻影响，这种影响不仅体现在绘画的整个过程中，而且反映在画家对色彩的独特追求上。因此，文人画不屑于传统的色彩表现方法，而是崇尚自然素朴的淡彩或以墨为彩。伴随着文人画的日益发展，以墨为彩的表现方式逐步取代了以色彩为主的形式。在这个嬗变的过程中，绘画的色彩强调笔情墨趣，用墨色的变化来表达丰富的客观世界中的颜色，正如唐代张彦远《历代名画记》所载的“是故运墨而五色具，谓之得意”③。

文人画的色彩具有相对独立的审美价值，由“色”向“墨”的转变是从尊重客观演变为服从主观，由传统的“随类赋彩”“以色貌色”发展为以墨写意，这是在长期的绘画实践过程中提炼而成的一种高度精粹的独特的色彩语言体系。相比传统的色彩理论，这种理论发生了空前的转变。

此外，文人水墨山水画的形成除了受新的色彩观的影响之外，也与绘画使用的材料有关，如毛笔、宣纸和墨。宣纸渗水且变化无穷，落墨就不易更改，墨色在宣纸上产生层次丰富的变化和许多妙手偶得的韵味，画面水墨淋漓，似云、似水，抑或是山和树……例如，米芾的水墨山水画技法丰富了中国山水画的语言方式，他的作品

---

① 俞剑华. 国画研究[M]. 桂林：广西师范大学出版社，2005：34.

② 黄休复. 益州名画录[M]//杨成寅. 中国历代绘画理论评注. 武汉：湖北美术出版社，2009：135.

③ 张彦远. 历代名画记[M]. 上海：上海古籍出版社，1999：52.

用大小错落的横点点饰出山的形状，点与点之间随意地留出空隙，笔笔可见，密疏相间，浓淡相宜，云气用淡墨渲染，树枝则用浓墨勾勒，叶子用大浑点，山脚坡岸用淡墨横扫，远山、村落若隐若现，准确而有层次地表现了“烟云出没万变”的江南景色。米芾的儿子米友仁继承了米芾的画法，并加以变化，他的作品《潇湘奇观图》描绘了苍茫雨雾中自然山水的别样韵致。此图不施任何色彩，完全用水墨晕染。整幅作品中没有明确的线条，而是水与墨的交融，浑然天成，完全改变了自唐以来青绿山水画的面貌。

水墨文人画至元代开始盛行，赵孟頫曾说颜色浓艳是一种病态：“作画贵有古意……今人但知用笔纤细，傅色浓艳，便自为能手。殊不知古意既亏，百病横生，岂可观也！”[①]“元四家”的绘画几乎都不施色，而以淡岚轻施、变化莫测的水墨线条取胜。这种把简淡的笔墨运用作为山水画创作的精髓对后世美学观念产生了重大影响。如清代的王昱在《东庄论画》中说：“画之妙处不在华滋，而在雅健，不在精细，而在清逸。盖华滋精细可以力为，雅健清逸，则关乎神韵骨骼，不可强也。”[②]王昱也提出用色要“秀润而兼逸气，盖淡妆浓抹间，全在心得浑化，无定法可拘。若火气炫目，则人恶道矣”[③]。清代的邵梅臣在《画耕偶录》中说：“萧条淡漠是画家极不易到功夫，极不易得境界。萧条则会笔墨之趣，淡漠则得笔墨之神。”[④]可见，文人画的色彩在“逸”的标准引领下，强调要去媚俗而应追求清雅淡泊的韵致，因此文人画的用色多以黑白为主、以色彩为辅。

四、传统文人画色彩的哲学思想

文人画这种以墨代色的色彩观，与其历史文化和思想土壤有密不可分的联系，是在儒、道、释哲学思想影响下的色彩取弃。道学对文人画有着很深的影响，老庄哲学追求道法自然、超然脱俗，这种自由自在的逍遥游，即“出世”的思想。文人水墨山水画的出现与盛行就受到这种思想追求的影响。徐复观在《中国艺术精神》中说：“水墨的颜色，是庄子所要求的重素贵朴的颜色，用水墨用得自然合度，变化无迹，在水墨的自身，即表现出有一种深不可测的生机在跃动，此之谓独得玄门。”[⑤]

---

① 张丑. 清河书画舫[M]. 上海：上海古籍出版社，2006：45.

② 王昱. 东庄论画[M]. 上海：上海古籍出版社，2004：14.

③ 王昱. 东庄论画[M]. 上海：上海古籍出版社，2005：16.

④ 邵梅臣. 画耕偶录[M]. 上海：上海古籍出版社，2005：21.

⑤ 徐复观. 中国艺术精神[M]. 上海：华东师范大学出版社，2008：56.

文人画推崇抑色重墨，玄的黑白意象便成为文人画的心印，道家的思想便成了传统文人画择色的哲理依据。

道家主张“无为而无不为”，推崇“以少胜多”，“以无胜有”，庄子认为“朴素而天下莫能与之争美”①，这种哲学思想在色彩理论上的影响便是指出“五色令人目盲”“五音令人耳聋”“灭文章，散五彩”，其主要观点是倡导淡化五彩，推崇黑白水墨。老子曰：“知其白，守其黑。”②这种色彩观把自然界千差万别的客观现象的色彩放到次要的位置，而是推崇素淡虚空的黑与白。文人画家对超脱自然的追求折射于水墨画中，水墨山水成了他们心灵的栖居地。色彩比形象更抽象，如果色彩不为形象服务而独立表意时，色彩的表达有了更为自由驰骋的空间，对超然脱俗的追求成了绘画的色彩往写意方向发展的驱动力。黑与白的颜色不仅能表征阴、阳二元思想的玄理，且给人的视觉感受也最“朴素”最具神秘感。因此，文人画选择这种色彩，不仅是纯艺术层面的“色彩革命”，而且是一种“返璞归真”的回归民族文化思想的本然状态。在道家哲学基础上所创立的水墨山水画就和青绿山水以及工笔重彩画风格迥异，也使文人至少在心理上与世俗拉开了距离。

文人画的色彩观还受到了禅宗思想的影响和渗透，文人画里充满了禅意，如宁静、含蓄、玄妙、以少胜多、以空代实、化繁为简、以不似代似……禅佛说：“不与物拘，透脱自在。”“色不异空，空不异色。色即是空，空即是色。”“素”与“白”通，“玄”与“黑”同，运墨而五色具。禅宗提倡“心物合一”和“空灵”境界，使得画家“超然象外”，其色彩观关注的不是自然界的五彩斑斓，而是“妙悟”与“坐忘”，即“不与境上关心”“青青翠竹尽是法身，郁郁黄花无非般若”，意思是不刻画翠竹黄花的真实颜色，不是现实世界的五彩缤纷，而是纷繁复杂的现象背后的本体虚空。于是，文人画家们不拘泥于物象的客观真实，突破“随类赋彩”的约束，大胆地运用黑白颜色，使画面气息清净而空灵，这种形式和风格与禅宗的摆脱形迹、明心见性的思想高度契合，体现出禅宗思想的影响和启示。

儒家倡导的和谐与雅致对文人画色彩有着积淀性的内在影响。孔子认为色彩的运用要合“礼”合“度”，才能达到“绚丽”的效果。这种观点肯定了对客观世界的色彩反映时的主观能动性的作用。他认为“仁”是礼节仪式的内容，礼节仪式是“仁”的外在形式，外在的表现形式应当从属于内在的思想内容，但也重视正常情感

① 庄子.庄子·天道[M].北京：中华书局，1983：26.

② 老子.道德经[M].上海：上海古籍出版社，2001：3.

的感受与理念的结合，而不是认识模拟功能，把中国画对色彩的处理引向带有意象的主观性表现的轨道。儒家推崇的纯净、清朗、内敛的气质对文人画的色彩观有着内在心理积淀似的影响。

综上所述，传统“文人画”在漫长的发展过程中，逐步形成自己独特的审美标准，指导和引领着文人画家的艺术创作，在创作中阐明了诸多表明文人审美立场的色彩观。文人画家以自己独到的艺术感受和内心世界的情感为依据，不满足于对客观世界色彩的机械还原，而是经过大胆的提炼和主观处理，以宣泄自己丰富的主观思想和情绪。简而言之，文人画在色彩表现上重主观轻客观，重水墨轻彩色，即使有色彩的表现也追求虚、无、空和意尽不求颜色似的境界。文人画运用色彩的解放，源自文人画家作画时“解衣盘礴”的自由状态，文人画家选择了黑白的语言要素来表现“胸中丘壑”，并不是完全忽略甚至放弃形色。因为，中国哲学的内涵并不是一味地排斥色彩，而是提倡超越形式超越色彩，反对单纯的外在感官的获取，重视人的内在生命的体验。可见，传统文人画的色彩语言受到了文人画家的文化理念、审美价值及儒、道、禅哲学思想等多方面的影响，具有丰富的文化表征，这种文化表征是中国传统文化精髓的彰显。

作者简介

杨莉萍，安徽淮北人，南京大学经济学院博士后，江苏师范大学历史文化与旅游学院副教授，硕士生导师。主要研究方向为艺术产业管理。

Research on the Cultural Characterization of Colors in Traditional Literati Painting

Yang Liping

Abstract: The color of Chinese painting is not only a visual presentation, but also contains profound cultural philosophy. Traditional literati painters believe that color has independent formal beauty that is not attached to expression object, and can convey the inner world of people, so it has a unique cultural characterization. This paper analyzes the specific pattern presented by the color language of traditional literati painting, and explores the deep-layer cultural characterization behind its color language. The color language of literati painting is indispensable to the influences of literati painters' cultural concepts, aesthetic value and philosophical thought, and endows color with cultural characteristics, which embody the essence of Chinese traditional culture. The research on the color of literati painting is easy to stay at the level of phenomenon and ignore the cultural characterization behind phenomena. Therefore, the research on the cultural characterization of colors in traditional literati painting here can help to deeply understand and inherit the essence of traditional literati painting, and resurvey the color view of traditional literati painting in the context of new era.

Key Words: Traditional Literati Painting; Color; Cultural Characterization